研究叢書29

ツァロートの道

ユダヤ歴史・文化研究

中央大学人文科学研究所 編

中央大学出版部

まえがき

私たちが、中央大学人文科学研究所のなかに「ユダヤ歴史と文化研究」チームを発足させたのは一九九六年三月のことであった。その前年クロード・ランズマン監督の映画『ショアー』が初めて日本で公開され、中央大学でも上映されて、私たちは大きな衝撃を受け、否応なく改めてアウシュヴィッツの重い意味を考えざるをえなかった。それまでも私たちの多くは、オーストリア文化研究に従事し、オーストリア文化のなかでのユダヤ人の際立った活躍に着目していたし、かれらの辿った苦難の道も知らないわけではなかった。しかしあの映画の衝撃は圧倒的だった。私たちの想像を遙かに超えるものであった。私たちはホロコーストの意味を話し合うなかで、ナチスによるホロコーストそのものの研究はもちろんのこと、それが発生した歴史的由来を尋ね、強いては東欧ユダヤ人の歴史を遡り、彼らの宗教や風俗習慣、伝説なども研究してみよう、と話し合って、研究会を作ったのだった。今にして思えば、このテーマの持つ底知れぬ深さと広さを知らぬ無謀な試みだったかもしれない。独文学関係者が多かった私たちは、古代史学者の中田一郎氏を仲間に迎えることが出来た。以来研究員相互の研究発表や学外の研究者を招いて研究を重ねてきた。一九九六年には、「昭和前期の日本と来日したユダヤ人たち」と題して同志社女子大の宮沢正典氏に、一九九七年には、「ワルシャワ・ゲットーについて」と題して東京外国語大学の小原雅俊氏に、一九九八年には、「イディッシュ語について」と題して金沢大学の野村真理氏に講演して頂いた。それぞれ専門家の貴重なお話で、極めて有意義なものであった。こうして私たちの研究成果はその都度、毎年刊行されている中央大学人文科学研究所の「人文研紀要」に発表してきた。そしてこの度、これまでの研究成果を不充分ながら一冊の研究叢書として纏めようということになった。

この叢書の表題『ツァロートの道』は、旧約聖書の「ヨブ記」に記されたヨブの忍苦に似た、幾多の苦難と忍苦の歴史を重ねてきたユダヤ民族の歩んできた道を、「幾多の苦難」の意味のヘブライ語「ツァロート」を借用して名付けたものである。そして旧約聖書の「詩篇」第二五篇二二には、「神よ、イスラエルをそのすべての苦難（ツァロート）から救い出し給え。」とあり、その祈りをもこめて、『ツァロートの道』とした。

歴史を遡ってみると、何世紀にもわたる宗教的対立と迫害によって培われた反ユダヤ主義、反セム主義の感情と偏見は、牢固として抜き難く、施政者の打算や個人的な贔屓の場合は別として、ユダヤ人は、ほとんど家畜並の扱いを受けていた。所謂「宮廷ユダヤ人」にしても、財力がある間だけ重宝されていたに過ぎない。大抵の場合、町の狭い一角にゲットーが造られ、ユダヤ人はそこに押し込められ、市民との接触を絶たれて、ユダヤ人を隔離する政策が取られてきたのである。ユダヤ人を同じ人間と見なし、市民の一員と見ようとするようになるのは、ドイツでは啓蒙思想が入ってきた十八世紀後半になってからのことであった。その社会的背景には、市民階級の台頭があげられる。市民階級が社会的に進出し、彼らの成長と共に、自由主義が生まれ、市民平等の思想が確実に人々の心を捉えて広まり、封建体制が解体され、偏見に満ちた封建思想が切り崩されていった。理性尊重、教会の特権や迷信の打破、合理主義を掲げる啓蒙主義が容易にドイツ語圏に入って来る素地が形成されていたのである。この機運を大いに助長したのは、プロイセンの啓蒙君主と言われたフリートリッヒ大王、オーストリアでは啓蒙絶対君主と言われたヨーゼフ二世の政策であった。オーストリアでは、一七八二年一月二日にユダヤ教徒に対する寛容令が布告されたが、プロイセンでは、ナポレオン戦争を経て、フランスとの対抗上国家の近代化を迫られた事情から一八一二年になってようやくユダヤ人解放令が公布されたのであった。

第一部「啓蒙の可能性」では、この啓蒙思想の意義とその影響を考える。巻頭の「モーゼス・メンデルスゾーン」では、十八世紀の啓蒙主義時代に活躍したユダヤ人啓蒙家モーゼス・メンデルスゾーンが取り上げられている。彼は、ドイツ近代文学の先駆者にしてかつドイツ啓蒙主義文学の完成者であったゴットホルト・エフライム・レッシングの戯曲『賢者ナータン』のモデルだった人物であり、この作品と共に永久に彼の姿が刻印されることになった。彼は、作曲家メンデルスゾーンの祖父で、一七六三年、ベルリン王立アカデミーの懸賞論文に応募して、カントを抑えて一等賞を受賞し、遂にはユダヤ人哲学者として「賢明なソクラテス」と仇名されるまでになった。この論文では、メンデルスゾーンの生涯を克明に追い、優れたユダヤ人啓蒙家としてのいわゆる「賢人」ぶりを浮き彫りにしている。彼にしても、幼少の折は極貧の生活を送り、勉学のためにベルリン市内に入る際には門番に家畜なみの扱いを受けていたのだった。長じて彼は、さまざまな理論的著作活動を通じて、誤解されているユダヤ教の真の姿をキリスト教徒たちに分からせようとしただけでなく、キリスト教国におけるユダヤ人の立場を強めようとし、擁護しようとした。他面で彼は、偏狭なユダヤ教徒に対しては、伝統を安易に踏襲するのではなく、科学的、理性的な知見と結びつけるように説き、次のように訴えている。「他の宗教の人々によって保護され、黙認され、容認されたいのなら、互いに保護し、黙認し、容認し合いなさい！　愛しなさい、そうすれば愛されるようになるでしょう！」。キリスト教徒と、保守的なユダヤ教徒のそのいずれに対しても、彼の立場は宥和的なもので、彼はドイツ文化とユダヤ文化の媒介者の役割を果たそうとしたし、さらにまた伝統的、保守的なユダヤ人の文化とゲットーを脱出したユダヤ人の新しい文化の媒介者たろうとした。ユダヤ人解放に果たした彼の役割の大きさから、彼は予言者モーセに擬えられている。次の「十八世紀ドイツにおけるユダヤ人像の変容」では、啓蒙主義の代表的理論家レッシングと、プロイセンの官僚クリスティアン・ヴィルヘルム・

フォン・ドームに焦点を当て、彼らの、キリスト教とユダヤ教の宥和を説く啓蒙主義的主張を紹介している。先ず新しいユダヤ人像として、レッシングの戯曲『ユダヤ人』が取り上げられる。『賢者ナータン』に先駆けて、レッシングは、社会の最底辺にあって、常に否定的対象と見なされてきたユダヤ人を主人公に据えて、彼を理想的人間の典型として描き、主人公の人徳が感化して、キリスト教徒とユダヤ教徒が相和し、お互いに偏見の愚を悟るという作品である。この作品の創作当時レッシングは、まだメンデルスゾーンのことを知らなかったといわれ、彼の啓蒙主義的理想像がそのまま作品となったものと言われている。更に『賢者ナータン』では、資金が必要になったサラディンが、メンデルスゾーンがモデルといわれるナータンに、キリスト教、ユダヤ教、イスラム教のいずれが真の宗教と思うか、と尋ねる。ナータンが答えに窮したら、彼から金を引き出す算段であった。これに対して彼は、それぞれの宗教の恩寵を信じ、信心することが肝要であることを説き、一つの宗教が真理を独占する排他的な権利を否定するのである。宗教的対立とその克服をテーマとしたこの作品の後、更にレッシングは『人類の教育』を発表し、「理神論の立場で、人間が相対する神の存在を否定した」。これは当時の啓蒙主義者ですら戸惑うほど、時代に先行するものであった。更にこの論文では、プロイセンの官僚で啓蒙主義者であったドームの画期的著作『ユダヤ人の市民的改善』をも詳細に紹介している。ドームは、これまでのユダヤ人に対する政策は、「過去の世紀の野蛮な遺産、すなわち狂信的な宗教憎悪が生んだものであり、われわれの啓蒙主義時代に相応しくない」として、ユダヤ人を取り巻く社会環境が先ず改善されるべきだ、と主張し、後に彼のこの主張は、フランスのユダヤ人解放令に影響を与えたと言われる。もとより歴史的に形成されてきた反ユダヤ感情は根深いもので、レッシングやドームのこれらの主張がすぐその効果を表すということはなかったにしても、従来の偏見に満ちたユダヤ観は、時代の必然として変わらざるを得なくなったのである。次の「いとも幸福な出会い——ジャン・パウルとユダヤへの小さな散歩」は、レッシングより一世代後の特異な孤独な散文作家ジャン・パウルを長く研究を続けてきた論者が、前半ではこの作家と関わったユダヤ人を取り上げる。最初にユダヤ人批評家ルートヴィッヒ・ベルネの追悼演説とハインリッヒ・ハイネの『ロマン派』のなかのジャン・パウル論を紹介し、次にジャン・パウル没後百年を期して設立された「ジャン・パウル協会」のメンバーのユダヤ人・非ユダヤ人の呉越同舟振り、更にはそれがナチス時代に変質していく様子を見ていく。後半には作品のなかに登場する三人のユダヤ人を取り上げる。三人共、カリカチュアライズされているが、その姿、身振りが生き生きと描かれ、かなりリアルなユダヤ人像が見えてくる。そして論者は、作者の身近にいたユダヤ人の姿をも資料を用いて想像しながら、結論として作者とこれらのユダヤ人との出会いを「いとも幸福な出会い」としている。

第二部「繰り返される試練」では、長い歴史のなかで形成されてきた反ユダヤ的感情や思想はいろいろな形で現れ、その最も過激な形となって現れたのがナチスのホロコーストであったが、さまざまな形をとって現れるユダヤ人の試練を論じていく。「異教的反ユダヤ主義」では、今までほとんど取り上げられたことのないルートヴィッヒ・クラーゲスの反ユダヤ主義が論じられている。論者は、クラーゲスの反ユダヤ主義の資料を検討し、彼がその思想形成期の初期から反ユダヤ主義者であったことを明らかにしている。クラーゲスは、異教的多神教世界、異教的自然世界を信じていて、それを駆逐したユダヤ・キリスト教的一神教を敵視し、その一神教を生み出したのは、ユダヤ人であるとして、ユダヤ人を憎悪するのである。彼の反ユダヤ主義は、彼の根本思想と密接に結びついていた、と論者は指摘し、批判している。次の「ナチ体制下の反ユダヤ主義——立法政策を中心として」では、ナチスの反ユダヤ政策が立法上から考察されている。ナチスは、政権獲得以前は、ナチスなど国粋主義者が、匕首伝説なるものを唱えて、数多くのユダヤ人が要職についたワイマール共和国を誹謗した。第一次大戦にドイツが敗れたのは共産主義者やユダヤ人の陰謀で、「背後からの一突き」のせいだというのである。政権獲得後は、反ユダヤ主義的人種政策を次々に立案実行し、大戦勃発後はユダヤ人のポーランドへの強制移送を本格化させる。一九四三年布告の「ライヒ市民法第一三施行令」は、一連の人種立法の最後を画するものとなった、とナチスの反ユダヤ政策を立法上から概観している。

「ソビエト・イディッシュの運命――一九二〇年代ソビエトの現場から」は、東欧ユダヤ人の日常語であったイディッシュ語の、ソビエトにおける盛衰を論じたもので、時の施政者の政策に翻弄されて、言葉すら周囲の状況によって選択せざるを得ないユダヤ人たちの置かれた状態が浮かび上がって来る。戦間期のポーランドとソ連では、五百万人にのぼるユダヤ人たちがイディッシュ語を母国語にしていたが、革命後イディッシュ語は、ソ連ではユダヤ人民衆の言語として認められ、二〇年代から三〇年代にかけてイディッシュ語による行政単位や学校が数多く建設されたにもかかわらず、イディッシュ語人口が急減するという現象が起こったのである。論者は、一九二〇年代のイディッシュ語新聞などユダヤ人内部の資料を用いてその原因を探っている。革命後活躍したユダヤ系コムニストのなかでも、ロシア語を話す者は、ユダヤ人同士の活動から意識的に遠ざかる傾向があったし、イディッシュ語による宣伝活動の必要性から「党ユダヤ局」が発足したが、この機関がユダヤ教やシオニズムに最も仮借ない弾圧を行うといった奇妙な現象が起こっており、これに注目している。他方ユダヤ人一般の特徴として、二〇年代にはロシアだけでなく、ウクライナやベラルーシでもロシア語化の傾向が強くなり、イディッシュ語学校に通う児童は減少し、全体の四分の一に過ぎなくなった。この現象は、革命後ユダヤ人にも新たな可能性が開かれ、イディッシュ語だけの世界に縛られなくなったために起こった現象で、ユダヤ人の文化受容のプロセスということも出来る。これはだが、戦後スターリンの晩年期に、イディッシュ文化に対する抑圧や、ユダヤ人に対する強制的同化政策などの反ユダヤ主義的政策以降のイディッシュ語の衰退とは明らかに別なこととしている。

第三部「内なるツァロート（苦難）」では、ユダヤ人作家達の生涯や作品を通して、彼らがいかに自らの出自と向き合い、苦悩して来たか、を問うている。先ず「カール・クラウスにおける「ユダヤ性」」では、世紀転換期のウィーンで批評家にして劇作家として活躍したユダヤ人風刺家カール・クラウスが取り上げられる。彼は、一八七四年ボヘミアの富裕なユダヤ商人の息子として生まれ、幼少の折一家あげてウィーンへ移転し、二十五歳で批評誌『ファッケル』を創刊、以後亡くなるまでの三十七年間この個人誌を舞台にして政治や社会、文化、なかでもジャーナリズムを機知とユーモアで辛辣に批判しつづけた。クラウスは、一貫して社会現象としてのユダヤ人問題を風刺のテーマとして扱う反面、彼自身のユダヤ性やユダヤ人としてのアイデンティティの問題については、距離を保っていた。それは、彼がユダヤ人のドイツ社会への同化を理想とし、それを最後まで放棄しなかったこと、さらに彼の風刺が思想的にも技法的にも演劇的なものと深い関わりを持っていたせいであった。論者は彼の生涯を三期に分けて彼がいかに自らのユダヤ性に向き合ってきたかを論じている。富裕な同化ユダヤ人の息子として生まれた彼は、風刺家として出発したとき既に、同化努力の限界と同化ユダヤ人文化の内部矛盾を正確に探知していた。『ファッケル』創刊と共に彼は、ユダヤ系ジャーナリズムへの批判を開始し、差別者の扇動に乗ってユダヤ人と非ユダヤ人を二分する図式を踏襲していると批判する。この他彼は、政治、社会、文化、特にジャーナリズム批判を繰り返し、その集大成として巨大な反戦劇『人類最後の日々』を完成する。そして第一次大戦後は、周到な距離を置いた発言とはいえ、「ユダヤ性」への回帰が表明され、三三年にはナチズム断罪の書『第三のワルプルギスの夜』が執筆された。さて次の「ヨーゼフ・ロートの手紙」では、一八九四年ガリツィア地方のブロディ近郊にユダヤ人を両親として生まれ、ジャーナリストとなり、『ラデツキー行進曲』などを書き、亡命地パリの施療院で、遺作『酔いどれ聖譚』を残して、孤独のうちに客死したヨーゼフ・ロートの書簡集のうち、ロートが師表と仰ぐ十三歳年長の作家シュテファン・ツヴァイクとの往復書簡を精読し、二人、特にロートが、両者の出自であるユダヤ性とどう向き合っていたかを探っている。書簡集のなかで「ユダヤ問題」に言及している個所が以外に少ないのに気づく。それはおそらく、いわば暗黙のうちに共有していたこの問題に、殊更に言及するまでもなかったからであろう。にもかかわらず、このテーマが一九三三年から三五年の三年間に集中的に登場するのは、ヒトラー政権成立という「時代からの挑発」によるものであった。一九三五年のある手紙には、「ユダヤ人を貶めようとする病的欲求は、昨日今日始ったことではありません。……そもそも第三帝国のプログラムの一部なのです。……ナチの思想には……ユダヤ人種を貶めること以外は何も含まれていません。どうして貴方は今になってやっとそのことに気づかれたのですか。このような残虐は、そもそもの初めから含まれていたのです……」。だが、ロートやツヴァイクにとって、「ドイツ文化は不可欠な基盤であり、ドイツ文化から切り離されることは、半身不随になることを意味した。ドイツ文化にとっても……ユダヤ系文化人によって活性化され…ユダヤ系文化はそのまま自己を豊かにし、拡大する、分離不可能な担い手だった……」(平井正)。この文化的共生関係が絶ちきられてしまうのである。一九三三年十一月のロートの手紙には、「ドイツは死にました。僕たちにとってのドイツは死にました。もはやドイツを当てにすることは出来ません。その下劣を、その高貴を、当てにすることはできません。夢でした。いい加減にこのことにお気づきください。」と悲鳴に近い言葉が書かれている。この「ロート書簡集」は、ツヴァイクの四十通余りの書簡を含むが、ロートの荒びゆく生活と精神錯乱を思わせる酔いどれ振りと、一見して申し分なくモラリスト風の姿勢を保ち続けるかにみえるツヴァイクへのアムビヴァレントな焦燥の思いを伝えると共に、他方、今は同じく死への予感を秘めながら、金策では助力を惜しまず、アルコールとの絶縁をすすめるなど、ロートに向かって「たとえ貴方の生活は破滅させても、貴方の芸術を破滅させてはなりません。」と訴えているツヴァイクの姿も伝えている。次の「二人のユダヤ人作家」では、フランツ・カフカとヘルマン・ブロッホが取り上げられている。二人とも祖先がチェコ出身の生粋のユダヤ人であり、年齢もカフカが三歳年上だがほぼ同時代を生きてきた作家であり、家庭環境も父親との関係など類似点が多い。だが、同じユダヤ人家系と言っても、プラハとウィーンでは、ユダヤ人の置かれた立場は、まるで違っていた。プラハでは、長年カトリック系のドイツ人がプロテスタント系のチェコ民族を支配し、弾圧して来たため、両者の民族的確執は消えることなく続き、民族的敵意は激しさを増すばかりであった。そして大多数のユダヤ人は支配者であるドイツ人への同化によって身の安全を図ろうとした。チェコ人の敵意は、当然ユダヤ人にも向けられ、歴史的に培われてきた偏見とあいまって、一層厳しいものとなった。さらにドイツ人からも毛嫌いされて、立つ瀬なく立ち竦む姿、それがプラハ・ユダヤ人の姿であった。この寄る辺なさは、自らの言葉や文学、文化、強いては自分の存在そのものへの厳しい疑いとなる。これがカフカの文学の核心だったのではないか。他方ブロッホは、家業の紡績業を継ぎ、財界人として活躍した後に転身した異色の作家で、世紀転換期のウィーンではプラハと違って多くのユダヤ系文化人が活躍していたので、彼らとの交流を重ねるなかで、処女作を発表する恵まれた境遇だった。だが彼の一見恵まれた境遇も一九三八年のナチスによるオーストリア併合で一変する。彼は無一文で亡命を余儀なくされるのである。母を強制収容所で失い、亡命地を転々とし、奨学金によって辛うじて食いつなぐ苛酷な生活のなかで、現代における詩作の意味を問いつづけ、最後は半ば自殺のようにして亡くなった。ブロッホが、カフカ文学の「寄る辺ないよそもの意識」（ギュンター・アンダース）に衝撃を受け、カフカを文学の目標とするようになったのは、苛酷な亡命生活のさなか、自らのユダヤ性と向き合った時であった。それまで彼の文学の目標だったのはジョイスとトーマス・マンだった。次の「アメリーを読むツェラーン」では、幾たびかの逮捕そして苛酷な拷問に耐え抜いて生還したオーストリアの作家ジャン・アメリーの苦難記とも言うべき『罪と償いの彼岸』が出版されると、すぐパウル・ツェラーンはそれを読んでいる。ルーマニアのユダヤ系詩人ツェラーンは二十二歳の折両親を強制収容所への移送の途上で失い、自らも強制労働から生還し、パリに赴いて住むが、一九七〇年セーヌ河に入水する。その八年後アメリーもまた自殺して果てる。この論文では、ツェラーンがアメリーの著書に下線を施した部分を取り上げ、書き込みを手がかりに、両者にとってユダヤ性とは何を意味したのかを考察している。二人共、自らがユダヤ人であるという意識は薄く、むしろユダヤ人であることを外部から強いられている。とりわけアメリーにおいてはユダヤ性との断絶がはなはだしかった。ツェラーンの場合は、アメリーよりは深くユダヤの伝統に根をおろしていた。しかしユダヤ人であることが、自分の人生を決定するとまでは考えていなかった。両者共、ユダヤ人であることを強制されたとき、自分がユダヤ人であることを否定せず、ユダヤ人として他の人間と対等な人間として立とうとした。そのため彼らは、自己のアイデンティティを、ユダヤ人であることに探さざるを得なくなる。しかし二人共、明確なユダヤ人の定義はなし得ない。むしろ自らをユダヤ人と定義することが不可能であることから、アメリーは自らを「破局に瀕しているユダヤ人」と名付けるのであるが、ツェラーンもその定義に同意しているように思われる。にもかかわらず、ツェラーンにあっては逆に、いかにユダヤ人としての自己意識が強烈だったか、近年相次いで刊行された妻との書簡集や同郷人の追想集などから窺い知ることができる。

第四部「表現の模索」では、東欧ユダヤ人の音楽や絵画に表現された「ユダヤ性」を歴史的、社会的な関わりのなかで捉えようとしている。先ず「イディッシュの結婚式におけるクレズマ楽士」では、東欧のイディッシュ語圏、特に今日のポーランドの一部、白ロシア、リトアニア、ルーマニア、モラダビア、ウクライナを含む地域で十八世紀から十九世紀にかけて発展したクレズマとして知られる音楽についての珍しい報告である。その楽団構成は、ヴァイオリンとツィンバロン、あるいはそれに二台目のヴァイオリンが加わったり、バスやチェロが入ることもあった。さらにフルートも加わって五重奏団になることもあった。十九世紀には打楽器や金管楽器も入るようになり、次第にクラリネットが中心的な楽器になった。楽士たちは、主に祭りなどの宗教行事や結婚式に演奏し、小銭稼ぎに劇場、宿屋、保養地などで演奏した。だが、なんと言っても結婚式が主な稼ぎの場であった。結婚式にクレズマ楽士の演奏が不可欠だったが、それには深い宗教的意味は見出せない。単に新郎新婦を幸福な気持ちにさせなければならないという掟のために演奏され、戒律に厳しいユダヤ教徒にも奔放で浮かれた音楽や踊りが例外的に許されるという逃げ道が用意されていた。だが、クレズマ楽士たちは、定められた慣習に従って演奏したのではなく、自らの結婚式での役割を創意工夫して発展させ、慣習のなかに組み入れることで結婚式の進行を決めてきたのだった。それは、単なる儀式音楽を超えたものとなっている、というのである。

ユダヤ系の文化人には学者や作家、音楽家がそれこそ数多く輩出しているのに、ユダヤ教がその戒律によって偶像崇拝を禁じているせいか、画家が意外に少ないのに気付く。次の「マルク・シャガール」では、その数少ない画家マルク・シャガールが取り上げられる。彼は、二つの世界大戦とロシア革命を文字通り自らの体験として二十世紀を生きぬいた白ロシア、ヴィテブスク生まれの画家で、革命や戦争による人間の悲惨と悲劇を目の当たりにし、不安と悲しみに苛まされながらも、人間の愛と喜びを、花と動物の命の楽しさと美しさを、滑稽なユーモアを漂わせて描き出した。微妙に輝く、明るい深い色彩によって造形されたのは、地上に生きる生物の命の輝きと愛の喜びであった。彼が晩年に至るまで、生きることの喜びに関心を持ちつづけられたのは、彼の故郷ヴィテブスクの文化によるところが大きい。ヴィテブスクは、白ロシア（今のベラルーシ）のシュテトルと呼ばれた東欧ユダヤ人の町である。このシュテトルは、ナチス・ドイツによってほぼ完全に破壊され、住民のユダヤ人はことごとく虐殺され、その文化は壊滅した。晩年彼はこの町を訪れているが、街路名も変わり、シナゴーグもなく、イディッシュ語を話すユダヤ人もいず、その文化は壊滅していたことに強い衝撃を受けている。かつて東欧に点在していたユダヤ人の町シュテトルは悉く破壊され、その文化は今は書物を通して知ることができるだけである。キリスト教徒に取り囲まれて、シュテトルを形成して生活せざるを得なかったユダヤ人は、その陰影に富む豊かな言葉（主にイディッシュ語）によってユーモアあふれる幾多の民話を紡ぎ出してきたが、シャガールの絵への民話の影響や、シュテトルの生活の核心を成していた宗教の影響を考察することで、全く新しい視点から、論者は、シャガールが生涯、人間の悲劇を見据えながらも、生命の輝きを人間と世界の神秘として描き続けたその創造の根源に迫ろうとしている。

「ヴィクトル・ウルマンとテレージエンシュタット」では、プラハの北約六十キロに作られたテレージエンシュタット強制収容所内で、囚人たちの自作自演によって上演されたオペラの話が取り上げられている。ナチス・ドイツはそのユダヤ人絶滅計画から国際社会の目を逸らすために、テレージエンシュタットに特殊な強制収容所を設置した。ここには高齢者や傷痍軍人、功労者、各界の著名人などが収容され、他の強制収容所に比して比較的自由な活動が許されていた。こうすることでナチスは、あたかもユダヤ人を保護しているかのようにみせかけるのである。だが、実際にはここは中継収容所であって、随時アウシュヴィッツなどの絶滅収容所への移送が行われ、その数十五万五千人に及んだ。解放の日に生き残ったユダヤ人は一万一千人に過ぎなかった。従って突然やってくる「東方移送」への恐怖やナチス親衛隊による虐待などによって肉体的、精神的な危機に陥る人が少なくなかった。このような人々を救済しようとする動きが自然に生まれてきたのであった。最初は歌による慰めであったが、やがて音楽的催しとなった。するとナチスはこれを許し、さらに音楽以外の分野にも広げて、彼らのプロパガンダとした。一九四四年六月、国際赤十字監視団による視察があったが、それに合わせてこの活動は最高潮に達する。その直後、プロパガンダ映画『総統がユダヤ人に町を贈る』が撮影されたことはよく知られている。この収容所の文化活動のなかで最も盛んだったのは、音楽会だった。それはチェコ在住の優れた音楽家が多数収容され、演奏の高い質が充たされていたからである。この音楽会では、既成のレパートリーばかりでなく、収容所の生活のなかから、生きる拠り所として創作された作品も上演された。ある生存者は、「文化活動への参加は抵抗の意思表示だった。ユダヤ人は下等人間だから本物の文化など分かるはずがない、という決まり文句に対する抵抗を意味していた。」と語っている。そのひとつが、ウルマン作曲のオペラ『アトランティスの皇帝』（作品中の皇帝は容易にヒトラーと結びつく）であった。この論文では、この作品を通して作曲家ウルマンが収容所の現実をどう捉えていたかを探っている。

次の「ルイス・モロー・ゴッチョーク——アメリカのユダヤ／クレオール系作曲家」では、全くユダヤ人社会とは無関係な境遇のなかで、一八二九年ユダヤ人とクレオール人を両親としてニューオーリンズに生まれたアメリカの天才音楽家ゴッチョークについての報告である。彼はその後フランスに渡り、作曲を始めた。その作品のひとつが「バンブーラ」で、幼少の折出生地ニューオーリンズのコンゴ広場から聞こえたアフリカ人奴隷のダンスに着想を得て作曲されたと言われている。彼は、ヨーロッパで成功を収めた後アメリカに帰り、アメリカ人で初めての職業ピアニストとしてコンサートを重ね、更にカリブ海や中南米への演奏旅行を続け、ブラジルで客死した。こうしてキューバでは、「ハバネラ」をいち早く取り上げたり、ラグタイムやジャズに繋がる「ケークウォーク」による作曲を行ったりするなど、主にリズム面で今日の「ワールドミュージック」に通じる楽曲を先取りした。だが、コンゴ広場の奴隷のダンスから着想を得たとされる「パンブーラ」についての説は現在の研究では疑問視されていて、ニューオーリンズの作家ジョージ・ケイブルの作り話ではないか、と推測されている。この当時ニューオーリンズでクレオール音楽に取り組んでいたのは、誰あろう、ラフカディオ・ハーンであった。

第五部「ヘブライ語」では、「関係詞の推移について」と題して、ヘブライ語の関係詞の推移を印欧語の関係詞と比較し、同じような経路を辿っているとして、関係詞について旧約聖書の文例から現代語に至るまで例文を挙げて説明している。論者は、ギリシャ語、ラテン語は言うまでもなく、ヨーロッパのほとんどの言語に通じ、中国語もハングルも含めた多言語を解する学者で、この度はヘブライ語について書いているが、筆者ならではの広い、多言語的視点から論じている。ヘブライ語やアラビア語を解する読者にはぜひ一読願いたいと思う。

以上簡単にこの叢書の内容を説明してきたが、この叢書の表題のようにユダヤ民族はまさに何世紀もの間それこそ「ツァロート（苦難）の道」を歩んできたし、この叢書を読むだけでもその過酷な苦しみの一端に触れることができると思う。だがそれにしても現在イスラエルとパレスチナの間で繰り返されている武力衝突には暗然とせざるを得ない。両者の果てしない憎悪の不毛な応酬、そして武力抗争の連鎖と、全く悪循環に陥っていて、罪もない人々が多数傷つけられ、殺されている。両者とも、一刻も早く過去のツァロートの歴史から学び取り、この悪しき連鎖を、武力ではなく、話し合いで断ち切って、両者共存の平和的解決を探ってほしい、と祈るような思いでいる。私たちのユダヤ研究もまだ緒に就いたばかりで、却ってこのテーマの底知れぬ深さと広さを思い知らされた思いがしている。

最後にこの叢書出版にあたり中央大学出版部の矢崎英明氏と平山勝基氏、中央大学人文科学研究所の新橋雅敏氏、石塚さとみさん、青木光江さんの皆さんには多大のご尽力を頂いた。この場を借りて心から厚く御礼申し上げたい。

二〇〇二年二月

研究会チーム「ユダヤ歴史と文化研究」

（文責　入野田眞右）

目次

まえがき

第一部　啓蒙の可能性

モーゼス・メンデルスゾーン
――啓蒙されたモーセ …… 平山令二 3

一　その生涯 …… 3
二　ラーヴァターとの論争 …… 7
三　マナッセー・ベン・イスラエル『ユダヤ人の救済』の「序文」 …… 14
四　『エルサレム』 …… 17
五　『ユダヤの儀礼法』とユダヤ人の宣誓の改革 …… 23
おわりに …… 28

十八世紀ドイツにおけるユダヤ人像の変容 …… 飯森伸哉 …… 33
序 …… 33
一　新しいユダヤ人像――レッシングの戯曲『ユダヤ人』について …… 34
二　レッシングと啓示宗教 …… 37
三　ユダヤ教徒とキリスト教徒の交流――モーゼス・メンデルスゾーンの例 …… 42
四　ユダヤ人解放前史
――クリスティアン・ヴィルヘルム・フォン・ドームについて …… 44
五　ユダヤ教とキリスト教の共生――ユダヤ人サロンについて …… 48
結語 …… 50
いとも幸福な出会い
――ジャン・パウルとユダヤへの小さな散歩 …… 飯塚公夫 …… 55
一　ユダヤ人のジャン・パウル …… 55
二　ジャン・パウルのユダヤ人 …… 65

第二部　繰り返される試練

異教的反ユダヤ主義
——L・クラーゲスの思想と反ユダヤ主義 …… 田島正行 101
一　問題の所在 …… 101
二　クラーゲスの反ユダヤ主義資料 …… 104
三　クラーゲスの根本思想と反ユダヤ主義 …… 108
四　「自己憎悪」としての反ユダヤ主義 …… 115

ナチ体制下の反ユダヤ主義
——立法政策を中心として …… 白根澤正士 129
はじめに …… 129
一　匕首伝説とワイマール共和制の崩壊 …… 130
二　ナチ体制下の反ユダヤ主義政策 …… 131
おわりに …… 152

ソビエト・イディッシュの運命　高尾千津子　161
――一九二〇年代ソビエトの現場から
一　ユダヤ人とことば　161
二　ユダヤ人コムニストたち　165
三　ロシア語とのバイリンガリズム　169
四　コレニザーツィヤとユダヤ人　173
五　インターナショナルな言語　176
六　「祖国ソ連」の求心力　178
おわりに　179

第三部　内なるツァロート（苦難）

カール・クラウスにおける「ユダヤ性」　河野英二　187
――ディアスポラ・アイデンティティの戦略としての諷刺パフォーマンス
一　選び直された同化志向　187
二　アウトサイダーとしての諷刺家　192
三　「ユダヤ性」への回帰　198

四　パフォーマンスとディアスポラ・アイデンティティ……203

ヨーゼフ・ロートの手紙
――シュテファン・ツヴァイクにかかわらせて……相馬久康……215

一　書簡集を再読して……215
二　「ユダヤとドイツのはざまで」……223
三　鎮魂のアムビヴァレンツ……233
四　「僕こと、ヨッセル・ロート」……242

二人のユダヤ人作家
――フランツ・カフカとヘルマン・ブロッホ……入野田眞右……257

一　ヘルマン・ブロッホにとってのカフカ……257
二　ユダヤ人作家としてのブロッホ……262
三　ユダヤ人作家としてのカフカ……266
四　ギュンター・アンダースの見たカフカ……273
むすび……279

アメリーを読むツェラーン……北　彰 283
一　ユダヤ人であることの強制……284
二　ツェラーンの場合……287
三　破局に瀕しているユダヤ人……291
四　「悲惨」の語源としての「追放」、あるいは「亡命」……296
五　「絶対的亡命」あるいは「普遍という荒野」……301

第四部　表現の模索

イディッシュの結婚式におけるクレズマ楽士……牧野ウーヴェ 315
マルク・シャガール……伏谷幸子 329
——シュテトルに育まれた絵画
はじめに……329
一　シュテトル……331
二　イディッシュ語と民話とシャガール……334
三　愛と花束……340

四　ハシディスムと旧約聖書……342
五　『ノアの箱舟』と『戦争』……347
おわりに……351

ヴィクトル・ウルマンとテレージエンシュタット
——あるいは、収容所のなかの「死の舞踏」……小林正幸……355
一　テレージエンシュタット……355
二　収容所の音楽家たち……359
三　プラハからテレージエンシュタットへ……367
四　オペラ『アトランティスの皇帝——あるいは死神の拒絶』……374

ルイス・モロー・ゴッチョーク
——アメリカのユダヤ／クレオール系作曲家……黒田晴之……403
一　ポピュラー音楽からゴッチョークへ……403
二　ゴッチョークのフットワーク……406
三　ケイブルとハーンの「バンブーラ」をめぐる動き……415
四　「アメリカの作曲家」としてのゴッチョーク……424

第五部　ヘブライ語

ヘブライ語関係詞の推移について……………………植田兼義……1

人名索引

第一部　啓蒙の可能性

モーゼス・メンデルスゾーン
——啓蒙されたモーセ

平山令二

一　その生涯

一七四三年九月、十四歳の少年がユダヤ人に唯一通行を許されていたローゼンタール門からベルリンの市内に入ろうとしていた。小柄で背の曲がっていたその少年はマウシェ・ニ・デッサウ（デッサウ出身のモーセ）という名前だった。伝説によると、門番に「ベルリンで何をするつもりだ」と訊かれると、少年は「学ぶこと」と短く答えたという。その少年こそ、ユダヤ人哲学者としてドイツ人の間で初めて認められたモーゼス・メンデルスゾーンの若き日の姿であった。その日の門番の通行日誌に「通行したのは牛六頭、豚七匹、ユダヤ人一人」と書かれてあるように、当時ユダヤ人は家畜並みの扱いを受けていた。

モーゼス・メンデルスゾーンは一七二九年九月六日、ベルリンの西南百三十キロの町デッサウのゲットーで、ユダヤ人共同体の筆耕で教師の仕事もしていたメンデルの子として生まれた。幼いモーゼスはタルムードを有名なラビ、ダヴィド・フレンケルに学んだ。フレンケルは、アリストテレス哲学とユダヤ教を統合しようとしたユダヤ人哲学者マイモニデス（『迷える者たちへの道案内』で著名）をメンデルスゾーンに教え、哲学への関心が芽生えた。フレンケルがベルリンのラビ長として赴任する際に、向学心抑えがたく、追いかけて来たのだった。

極貧のなか豊かなユダヤ人たちに暮らしを助けられ、それまでの日常語だったイディッシュ語ではなくドイツ語を正式に学び、また論理学や数学、それにラテン語や英語、フランス語などの語学もユダヤ人先学たちに学び、ライプニッツやヴォルフ、ロックなどの著作を読んだ。二十一歳で富裕な絹織物工場主イサーク・ベルンハルトに子供たちの家庭教師として雇われ、四年後には工場の簿記係の職を与えられた。ベルンハルトの死後、工場経営の中心となり、忙しい仕事のかたわら哲学研究や著作活動を行った。チェスの名手だったことから、チェス好きの作家レッシングと知り合いになり、またレッシングの友人の出版人で作家のフリードリヒ・ニコライとも親しくなった。一七五五年、『形而上学者ポープ！』をレッシングとの共著で出版し、レッシングはメンデルスゾーンの『哲学的対話』を匿名で出版した。著者であることはすぐに知られ、ユダヤ人哲学者の存在は評判となった。同年、「学者カフェー」のメンバーに迎え入れられ、有名な学者たちとも知り合いになった。その後もニコライの出版する雑誌に文学評論や美学論文を寄稿し、協力した。

一七六三年、ベルリン王立アカデミーの懸賞論文に応募した「形而上学における明証性について」は、カントを抑え一等を受賞した。一七六七年に出版された魂の不死性についての著書『フェードン』はベストセラーとなり各国語にもすぐに訳され、「賢明なソクラテス」の仇名がつけられることになった。

一七六九年、六年前からの知り合いであるチューリヒの牧師ラーヴァターは、後の節で述べるように、シャルル・ボネの著書を自ら抄訳した『キリスト教の証明の試み』を献呈する形で、メンデルスゾーンにキリスト教に改宗するように公然と迫った。これにより、キリスト教国におけるユダヤ人の弱い立場ゆえに警戒し嫌悪していた宗教論争に否応なしに巻き込まれることになった。レッシングを始めとするドイツの知識人たちもメンデルスゾーンの味方となり、ラーヴァターは非難され要求を撤回したが、この論争をきっかけにさまざまな改宗の試みがメンデルスゾーンに向けられた。慇懃なものから脅迫的なものまで、改宗の誘いには多様なものがあった。元来頑健ではないメンデルスゾーンは、この論争のために精神的・肉体的に大きな打撃を受け、医者から二カ月間は完全に読み書きをやめるように、と命ぜられるほどだった。

ちなみに、この論争の後日談として次のような逸話が残っている。一七七六年八月、メンデルスゾーンはドレスデンに旅したが、市の門を通る際に通行税として牛と同じ二十グロッシェンを支払わなければならなかった。高名な哲学者に牛並みの通行税を払わせたということで、批判されたザクセン政府はあとで二十グロッシェンを返してきた。メンデルスゾーンは、「ラーヴァターが私にどんなに好意を持っていてくれたかよく分かった。もし私がキリスト教徒になっていれば、この二十グロッシェン払わずにすんだのだから」と皮肉なコメントをしたという。

一七七一年に王立アカデミーの会員に推挙されたが、ユダヤ人嫌いのフリードリヒ大王に拒否されてしまう。一七七七年、ヴォルフェンビュッテルの図書館長をしていたレッシングを訪ね旧交を暖めるが、一七八一年二月にレッシングは死ぬ。「レッシングは死んだが、彼は私の心のなかで恋人の面影のようにつねに生きている」とメンデルスゾーンは心のこもった追悼の言葉を書いている。ふたりの美しい友情の記念碑がレッシングの劇『賢者ナータン』(一七七九年出版)である。主人公の人間愛にみちた理知的なユダヤ商人ナータンに、レッシングは友人メンデルスゾーンの姿を描き込んだ。

メンデルスゾーンは、理論的な著作活動により誤解されていたユダヤ教の真の姿をキリスト教徒に分からせようとしただけでなく、実践的にもキリスト教国におけるユダヤ人の立場を強めようとし、迫害されたユダヤ人を擁護した。後で触れるように、ユダヤ法の概説を書き、ユダヤ人の宣誓の改革に協力したが、その他にもユダヤ人子弟に一般教育も授ける初の学校作りのアドバイスをした。迫害を受けていたスイスのユダヤ人たちや追放されようとしたドレスデンのユダヤ人たちを有力者たちに対する影響力を行使し、迫害や追放から守ったりもした。

しかし、ユダヤ人の依頼をそのままでは受けなかったこともある。シュヴェリーンのユダヤ人たちは、三日間は遺体を埋葬しないようにという政府の命令を受けたが、これは遺体をその日のうちに埋葬するというユダヤ教の慣習に反していたので、メンデルスゾーンに相談した。メンデルスゾーンは、死を確認するためには日数が必要だし、タルムードが編纂された時代にはユダヤ人たちも死者を洞窟に三日間安置していた、という前例があるので、「遺体安置所」を作る許可を政府にもらうようにとアドバイスしている。このように、ユダヤ教の教えをそのまま安易に踏襲するのではなく、科学的・理性的な知見と結びつけようと努めている。ただ、その際にもユダヤ教の歴史のなかに前例を見出だすことで説得力を強めようとしている。

アルザスのユダヤ人たちが待遇改善を求めフランスの枢密院に請願書を提出しようとしたときに、彼らは著名人であるメンデルスゾーンに起草を依頼した。メンデルスゾーンは起草をキリスト教徒に依頼した方が効果的であろうと判断した。白羽の矢が立ったのは、旧知の仲であるベルリンの官吏クリスティアン・ドームである。ドームは歴史家でもあった。このことが契機となり、ドームの有名な論文『ユダヤ人の市民的立場の改善について』が執筆されることになる。

さらに、旧約聖書のモーセ五書や詩篇のドイツ語訳もメンデルスゾーンの重要な仕事である。その際に、当時アルファベットを読めないユダヤ人が多かったので、ヘブライ文字を使ってドイツ語に訳している。この翻訳によりドイツ語を学ぶ若者たちが育っていった。イディッシュ語ではなくドイツ語がドイツ語圏のユダヤ人たちに日常的に使われるようになるうえで重要な契機となる翻訳の仕事であった。

メンデルスゾーンの最後の著書は『朝の時間あるいは神の存在についての講義』（一七八五）である。カントはこの書に「独断哲学の最後の遺産であると共にその最高の作品」と自らの批判哲学との違いを際立たせながらも、高い評価を与えた。

一七八六年、メンデルスゾーンは風邪をこじらして死去する。ユダヤ人たちは、「モーゼス（予言者モーセのドイツ語読み）からモーゼス（メンデルスゾーンのこと）までモーゼスに匹敵する者はひとりもいない」と、メンデルスゾーンの功績を高く評価した。

以下、メンデルスゾーンの幅広い仕事のなかで、ユダヤ教やユダヤ人の社会的地位の改善に関わる主な著作活動、具体的にはラーヴァターとの論争を契機に生み出された著作群、マナッセー・ベン・イスラエル著『ユダヤ人の救済』のドイツ語訳に寄せた「序文」、『エルサレム』、それに実践的課題であった「ユダヤの儀礼法」解説および「ユダヤ人の宣誓の改革」を順次見ていこう。

二　ラーヴァターとの論争

一七六九年八月二十五日、スイスのチューリヒの牧師で「人相学」でも名高いヨハン・カスパル・ラーヴァターは、ジュネーブの学者シャルル・ボネの著作『哲学的再生論あるいは生物の過去および未来の状態についての見解』を『キリスト教の証明の哲学的研究』という題で抄訳し、そこにメンデルスゾーンへの献辞もつけて出版した。ラーヴァターはすでに六年前、ベルリンにメンデルスゾーンを訪ねていた。「献辞」の冒頭でラーヴァターは、「私の知る限りで最良のキリスト教の哲学的証明」を献呈させていただく、と書き、メンデルスゾーンの洞察力、真理愛、公平さといった美質を称賛したうえで、次のように続ける。ボネの著書を哲学的公平さで読んでもらいたいとはお願いしません、お願いするまでもなくそうしてくださるだろうから。私がお願いしたいことは、「あなたがキリスト教の諸事実の支えとなる本質的な論拠を正しくないと思われるならば、それらを公に論駁していただくことです」。「しかし、もし論拠が正しいと思われるならば、賢明さや真理への愛、正直さがあなたに命じることをしてください。ソクラテスがこの著書を読み、反論できないと思った時にしたであろうことを。」(三)

慇懃な表現ではあるが、ラーヴァターがボネの著書の抄訳を献呈した背景に、メンデルスゾーンをキリスト教徒に改宗させる、という意図があったことを明白に示している。メンデルスゾーンはすぐに返事を書くことを躊躇した。その理由は、ボネの論の当否という内容上の問題ではなく、「公に論駁してもらいたい」というラーヴァターの要求にある。すなわち、ボネの著書を公に批判することは、単なる私的な宗教信条の表明にとどまらず、キリスト教徒の代表としてのボネ(そしてラーヴァター)とユダヤ教徒代表としてのメンデルスゾーンの宗教論争という性格を持たざるをえなくなるからである。一七七〇年、メンデルスゾーンは熟慮の末、「チューリヒの牧師補ラーヴァター氏への書簡」(書簡の日付は六九年十二月十二日)をニコライの出版社から発表する。

冒頭の部分で、メンデルスゾーンは先の献辞の部分を引用して、ラーヴァターが望んでいるのは、「父祖の宗教を捨て、ボネ氏が弁護している宗教に改宗しろということ」だと言い切る。ラーヴァターの行為が純粋な動機に基づき、その意図が人類愛的なものであると認めながらも、「公開の形で返答を要求されるとは思いもよりませんでした」(七)と強い不快感を示し、以前ベルリンで会ったときも、自分は宗教論議を避けようとした。また、あなた方に無理強いされて信条を述べたさいも、その内容を決して公表しないという保証をもらっていたはずだが、とラーヴァターに釘をさす。自らの信条を公表することは、私の気持ちにまったく反することである。それなのに、なぜ私を「公開の闘技場」に引き出そうとするのかと反問する。学問から疎外され、市民としての地位も保証されていないユダヤ人は「精神力を自由に発揮する」(八)には程遠い状況にある、と対等の宗教論争を行うことの不可能な自分たちユダヤ人の現状にラーヴァターの注意を向ける。

その前提のうえで、ユダヤ教に対する自らの立場を明確にする。どこでも軽蔑されているこの宗教に自分をつなぎとめているものはなにか。長年の研究の結果、「もしも、父祖の宗教を真の宗教と認めることができなかったら、この宗教を捨ててしまわねばならなかったでしょう。」(九)ユダヤ教には、他の宗教同様に、人間の手の加えられた部分や悪用された部分、迷信などもあるが、「しかし、ユダヤ教の本質的な部分については、あなたやボネ氏があなたの宗教に対して持っているような確固として、反論を受ける余地のない確信を私は持っています。」ユダヤ人に対する偏見については、「論争文ではなく徳によって反駁できることを望んでいます。」(一〇)ユダヤ教の原則に基づけば、ユダヤ教の掟のもとに生まれなかった人を改宗させてはならない。ユダヤ教はあくまでもユダヤ民族のための宗教である。「同時代人に孔子やソロンがいたとしても、ユダヤ教の原則に従えば、孔子やソロンを改宗させようという愚かな気持ちを起こすことなく、これら偉人を愛し尊敬することができるでしょう。」(一一)

このように異教徒の改宗を目指さないユダヤ教の平和的な志向を強調し、メンデルスゾーンは逆に、ラーヴァターの住むチューリヒには「割礼をほどこされた者」(ユダヤ教徒)を町に入れないという法律があることに注意をうながす。

次にメンデルスゾーンはボネの著書の評価に移る。注意深く読んでみたが、その内容は「キリスト教の擁護論としても、あなたが評価する程の価値を持っていないと告白せざるをえません。」(一五)キリスト教の擁護論としては、ドイツ人の著書の方がずっと徹底していて、ずっと哲学的だからだ。ボネの哲学的仮定のほとんどはドイツの土地に生じたもののように思える。論理的一貫性も欠いていて、つまりは、すでにキリスト教徒である者の信仰を強めるために書かれたものと思われる。以上のように、ボネのキリスト教擁護論が二番煎じであり、異教徒に対する説得力を欠いている、とまとめる。

メンデルスゾーンは、自分の本性にあっている平穏な境遇へもどることを許してほしい、自ら課した限界を超えこれ以上宗教論争に巻き込まれたくない、という希望を表明して書簡を終える。しかし、残念ながらメンデルスゾーンの希望はかなえられなかった。

ラーヴァターは、周囲の人々やボネ本人からも軽率な振る舞いを批判され、弁解をするため、七〇年二月十四日付でメンデルスゾーンへ返書を書く。ラーヴァターは無礼な振る舞いを謝罪し、メンデルスゾーンへの改宗要求を撤回する。しかし、その後「あなたがユダヤ教の神性のよりどころにしている哲学的根拠を示していただけるならばまことに幸いです」（三二–三三）と、未練がましくメンデルスゾーンの宗教信条を聞き出そうとする。メンデルスゾーンの書簡に現れている気高い志操に涙を抑えられなかった、と書いて、だからこそ「あなたがキリスト教徒であってくだされぱいいのに！」（三六）という望みを新たに持たざるをえなかった、と続ける。要するに、自らの非礼をわびるような慇懃な態度を保ちながらも、この時点でもラーヴァターはメンデルスゾーンを改宗させるという望みを完全には捨て去っていないのである。

これに対し、メンデルスゾーンは「回想」（四月六日付）という題の論文でボネの著書に対する自らの見解を明らかにしている。なお、ラーヴァターの「返書」と「回想」は一括して出版されることになった。論争がすでに公のものとなり世間の耳目をひいていたので、論争を公に決着させるために、ニコライやラーヴァターの友人たちが話し合って出版することに決めたのだった。もちろん、メンデルスゾーンとラーヴァターの承認を得たうえのことであるが。

ボネに対する批判の重要な論点は「奇跡」の問題である。ボネは奇跡を「真理の見誤ることなき印」とし、

「予言者が奇跡を行ったという信頼すべき証言が得られたら、予言者が神から使命を与えられていることに疑いの余地はない」としているが、メンデルスゾーンによればユダヤ教の教えは異なっている。「奇跡は真理を見分ける印にはならないし、予言者が神から与えられた使命に道徳的確かさを与えるものでもない。」ユダヤ教においては、「公的な律法のみが予言者の使命に満足すべき確かさを与えるのである。」(二三)以上をまとめる形で、「私たちの啓示に対する信仰は奇跡に基づいているのではなく、律法に基づいている」(二四)とメンデルスゾーンは、ユダヤ教の性格が啓蒙の時代に合致した理性的なものだと強調する。

「回想」の後半は、ラーヴァターへの回答ではなく、ゲッチンゲンの学者ヨハン・ケーベレに対する批判になっている。ケーベレはメンデルスゾーンとラーヴァターの論争に介入しようとした人物で、それまでもメンデルスゾーンの「明証性論文」に難癖をつけたり、メンデルスゾーンを風刺する小説を書いたり、『フェードン』に反対する『アンチ・フェードン』を書くと広言したり、事あるごとにメンデルスゾーンを挑発し、宗教論争に引きずりこもうとしていた反ユダヤ主義的学者である。メンデルスゾーンが宗教信条を公開の場で明らかにすることを絶対に避けようとしたのも、ケーベレのような反ユダヤ主義的人物がメンデルスゾーンの揚げ足を取ろうと虎視眈々と狙っていたからなのである。

メンデルスゾーンは続いてボネの著書への包括的な批判として、一七七〇年に『ボネの再生論に対する反考察』を書いた。ボネの論点をあげながら、それを一つずつ批判するという構成になっている。ボネが、理性だけでは神が正義であり善であるということを知ることはできない、と啓示の必要性を主張したのに対し、メンデルスゾーンは次のように反論する。啓示がなければ、来世で永遠に悲惨な状態に置かれるかもしれないと不安になると言うが、神は幸福にするために人間を創造したのであり、神の罰も人間を良くするための限度を超えることはなく、永劫の罰はありえない。このような神の意図は人間の理性で理解できることであり、「啓示は必要ではない。」

　啓示についてさらに、「私は常々、啓示の必要性についての証明を危険なものとみなしてきた」と述べ、啓示がなければ人類は堕落して悲惨な状態にいなければならないと言うなら、「なぜ人類の大部分が真の啓示なしに暮らしているのか」(七三)と反問する。どんなに野蛮な民族も、社会生活を営むようになると、自然宗教の真理についての道徳的確信を持つようになる。それは迷信による確信ではあるにしても。次に民族が啓蒙されると、今度は幸福へいたるために不可欠な真理が理性的認識のうえに建てられることになる。つまり、いずれにせよ啓示を持たない民族にとり啓示は不要なのだ。イスラエルの民は神により啓示を与えられ、とりわけ律法を啓示され、律法にしたがって生きることにより幸福に達することができる。他方、啓示を与えられなかった民族は、ユダヤ教の教えでは「自然の光にしたがって生きることで幸福にいたるとされている。」(七五)メンデルスゾーンはこのように啓示の民の特権的地位を否定し、啓示を受けなかった民も幸福にいたることができると主張する。そのように考える方が、慈愛に満ちた善なる神の姿にふさわしいからである。

　メンデルスゾーンはそのあとで、「回想」で論じた奇跡の問題を再度取り上げ、宗教の証明を研究する場合には、理性の原則と信仰の教えが一致するかどうか調べることを無視してはならないとする。メンデルスゾーンは「奇跡はあまねく神意においてそもそもの初めから神の意図する体系に入っていた」と奇跡の存在を否定はしない。しかし、「永遠の昔から神は自然な原因と結果のつながりのなかで、賢明な意図により、奇跡を起こすことを決めていた」(七八)と、奇跡が自然の因果連関を壊すものではないことを強調する。いわば、奇跡の「奇跡性」を薄めようとしていると言えよう。次に証言の信憑性という問題をメンデルスゾーンは論じる。「啓示とは、人間の側からすれば、神が語ったという確信を前提にしている。この確信にいたる手段が奇跡である。」しかし、自分でこの奇跡を見たわけではない場合には、証人の証言によるしかない。ところが、それを否定する証言もあるならば、どう判断すればよいか分からなくなってしまう。ユダヤ教においても、奇跡が起こったというさまざまな証言がつい最近にいたるまで見られた。しかし、さまざまな証言がただひとつ一致するのは、「モーセという男が神から直接に使命を与えられた」(八六)ということである。この事実に比べれば他の奇跡は比べものにならない、とメンデルスゾーンは結論づける。

最後にメンデルスゾーンはキリスト教とユダヤ教を比較し、ユダヤ教は三つの根本原理から成っていると述べる。それは、一　神、二　摂理、三　律法である(九五)。その内容は以下のようである。一　神はあらゆるものの創造者であり無制限な支配者で、唯一で単一な神である。二　この神は創造の過程で起こったすべてのことを知り、自然な手段や超自然的な手段によって善に報い、悪を罰する。三　この神は、イスラエルの子たちにモーセの息子アムラムスを通してその律法を明らかにした。律法は書かれたものとして伝わっている。

次に、このような原理に基づくユダヤ教とキリスト教の類似点と相違点についてメンデルスゾーンは論じていく。キリスト教のなかでもアタナシウス派はキリストの神性を認めず、キリストをモーセのような偉大な人間、神聖な予言者とみなす点で、キリスト教よりもユダヤ教により近い。ユニテリアン派とユダヤ教も、魂の不死、来世での賞罰などの点で一致している。むしろ、アタナシウス派とユニテリアン派の違いの方がキリスト教とユダヤ教の違いよりも大きいのである。しかしながら、ユダヤ教徒とユニテリアン派の運命はまったく異なるものとなった。スペインやポルトガルのユダヤ人迫害、そして背教という苦難の歴史と対照的に、ユニテリアン派は同じキリスト教徒であるということでユダヤ教徒のような徹底した迫害を蒙ることはなかった。このように、キリスト教とユダヤ教の間には宗教的にこれまで思われてきたような大きな相違はない、ということを強調し、相争うことの無意味さを説いて、メンデルスゾーンは論を終える。

三　マナッセー・ベン・イスラエル『ユダヤ人の救済』の「序文」

一七八一年、メンデルスゾーンの知人クリスティアン・ドームによる画期的な論文『ユダヤ人の市民的立場の改善について』が出版され、それに続いてオーストリア皇帝ヨーゼフ二世によりユダヤ人寛容勅令が出されることになった。しかし、ドームの論に対しては反論も出された。そこでユダヤ人解放の動きをプロイセンでも進め、ドームに対する批判に反批判を加えるために、メンデルスゾーンはパンフを出すことにした。その内容はアムステルダムのラビ、マナッセー・ベン・イスラエルが一六五六年に出版した『ユダヤ人の救済』の英訳版をドイツ語に翻訳したもの（訳者はメンデルスゾーンの友人マルクス・ヘルツ）に、自らの「序文」をつけたものだった。マナッセーはアムステルダムのユダヤ人社会の中心人物であり、スピノザの師として名高い。マナッセーの著作の目的は、一二九〇年に行われたイギリスからのユダヤ人追放を批判し、イギリスにおけるユダヤ人の居住権の回復を訴えることにあった。そのためにマナッセーはイギリスに渡り、クロムウェルに直接このことを訴えている。

メンデルスゾーンはこのパンフのタイトルに、「戦争顧問官ドーム氏の論文『ユダヤ人の市民的立場の改善について』の付録として」という副題をつけた。これまで、売られた喧嘩であるラーヴァターとの論争以外にはユダヤ教やユダヤ人を弁護する論争文を公表することはなかったメンデルスゾーンだったが、ドームを支援するために今回は積極的に論争的なパンフを著したのである。「序文」におけるメンデルスゾーンの主張を追ってみよう。

冒頭、「人類の権利が本来の広がりにおいて認められ始める時代を晩年に経験させてもらえたことを最善なる摂理に感謝する」（三）と述べ、ユダヤ人解放の動きに率直に喜びを表明する。メンデルスゾーンは、レッシングを「哲学的な詩人」、ドームを「哲学的な国家学者」と呼び、両者がユダヤ人解放に果たした役割を高く評価する。そのうえで「ドームの意図は、ユダヤ教やユダヤ人のための弁護論を書くことではなく」、ドームが論文を書いたのは「人類のためにしたことであり、人類の権利を守ったのだ」（五）と、ユダヤ人の解放は人類全体の解放につながることだと位置づける。ユダヤ人は、かつてはキリスト教徒の子供を殺害するとか、井戸に毒を投げ込むといった誹謗中傷にさらされていたが、時代が変わった現在はさすがにそのような誹謗はそのままでは通用しない。しかし、現在もユダヤ人は形を変えた偏見にさらされている。道徳感情がないとか、学問、芸術、役に立つ生業への能力がない、兵役などで国家の役に立っていない、逆に詐欺師や高利貸し、法を無視する性向があるという非難である。ユダヤ人に向けられた近頃の非難は、「何も生産することがなく」、「単に浪費するだけだ」（一三）というものである。当時、職業上の制約からユダヤ人は農民や手工業者になることはできなかったからである。これに対し、メンデルスゾーンは「生産」の意味する内容を突き詰めていき、「何か作ることだけではなく、何かすることも生産である」とし、「手で仕事をしている人だけが生産者ではない」（一三）と主張する。その意味では、何も作ってはいないが、商人も兵士も学者もりっぱに生産していると言える。生産者から加工者への橋渡し役をする「きわめて零細なユダヤ行商人も、この意味では単に浪費する者ではなく、国家の有益な住民（市民と呼ぶことはできないが）であり、真の生産者なのである。」（一六）ユダヤ人も国家や社会のなかで十分に役に立つ仕事をしてる、とメンデルスゾーンは結論づける。

メンデルスゾーンは「序文」の最後のところで、ドームの論文の主張に一カ所だけ疑義を差しはさむ。それは、「コロニー」（ユダヤ人共同体）の自治についての見解である。ドームは論文のなかで、ユダヤ人共同体に自治を認める考えを表明している。メンデルゾーンは、その自治の内容が民事にかかわるものなのか、それとも宗教的なものにかかわるものなのかを問題にする。ドームは宗教にかかわる自治として次のようなことも認める。「あらゆる宗教共同体と同様に、ユダヤ教の共同体も一定期間に及ぶ、あるいは永久の破門の権利を持たねばならないだろう。」つまり、破門権もユダヤ人の自治の一環として認めようとする。これに対し、メンデルスゾーンは、「私が思うに、あらゆる社会は排除の権利を持つが、教会だけは持たない。なぜならば、それは教会の最終目的に真っ向から反することだからだ」(三二)と異議を呈する。「理性の礼拝の場」である教会は、異端者に対しても門を閉じていてはならない。メンデルスゾーンは、外国人をも礼拝に受け入れたソロモン王の例をあげ、異端者というレッテルを貼られた者も破門すべきではないとする。これまで、キリスト教徒の「不寛容の重いくびき」に苦しんでいたユダヤ人たちは、その復讐として同じユダヤ人の異端者に破門という同じ「くびき」を科すかもしれない。このような危機感から、メンデルスゾーンはユダヤ人共同体に「破門」の権利を認めまいとする。実際、メンデルスゾーンの「序文」執筆時に、デンマーク領だったアルトナでユダヤ人の破門の手続きが行われ、そのユダヤ人がデンマーク政府に破門の撤回を訴えるという事件があった。この事件は、反ユダヤ主義的な文書のなかで、ユダヤ教会の不寛容の例として取り上げられていた。破門権はアクチュアルなテーマだったのだ。

最後のところで、メンデルスゾーンはユダヤ人同胞に次のように訴える。「他の宗教の人々に保護され、黙認され、容認されたいのなら、互いに保護し、黙認し、容認し合いなさい！　愛しなさい、そうすれば愛されるようになるだろう！」(三五)

ドームがキリスト教徒としてユダヤ人に対する寛容を主張し、ユダヤ人の自治権を擁護したのに対し、メンデルスゾーンは、ユダヤ教会の破門権がユダヤ人の自由な思想の発展を妨げ、偏狭なユダヤ人というキリスト教徒の間での偏見を強めることになるのではないか、と懸念したのである。そこには、解放の動きをユダヤ教会の閉鎖性によって逆戻りさせてはならない、という危機意識が読み取れる。

四　『エルサレム』

一七八二年九月、マナッセー・ベン・イスラエルのパンフが出版されてから半年後、ベルリンで『光明と法の探求――マナッセー・ベン・イスラエルの著作の注目すべき「序文」を契機としたモーゼス・メンデルスゾーン氏への書簡』というパンフが出版された。著者は匿名になっているが、後に風刺作家のアウグスト・フリードリヒ・クランツが自ら名乗り出ている。パンフのなかでクランツは、パンフを書いた意図を次のように説明する。ラーヴァターとの論争の場合は仕掛けられたものだったので、メンデルスゾーンが自らの宗教信条を表明しなかったことにも世間は同情的だったが、「序文」ではユダヤ教に対する立場を表明するという「第一歩」を印したので、今こそ世間の期待に応えユダヤ教についての包括的宗教信条を述べるという「第二歩」を踏み出さねばならない。その際の中心テーマは、「武装した教会法が常にユダヤ教のもっとも卓越した礎石のひとつである」ということである。ユダヤ教会は異端者に対して過酷な破門という処分を下してきた。かつての祭政一致のユダヤ国家においては、破門はそのまま死を意味した。メンデルスゾーンのとなえる理性的な宗教としてのユダヤ教は、このように重要な破門権という礎石を取りのけることにより、ユダヤ教という建物そのものを揺り動かすことになるのではないか。

翌年八三年に出版された『エルサレムあるいは宗教的権力とユダヤ教』はクランツのパンフに対する応答という性格を持ち、副題の「宗教的権力とユダヤ教」はまさにクランツの問いを意識したものになっている。「エルサレム」という題も、「我々キリスト教徒は礼拝をエルサレムにもサマリアにも結びつけはしない」(八一)、キリスト教の本質は精神と真理において神に祈ることにある、と普遍宗教としてのキリスト教を誇り、ユダヤ教を地域宗教、民族宗教として低く見ようとするクランツの挑発的な言葉を意識している。つまり、メンデルスゾーンはユダヤ教徒としてあくまで聖地エルサレムに信仰を結びつける、というマニフェストである。しかし、本文を読むと分かるように、そのことと、ユダヤ教の信仰が理性に基づくという証明との間には、まったく矛盾はないとメンデルスゾーンは主張するのである。『エルサレム』は二部からなっている。

第一部のテーマは、冒頭にあるように「国家と宗教」(一〇三)の関係の探求である。より具体的には、「国家と宗教の概念、両者の境界と互いの影響関係、および市民生活における幸福に対する両者の影響」(一〇九)を明らかにすることであった。メンデルスゾーンは両者の関係を次のように整理する。「人が社会の外部では、自分自身に対する義務も、自らの創造者に対する義務も、また隣人に対する義務もほとんど果たしえないと認識したときに」、「欲求を満たすために互いに助け合い、共に最善の状態を作り出す準備をするために他の人間たちと社会を形成する。」(一〇九)しかし、地上における、また天上における幸福を期待するためには、二種類の義務を果たさねばならない。「行為と志操」である。行為により義務が要求することをなし、志操によりその行為が真の源、すなわち純粋な動機からなされる。人間を理性的な行為や志操に導く動機は、一部は人間相互の関係に基づき、一部は人間の創造者で保護者である神への関係に基づいている。前者は国家にかかわり、後者は宗教にかかわる。

以上のように、国家と宗教のどちらも、最高善の追求という共通の目標を持っている。しかしながら、国家と宗教の相違も明確に存在するのである。目標を達成する方法論が異なっている。「国家は命令し強制する。宗教は教化し説得する。国家は法律を発布し、宗教は戒律を定める。国家は物理的力を持ち、必要ならばそれを行使する。宗教の力は愛と慈善である。国家は服従しない者を見捨て、追放する。宗教は服従しない者を懐に受け入れ、彼の生涯の最後の瞬間においても、なんの利益も求めることなく、彼を教化しようとするか、少なくとも慰めようとする。」（一二四）異端者に対する寛容をメンデルスゾーンは先の「序文」同様に、ここでも宗教の本質と見なしている。

メンデルスゾーンは最後のところで国家と教会の目的について再度整理する。両者は、「この世とあの世で人間の幸福を公的に準備することで促進する義務を負っている。」（一三七）両者は人間の志操と行動、原則（メンデルスゾーンの用語で「信条」、とりわけ「宗教信条」を指す）とその応用に働きかける。「原則は自由であり、志操はその本質からして強制や買収を受けることはない。」（一三七）志操は、人間の認識能力に属し、真理と非真理という基準によって決定されなければならない。したがって、「教会も国家も、人間の原則や志操になんらかの強制を加える権利は持たない。教会にも国家にも、原則や志操に優位や権利、人やものに対する請求権を結びつける権利はないし、真理の力が認識能力に対して持つ影響を外部から干渉することで弱めることはできない。」（一三八）「社会契約でさえ、国家や教会に対してそのような権利を与えることはできなかった。なぜならば、その本質からして譲渡不可能なものごとについての契約はいかなる点からしても無効であり、おのずから廃棄されるからである。」（一三八）

宗教信条や教育観について無理やり誓わせてはならない。信条や思想は自由でなければならないからだ。国家が教師を雇うにしても、その教育内容は教師の良心にゆだねなければならない。それでは、行動に対しては国家と教会はどのような態度を取ればいいのか。行動に関しては、国家は共益のために行動を強制することができる。報償を与えたり、罰することもできる。他方、教会は行動に対しても志操に対するのと同じ態度で接する。教会は人々を「愛の作用」（一四〇）で導くのであり、強制するのではない。

したがって、「国家が時にふるう破門や追放権も、宗教の精神には真っ向から反する。」（一四〇）異端の考えを持つ者を宗教共同体から排除することは、「病人に薬を禁じる」（一四一）ようなものだ。「宗教共同体のもっとも本質的な目的は、共同して教化することにある。」（一四二）「序文」における破門権に反対する持論を繰り返し、クランツの問いに答えることでメンデルスゾーンは第一部を終える。

第二部は、自身のユダヤ教観を総括的に述べている、いわばメンデルスゾーンの信仰告白の部分である。

メンデルスゾーンは、パンフ『光明と法の研究』の匿名氏（クランツ）がメンデルスゾーンの根本思想を次のようなものだと指摘したことは間違っていないと認める。「人間の理性により理解されるだけでなく、人間の力によって証明され維持されるものしか、永遠の真理とは認められない。」（一五六）しかし、匿名氏は、その立場に立てばメンデルスゾーンはユダヤ教から離れざるをえないと結論づけるが、メンデルスゾーンは「これこそ、ユダヤ教の本質的な点であり、この教えこそユダヤ教とキリスト教の特徴的な相違である」（一五七）とユダヤ教を理性の宗教として特徴づける。その理由は、「ユダヤ教は、キリスト教徒が考えてきた意味での啓示宗教とはまったく関係ない」からである。「イスラエルの民は、神の法を与えられたのである。すなわち、現世および来世における幸福に到達するためにどのように振る舞えばいいのかという法、戒律、命令、生活の規則、神の意志の教示をもらったのだ。そのような命題や規則はモーセを通してイスラエルの民に奇跡により超自然的なやり方で啓示された。」（一五七）

メンデルスゾーンは、自分が述べていることは奇妙に聞こえるかもしれない、と断りながら、具体的説明に移る。真理には「永遠の真理」と「歴史的真理」の区別がある。「理性の力だけでは、人間が幸福にいたるために不可欠な永遠の真理の存在を認めさせることはできないので、神は超自然的な方法で永遠の真理を啓示しなければならなかった」（一六〇-一六一）という考えをメンデルスゾーンは取らない。永遠の真理を自ら発見する力を人間に与えなかったとしたら、神の全能に疑いの余地が生じるからだ。また、真の啓示を知らない民族も地上には多いが、彼らがみな徳がなく不幸であるというわけではない。「真のユダヤ教の概念によれば、地球上のすべての住民たちが幸福にいたるよう定められていて、その手段は人類そのもののように実に多様である……」（一六二）

ユダヤ教は、幸福にいたるために不可欠な永遠の真理を排他的に誇る啓示宗教ではない。「啓示された宗教と啓示された律法とは別ものである。」（一六四）シナイ山で神が啓示した内容は普遍的な宗教の教えではなく、まさしくユダヤ教の教えである。しかし、唯一神や来世での賞罰といった基本的な理念が人間の理性により認められ前提とされていたからこそ、シナイ山で啓示がなされたのである。したがって啓示されたものは「戒律や指示であり、永遠の宗教的真理ではない。」（一六五）そもそも、「奇跡や異常な印は、ユダヤ教では永遠の理性的真理の証明手段でもなければ、それを否定する証明手段でもない。」（一六五）宗教の真理性を証明するのは、人間の理性という手段であり、啓示ではない。

そのうえで、メンデルスゾーンはユダヤ教における典礼法の意義を次のように重視する。ユダヤ教の意義を継続的に伝承するということは困難なことであった。絵や象形文字は迷信や偶像崇拝に導くし、アルファベットを使った書き物は人をあまりに思弁的にしてしまう。そこで、「教義と生活」（一八四）の間の溝を埋めるものとして典礼法の意義が生まれる。典礼法により初めて「人々の日々の行状と宗教的および道徳的認識が結び合わされる。」（一八四）

以上述べてきたことをまとめ、メンデルスゾーンは古代ユダヤ教の姿を次のような三点に整理する。（一九一―四）

一　教義や命題、あるいは神、神の統治や摂理の永遠の真理は、永遠の罰や一時的な罰という脅かしでユダヤ民族に押しつけられた信仰ではなく、永遠の真理の持つ性質や明証性に基づいて、理性的に認識するようにうながされたものである。

二　歴史的真理や太古の記録はその性質からして、信仰によって受け入れる他ない。

三　ユダヤ民族に固有の法、規範、戒律、生活の規則は、民族の幸福また個人の幸福をその目的としている。それらは言葉と文字によって神から啓示された。口伝律法また記述律法は、時代の変化のなかでそれだけでは理解されえないところが生じる。そこに典礼法の意味と意義が生じる。典礼法は行動と観察、生活と教えを結びつける紐帯であった。典礼法のこのような使命は古代ユダヤの政体においては満たされていた。「太古のユダヤの政体においては、国家と宗教はひとつにされていたのではなく、ひとつのものだった。結合されていたのではなく、同じものだった。」（一九三）

メンデルスゾーンは次に、キリスト教徒による自らに対する改宗要求を意識しつつ、キリスト教とユダヤ教の関係を論ずる。ナザレのイエスはモーセの教えだけでなく、ラビの教えも守った。イエスの言動でそれに反しているように見えることでも、それは外見だけのことである。そのうえで、メンデルスゾーンはキリスト教徒たちに呼びかける。「あなた方の宗教の創始者が自ら行い、その名声によって正しさを証明したことを今もしていることで、どうして私たちのことを悪くとるのか」（二〇〇）と。自分たちユダヤ人を兄弟や同じ市民とみなすことはできないにしても、少なくとも隣人、同じ住民とみなしてもらいたい、と訴える。信仰の合同があれば兄弟愛が生まれ、信仰の相違を理由にした争いはなくなる、という主張もある。しかし本当にそうなのか、とメンデルスゾーンは問いかける。「信仰の合同は、それが実現された場合に、理性と良心の自由にとってまさしく不幸な帰結をもたらすかもしれない。」（二〇二）信仰の合同といっても、それはあくまで表面的なものであり、同じ言葉や概念のもとでまったく異なることを考えている、という事態がありうるからだ。そこで、メンデルスゾーンはキリスト教徒たちに次のように訴える。

「多様さが明らかに摂理の計画であり最終目標であるのに、信仰の合同ということで惑わされないようにしよう。我々のうちひとりとして隣人とまったく同じように考えたり感じたりする者はいない。なのに一体なぜ、偽りの言葉で互いにだまし合うのだろうか。」(二〇三) このようにメンデルスゾーンは信仰の合同という美名により、宗教的寛容が脅かされることに警告を発する。

「信仰の合同は寛容ではない」からして、「あなた方の幸福な子孫のために、理性があいも変わらずでむなしく焦がれてきた全ての人間に対する寛容という文化の高みへの道を拓く」ように訴え、「どんな学説にも褒美を与えず罰しもせず、また誘惑や買収によりある宗教観へ導いてはならない。」(二〇三-四) 内面の問題である信仰に外的強制は認められない、キリスト教徒であろうとユダヤ教徒であろうと。『エルサレム』の最後でメンデルスゾーンは次のようにキリスト教徒に訴える。「我々ユダヤ人がカエサルのものをカエサルに返すように、あなた方キリスト教徒も神のものを神に返しなさい。真理を愛しなさい。平和を愛しなさい。」

この結末で言われているのは、ユダヤ人は異教徒の国家でその国法にしたがって正直に暮らしている、だからキリスト教徒も信仰という神の手にある問題を神の手から奪うような勝手な振る舞いをしてはならない、具体的にはキリスト教の信仰をユダヤ人に押しつけてはならない、という主張である。

五 『ユダヤの儀礼法』とユダヤ人の宣誓の改革

メンデルスゾーンはユダヤ教についての理論的な考察の他に、ユダヤ人がキリスト教国において社会生活を営むさいに遭遇する具体的な問題の解決に努力した。その例が、ユダヤ教の儀礼法(具体的には民法の問題だが、ユダヤ教では儀礼法の問題とされる)とユダヤ人の宣誓をめぐる問題である。

『ユダヤの儀礼法』(一七七八)については、その成立の経緯について不明なところが多いが、シモン・ラドヴィツの解説に基づいて、その概要を述べてみよう。一七七七年、ベルリンのラビ長ヒルシェル・レヴィンがユダヤ法概説のドイツ語訳を提出するように、という命令をプロイセン政府から受けた。その背景としては、ユダヤ人同士の訴訟についてはそれまでユダヤ法に準拠するラビや長老たちに任されていたが、プロイセンの一般法をユダヤ人にも適用したいという政府の意向があり、他方ユダヤ人のなかにも不利な訴訟については国家の裁判所に提訴する例があり、ユダヤ人同士の訴訟をどう裁くかという問題にプロイセン政府が直面していたことがある。提出すべきユダヤ法の領域は、遺産、遺言、後見や結婚における所有権に関わる問題一般という指示だった。レヴィンはドイツ語が不自由だったので、メンデルスゾーンがこの仕事に協力することになった。

メンデルスゾーンがユダヤ法の専門家でないため、単にユダヤ法のドイツ語訳をしただけだという見方がこれまで一般的だったが、ラドヴィッツは当時の記録や「出版者の巻頭の注記」を分析し、メンデルスゾーンは単なる翻訳者にとどまるのではなく、ユダヤ法抜粋の草案そのものを作成したと見ている。とりわけ「序言」の文体はまぎれもないメンデルスゾーンのものと主張する。ユダヤ教の知識のないドイツ人たちに、要領良くユダヤ法の歴史を説明している「序言」は、まさしくふたつの文化に精通するメンデルスゾーンにしか書けなかったものと思われる。

「序言」はまず、今日のユダヤ人の法と宗教上の慣習は、一部は書かれたもの、一部は口承によるものと説明する。書かれている法とはモーセの五書に含まれているものである。他方、口承による法は、様々な歴史的経緯を経てタルムードに集大成されている。今回ドイツ語に翻訳したものは以上のような資料に基づくと説明したうえで、メンデルスゾーンとみられる著者はここで留保をつける。「タルムードやユダヤ法学の知識がまるでない裁判官が判決を下したり、それぞれの訴訟事件にふさわしい決定をすることのできるような法典を編纂する能力が我々にはないことを認めざるをえない。」(二八-九) その理由として次の四つをあげる。

一　根拠とした資料が他のユダヤ法学の主要な資料と関連している。例えば、遺言における遺贈は大部分贈与とみなされているので、遺言を説明するためには、本来贈与一般を説明しておかなければならない。
二　個別ケースへの法の適用の際には、そのケースが法の条件に完全に一致しているかどうかを調べねばならない。ところが口承の法、すなわち宗教的慣習や法の大部分は唯一タルムードに基づいているから、タルムードの知識なくしては、ケースにあった判決を下せない。
三　係争人が法の解釈についてユダヤ法の権威の説を引き合いに出し、それに対抗する権威の説もある場合、裁判官はそれらを比較検討しなければならない。
四　法は表現の問題につながり、表現は言語と分かちがたい。例えば、遺贈の場合、表現が重要になるが、ヘブライ語の知識のない裁判官には正確な理解は不可能である。翻訳しても原文を完全に正確に翻訳することはできない。

以上のように、「序言」では、要領良くユダヤ法の歴史を解説しながらも、ユダヤ法の簡便な概説を作成することが不可能であることが強調されている。これは、ユダヤ法概説を作成することにより、それまで認められていたユダヤ人の司法における自治が崩されるのではないか、という当時のラビや長老たちの懸念を反映したためと思われる。

次に、メンデルスゾーンがプロイセン政府とユダヤ共同体の橋渡しをした経緯が具体的資料によって跡づけられる「ユダヤ人の宣誓の改革」について見てみよう。プロイセン政府は十八世紀初頭から裁判におけるユダヤ人の宣誓の問題に取り組んでいた。一七八〇年代に新しい訴訟規則が準備される過程で、ユダヤ人の宣誓形式の改革が図られることになった。直接この問題を担当したのは、ブレスラウの顧問官補であるエルンスト・フェルディナント・クラインであるが、クラインはメンデルスゾーンに協力を依頼した。メンデルスゾーンは一七八二年六月、当時のユダヤ人の宣誓形式を詳細に批判する鑑定書を提出し、さらにその内容についてのクラインの質問に答えている。ラドヴィッツによれば、メンデルスゾーンは「技術的—法的側面」と「言語的側面」のふたつの観点からユダヤ人の宣誓形式の改革を目指した。

メンデルスゾーンは、ユダヤ教の法廷においてもキリスト教の法廷においても、ユダヤ教の宣誓の威厳と神聖さを守ろうとし、ユダヤ人の宣誓が異様な形式で行われることに反対した。たとえば、かつて宣誓は棺桶のなかで死装束をつけ片手に畜殺用包丁を持って行われたという。言語の問題については、ユダヤ人の宣誓をそれまで行われていたようにヘブライ語とイディッシュ語とドイツ語のごちゃまぜではなく、純粋なドイツ語でするように努力した。ブレスラウのラビがドイツ語のみの宣誓に懸念を表明すると、メンデルスゾーンは純粋なヘブライ語でも、純粋なドイツ語だけでもどちらでもいいが、ただし「言語をごたまぜにすること」はよくない、と手紙で答えている。「このようなジャルゴンが民衆の不作法さを助長するかもしれないと懸念するからです」とその理由を明らかにしている。イディッシュ語という「混合言語」からドイツ語へと母語を主体的に変えたメンデルスゾーンにとって、純粋な言語は教養や文化の前提としてきわめて重要な意味を持っていたことが分かるであろう。

しかし、以上の二点でユダヤ人の宣誓の改革を目指したものの、メンデルスゾーンはユダヤ人の宣誓形式そのものを廃止するという考え方には組しなかった。メンデルスゾーンの鑑定書の主な点を見てみよう。冒頭、「キリスト教の法廷で行われるユダヤ人の宣誓の形式のなかには、余分であるばかりでなく今日のユダヤ教の法や慣習に真っ向から反するものがかなりある」(三五七)と明言して、具体的な問題点を指摘する。そもそもユダヤ法においては、証人は宣誓の義務を課せられない。モーセの法に基づけば、すでに法廷で嘘をつかないと宣誓していることになるので、宣誓はそもそも不要なのである。ユダヤ法によれば、刑事事件では何人も自らを犯人とすることはできないので、尋問過程で宣誓は行われず、犯人の自白は価値を認められない。証人の証言によってのみ犯行が証明される。要するに、金銭の請求が関わる民事事件の場合にしか宣誓は行われない。

そのような前提に立ち宣誓形式の説明に入る。ユダヤ人の宣誓には三つの段階がある。第一は、モーセの法の宣誓と呼ばれ、被告が行う。第二は、ミシュナの宣誓と呼ばれ原告が行い、第三は、ラビの宣誓と呼ばれ、被告が債務を否定した場合に被告が行う。第一と第二の宣誓には「私はアドナイの際にイスラエルの神に次のことを宣誓する」と述べるが、第三の宣誓には「神」の名を出すことは不要であり、「私は次のことを宣誓する」という言葉のみ口にする。

このように宣誓の具体的文言を細かく取り上げた理由を、メンデルスゾーンは「ラビがこの点においていかに厳密であるか、したがって信仰深いユダヤ人にとって自らの原則と宣誓の形式が一致していることがどんなに重要であり、逆に勝手に付け加えてもいいと思い込まれた余分な形式がどんなに有害であるかを示すためである」(三六二)と最後のところで説明している。このような発言からも、ユダヤの伝統的な宣誓形式を尊重しながらも、余分なもの、不合理なものを削っていこうとするメンデルスゾーンの理性的な仲介者としての姿勢が分かるであろう。

以上、法的な問題に関わるふたつの実践的な仕事から、メンデルスゾーンが単なる理論家ではなく、合理性にもとづきながらもユダヤ文化の伝統を尊重し、ドイツ文化とユダヤ文化の橋渡し役になろうと努めた実践家であることが見えてくる。メンデルスゾーンの理論的な著作もそれだけで完結した仕事とみなすのではなく、このような実践的な仕事との関連で評価し直す必要があろう。

おわりに

メンデルスゾーンのユダヤ教やユダヤ人の社会的立場の擁護に関わる主要な著作を見てきたが、ここでメンデルスゾーンがユダヤ人の歴史、あるいはユダヤ人解放の歴史のなかで果たした歴史的役割を考えてみよう。これまで見てきた主要な著作から明らかになるのは、メンデルスゾーンが直面していた相手の陣営がふたつあったということである。ひとつ目の相手は、もちろん当時の偏狭なキリスト教徒たちである。その中には、ケーベレのような札付きの反ユダヤ主義者もいたし、ラーヴァターのように主観的には「善意で」改宗の勧めをする熱心な信者もいたし、民族宗教であるユダヤ教から「普遍宗教」であるキリスト教への改宗を勧める「啓蒙主義者」らしき匿名氏（クランツ）もいた。もちろん、キリスト教徒のなかにも、レッシングやドームに代表されるような、同じ人間としての尊厳をユダヤ人のなかに認め、市民としての同等の権利を与えようと努力した真の意味での啓蒙主義者も存在した。しかしながら、メンデルスゾーンのユダヤ人やユダヤ教に関わる主要な著作は、ラーヴァターとの論争文を筆頭に、程度の差はあるものの結局は売られた喧嘩に対する反論の文章であった。直接自分が攻撃を受けたわけではないが、『ユダヤ人の救済』の「序文」にせよ、ドームの『ユダヤ人の市民的立場の改善について』が激しい批判を受けたことに対するユダヤ人を代表した反批判の意味を持っている。

メンデルスゾーンが直面したもうひとつの陣営は、キリスト教徒と同様に偏狭なユダヤ教徒たちであった。メンデルスゾーンが一貫してユダヤ教会の破門権を否定したのも、破門権がユダヤ人の思想や言論の自由、さらに一般に知的能力の発展に対する重いくびきになっていることを痛感していたからである。ウリエル・ダ・コスタやスピノザら自由な思想を持ったユダヤ人が破門された苦い歴史を、メンデルスゾーンは鋭く意識せざるをえなかったであろう。実際、保守的なラビのなかにはメンデルスゾーンの旧約聖書の翻訳を、聖なる言葉ヘブライ語で書かれた聖書に対する冒瀆と批判したり、メンデルスゾーンの著書を読むことを禁じたりする者もいた。

ふたつの陣営に対するメンデルスゾーンの姿勢は、しかし戦闘的なものではなく、つねに対話の芽を残そうとする宥和的なものだった。論敵ラーヴァターとも決定的な決裂をしていないように、つねに対話の道は残していた。まったく話にならないケーベレなどの札付きの反ユダヤ主義者については、最後は黙殺という手段を取った。保守的なユダヤ教徒に対しても、ユダヤの歴史に先例を求めたりすることで理性的な説得を試みた。メンデルスゾーンは日常生活においてユダヤ教の儀礼や生活習慣をきちんと守ることで、不信心者といういらぬ批判を受けないようにした。ユダヤ人の埋葬の問題で分かるように、実践的な課題においても、ユダヤ教の伝統を尊重しながら科学的・理性的な判断との調和をはかった。このような姿勢からは、つねにドイツ文化とユダヤ文化の媒介者の役割を果たそうとしたメンデルスゾーンの姿が見えてくる。そのことはまた、伝統的で保守的なユダヤ人の文化とゲットーを脱出したユダヤ人たちの新しい文化の媒介者であったことも示している。二重の意味での媒介者の立場に徹することができたのは、メンデルスゾーン自身が、ユダヤ教が理性の宗教であり、日常生活でユダヤ教の儀礼を守ることと普遍的で理性的な宗教信条を持つこととはまったく矛盾しないと確信していたことによる。メンデルスゾーンは、エルサレムに信仰を結びつけることが人類の理性に信仰を結びつけることだ、と疑いもなく信じていた。

しかしながら、メンデルスゾーンが拓いたユダヤ人の新しい思想と生き方は、実際にはすぐ次の世代にさえ伝えることのできないものであった。メンデルスゾーンの子供たちは、長男の銀行家ヨーゼフを除いて、作曲家フェリックス・メンデルスゾーン・バルトルディーの父親である銀行家アブラハムや、ロマン派の批評家フリードリヒ・シュレーゲルと再婚した長女ドロテーアを含め、成長した六人ほとんど全員がキリスト教に改宗してしまった。それも、ドロテーアのように二度の改宗を経て熱烈なカトリック教徒になった例もある。もちろん、なだれを打つような改宗の底流には、ゲットーを離れたユダヤ人がキリスト教世界のなかで芸術にしろ経済にせよ自らの能力を十全に伸ばすためには、キリスト教徒に改宗する必要があったという社会的要因があった。しかし、メンデルスゾーンが真の宗教の最高の基準とした普遍的理性に照らすと、彼の意図とは逆に、エルサレムに信仰を結びつけるユダヤ教は次世代のユダヤの若者たちに、やはり偏狭な地域宗教、民族宗教と見えてしまったのではなかろうか。ユダヤ教の儀礼の厳守と普遍的理性の宗教としてのユダヤ教信仰の両立という要請は、やはり次世代にさえ伝えるには無理な重すぎる遺産であった。

ユダヤ人解放に果たした役割の大きさからメンデルスゾーンは予言者モーセに比較されたが、二人のたどった運命にも共通点があるとされた。モーセもメンデルスゾーンもユダヤ人を約束の地へ導こうとしたが、残念ながら生きている間に、ユダヤ人が約束の地に足を踏み入れる姿を見ることはできなかった。メンデルスゾーンの死後になって初めて、ユダヤ人の精神的また市民的立場の改善の機が熟した。しかし、解放されたユダヤ人の姿は、メンデルスゾーンが夢見たようなものとは異なっていたであろう。それはことによったら、宗教的・思想的に、また日常生活において、もうひとつのディアスポラ（離散）の始まりだったのかもしれない。

メンデルスゾーンの著作は次の全集版を使用した。
Moses Mendelssohn Gesammelte Schriften Jubiläumsausgabe
なお、使用した巻数は、第二節と第五節については第七巻、第三節と第四節については第八巻であり、本文中の（　）のなかの漢数字は、テキストのページ数を示している。

メンデルスゾーンの生涯についての記述は次の文献を参考にした。

Moses Mendelssohn Gesammelte Schriften. Nach den Originaldrucken und Handschriften herausgeben von G. B. Mendelssohn.
Bd. 1　Moses Mendelssohn's Lebensgeschichte.
Kleßmann, Eckart : Die Mendelssohns. Bilder einer deutschen Familie, insel taschenbuch 1523, 1993
Heinz Knobloch : Herr Moses in Berlin, Fischer, 1998.
Kupferberg, Herbert : The Mendelssohns.（ハーバート・クッファーバーク著、横溝亮一訳『メンデルスゾーン家の人々』、東京創元社、一九八五年）

【日本語の参考文献】
長谷川嗣彦「モーゼス・メンデルスゾーンにおける「寛容」の問題」（『世界文学』第九一号所収）
木村競「メンデルスゾーン――普遍性への解放」（『講座ドイツ観念論』第一巻所収）
後藤正英「メンデルスゾーンの啓蒙主義とは何か――特にユダヤ教との関係をめぐって」（日本カント研究二『カントと日本文化』所収）

十八世紀ドイツにおけるユダヤ人像の変容

飯森伸哉

序

ドイツ市民階級の社会的上昇は十八世紀において開始された。商工業が発展の軌道に乗って、資本主義的生産様式の萌芽が既にあり、この社会の下部構造の変化に対応して、自然科学の発達に支えられた合理主義が社会のあらゆる領域に浸透した。人々は制度的には三身分制度のくびきの下で暮らしていたにせよ、市民階級には経済力に相応した社会生活があり、彼らの社会的主張が既に力のあるものとなっていたのである。この階級のイデオロギーとして、自由主義、あるいは普遍的人間性に照明を当てた諸説が実質的にその有効性を高めていた。封建社会のヒエラルキーが徐々に形骸化し、社会の再編が始まる過程で、宗派及び宗教の対立は厳として存在したにせよ、理神論や敬虔主義の典型に見られたように、人間を主体と考える社会のエートスも生じて、信仰も個人の内面の問題と看做す傾向が伸長した。こうした時代背景を得て、啓蒙主義の理想的傾向を代表したゴットホルト・エフライム・レッシングやクリスティアン・ヴィルヘルム・フォン・ドームは、キリスト教とユダヤ教の宥和を積極的に主張したのである。もとより長い宗教対立の過程で培われた反ユダヤ感情は根の深いもので、レッシングやドームのような知識階級の努力が、さしあたって社会にその直接的効果を見出すということはなかった。しかし、自由を重んじ、公民の全てがその恩恵に浴するべきである、と考える市民平等の思想は確実に人々を捉えており、彼らの主張は水面に投じられた一石の波紋として広まった。従来の偏見に満ちたユダヤ人像はこの時代に変わることを迫られていたのである。ユダヤ人もまた市民同胞であり、国民の一部であることを主張したレッシングやドームは、社会の底流で生じた新しい傾向を代弁した、といえる。

本論では主にレッシングの『ユダヤ人』、『賢者ナータン』、そしてドームの『ユダヤ人の市民的改善』に拠りながら、彼らの所説を俯瞰し、またモーゼス・メンデルスゾーンやベルリンのユダヤ人サロンに集った人々がユダヤ人と非ユダヤ人の交流において果たした役割についても言及しつつ、十九世紀初頭にプロイセンにおいて実現した、ユダヤ人の政治的解放を導いた思想の源流に測鉛を下ろすこととしたい。

一　新しいユダヤ人像——レッシングの戯曲『ユダヤ人』について

十八世紀のドイツにおける市民悲劇という新たな劇形式の流行は、この時代に市民階級の社会的経済的実力が伸長し、文化創造の活力がこの階級に移ったことを象徴する出来事であった。教会、領主、貴族の凋落の趨勢は明らかであったにもかかわらず、彼らの権力は形式的には維持されていたので、市民階級は旧体制の腐敗に徳を対置し、彼らの横暴に対しては、自らの権利を主張して、これを指弾するようになった。市民悲劇はこうした市民階級の心理を代弁し、旧勢力の精神生活に汲むべき泉の枯渇したことを宣告したのである。レッシングの市民悲劇『ミス・サラ・サンプソン』と『エミーリア・ガロッティ』は、後代の作家たちが劇作の手本として、その普遍的内容を汲みだすべき作品であったが、社会の主体としての市民階級の自意識を映すもので、時代的必然として執筆された、といえる。

レッシングは一七四九年、ユダヤ人を主人公とした一幕喜劇『ユダヤ人』を執筆し、『賢者ナータン』に先駆けて、時代の迷妄の闇に批判の矢を放った。レッシングはこの作品で、社会の最底辺にあって、常に否定的対象と看做されてきたユダヤ人を主人公に据え、彼を理想的人間の典型として描いた。従来の俗説を排して、啓蒙主義の普遍的人間の理想を念頭においたのだが、主人公の道義性は、上昇を開始した市民階級の倫理性と対応するもので、この意味でこの作品は、『ミス・サラ・サンプソン』と『エミーリア・ガロッティ』の二作品に先行したのである。この二作品において共通していたのは、社会的には無力な女主人公が不当な運命に従容として、身を委ねることであった。そして、この彼女達の威厳が新しい倫理の担い手としての市民階級の抱く矜持と合致したのである。

『ユダヤ人』の主人公は無名の旅人であるが、彼は実はユダヤ人であり、このことは最後まで隠されている。終幕で素性が明かされて、話が一転するところにこの作品の構成の特徴があるのだが、劇の筋立ては単純である。主人公は旅の途上、ひとりの男爵を強盗の危難から救ったことで、男爵の家に招待される。この家で男爵の家来が強盗であることが明らかとなり、事件は解決するのだが、男爵と娘に気に入られた彼は、娘との結婚を望まれる。そこで、彼は自分がユダヤ人であることを皆に告げ、劇の進行が予測させるハッピーエンドの終末がひっくり返ることになる。しかし、主人公の人徳が感化して、ユダヤ人とキリスト教徒は和して、互いに偏見の愚であることを悟るのである。シェイクスピアの『ベニスの商人』以来、ユダヤ人と言えば、悪役の対象として、類型化された悪しきイメージに従って描かれることしかなかった。しかし、レッシングはこのようにユダヤ人を肯定的に描くことで、反証を示した。彼には普遍的人間性の理想が至上のもので、この立場から、個別の不利な事例をユダヤ人全体に拡大し、ユダヤ人の悪徳をあげつらうことを否定したのである。

ミヒャエル・A・マイヤーは、レッシングが『ユダヤ人』を執筆した当時、彼はまだメンデルスゾーンのことを知らず、また他のユダヤ人の知人はいなかった、と指摘しているが、[1] だとすればアイデアに他の源泉があったとしても、この旅人のユダヤ人はレッシングの創作であった、ということになる。『賢者ナータン』にはメンデルスゾーンという実在のモデルがあったのに対し、『ユダヤ人』はそれを欠いていたのである。このことは、しかし作者にとって、前者が後者より好都合であったということを意味しない。作者の意図は何よりも理念に照らして人物を造形するということにあった。現実性を捨象したのではないが、理念の呈示が現実の再現に優先されたのである。

この作品が一七五四年に出版されると、ユダヤ人の社会的登場に危惧の念を抱き、こうした作品を誤った論調の台頭と看做して、過剰に反応する反動的傾向がすぐに現れた。ゲッチンゲンの神学者ヨハン・ダビィド・ミヒャエリスはこのような立派なユダヤ人など存在しないとして、この劇に描かれたユダヤ人の形象を論難した。[2] 彼は時代をその光彩でおおった啓蒙主義に決して背を向けていたわけではない。反対に彼は一般には合理主義的傾向のある学者と看做されていたが、こうした人物によっても激しい拒絶の態度が示されたことは、人々の歴史的に形成された反ユダヤ的心情がいかに根深いものであったかを証ししている。作品の刊行時には、既にメンデルスゾーンと知り合いになっていたレッシングは、立派なユダヤ人は実在すると述べて、彼に反論を行ったのであるが、[3] ミヒャエリスのような人物に対して実例による反論は有効であったとしても、レッシング自身の認識においては、有徳のユダヤ人の有無を論ずることなど、気乗りのしないことであったに相違ない。

後のミヒャエリスとドームの論争は良く知られているが、『ユダヤ人』をめぐる議論の一部始終は、解放の動きと反動のそれが拮抗する時代の始まりを告げるものであった。ともあれ、ミヒャエリスに見られたような、従来の俗説を踏襲したにすぎないような非難はあったにせよ、この劇に描かれた主人公は、後代につながる、ドイツ社会におけるユダヤ人像の変化の証しと看做すことができる。終始、謙虚で誠実な態度をとり続けた主人公に対して、男爵は次のように述べる。

「もし、他の全てのユダヤ人があなたと同じようであれば、ユダヤ人とはなんと尊敬に値する人たちであることでしょう。(4)」

二　レッシングと啓示宗教

有徳のユダヤ人というモチーフは、レッシングの晩年の傑作『賢者ナータン』において、より深化し、熟達した創作技術によって今一度形をなすこととなった。彼がこの作品を執筆した直接のきっかけは、ハンブルクの牧師ゲーツェとの宗教論争を時の政府によって禁じられたため、自己の見解を表明する別の手段を選ばなければならなかったことにあった。二人の対立は、レッシングが啓示宗教に否定的な態度をとった哲学者ライマールスの遺稿を発表したことに端を発する。聖書の字義に拘泥し、真理を推量することにレッシングの関心はなく、熱心な信仰も素朴に過ぎると迷妄に転落する陥穽のあることを公衆に教示する意図があって、彼は一七七〇年から館長として勤務していたヴォルフェンビュッテルの図書館の図書館誌に七四年及び七七年にライマールスの宗教批判の遺稿を『匿名者の断片』として掲載した。これに対して、ゲーツェが不快の念を露にして、レッシングに論争を挑んだのである。そして、論争の成り行きに不利を感じたゲーツェは、レッシングの論文の執筆禁止を求めて、ブラウンシュヴァイク公に働きかけ、これが功を奏することとなった。そこでレッシングは一計を案じ、劇を通じて自己の宗教観を世に伝えようとしたのが事の顛末である。(5)「私は、私の古くからの講壇、すなわち劇場で邪魔をされずに説教ができるかどうかを試みなければならない(6)」とレッシングはライマールスの娘エリーゼに宛てた手紙の中で、執筆の動機を直截に述べているが、この間の事情については、一般にも知られており、この作品はゲーツェとの宗教論争を劇形式で敷衍したものと看做されたのである。

『賢者ナータン』には、随所でレッシングの卓抜した創作の才能が看取されるが、彼は、また諸分野にわたる該博な知識を創作の材料として利用した。劇の真の頂点ともいえる、ナータンがサルタンを説得する場面で、彼はボッカチオのデカメロンに源泉を持つ指輪の話を用いた。(7) 説明を省いた呈示を通じて表現の核心に達するため、自己の思想を劇中人物に語らせる重要な場面で、この話を挿入したのである。

気前のよい散財の結果、金が必要となったサラディンは、妹シッタの助言に従って、ナータンを宮殿に招き、キリスト教、ユダヤ教、イスラム教のいずれが真の宗教であると思うか、と尋ねる。ナータンが答えに窮したら、彼から金を借りる算段である。これに対して、ナータンは、指輪の話を用いて、それぞれの宗教の恩寵を信じ、専心修養することが肝要であることを示唆して、ひとつの宗教が真理を独占する排他的権利を否定する。

「皆それぞれが、清らかな、偏見に捉われない愛を求めて励むがよい！　自分の指輪の宝石の力が現れるよう、おまえたち皆が競って、精進せよ！　寛大さや、心からの温和や、善行や、神に対する熱烈な帰依によって、宝石の力に加勢するがよい！」(8)

キリスト教、ユダヤ教、イスラム教のそれぞれに真理にいたる契機があり、この点で三宗教に本質的に同一性があることを、レッシングは指輪の話に仮託して示唆したといえるが、理性の認識力に信を置き、啓示宗教の教理の無批判な受容を避けることは彼の一貫した立場であった。

聖書の絶対性に固執する正統派は、時代の歯車を先に進める傾向のはっきりとした成長に危惧の念を抱き、力関係の逆転を阻むために、個人の精神的自立を鼓舞するこの作品に対して不満を声高に述べた。また、多数派は聖書の記述に不合理を感じても、啓示の真理に直接疑義を唱えることには躊躇して、レッシングの主張には否定的な態度をとったのである。しかし、にもかかわらずレッシングに代表される進歩派の知的エリートの主張は、社会の一部で許容され、その影響はわずかではあったが広がっていった。中世以来、いわば社会の公理であったユダヤ人性悪説に無効を宣告するこの作品は、キリスト教徒にとっても、徳とすべきもので、それ故啓蒙派の知的エリートを代表したメンデルスゾーンも、この作品に快哉を叫ぶと共に、この点について次のような正当な指摘を行ったのである。

「今や、陰謀が研究室や書店から離れて、知り合いの部屋にまで入って来て、みなの耳にささやくのである。レッシングはキリスト教を侮辱した、と。彼は実際はただ幾人かのキリスト教徒を非難したにすぎないのである。私たちは、しかし言うべきだ。彼のナータンはキリスト教徒にとって真に名誉となるものだ、と。一人の男（レッシングを指す―筆者注）がかかる志操の高みに至っており、神と人間に関する事柄について、かかる繊細な認識を持つに至った民族（ドイツ人を指す―筆者注）とは、啓蒙と教育の何と高い段階に至っていることか、と。」[9]

合理性を基準とすれば、宗教対立から生ずる軋轢は、無意味なものであると看做して、これを排することを主張したレッシングにメンデルスゾーンもまた、賛意を示した、といえる。「人間性の新しい福音が一人のユダヤ人の口を通じて語られていること、そしてレッシングがユダヤ人ナータンを彼の信念の告知者にしたことを人々は認めたがらなかった。これに対して啓蒙運動の唱導者たち、とりわけレッシングの友人メンデルスゾーンは、このことからユダヤ教徒とキリスト教徒が共存する新しい時代が始まっていることへの期待を抱いた」[10]とこの間の事情について、マイヤーは指摘している。

宗教的寛容を説くナータンが即座に一般の共感を呼ぶにはいたらなかったにせよ、啓蒙派のユダヤ人が社会の変化の兆しを感じ取り、ユダヤ教とキリスト教の共存がたとえ形式的であっても、公然と考慮の対象となる時代の到来を展望したことは正しかった。ユダヤ人に対する人々の偏見は歴史的に形成され、人々の心性に根差すに至ったもので、もとより容易に消え去るものではなかったが、人間としての価値の普遍性を前提として、ユダヤ人もまた、個人として評価するエートスもかすかではあるが、人々の間に生じていたのである。とはいえ、知的エリートが歩みを大きく前に踏み出したのに対し、一般の人々の精神的独立への意欲は未だ弱く、不羈の精神も欠けていたので、この作品に盛られた理想が未来のものであったにもかかわらず、これが国民全体のものとして共有されることはなかった。一部の開明的な人々にはレッシングの説くところはもとより奇矯なものではなかったが、一般には彼の主張は当惑を呼ぶもので、レッシングやメンデルスゾーンは、それ故公衆の意識は未だ未成熟である、と断じたのである。(11) これについては、ドイツ社会の特殊的歴史状況について付言する必要がある。すなわち小邦の割拠と宗派の対立という足枷があって、ドイツ社会の停滞があり、これが人々の心性に投影して、社会の矛盾に対する抵抗と自制の間で葛藤を覚えた者も、宗教的寛容と人間性への愛を主題にした、このレッシングの画期的戯曲の正当な主張に目を閉ざしたのである。一部の知的エリートは進歩的思想の普及のために力を尽くしたが、大勢は社会の後進性に刻印され、時代の変化に応えること緩慢で、この傾向は半世紀後の三月革命に至るまで本質的に不変であった。ドイツの市民階級は旧来の社会秩序を不都合なものと感じても、結局それを自身の力で解体することはできなかったのである。個別の意識は全体の傾向を映すといえるが、そこには、また対立もあり、両者の乖離はレッシングにおいては一層際立った。人間性への確固たる信頼を示す彼の理想主義は現実の強固な基盤の上に開花したのではなく、逆にこの基盤が脆弱であったために、純化し、啓蒙主義の精華として結晶したのである。

理想主義者として、互いに相手の信条には寛容であったレッシングとメンデルスゾーンではあったが、個別の問題では譲ることができない場合もあった。『賢者ナータン』の刊行の翌年、一七八〇年にレッシングは啓蒙家として、民衆教化の熱意をさらに燃やし、示唆に依るだけでなく、より直接的に自己の考えを教示するため、『人類の教育』を世に問うた。旧約聖書は「人類の幼年期」に、絶対神の強制力によって、新約聖書は次の段階で、神の子イエスの贖罪によって、それぞれが人類にその不完全性を克服する道を示し、そしてこの過程を経た後、人類は旧約聖書も新約聖書も必要としない、最上位の「善を善ゆえに愛する」段階に至る、という人類史の行程を彼はこの論考で主張した。(12)

『人類の教育』が同時代人の間に巻き起こした反響について、「いかにこの書が革命的であったか、今日では想像することは困難である」(13)とマイヤーは述べているが、この論考における主張にはメンデルスゾーンもおおいに戸惑った。宗教対立とその克服をテーマとした、先行する『ユダヤ人』及び『賢者ナータン』の二作品と『人類の教育』には、理性と人間性に対する信条告白という点で共通性があったが、レッシングは、この論考ではさらに論を進め、理神論の立場で、人間が相対する神の存在を否定した。『賢者ナータン』には賛意を示したメンデルスゾーンも、『人類の教育』におけるかかる主張を容認することはできなかったのである。(14) 彼はユダヤ教の教理を無条件に墨守して、理性や人間の自主性を排除するということはなかったが、啓示宗教と合理主義の折り合いをつけるために終始腐心し、ユダヤ教の信仰をその核心において擁護しようと努めた。(15) これに対し、この論考には旧世代を支配した精神から離反する意思が明確であり、メンデルスゾーンはこれを不可としたのである。レッシングの主張はこのように啓蒙派の人々の間にすら、戸惑いを引き起こすほど時代の先を行くものであったため、一般の理解を得るところが少なかったが、レッシングはたとえ少数派であったにせよ、知的エリートとして市民社会に潜在した指向を代表し、形骸化した旧体制の思想と対決して、市民社会の起点となる理想の内実を呈示した、といえる。

三　ユダヤ教徒とキリスト教徒の交流――モーゼス・メンデルスゾーンの例

市民主体の社会がおぼろげであったにせよ、人々の前にその姿を現して啓蒙主義的合理主義的立場から封建社会の旧弊を批判する風潮が強くなると、人々の間に寛容の気運も生じて、たとえユダヤ人であっても、自分たちの仲間に受け入れる人々も現れた。しかし、それは無条件という訳でなく、学識なり人となりが評価されて、人々の好ましい交際相手とみなされた場合であって、実際にキリスト教徒と対等な関係を持つことができたのは知的エリートやブルジョア等の社会の上層部に限られていた。一般民衆はこのような交流とは無縁であった。メンデルスゾーンは例外であり、ベルリンの知的サークルは、彼の才能及び性格という個人的特性を高く評価して、社会から排除されていたエスニック・マイノリティへの帰属を等閑に付したのである。人徳を備えた啓蒙主義の哲学者といういわば特権が、キリスト教徒との自由な交際を可能にした、といえる。ユダヤ人と非ユダヤ人の交流は、このように理性が寛容を保障しえた人々の間で始まり、とりわけメンデルスゾーンのような知的エリートが架橋することによって、異なる社会グループの相互理解が端緒についたのである。

「彼らはメンデルスゾーンを卓越して優れているが故に例外的ユダヤ人として受け入れた。ユダヤの民衆総体に対する彼らの一般的態度に変化があった訳ではなかった」[16]とマイヤーはこの間の事情について述べている。

メンデルスゾーンと啓蒙派知識人の関係は学問的研鑽や仕事の協同にとどまらず、個人的親交もあり、啓蒙主義の哲学が、知的グループの同信性の要となり、二元対立する宗教の垣根を払ったのであるが、とりわけトーマス・アプトとは相互に真の友人をもって認じる程の仲であった[17]。啓蒙派の知識人の間にこのような重要な人間関係が生まれたことは、牢固な社会にも亀裂が生じて、変化の胎動が兆したことの証しであった、といえる。旧弊な心情を抑えて、合理主義的原則をつらぬき、また自由主義を重く見るエートスが次第に人々の間に涵養されて、これが社会に浸透したのである。ユダヤ人も市民同胞として許容すべきであるという理想主義が国家の施策にも反映される時代が近づきつつあった。

メンデルスゾーンは開明的ではあったが、ユダヤ教徒としての矜持もあり、敬虔な信者として戒律もこれを破るということがなかった。彼はレッシング、アプト、ニコライ等が会員であった啓蒙主義者のサークル、月曜クラブに入会を勧められた時、このサークルに加わることを断っている。このサークルに会食の習慣があり、ユダヤ教の戒律への配慮を優先したためであった(18)。しかし、こうした異なる社会グループの接触から必然的に生じる摩擦も、遅滞の契機となることなく、ユダヤ教徒とキリスト教徒の一部における良好な関係は徐々に深化しつつあった。メンデルスゾーンの知識人の間における活発な活動は孤立した出来事でなく、きっかけがあれば、宗教の異同を不問に付して、ユダヤ人とも交流をする用意のある人々のサークルが広がっていたのである。ともあれ、ユダヤ教徒とキリスト教徒のかかる協同は、やがて両者の二元対立的性向を溶解して、漸次ユダヤ人の解放に向けた社会の気運が醸成された、といえる。

メンデルスゾーンは月曜クラブへの入会を諦めた後、勧める者があって、水曜会という啓蒙主義サークルの一つに参加することになった(19)。そして、この会にユダヤ人解放の歴史に大きな足跡を残したドームが創設メンバーとして活動していたため、彼のこの会への入会はユダヤ教徒とキリスト教徒との関係改善にとって、極めて実践的な意義を持つこととなった。二人は著名な知識人として、公論をリードする立場にあり、またドームにあっては、政府の高官として国政に関与し、施策の実行においても、直接影響を行使することができた。この点で彼らの個人的親交はユダヤ教徒とキリスト教徒全体の関係とも不可分であったともいえるが、事実ユダヤ教徒の地位の改善のためにメンデルスゾーンがドームに助力を依頼するというような事もあったのである。[20]

四　ユダヤ人解放前史――クリスティアン・ヴィルヘルム・フォン・ドームについて

ドームは一七五一年、ノルトライン・ヴェストファーレン州のレムゴに生まれた。彼は啓蒙主義作家としてこの時代を代表する人物であったが、多才で、彼の関心は多岐にわたり、諸学に通じていた。学問だけでなく、実務の分野でも力量を発揮して、プロイセン政府の高官として活躍したことで知られる。彼は実践家として、政治の世界にも足を踏み入れることとなったが、個人的野心でなく、啓蒙主義への傾倒と社会改革に対する情熱が、自己の才覚に対する自負とも相俟って、彼を書斎にとどまらせておかなかったのである。[21] ドームの一生は、強い向上心と不断の自己研鑽によって特徴付けられるが、一七七九年に当時の国務大臣ヘルツベルクの仲介によって、機密公文書保管所の責任者として国家の公務に就いたことは、彼にとって大いに僥倖であった。[22] この時、同時にヘルツベルクの部局で外交関係の仕事にも携わるようになったのだが、彼の優れた人柄と才能は衆目の一致するところとなった、と思われる。彼は一七八三年に政府の枢密顧問に任命され、外交を担当することとなった。[23] 長年の願いがかなって、自己の裁量によって国家の施策に影響を及ぼすことができるようになったのである。彼がメンデルスゾーンと知り合ったのはこの官職時代の初め、一七八〇年のことである。[24] この出会いは、ユダヤ人の社会的処遇についても強い関心を抱いていたドームに大きな影響があり、彼はメンデルスゾーンの人間的感化の下で、それまで胸中に抱懐していた自己の見解をまとめ、まず一七八一年に画期的著作『ユダヤ人の市民的改善』の第一巻を刊行した。彼の政治活動は十分な成果を挙げていたが、啓蒙家としての彼の面目は著述活動にあり、この傾向を持つ作家の常として、自己の著作を通じた社会の啓蒙に強い意欲を持っていたのである。

この著作は一七八三年に第二巻が刊行されている。ドームは第三巻を刊行することも予定していたが、これは実現しなかった[25]。

時代は未だ薄明の内にあったにせよ、資本制国家の胎動がすでにあり、これと軌を一にして進行した封建的秩序の解体に照応して、正当派の啓示宗教の社会統合の機能が弱まると、合理主義と自由主義に道理を認めて、啓示宗教の真理の独占に疑義を呈する主張が力を持ち始めた。法治の社会支配を優先して、信仰も個人の内面に帰服することを当然と看做す社会のエートスが生じたのである。この転換の時代にあって、レッシングは宗教的寛容を主題とする『賢者ナータン』の執筆を通じて、ユダヤ人差別を不当なものとして指弾する公論の喚起に寄与することを目指した、といえる。この作品は、それ故傑出した個人の偶発的仕事ではなく、保守派と改革派が拮抗するドイツ市民社会の精神的分岐を象徴するものであり、これにドームの『ユダヤ人の市民的改善』が続いたのである。ドームがこの論考を執筆した動機について、「彼の意図は、ユダヤ教とその文化を市民社会の中に組み入れることであった」[26]とホルスト・ミュールアイゼンは述べているが、彼が信仰の私的性格を強調し、ユダヤ教もまた国民精神の一部と看做していたことは特筆に値する。ユダヤ人に対する民衆の迷妄を打ち払おうとしたレッシングの熱意を彼もまた共有したのだが、ユダヤ人の解放に向けた議論が、国家官僚である彼によって牽引されたことには、また格別の意義もあった。

巷間に流布するユダヤ人の悪徳は制度化された差別に真因があるにもかかわらず、人々がユダヤ教との敵対関係を投影して、これを彼ら固有の性格であるかのごとく看做したために、ユダヤ人性悪説の妄想が生じた、とドームは主張する。何よりも社会の基底性を考慮したのである。

「誰も彼らを信頼していないというのに、彼らに道徳を期待できるだろうか。罪を伴わぬ収入の道を閉ざして、税のみ徴収し、その子供たちの教育や道徳的薫陶を行う方途を与えないでおいて、結局我々が彼らにそうするように強いているのに、彼らの不品行を非難できるだろうか。〔……〕我々が非難する彼らの不品行には我々がその責任を負っている。この不幸な国民が誤った政策により道徳的に退廃しているからといって、この誤った政策を継続する理由にはならない。この政策は過去の世紀の野蛮な遺産、すなわち狂信的な宗教憎悪が生んだものであり、我々の時代に生まれた啓蒙主義に相応しくない。それは啓蒙主義によって根絶されてしかるべきものである。[27]」

ドームのこの指摘は、人間の性格形成に外在的要件の果たす役割の重要性を認めている点で正当なものであるが、かかる主張も、自由主義が台頭し、偏見を生む源であった封建社会のヒエラルキーに揺らぎが生じた時代背景を得て、初めて可能になったのである。ドームは知識人も含めて、当時なお多くの人がユダヤ人に対する素朴な偏見を免れていなかった点で、他の啓蒙作家と比べてもその開明性において際立っていた。彼の主張は、ユダヤ人の性格に非が多くあることを前提として、その矯正を説いていたから、ユダヤ人の肯定的性格を強調するレッシングとは相違もあったが、人間を主体と看做す立場から、個人を基軸とした社会の構成を想定し、その成員の全てに平等な権利を認めていた点で両者の主張に懸隔はなかった。

かつてレッシングの『ユダヤ人』を難じたミヒャエリスは、この時もユダヤ人の社会的登場を許容する傾向が社会に広まることに危惧の念を抱き、反ユダヤの心情を吐露して、ドームの主張に反論し、ユダヤ人解放の弊害を挙げて、彼らに市民としての権利を与えることに反対した。

「ユダヤ人に、さらにまた国に金をもたらさない貧しいユダヤ人に我々とまったく対等な市民権を与えること、そして彼らにあらゆる職業、農地の耕作、手工業等の途を開くことは、なるほど彼らには都合の良いことかもしれぬが、それは国家をはなはだ無力にするということである。ユダヤ人が金と財産を用立てるとか、あるいは将来そうするという場合であっても――それはあまり期待できぬことであるが――そうなのである。国家の力は金銀に拠っているのではなく、ほとんど手足、つまり兵士に拠っている。この兵士というものは彼らの今の宗教的思考が変わらない限り、彼らには期待できぬものである。［……］さらに不都合なことは新たにユダヤ人が増える一方で、ドイツ人の市民の数は減少し、彼らに圧倒されてしまうだろう、ということである。何故なら、我々の手工業者の若者や農民は、貧しくて他に楽しみもないユダヤ人のように早く結婚しないからである。(28)」

彼の主張は宗教的二元対立を前提として、悪しきユダヤ人のイメージをばら撒いているのみで、従来の固定したユダヤ人観を無批判に踏襲しているにすぎないが、このドームとミヒャエリスの論争は、後代に繰り返し見られることになるユダヤ人の解放の可否をめぐる論争の嚆矢をなすものであった。彼らの対立にはまた、社会に生じた二つの傾向の対立、すなわち台頭しつつある市民階級のイデオロギーとしての自由主義を唱導する改革派と旧来の社会秩序の維持の観点から、あらゆる改革的傾向に異議を唱える保守派の対立が反映していた、といえる。

『ユダヤ人の市民的改善』において述べられたことが、即座に国家の施策に反映される、ということは無かったが、この事によってこの論考の価値がいささかでも減じる訳ではない。この論考が多くの人に感銘を与え、ユダヤ人の政治的解放に向けた世論の形成に寄与したことは疑いがない。メンデルスゾーンは常々、ユダヤ人は自己改革に努めるべきであると考え、ユダヤ人の政治的解放をユダヤ人自らが声高に主張することに消極的であったが、ドームのこの著作の時宜を得た刊行を、両者の交流に対するキリスト教徒の意識の高まりの証しと看做して、好感をもって受け止めた。(29) ユダヤ人を取り巻く社会環境が先ず改善されるべきであるというドームの主張は、ユダヤ人におおいに恩恵をもたらすものであったが、それは、また国内だけのことに限らなかった。すなわち、彼はフランス革命の市民派政治家として名高いミラボー伯の知遇を得たことで、フランスのユダヤ人解放令の公布にも間接的な影響を与えることとなったのである。

五　ユダヤ教とキリスト教の共生——ユダヤ人サロンについて

キリスト教社会の一部に生まれた寛容の精神は、ユダヤ教徒の間にもキリスト教徒との交流にさしたる違和感を抱かず、彼らとの交流を求める積極性を呼び起こした。十八世紀末のベルリンでは、教養ある富裕層の間で個人の自宅をサロンにして集まり、社交の場とすることが流行していたが、ユダヤ人富裕層もまた、これに倣って、自宅を開放し、ユダヤ教徒であるとキリスト教徒であるとを問わず、同じ話題に興味を持つ人々を集めて談論風発を楽しむようになった。ユダヤ人が開いた会合は、当代の人々の交流と相互の琢磨におおいに寄与するところがあったが、なかでもマルクス・ヘルツとその妻ヘンリエッテの主宰した会合は、ベルリンのユダヤ人サロンの淵源となるもので、時代の精神活動の結節点となった。このサロンにはシュライエルマッハーやフリードリヒ・シュレーゲル等も参加しており、ここを磁場としてロマン派の運動に生気が与えられたことは周知の通りである。

ユダヤ人を他の市民と分かつものは、異なる宗教への帰依であり、ユダヤ人の特性とはユダヤ教の伝統の下で育まれたエートス以外のものを意味しないが、ローマ帝国の支配下での弾圧と離散以降、キリスト教化したヨーロッパ社会での迫害、抑圧の歴史が継続したために、人々は彼らを異端のグループと看做して、排除し、彼らは居住社会の同一性の中に溶解することがなかった。十六世紀のイタリアにおけるゲットーの建設により、彼らの外在性はいわば制度化され、彼らは社会の最底辺に沈むこととなった。このため、彼らに対する偏見も、彼らの社会的地位に見合って強まったのである。しかしながら、国家統体の要を法契約におく国民国家においては、社会に寛容の精神が広まることを前提として、国民の同一性の基盤で、ユダヤ教徒とキリスト教徒が信仰のみを異にする集団として共生し、一つの大樹として同一文化を形成する展望が生じることとなった。ユダヤ人サロンに当代の名だたる作家の多くが参加し、信仰の異同を等閑に付して、同一の主題で相互に啓発しあったことは、人々の意識においては国民的帰属が宗教的帰属の上位にあることを証するものであり、またユダヤ教が国民文化の豊富化に寄与する可能性を垣間見せるものであった。

ユダヤ人サロンに参加していた多くのユダヤ人女性が、プロイセン貴族と結婚する際に改宗したが、キリスト教の一元支配が貫徹する社会で、同化もまた止むを得ない仕儀であったにせよ、宗教的境界の比重は減じていたのであり、社会の世俗化は進行していた、といえる。ヘルツと並ぶ有名なユダヤ人サロンの主宰者ラーヘル・ファルンファーゲンは葛藤しつつ、結局はキリスト教に改宗したが、ヘルツも、そしてまたメンデルスゾーンの娘ドロテーアも結婚を機に改宗してしまったことは(30)、彼女たちの意識においても、宗教的境界の垣根は低かったことの証しであり、ドイツ社会に宗教を超えた精神的協同を可能にする条件は十分にあった、といえる。

後の歴史はユダヤ人の期待を打ち砕くものであったが、反動的傾向が支配的になる前には、分岐の時代があり、啓蒙主義が力を得た十八世紀にはユダヤ教徒とキリスト教徒の知識階級による相互の感化で、両者の精神的交流が進行した。自由主義が時代の主要な傾向となって、十九世紀の初頭にはドイツ諸国の先陣を切って、プロイセンにおいてユダヤ人の政治的解放が実現したが、ユダヤ人サロンにおける両者の親密な交流もまた、この政治的解放の土壌を用意したのである。

ユダヤ人サロンにおいては、いくつかの重要な出会いがあったが、とりわけドームがミラボー伯とヘルツ夫妻のサロンで知り合いになったことは、ユダヤ人解放の歴史に比類のない意義をもつこととなった。この時代、ドイツであれフランスであれ、理性的な人々の不合理な抑圧に対する怒りは沸騰していたので、『ユダヤ人の市民的改善』に述べられたことやドームの常日頃の主張は、ミラボー伯の心もまた、おおいに打つこととなった。彼はドームの見解を道理あるものと看做し、同国人の間にも積極的に広めた。彼はユダヤ人の問題にも配慮を欠かさぬことが文明国家の重要な条件であることを人々に訴えたが、この彼の尽力は一七九一年の国民議会におけるユダヤ人解放令の可決として結実することになったのである。(31) 一八一二年、プロイセンにおいて、ハルデンベルクを首班とする政府に依ってユダヤ人解放勅令が公布されたが、ここに至るまでの自由化の進展は、フランスが大革命以来、理念の先進性に依って他国を先導し、諸国の改革が後押しされて、遂行された時代の流れの中で起きたものである。しかし、ドームの例が示すように、フランスとドイツの関係には相互の影響があり、常に前者が先頭に立って、後者が後塵を拝した訳ではなかったのである。

結語

ユダヤ人のヨーロッパにおける政治的解放の進行は、大革命時代のフランスにおける一七九一年の解放令の公布を起点として始まったが、ナポレオンの主導下で建国されたウエストファリア王国のジェローム王に依って、一八〇八年ユダヤ人に課せられた税が撤廃され、ユダヤ人の法的平等が保障されたことで、ドイツ社会にもその波が押し寄せた。フランス革命の衝撃とナポレオン軍の国土への侵攻が人々にドイツ国家の未成熟であることの自覚を迫った、とする通説には間違いがなく、ナポレオンの指導で自由主義的政策を施行したライン連盟諸国や対ナポレオン戦争の過程で、近代化を急いだプロイセンの例が示すように、隣国フランスの影響なくして、ドイツ諸国の改革の急速な進行は無かった、といえる。フランス社会で起きた社会的変動が伝播して、ドイツ社会もまた、変わることが迫られたのである。しかしながら、フランス革命時代にユダヤ人の解放が断行された背景に、レッシングからドームに至るまで、ドイツの啓蒙派が展開した開明的思潮がミラボー伯を通じて、フランス社会に伝播した事実があったこと、そしてこの影響が決して軽微でなかったことはドイツ社会の思想の領域における先進性を証しする看過すべからざる出来事であった。

三宗教の宥和を説き、理想的人間の類型としてユダヤ人を描いた『賢者ナータン』はなるほど天才的作家の傑出した作品ではあったが、にもかかわらずこの作品は十八世紀ドイツ社会に潜在した、変容したユダヤ人像を映すものであり、その意味で時代が生んだものであった。知的エリートの理想主義は社会の深部における胎動を先取りしていたのである。『賢者ナータン』の主人公に象徴されるような誠実で、賢明かつ慈愛に満ちたユダヤ人像も社会の一部において通用するようになった所以であった。けだし、レッシングが先駆けて、広めた進歩的理念の実現は、後進社会の常として、民衆によってではなく、支配的階級による社会改革の一環として、ドームのような進歩派の国家官僚によって牽引され、これがドイツ社会の伝統となったのである。

Deutsch-Jüdische Geschichte in der Neuzeit（Hrsg. v. Michael A. Meyer, München 1996）はDJGと略記する。

（1）Vgl. Michael A. Meyer : Von Moses Mendelssohn zu Leopold Zunz, München 1994, S. 20.

（2）Vgl. Ebd., S. 20.

（3）Vgl. Ebd., S. 20.

（4）Gotthold Ephraim Lessing : Werke. Hrsg. v. Kurt Wölfel. Bd. 1. Frankfurt am Main 1967, S. 166.

(5) Vgl. Gotthold Ephraim Lessing : Nathan der Weise (Reclam UB Nr. 3). Stuttgart 1975, S. 141.

(6) Ebd., S. 141.

(7) Vgl. Erläuterungen und Dokumnte zu Lessings Nathan der Weise (Reclam UB Nr. 8118 [2]). Hrsg. v. Peter von Düffel. Stuttgart 1972, S. 74f.

(8) Lessing : Werke. Bd. 1. S. 534.

(9) Düffel : S. 123f.

(10) DJG : S. 316.

(11) Vgl. Monika Fick : Lessing-Handbuch, Stuttgart 2000, S. 422.

(12) Vgl. Lessing : Werke. Bd. 3. S. 560f.

(13) Meyer : a. a. O., S. 63.

(14) Vgl. Meyer : a. a. O., S. 64.

(15) Vgl. DJG : S. 270.

(16) Meyer : a. a. O., S. 30.

(17) Vgl. DJG : S. 265.

(18) Vgl. Ebd., S. 265.

(19) Vgl. Ebd., S. 265.

(20) Vgl. Meyer : a. a. O., S. 53.

(21) Vgl. Horst Mühleisen : Christian Wilhelm von Dohm. In : Die deutsche Aufklärung im Spiegel der neueren italienischen Forschung. Hrsg. v. Sonia Carboncini. Hamburg 1991, S. 117.

(22) Vgl. Christian Wilhelm von Dohm : Ausgewählte Schriften. Bearbeitet von Heinrich Detering. Lemgo 1988, S. 175.

(23) Vgl. Ebd., S. 175.
(24) Vgl. Ebd., S. 175.
(25) Vgl. Ebd., S. 175.
(26) Mühleisen : a. a. O., S. 117f.
(27) Dohm : a. a. O., S. 77.
(28) Christian Wilhelm von Dohm : Über die bürgerliche Verbesserung der Juden, Bd. 2. Berlin-Stettin 1783 (Neudr. Hildesheim 1973), S. 43-46. 本稿では、Ernst Klett 社が発行している歴史・政治資料集のうち、Helmut Berding の執筆による Moderner Antisemitismus in Deutschland (Stuttgart 1988) に転載されたものを引用。
(29) Vgl. Meyer : a. a. O., S. 54.
(30) Vgl. Meyer : a. a. O., S. 125.
(31) Vgl. Nachum T. Gidal : Die Juden in Deutschland von der Römerzeit bis zur Weimarer Republik, Köln 1997. S. 131.

いとも幸福な出会い
――ジャン・パウルとユダヤへの小さな散歩

飯塚公夫

「彼に、クライストだったと思うのだが、ある作家が反ユダヤ主義者だったかどうか尋ねたときの答えを、私は決して忘れない。彼は私をちょっと見つめて言った。『だってみんなそうだったでしょ。ゲーテだって。』でもジャン・パウルは違うでしょう、とことばを添えたいところだ。[1]」

一　ユダヤ人のジャン・パウル

(1)　ベルネとハイネ

時は一八二五年十二月二日。所はフランクフルトの倶楽部「美術館」。聴衆を前に演壇に立つのはフランクフルト・ゲットー出身の改宗ユダヤ人、作家兼ジャーナリストのルートヴィヒ・ベルネ（一七八六―一八三七）。二度の亡命(一八二二/一八三〇)の中間に当たるときである。

「星が一つ落ちました。それが再び現れる前に今世紀の目は閉じることでしょう。それというのも、広大な軌道を描いて、このきらめく天才は運行しているからです。孫の世代がはじめてそれに、うれしそうにようこそと挨拶をするのです。悼みに思う父たちがかつて涙とともに別れたその人にです。(2)」

そして、このようにはじまる、十一月十四日のジャン・パウル(一七六三―一八二五)の死からほぼ半月後の、ベルネの追悼演説の最も有名な一節。

「しかし一つの時代がやってくるでしょう。そこでは、彼はすべての人のために生まれるのです。そして、すべての人が彼の死を悼むでありましょう。しかし彼は、二十世紀のとば口にじっと我慢して立ち、にこにこしながら待っていてくれるのです。よちよち歩きの民衆が彼のあとについてやって来るまで。(3)」

追悼演説にしてもあまりにも荘重すぎる美辞麗句が続く。生まれるのが早すぎた作家に対するこの悲憤慷慨には、ベルネ自身のルサンチマンも加味されているのだろうか。ベルネはさらに続けて、ジャン・パウルを軸にして、王侯貴族と庶民を対置する。

「彼はお偉方の宮殿では歌いませんでした。彼はその竪琴を、金持ちの食卓で弄ぶことはしませんでした。彼は、身分低きものたちの詩人だったのです。彼は貧民の歌い手でした。そして、悄然としたものたちが泣いているところ

で、彼のハープの甘い調べが聞こえたものでした。」(4)

また、多数派と少数派を対置する。

「国で重視されるのは都市だけです。都市で重視されるのは、塔と寺院と宮殿だけです。家の中ではその主人、民衆の中では、仲間のあるもの、この中では指導者です。四季の中では、春が愛撫されます。旅人は大きな道路や川や山に目を見張ります。そして大衆がほおと感心するものを称えるのが人気作家というわけです。ジャン・パウルは大衆のご機嫌取り・習慣の従僕ではありませんでした。道とはいえないような細い森の小道を通って、無視されてしまっているような村を訪れました。民衆のなかでは人間を、都市においては屋根を、屋根の下では各人の心を重視したのです。」(5)

さらに、「考えることの自由のためには、他の人々とともに闘ったが、感じることの自由のためには、一人で立って」(6)いて、虚飾・見栄・躊躇・自意識過剰など、心と行為の乖離を見通し、それをやさしく見つめる人、そして、「ドイツ人なら誰しもぞっとする『私《イッヒ》』ということばをはじめてあえて口にして」、「ドイツの自由の苗に、孫たちのために種を蒔いた」(7)人と持ち上げる。こういったベルネのジャン・パウル礼賛のことばは、そのデリケートさにおいて、すでに出色である。

ジャン・パウルは愛の詩人であるのみならず、「正義の司祭」でもあり、彼にとっては、「愛は聖なる炎であり、正義は、それが燃えている祭壇であり、ただ純粋な生贄しかその炎には捧げなかった」という、正義の闘士と誤解を招きやすい表現も、すぐに、「一度として彼は、醜い罪をことばの花で飾ることはなく、一度として卑しい高揚を語りの金で覆うことはなかった」(8)と、ことばでの「闘い方」の純粋さを称える。一方、返す刀で身振りたっぷりの見せかけだけの闘士たちの嘘を暴いてみせる。

そしてジャン・パウルの表現の「はで好み」への批判は、「きらきらしたものすべてに、趣味というカーテンを引いてしまう」、贅沢なれした人たちの偽りの感性に由来するといい、あえてジャン・パウルを、「幸福が不意にやって来て、剝き出しの壁が魔法のようにあっという間に高い窓間鏡で覆われ、ワインの神が突如空樽をいっぱいにしてくれた貧乏人」にたとえ、「成り上り者」とすら呼ぶが、ここでは、「彼が自分の国民から譲り受けたものはない」(9)ということばこそ、ベルネのいわんとするところだろう。

ベルネは、ジャン・パウルのあらゆるレベルにおける真率さをこそ称えるのである。一見ベルネ自身のジャーナリスティクな側面からの臆断で、ここから「ジャン・パウル＝革命の闘士」といった短絡的なイメージへと膨らませてしまう人も間々あるようだが、それは程度の低い誤読であろう。

ハムブルクの裕福な叔父をパトロンに持っていたこれまた改宗ユダヤ人、デュッセルドルフ出身の詩人・作家・ジャーナリスト、そしてベルネの論敵、かの有名なハインリヒ・ハイネ（一七九七―一八五六）、その『ロマン派』（一八三六年）中のコンパクトなジャン・パウル論においては、この作家を形容すべきほとんどすべてのことばがみごとに網羅されている。

彼はまずジャン・パウルを、「ロマン派とほとんど同時に登場したけれども、ロマン派にはまったく関係」せず、「ゲーテの芸術流派とも何の共通点ももた」ず、「あの時代にまったく孤立して立っている」人物と評し、それは、「彼があの二つの流派とは反対に、彼の時代に完全に没頭し、彼の心がその時代によって完全に満たされていたからである」(10)と高らかにラッパを吹き鳴らす。このあとハイネは、彼を「青年ドイツ派」の先駆とみなし、後者への賛辞へと「脱線」する。これまた、ここまででやめておけば、ハイネ自身と同様にジャン・パウルも「革命詩人」にされてしまいかねない。しかし、ハイネはちゃんと、「本来のテーマをあまりにも離れすぎた」と反省し、ジャン・パウルへと戻る。

ここからハイネの筆は俄然冴える。「ジャン・パウルの綜合文の構造は、小さな部屋ばかりでできており、それらの小部屋は、時とすると、あまりにも狭く、ある理念が他の理念と出逢うと、頭をぶつけあって怪我をするほど」であり、「天井からはむやみに鉤がぶら下っていて」、「それにいろんな思想をひっかけて」おき、「壁にはやたらと隠し引出しがあり、彼はそのなかに感情を隠しておく。」そして、「彼はその豊《ママ》な精神や情緒で、われわれを爽快にするよりはむしろ呆然とさせる。もしも彼がそれらにしっかりと根を張らせ、すべての枝や花や葉をひろげさせるならば、巨大な大木に成長するであろう思想や感情を、彼は、まだ小さな若木にもならないうちに、それどころか、しばしばまだまったく芽のうちにむしりとってしまう。こうして思想や感情の森全体が、ありきたりの皿にのせて、野菜としてわれわれに供される。ところでその料理たるや、奇妙なもので、到底食えるような代物ではない。」

そして有名なハイネの絶妙な比喩が続く。「彼はその長篇小説のなかで、真に詩的な形象を生み出した。しかしこれらの嬰児たちはみな、愚かしい長い臍の緒をひきずっていて、それを互いに巻きつけ、締め殺しあっている。[11]」ハイネは「青年ドイツ派」にはこういう「不快な文体」はなく、より「実践的」であるというのだが[12]、マイナス面をかくも華麗に語らせてしまうとは、何ということだろう。

一方は、一見鈍重にも見えかねない荘重な表現の中に、意外に思考の複雑なうねりが垣間見え、他方は、華麗にして軽快な文体に乗せられつつも、そこに頭脳の明晰さとそれゆえの短気さが見え隠れする。ベルネとハイネ、ジャン・パウル論においても二人はいい論敵同士ではないか。

(2) ジャン・パウル協会

時は一九二五年十一月十四日。ベルネの予言は当たった。たしかに、ビーダーマイヤー時代にも世紀転換期にも、常にジャン・パウルに言及する作家たちは存在し、またその伝記や選集も途切れることなく出てはいた。しかし、ジャン・パウル没後百年のバイロイトは、これまでとはちょっと違っていたらしい。ゲオルゲ派による「ジャン・パウル再発見」というような文学界の潮流がすでにあったということもあるかもしれないが、何よりも、敗戦によって意気消沈した国民の、心のよりどころを求める無意識の願望が呼び起こしたような、「あまりに忘却期間の長すぎたこのなくてはならなかった精神的指導者《フューラー》」[13]を記念する二日に及ぶお祭りとなる。松明行列・来賓挨拶・音楽と講演と朗読の夕べ・パーティ等々。そして、ジャン・パウルを自分たちの「郷土作家」と誇る人たちの肝煎りで、「ジャン・パウル協会」が、これを機に設立され、翌年には機関誌『ジャン・パウル・ブレッター』も刊行が始まる（前者は今も存在し、後者も名と装いを改めて今も続いている）。

定款には目標が二つ掲げられている。一つは、ジャン・パウルへの「愛と理解」を深めるため、さまざまな啓発活動を行うこと。もう一つは、研究援助である。[14] 二年後に刊行が始まる『ジャン・パウル全集・資料校訂版』の刊行援助も視野に入っていたのだろう。

メンバーはバイエルン州文部大臣を筆頭に、ジャン・パウルゆかりのバイエルン三都市、ヴンジーデル・ホーフ・バイロイトの市長や市議会が名を連ねる。『レヴァーナ・教育論』（一八〇七年）のせいか当地および近隣の教育委員・校長・教員といった人たちが目につく。三都市在住者でほぼ三分の一を占める。バイエルン在住者でみると二分の一といったところか。有名作家の名もある。トーマス・マン（一八七五―一九五五）、ヘルマン・バール（一八六三―一九三四）、リヒャルト・フォン・シャウカル（一八七四―一九四二）、ヘルベルト・オイレンベルク（一八七六―一九四九）（彼はナチス時代、好ましからざる人物と見られていたとき、ジャン・パウルゆかりの『ジーベンケース』というペンネームを使っていたという）[15]、オスカー・レルケ（一八八四―一九四一）、そしてヴァルター・ハーリヒ（一八八八―一九三一）。他に文学辞典で名を見かける作家として、ミヒャエル・ゲオルク・コンラート（一八四六―一九二七）、ユーリウス・ハーヴェマン（一八六六―一九三二）、エルンスト・バックマイスター（一八七四―一九七一）、ルードルフ・ヘンツ（一八九七―一九八九）。著名な文学研究者として、フランツ・ムンカー（一八五五―一九二六）、ルードルフ・ウンガー（一八七六―一九四二）、ヴォルフディートリヒ・ラッシュ（一九〇三―一九八六）そして出版業者エルンスト・ローヴォルト（一八八七―一九六〇）。他にバイロイト住人として、マエストロの長男ジークフリート・ヴァーグナー（一八六九―一九三〇）と女婿ヒューストン・スチュアート・チェンバレン（一八五五―一九二七）の名も目につく。ジークフリートはまだしも、ヒトラー崇拝者チェンバレンや、ナチス時代、カトリック王党派であることを、反ユダヤ主義でカモフラージュしたというシャウカル[16]とともに、呉越同舟というべきか、次のようなユダヤ系作家・芸術家・文学研究者もメンバーに名を連ねている。作家では、アルフレート・ケル（一八六七―一九四八）、ヤーコプ・ヴァッサーマン（一八七三―一九三四）、ハインリヒ・シュピーロ（一八七六―一九四七）、芸術家では、ブルーノ・ワルター（一八七六―一九六二）、文学研究者では、エーリヒ・アウエルバハ（一八九二―一九五七）、ケーテ・ハムブルガー（一八九六―一九九二）、そしてエードゥアルト・ベーレント（一八八三―一九七三）[17]。

自分たちの郷土作家への「愛と理解」を求めてのこの文化活動には、しかし、そのようにして集うこと自体に内在する大義名分志向とでもいったものはおくとしても、当初から「国民作家」たらしめたいという方向性があったようだ。設立呼びかけ書は、ジャン・パウルは「風刺とユーモアと真剣の巨匠・ドイツの魂とその未来を子供のように信じている確固たる祖国の友・焦る若者たちの教育者かつ鋭敏なる理解者[18]」と歌い上げる。この「まじめ」基調は、そのままナチス時代へ持ち込まれる。協会の仕事は、「ドイツ国民に対して価値ある仕事」と認識され、ジャン・パウルは、「その内面の豊かさが、まさに祖国の危急のときに、ドイツの刷新のために、汲み出されえたところのドイツ的存在の、その告知者」[19]ととらえられる。「ドイツ帝国は、ジャン・パウルの求めたものが実現したものだ」[20]とまでいわれる。そして、当然のごとく反ユダヤ主義が公然と機関誌上にのさばりはじめる。たとえば、ある寄稿者が、これからこの機関誌に書かれるべき論文のテーマとして勧めるのは、『ジャン・パウルとユダヤ人』『ジャン・パウルの人種』『ジャン・パウルと人種論』『魂の外国支配に反対するジャン・パウル』という次第。[21]そのうち最初のものは、実際に書かれている。そこでは、諧謔は揶揄ととられ、商取引は貪欲の現われと見られ、「あらゆる儀式めいたものが嫌いな人」だったから、ユダヤ教には我慢できなかったろう、と解釈される。[22]

一九三八年、『ジャン・パウル全集・資料校訂版』の編者・在野研究者[23]エードゥアルト・ベーレントの解任は、その流れの中で生じる。[24]

(3) 鞄の中のジャン・パウル

ジャン・パウルは二十世紀の二人のユダヤ人亡命者と行をともにしている。一人は、ユダヤ学の泰斗ゲルショム・ショーレム（一八九七―一九八二）、もう一人は、詩人パウル・ツェラーン（一九二〇―一九七〇）。前者は、一九二三年ベルリンからエルサレムへ向かうとき。後者は、ソビエト化したルーマニアから脱出後、半年ほどのウィーン滞在を経て、一九四八年パリに向かうとき。[25]

しかし、亡命の旅の道連れであったのみならず、一方は人生そのものをよぎり、他方は創造にまで関わるのである。

ショーレムがユダヤ学に邁進しはじめた一九一九―二二年のミュンヘン大学時代のこと、彼はバイエルン国立図書館手稿部門で、一人の男と顔なじみになる。「異常なほど痩身の、ひょっとしたら十歳も年上と思える男が、あきらかにユダヤ人インテリの鋭く激しい顔つきで坐っていた。」誰あろう、「ジャン・パウル研究の重鎮、ハノーファー出身のエードゥアルト・ベーレントだった。彼は、私が古典作家のなかでとくに愛読するこの作家の批判版をここで準備していたのである。」[26]

分野と世代は異なるが、文献学の泰斗二人が、それぞれの業績がまだ世に出る前に、図書館の手稿に囲まれた空間でことばを交わすという、一幅の絵画のようなすばらしいシーンである。

一方、パウル・ツェラーンは、『言葉格子《シュプラーハギター》』（一九五九年）という作品そのものが、ジャン・パウルの記憶とつながっているらしい。それは、ジャン・パウルの『カンパンの谷』（一七九七年）から頂戴したという。[27]修道院の面会室にある聖俗を仕切る「面会格子」という意味のこのことばを、ジャン・パウルはよく使うのだが、ジャン・パウルの意味とはあまり関係なく、ことば自体の喚起するイメージが詩人に訴えるところがあったのだろう。

(4)　ライフワークとしてのジャン・パウル

一九三八年十一月七日付けで先述のごとく解任されたエードゥアルト・ベーレントは、同月十一日、オラーニエンブルク＝ザクセンハウゼン強制収容所に送られる。十二月七日釈放され、スイスの友人たちの尽力で、その入国及び滞在許可が得られ、十二月二十一日出国。残った肉親二人はナチスの犠牲となる。[28]一九五七年、亡命先のジュネーブから、マールバハ「シラー国立ミュージアム」の「ジャン・パウル資料室」へ招聘され、再び淡々と『ジャン・パウル全集・資料校訂版』の編纂につとめたという。自らもユダヤ人としてナチスドイツからの亡命を余儀なくされ、同じようにアウシュヴィッツで肉親を失っている、年下の同僚で詩人のルートヴィヒ・グレーヴェ（一九二四―九一）[29] 描くところのその時代の彼の風貌はこうである。

「むしろ小柄で華奢な男性で、気分がいいときには、赤みを帯びた小さな頬をみてわかるので、うれしくなる。その手は冷たく乾いた感じがする。冬には、半ば無意識に指をこすっているのを目にすることがよくあった。その指は体格の割にはとても力強さがあって、爪は大きくて青白い。手に取るものは、本であれナイフやフォークであれ、彼は軽くつかむ。それはちょっと吟味するような感じで、いってみれば、司教の手を思わせるような、ある種儀式めいたところがある。こういう手との握手は、指輪をはめていなくとも、より用心を必要とする。彼は敏感そうな頭蓋をよく鳥のように前へ伸ばすが、そのさい首は引っ込める。それはあたかも、ひょっとしたらあまり気乗りがしないのかもしれない、そんな何かを探しているかのようである。鳥を思わせるものといえば、後頭部の、ふくよかなつくりの長めの耳のところの、綿毛のような白髪もそうだ。顔にはもちろん皺があり、鼻から口と顎にかけてはとくに深く刻まれているが、老人というよりは、繊細で弱々しい若者を思わせる。[30]」彼のオフィスで「本を借りようとすると、どうしても自分で梯子を上るか、書棚の前で、背は伸ばした状態で屈むかする。いっぺんで見つからないときは、見る見る不機嫌になってしまうことがあって、借りたいといったことが後悔されてくる。しかしそれでもやがて見つかると、立ったまま、タイトルを小さなノートに記入する。遅くとも二週間を過ぎたら、返却を求めるためだ。」オフィスの入口の脇には、ジャン・パウルの胸像、壁には、机が二つ、そして、「窓の下には、栗色というかグレイというか、そんな色のフラシテンのカバーをした幅の狭いソファーがあって、そこで彼は食後少し休息する。その時間に長い廊下を歩いてくると、隣近所の事務室からシーという声で、ベーレントさんが寝ていますから、と注意される。子供のいない彼は、たくさんの弟子に囲まれているが、彼らは、彼がそれを求めているよりは、彼がそれを守っている、そんな距離をおいたところで彼の生活に関わっているのである。[31]」

ジャン・パウルとユダヤとの最も幸福な出会いの一章である。

二　ジャン・パウルのユダヤ人

(1)　メンデルと『悪魔文書選』

ジャン・パウルのデビュー作は、名を伏せて出版されている。『グリーンランドの訴訟、あるいは風刺的スケッチ』（一七八三年）と『悪魔文書選、ユダヤ人メンデルの必要な送り状つき』（一七八九年）（以後『悪魔文書選』と略す）の二作である。後者は、まえがきにのみ、「J・P・F・ハーズス」の署名がある。いずれも初期の風刺的小文をまとめたもので、やっとのことで出版にこぎつけたものだった。

ここではタイトルの一部に「ユダヤ人メンデル」とある後者の方をちょっとのぞいてみる。まずみておきたいのはこの風刺論集の体裁である。それは「ラーベナーやリスコ[32]の用いた登場人物による風刺《ロレンザティーレ》」[33]にならったものともいわれるが、終生にわたってこだわった「私」のフィクション化を、ジャン・パウルはすでにここでしっかりと行っている。つまり、ハーズスという名の「私」が、『悪魔文書選』を書いたという「物語」が一つ、枠として存在しているのだ。作者としてまえがきに名を残している「ハーズスは、そのコメントや考察や脱線において、自分自身を演じており、これは、叙事的材料を欠くところの作者がいの語り手《アウクトリアール・エアツェーラー》なのである。[34]」いいかえると、「登場人物としての語り手」である。そして、はじめだけだが、それと対等の、いわば同じ次元の「物語」中の人物がユダヤ人メンデル氏なのである。

ハーズスは、この作品の原稿とメンデルへの借金を残して死んでしまう。そこで次のようなメンデルの「送り状」が前置きされる。彼はまず、そんな「ドイツ語の汚れた紙」は、軽すぎて買い手もないから、それを印刷してふやして売ることにしたという。そして、売る前には「(多くはフランクフルトやブラウンシュヴァイクやナウムブルクの路地で会った)ドイツとポーランドのすべての学者たちに、ざっと目を通して楽しんでもらえる。」それにしても、とメンデルは思う――「実際こうやって、老いも若きも学者というものは、どれほどまで考察をめぐらさねばならないものか、ほんの一、二ポンドの気のきいたよくできた本を書くために、安楽椅子に座り続けて、自分とその椅子をどれほど座りつぶしてしまうことかを見てみれば、食料雑貨であれ、裁縫用具であれ、家畜であれ、商売というものを心から称えて、息子たちにも娘たちにも大学で学ばせたりはしないものだ。[35]」しかし、このひどい本を書いたハーズスが、実は、「なんぴとも嘲ったりすることはできない」人、「人間・家畜を愛して」いて、「献金箱が資本を殖やし、貸し付けに回っているなんてことを知ったときは、不快のあまり首をつりたくなった」ことがあるような「心やさしい」人、「胎児のように胸の外に心臓がある」ような「謙虚そのものの人」であることを知っていた上、ハーズスは「ユダヤ教にもひそかに心を寄せていた」から、メンデルは、ユダヤの説を援用して、こう解説する。つまり、「魂は、寝ている人の体の外に出て、天国でおのれの行状について大福帳をつける」ので、その間に悪魔が彼の体内に入り込んで書いたのだ。しかし悪魔は、著者名が悪魔だとしたら本が売れるだろうから、売れなくして自分や版元を困らせてやろうと、著者名をハーズスとしたのだという。しかしそれでも、タイトルに「悪魔」とある以上、読者は悪魔が書いたとわかるだろうし、「正直なユダヤ人」のいうことは悪魔のいうことより信じてもらえるだろう、と続ける。「買っても詮無い」本なのだが、書評子は誉めているから、「それで損害を取り戻そうとしている」「あわれな未払いにあっているユダヤ人」を助けてくれ、というのである。さらに、他のユダヤ人は「かつては医術で、今は司法で食っていて、裁判官や顧客から借りたり取ったりできる」のに、自分には「これしかなく、入ってくるもの一切なしで、妻ではなく宗務局書記が私に課す、それも多すぎるくらいの結婚保証金を恨みに思っている」身で、自分の子供たちは、自分が死んだら、「物乞いユダヤ人にしかなりようがない」、と訴える(37)。

ほんの数頁なのに、ハーズスもメンデルも表情と性格と生活がちゃんと付与されている。そしてその基調は、たとえ誇張されていようと戯画化されていようと、その人物を作者の作り出した世界に、そしてその作者の世界から、さらにその読者の世界へ見事に配置できるという、一種のリアリズムなのである。

このような表情と性格と生活を与えられたユダヤ人として、ジャン・パウルの後期二作品の彼らも、登場シーンは少ないが、なかなか印象的な存在なのである。

(2) ホゼーアスと『彗星《コメート》』

『彗星――あるいはニコラウス・マルクグラーフ。滑稽譚』(一八二〇/一八二二年)(以後『彗星』と略す)は、文章は難解だが、物語はわかりやすい(あるいは物語は難解だが、文章はわかりやすいといっても同じようなものだが)、未完とはいえジャン・パウル最後の長篇小説である。その最もわかりづらくて、そしてもっとも面白いシーンが、第二部第一章にある(38)。

人工ダイヤモンドを作りつつ、実の父を探して施しの旅に出る薬屋の倅ニコラウス・マルクグラーフの物語の、その主人公がダイヤモンド造成の目論見をついに仲間に打ち明けるときのこと。ふるまい酒のポンチ代とダイヤモンド造成資金、錬金術の賢者の石造成とダイヤモンド造成、そして反古としての古い処方箋とそのものとしての処方箋といった取り違えを次々と仕掛けることで、人によってはいらいらさせられるであろうような楽しいシーンが生じるのだが、ストーリーの原動力となるこの人工ダイヤモンド造成の資金を貸付けるのが、ユダヤ人街区に住む屠殺人兼先導歌手《カントル》ホゼーアスである。

返済日はまさにダイヤモンド造成予定日。しかしダイヤモンドは当日まで出来そうもない。そこでニコラウスの相棒で何でも屋のおふざけ男ペーター・ヴォルブレ[39]が、何とか取り繕おうとする。しかしそれが逆効果となって、満期の前日にホゼーアスは様子を見に来てしまうのだが、のちに自分自身も登場人物として出現する作者にとって、この人物はなかなか興味をそそられる人物らしいのである。

「金銭問題以外では、ふだんは立派な人間であり、世の中や日常の話等々では十分に教養を身につけていた――彼は精神というものを評価していた――彼は心というものを感じる人だった――冗談がわかり――冗談《からかい》をやった――ただしかし、金のない債務者はからかいはしなかった。この金というやつは、このユダヤ人の透視者においては、女透視者の場合とは違って、磁気催眠とその報告をだめにするのではなく、むしろそれらを助けていた。ユダヤ人は、屠殺者職と教会の先導歌手《カントル》が合体されていたように、彼もまた両方を、本来的な意味ではなく比喩的に、同じように誠実にとりしきっていた。一方は債務者の中で、もう一方は集まりにおいてだった。そしてかく多くの人は、多方面にわたる馬の尻尾であり、その毛は、ここでは輪っかとして絞殺を行い、かしこでは、串線法《毛の鋼》[40]として排膿を行ってもとに戻しており、あるいはまたバイオリンの弓弦として、あるときは腕上で動かされて拷問具となり、あるときは腕によって動かされて音楽となるのだ。」

ジャン・パウルの筆は冴えわたる。前日に来たためまだ出来ていなくて焦っているニコラウスを刺激してしまい、「満期の当日に来るべきだ、今日はとっとと帰ってくれ」といわれ、穏やかに「喜んで明日また来ますとも」といったあと、「中国の皇帝は、自分の耕地や犂だけで暮しが立っているのでしょうかね[41]」と皮肉をきめて帰るのだが、そのあとの作者のコメントはこうだ。

「この思いつきは少なくとも私にはユダヤ的である。すなわち、機知《ヴィッツ》があるのだ。人が、ユダヤ人がよく小間物《みじかい》以外に機知《ヴィッツ》というものを行商《あきな》うのは何故なのだろうと自問するときには、人はさまざまにこう自答すればいいだろう。つまり、タルムードの簡潔さが機知へ高まるのだとか——彼らの売買の相手方《おとくい》としての人間への冷たい関係は、丁度もう一つの冷たさがそうであるように、機知《ヴィッツ》ある北極光には都合がいいのだとか——キリスト教徒と回教徒と非ユダヤ教徒によって封鎖状態に置かれて、彼らは最後の武器に訴えるのだ、本気でいうことばが禁止されているときに、冗談話に訴えるのだ、とか——彼らの主張は、永遠のおしゃべりであり、永遠の説得であり、商品の地下蔵は、彼らのことばの地下蔵となっているのだとか、こういうことによって、彼らの東方的情熱《ひ》ははじけて機知《ヴィッツ》の電気火花になり、彼らの才能が、長い学問の代理公使から出でて、瞬間の給仕人兼急使になるわけなのだ。(42)」

これはまさにユダヤ人の生活と意見の代弁といってもいいくらい身についた洞察であり、ここから作者のユダヤ人観を云々することは、ほとんどナンセンスではあるまいか。次元が違うのだ。

さて、ニコラウス自身も諦めかけていた人工ダイヤモンドが、まさに約束していた当日、さんざんやきもきしたあげく、それでいていとも簡単に出来あがる。(43)ホゼーアスも呼ばれてやって来る。彼は、「古典的ないし理想的宝石《いし》の、商人宝石《いし》学者（岩石学者）として、このダイヤモンドを見ると、一目でたちどころに、この薬屋が本物のダイヤモンド羊毛皮騎士だとわかり、心密かに、かかる偉大な未来のムガール帝国皇帝に呆然と目を見張った」が、「その分いっそう、彼には、自分はこの小さな石が偽物であると宣言して、そして最有力の疑惑を投げかけねばならない必要性が明白になったのだった。自分の現金の代《しろ》に、そうやって少なくともこの薬屋、金は使わずにただの石炭を使ったこの男は、手に入れてやろうというのだった。」そしてどっちみち未研磨なのにいろいろとけちをつける彼に、丁度来合わせている宮廷宝石師に見てもらおうとニコラウスが提案すると、彼はすでにまた、「そうあるべき男に、つまり、宝石《いし》の競売のときに、第二の競り手が自分と競うのを見るよりも、薬屋にすばらしい信頼を示したがる男になっていた」という次第。作者のコメントによれば、彼は相場の半額ちょっとを支払ったという。しかも、本来なら「このユダヤ人は、やるのは一分でも遅くしたい、あるいは、取るのは一分でも早くしたい」のに、手形の方も日割にして差し引いてくれたという。(44)

おまけにこのユダヤ人ホゼーアスは、さらに「摂政《レゲント》」という大ダイヤモンドを作るのに成功したのち、都合八台の馬車の一つでそれを作りつつ旅をするニコラウス一行の「宝石商を自ら買って出て」、お供のコックつきで、同行するのである。「ただ自らをこの薬屋のために常に、忠実なダイヤモンドの買い手として準備しておかんがために」だ。「火花石を電気火花をそうするように、自分の手から他人《ひと》の手へと誘導していく買い手として」である。(45)のちには「宮廷銀行家」とも表現されるこのユダヤ人は、会計係として一行を蔭で支え続け、最後近くの一場面を除けば、こののち表舞台にはほとんど出て来なくなる。

ところで、この八台の馬車の行列は道中で、若き日の作者リヒターのみならず、さらにホゼーアス以外のユダヤ人四人を仲間に加える。彼らは、「即位に際して、抜け変わり・生え変わりたい、そして脱皮をしたい、そして卵の殻に至るまで、あらゆる父のものと、また両親の壁紙であり部屋であるいかなる卵袋《まゆ》も捨て去りたいと思っていたさる若い領主から、その父親の遊興隠遁地、つまりエルミタージュ、つまりその遊興隠遁地が、たくさんの廷臣のため、まことに多くの家屋に造作されていたところのそれをまるごと、いつも通り半値で買いとって、これらの小家屋を遊興庭園ともどもたくみに解体して」、売りさばこうとしていたのだが、どこでも売れないでいるところに、ニコラウスが「彼らが要求する以上には、一プフェニヒもよけいに与える」ことなく買いとって、ニコポリスと名づけ、移動式首都にする。そして建築監督つきのそのユダヤ人の一団も仲間に入れるのだ。(46)これでユダヤ人は六人になった。キリスト教徒とユダヤ教徒が力を合わせて、首都を仮設・解体しつつ、施しと父探しの旅を続けるわけだ。なにしろニコポリスでは、「あらゆる宗教を自由に通用させているわけだから。(47)」多分にニコラウス殿様の主観によってはいるが、箱庭サイズのユートピアである。

(3) ユーダスと『フィーベルの生涯』

『ビーンローダのフィーベルの著者、フィーベルの生涯』(一八一三年)(以後『フィーベルの生涯』と略す)は『彗星』と、三つの点で基本構造が似ている。一つは明白な法螺話が基礎をなしているということ。つまり『彗星』における、当時はありえなかった人工ダイヤモンド造成と同じように、『フィーベルの生涯』は、現に存在していた小学一年生用国語読本『フィーベル』を書いたのは、フィーベルという名の人物だったという真っ赤な嘘(48)が、ストーリーのおおもとをなしているのである。二つ目は、主人公が大成功を収めること。ニコラウスのダイヤモンドはホゼーアスによって次々と金に替えられ、フィーベルの「国語読本」は近隣の国々に採用されてどんどん売れるのである。三つ目は、主人公を個性的な仲間が取り巻いていること。あるときはきつい御意見番、あるときはありがたいブレーン、あるときは力強い協力者として、またあるときは実務に通じた専門家として。

さて『フィーベルの生涯』は、ジャン・パウルの作品の常套だが、作者が、ばらばらになってしまっている「フィーベル」の「伝記」をひとつひとつ手に入れて、それを読者に提供するという体裁をとっている。ユダヤ人ユーダス(49)のもとでその「伝記」の一部を彼が見つけたことが発端である。「前史ないし前章」という章が「まえがき」の次、第一章の前にあって、そこでこの物語の成立についてのフィクションが語られる。物語はここからすでに始まっている。

国語読本『フィーベル』の作者のことがかねて気にかかっていたジャン・パウル・Fr・リヒターという名の著

者は、学のある人たちにいろいろ当たってみたが[50]、誰も知らないので、ホーフ・ライプツィヒ・ヴァイマル・マイニンゲン・コーブルク・バイロイトへ[51]「学術旅行」に出かける。そして、それで知ったのは、本や原稿が商品の包み紙として使われているらしいということだった。つまり、「商人は単に本の小売商人であるのみならず、直筆原稿のそれでもある。彼らの蒼穹《あなぐら》は、印刷された本の廃兵院であり、磁力《みりょく》のある紙たちという磁石の採石場だ。書籍商はひょっとしたら、今ほど強くほとんどすべての商業部門と絡み合っていたことはなかっただろう。いずこでも風袋を決めて、鄙びた原料物質にまず服を着せなければならないということによってだ。自分を狭い書店から引っ張り出して、誇り高き何でも商店の中へ引っ張り込んだため、かつては出版業者が、買い手より読み手の方が多く見つかると嘆いていた本が、今や不定期の分冊で読まれるより買われる方が多いということは、何ら驚くにはあたらないのだ」[52]、というわけだ。

一方彼は、旅においては必ずといっていいほど、国語読本『フィーベル』を使っている学校教師を訪ねて、現物を見せてもらい、その表紙裏に「フィーベル」と「ハイリゲングート」の文字を度々見つけていた。さて、「マルクグラーフェンルスト辺境伯領《マルクグラーフシャフト》を通過中」、首都マルクグラーフェンルストで、彼は、「功を奏しなくとも十五回洗礼してもらって、洗礼水の量と悪魔祓いの繰り返しによって自分を清めようとしていた」「洗礼ユダヤ人」が、「禁止されていた本の競売を丁度行っていたときに、その手中に落ち」てしまう。それがすべてフィーベルという名の著者による百三十五冊の本だったのだ。彼は、自分が「こんなに多作の著者を知らなかった」腹立ちまぎれに、晩まで残っていたそのうちの十冊を競り落としてしまう[53]。

ではこのユダヤ人はどうしてそれらを手に入れたかというと、「フランスの落伍兵たちのあとを追って村々へ小さな荷車を押していき、フランス軍の軍服姿で——なにしろ彼は外見を、内面ないし宗教同様簡単に変えられたので——この略奪者たち《マロデール》から、彼らが用いるよりむしろ破壊しかねないものを、妥当な軍隊価格で買い上げた」という次第。つまり故買である。そして、その略奪にあった「受身の盗賊の巣」の一つとして彼の口から「ハイリゲングート」という名が出る。そこでこれは何かあるかもしれぬと思い、改めて「フィーベル」のものが他にないかと尋ねると、「宮廷装丁師のために取りのけている高価なただの本の外皮」がいくつかあっただけだった。しかし中を調べてみたら、「最初の本の中にさらに、廃墟と化した一丁半が見つかったのみならず、その中には次のような本の扉が見つかって、最高の驚き」となる。――『マルクグラーフルスト《ママ》・フランケン・フォイクトラント・クーアザクセンの新アルファベット読本の著者・有名なるゴットヘルフ・フィーベル氏の奇妙にして格別なる人生録、聖なる神学に打ちこみし人ヨーアヒム・ペルツによって格別の熱意をもって収集され、明るみに出されたところの。第一巻、その胎内における宿命の話』。「フィーベル」の「伝記」があったのだ。しかも誕生以後の彼のことに触れた三十九巻がさらにこのユダヤ人のもとにあり、その中にはまだ二―三・五全紙分残っているものもあった。残りはどんな商人が買ったのかと聞くと、誰も買っていないという。つまり、「略奪者《マロデール》どもが、この人生記録、われわれすべてにとってのこのすばらしい歴史資料を、寸断して窓から飛ばしてしまったり、この最高のメモを、その他のひどいやり方で使用してしまっていた」が、幸いわれわれすべてのために、あの善良なるハイリゲングートの人々が、残っていた資料をすべて拾い上げて、それらを紙の窓にしたり、案山子にしたりして、あらゆるものに用いている」のだという。

　これで「四十何巻かの本」が一冊できることが作者に約束され、事実それができることになるわけだが、その前に作者は、その資料を回収しにハイリゲングートへ赴く。先述のごとくユダヤ商人ユーダスのもとに残っていたものもあるので、まずこれを、「店頭価格で、装丁を取りのけるやいなや、印刷されている部分を本から引っ張り出してもぎ離す許しを買い取った。」そして、「その引っ張り出した丁から引っ張り出された」章は「ユーダスの章」と名づけられる。[54]

さて全部で二十九章と四つの「後章」（後日談＝現在）からなる『フィーベルの生涯』で「ユーダスの章」は全部で十四章あるが、うち合体している章があるので実質は十三という、いわくありげな数字になっているが、たいして意味があるとは思えない。ただしいちばん多くの章をなし、[55] 分量も多いので、いやでも「ユダ」が目についてしまう。

ジャン・パウルは一つのことをいろいろと言い換えて遊ぶことがよくあるが、このユーダスの呼び方も、「ユダヤ人《ユーデ》」以外に、「洗礼ユダヤ人《ゲタウフター・ユーデ》」「ユダヤ人キリスト教徒《ユーデン・クリスト》」「ユダヤ再洗礼派《ユーディシャー・ヴィーダートイファー》」「キリスト教徒ユーダス《クリステン・ユーダス》」「新キリスト教徒《ノイ・クリスト》」「キリスト・ユダヤ人《クリスト・ユーデ》」となっている。このことから、ジャン・パウルは改宗ユダヤ教徒に対して特殊な見方をしているのではないかとも見られかねないが、人であれ動物であれ物であれ、ジャン・パウルのものの見方・表現の仕方は、光の当て方によってころころ変わりうる玉虫色なのであり、したがって、一つの表現に固執して、そこから導き出される「ジャン・パウル論」は、滑稽以外のなにものでもなくなるのである（何事にもいえることだが）。

「彼は裏切り者イスカリオテの戴いていた以前の彼の名ユーダスを、とても短い聖ユダの手紙における新約聖書の使徒として有名なキリスト教徒の名であるユーダスと取り替えていたのである」が、「この名前の共鳴ないし乳兄弟性は、人が考える以上に、この正直者のユーダスが、いつも改めて洗礼の水を渇望するようになることにあずかっていたのだろう。なぜなら彼は、洗礼盤から飛び出して乾くか乾かぬうちに、またぞろ二つのユダの共同教会《サイマル》に迷い込み、新旧両約の財産共同体を一つの会社《エ・コムパーニュ》として作ろうと欲していたのだから。[56]」——ここでは、改宗ユダヤ人の気持ちにずしりと下りていっていないだろうか。

ジャン・パウルの無二の親友の一人にバイロイトの裕福なユダヤ商人の息子エマーヌエル・ザームエル（一七六六—一八四三）（一八一三年オスムントと改姓）がいる。彼は、この一家がいればこそ一八〇四年バイロイトに移住することにしたといってもいいくらいであり、また事実、金融や商取引においては助力してもらい、逆に文章や文学においては助力を惜しまなかったように見うけられる。歩いてほんの少しの近所でありながら、三日にあげず、それどころか、一日のうちに何度でも手紙のやりとりを行っていたときもある。おそらく、所属する国が度々変わったり、貨幣相場が所によってまちまちであったりといった当時のドイツにおいて、文筆家ジャン・パウルのエージェントないしマネージャー、あるいは番頭さん的役回りを、未分化の状態ながら、務めていたといえないだろうか。

このエマーヌエルこそが、ジャン・パウルのいちばん身近なユダヤ人で、かつまた改宗ユダヤ人だった。しかも娘エマ（一八〇二―一八五三）の洗礼親の一人ですらあった。ジャン・パウルのフィクションを解釈する上で、この事実は大いに示唆するところがある。つまり、描写に笑えるところがあっても、それが笑いの対象を貶めているのだととらえることは、まったく紋切型の誇りを免れないだろうということだ。

ジャン・パウルはエマーヌエルを常にはっきりユダヤ人として遇している。たとえばある別な友人宛ての書簡の中で、もしエマーヌエルがベルリンへ行ったら、自分がベルリン滞在中（一八〇〇／一八〇一）にそのサロンを訪れたことのあるヘンリエッテ・ヘルツ（一七六四―一八四七）に会うことを勧めたいというとき、彼女のことを「割礼の仲間」という。[57]一方、彼女の方には、「ユダヤ人であるその人に対して、彼は、私（ヘンリエッテ・ヘルツ―筆者注）の中に特別な関心を前提としていたらしく」、彼のことをしきりに話題にして、彼女を「感動」させる。[58]また、これも同じベルリン滞在中に訪れていたラーエル・レヴィーン（一七七一―一八三三）については、同じ友人宛てのある書簡の中で「ユダヤ女性レヴィーン」といったあとで、「ユダヤ女性たちは旧約を重視せず、それゆえ新約へと結婚しつつある」と、その改宗ブームを揶揄する。[59]そして、そのレヴィーン本人宛ての書簡の中では、「思うにあなたは時々、書くとき同様に正書法なしで行動なさるので、そのことで人々がもっと精神的価値のあることを見過ごさないでほしいものです」[60]とひやりとするようなことをいったりもする。つまり、ジャン・パウルのユダヤ人へのスタンスは、およそこのように、繊細にしてかつ屈託のないものなのである。

ところで『フィーベルの生涯』には、ユダヤ人はもう一人登場する。主人公の父、鳥刺しのジークヴァルトが偶然手に入れた金の指輪[61]の、金の枠を外したエメラルドの方を値踏みしてもらおうと思って見せるユダヤ人古着商《クライダー・ユーデ》である。

「ユダヤ人は、これは盗んだものだな、と期待をかけたものだから、盗みに加担することを願い、二ターラー申し出て――それからすぐに、ジークヴァルトが大笑いしたため、倍を申し出た――それから三倍を申し出て、こうするのは単に、この石を慢性胃痙攣のための薬として服用しようと思っているからだといった。」しかしそれでも駄目だと見てとると、「『もう一ターラー、これが最後だ』と大声でいって、あっけに取られてポカンとしている鳥刺しの前で、その石を飲み込んでしまった」のである。それでどうなったかというと、別にどうにもならない。「ジークヴァルトはさしあたってまず、ユダヤ人の右手と左手をつかんで、火の消えた灰色のまなざしで、とんがったような角張った顔を見た」あとで、「彼の咽喉を絞めていった。叫んだり、じっとしていないでいたら、絞め殺すか首をへし折るぞ。あんたから石を取り出すまでな。」そこでその「沈黙のユダヤ人は、エンゲル教授の身ぶりから得たすべて[62]を出して、わかったといった。」そこでジークヴァルトは、「妻の賛美歌の栞の孔雀の羽根をとって」「口を自然の枠以上に開かせて、その柔らかな羽根で物乞い《うなる》ユダヤ人の舌乳頭・喉頭蓋・咽頭をこすったり撫でたりした」が、「彼の胃は指輪と同じくらい見事に石をはめてしまっていた。」ユダヤ人の、「昨日から一口も食べ物を舌に運んでいないので、胃の中にはこの石以外何もないから仕方がないでしょう」という言いぐさを聞いて、「鳥刺しは彼に、箪笥の上に置かれていちばん近くにあった、シュテッティーン林檎とこの上なく美しい花がすでに何週間も生けられていた混じりけなしの水を一口差し出し」、そして再び件の羽根で刺激した。するとやっと、「胃という盗賊の巣窟から譲渡契約を押し取ることができた。」そして、「白い顔と冷や汗と胃痙攣とともに、ユダヤ人はそこから去っていった」という次第。[63]——見事なコメディリリーフである。それもかなりの演技力を要求される。滑稽でなおかつシリアスでなければならないのだから。

この「物乞い《うなる》ユダヤ人は、近隣のユダヤ人たちを、鳥刺しにけしかけ」、「その行列のしんがりは宮廷ユダヤ人が、鶉買いを隠れ蓑にして務めていた。」その結果、領主たる辺境伯の耳にまで達し、ジークヴァルトは城へ召され、宝石と引き換えに金貨をもらって帰ってくるのである。「いくら欲しい」と聞かれて、「一年の日数分のソヴリン金貨をお願いします。つまり、半ソヴリン金貨でございます。つまり、私どもは日と夜を分つことを心得ておりますれば」、と答えて、閏年で計算して三百六十六半ソヴリンをもらって帰ってくる。しかし彼は、家族には一枚だけ見せて、残りは埋めてしまう。それ以来、弾丸が体に入ったままの気難しい傷痍軍人で、息子を軍人にしたがっていた彼が、急に物分りがよくなり、読書や勉強が大好きな息子に、もう兵隊になれとはいわなくなり、「なりたいものになればいい」、というようになる。「メランコリックに」なり、「金の金属注射で彼の生きた血管が圧迫されてばらばらになった」というわけだ。[64]そのまま彼は死へと向かう。

ところで、妻や子に君臨し恐れられながら、時代の流れ、あるいは相手の成長によって、己の主義主張を枉げざるをえなくなってしまう家長——ユダヤ人ではないものの、このジークヴァルトはどこか「ユダヤ的」[65]な愛嬌ある悲哀にみちた家長に似ていないだろうか。ただし、この父親には、宗教に背を向けたようなところがある。「神聖な三祝日には、家にいないで出回っている」人で、それは「鳥を売りさばくためであり、教会を避けるため」であったといわれる。息子に、「母と教会を宮廷同様禁じて」、スパルタ式でもって自分の意のままにしようとする。

この父親をユダヤ的と呼んでよければ、母もまた十分にそうではなかろうか。とことん夫を立てる人なのだが、決して自分の価値観を犠牲にはしない。ときにヒステリーを起こして夫を閉口させる。すると夫は黙って森へ避難する。息子べったりで、思いっきり甘やかす。「自分の洗礼名と一族名」が、「侍女つき臨時女官」として載っていた「ザクセン選帝侯家宮廷・国家人名録」の当該頁を大事に持っていて、遠縁の大学学長に息子の洗礼親になってもらい、大学への入学をお願いするといった親馬鹿ぶりだ（結局フィーベルは大学には行かないのだが）。彼女には息子のことしか視野にない。善悪以前に息子であって、息子は絶対に善なのである。しかしそこには絶大な信頼がある。「息子が書き、希望を持つ生活を、無用なびくつきで邪魔しなかったことに対して、墓塚の汝にいまなお感謝あれかし」(66)と作者がことばを添えるほどだ。

さて件のユダヤ人はどうなったか。死へと傾斜した父が、埋めた三百六十五枚の半ソヴリン金貨を掘り出して、七枚を残された二人の生活費に取りのけておき、残りを薔薇の植木鉢に入れて壁戸棚の中に入れ、その戸棚を封印させ、息子の十六歳の誕生日に開けるようにと（このときは、十四歳のようだ）、教師を公証人として遺言し、やがて亡くなったあと、その手許の半ソヴリン金貨は、毎度彼のもとで両替される。「新しいソヴリン貨を彼は、その豚の膀胱——田舎では、これが男たちの財布であり、木のネジつき小箱が女たちの財布である——にしっかりと保管して、町の物乞《うな》いユダヤ人ユーダス——エメラルドを痙攣止め薬として服用しようとした、まさにあの患者——のもとで、金《きん》をもっとも小額の銀貨にくずしたのだった。」そしてユーダスは、喜んでそれをしてくれた。「この若い人間が、ほんとうにいっぱいになった財布を、いかに持っていきたがっているかを見てとったからだ。そして彼は、自分の意志で、民衆を代表する一個のソヴリン金貨を、多数の貨幣賤民《くんしゅ》へと解体したのだった。」(67)——最後の一節には力強さがある。俗ないい方をすると、いやにドスが利いている。それはさておき、このユダヤ人は、このことによって、以後二度しか言及されないにもかかわらず、この母と子の生活圏にずっと関わり続けていると想像できるのである。『彗星』のホゼーアスのように、といってもいいかもしれない。

その一度目の言及は、十五歳の誕生日前日のことである。両替のためと、お祝いのためのものを買うべく町へ出たとき、彼はゴットヘルフにフラシテンの古着ズボンを、「次の誕生日までに着つぶしてしまってからということで」、この日はお金を取らずに持っていかせる。このことについての作者のコメント――「周知のごとく、ユダヤ人は、町の内部について、警部その人以上にそらんじていた。産婆が女性配偶者の前途をそうであるように。わずかな告解料で告解の席に座るユダヤ人たちは、あらゆる家政の偵察部隊である。彼らは、『家族の歴史』がいっぱいのラフォンテーヌ(68)たちにほかならないのである。しかしそれは、そういうものを吹聴するためでは断じてないのであり、都市と田舎のこの研究者たちは、ただ実用的実務的たろうとしているにすぎないのである。ズボンを貸すことによって、幸せなヘルフ（ゴットヘルフの愛称―筆者注）に、自分への贈り物のための、すばらしいものを買うための、お金を残しておいてやったのだ。(69)」――いたって曖昧な文章なのだが、自分も話し、相手にも話させ、慣れ親しんで情報を集めることの巧みさがいわれているのだろうか。

二度目の登場は、国語読本『フィーベル』で大儲けした話が彼のところに届いたらしいとき。「この新キリスト教徒は御存知の前貸ししたフラシテンのズボンの利子なし代金を、今の財産事情に応じて彼が決めたにすぎないそれを、自ら取りに来た」ようである。(70)生き生きとした商売人ぶりである。

それにしても、『フィーベルの生涯』で作者はなぜこうもユダヤ人にこだわるのか。判断材料が一つある。それは、付録として最後に復刻されて添えられている実物の『フィーベル』に関わる。その「J」の見出しは「ユダヤ人（Jüde）《ママ》」と「狩猟用ホルン（Jägerhorn）」で、文章は「ユダヤ人は貧民を搾取する。狩猟用ホルンは楽しみと喜びを与える(71)」である。

幼馴染みの勝気な狩番の娘ドロッタとフィーベルとの婚礼の日にやって来て手伝うようになり、辺境伯にお目通りして本をお目にかけ、幼い王子たちのためとして献上したらいいという「決定的助言」を行ってフィーベルに大成功をもたらす元大学人ヨーアヒム・ペルツ[72]先生が、のちに、まだ本人が生きているうちに故人となったものとみなしてその伝記をつくろうと、さらに助っ人として加わっていた他の二人[73]及び当のフィーベルとともに、週日に「資料」を集め、日曜に「会議」を開いてまとめようとするときのこと。自分の教え子が大成功したうえ、使っていた教科書が『フィーベル』と差し替えられておもしろくない学校教師フレーグラーが、居酒屋でいきまいてしゃべっていたことを、「批評」の形にまとめたと称するものの中において、この「J」の項目が取り上げられる。

「帽子を被り、右手を腹に置き、左手を袋に入れたユダヤ人それ自体は、まったく結構だし、ひょっとしたらギャレリー全体でベストかもしれない。しかしスケッチと恰好と『彼は搾取する』という説明に対して、全ユダヤ人が名誉毀損で告訴しないだろうか。キリスト教徒がますますユダヤ的になっている今、まさにユダヤ教会堂とキリスト教会の接近と結合、いわば旧約の新約への製本が、そのことによって促進されるよりは、むしろ妨げられるのではないかということが、声を大にして問われねばならない。ほおずき《ユダヤ人のサクランボ》においても、われわれの想像に反し、のちに再びユダヤ人が現われ、著者はそれらをしきりに欲しがるのである[74]。これはどう考えるべきだろうか。著者はきっと実直すぎて、ユダヤ人に対して（彼は大学に行かず、彼らのところでお金を借りなければならなかったのでなおのこと）若者をけしかけて復讐することができないでいるのだろう。この本からはそうは思えないことだが、彼にはユダヤ人に関しては、そのほかにもいやな家庭的事情があって、それだけよけいにこの攻撃が目立ってしまうのだ。」

しかし即座に「原注」において、ユダヤ人（ユーダス）とのいやな家庭的事情は、つまり父親の宝石飲み込み事件及び度々の両替のことを指しているのだろうといわれ、それについては、「しかし、フィーベルの気立てのよい心は、復讐心に燃えて個物を思うことは決して出来なかったのであり、気弱さから、ザリガニが脱皮のときに、その柔らかくなった鋏ではそうすることがないのと同じくらい、はさむことをしないのである」とフォローされる。[75]著者のユダヤ人に対する私的悪意が、無意識のうちに国語読本『フィーベル』を通して小学一年生に反ユダヤ主義を刷りこもうとしたのだろうと強弁する「批評」の料簡の狭さを笑い飛ばすのである。

しかし、物語としてでっち上げられた『フィーベル』の架空の著者ゴットヘルフ・フィーベルではなく、この『フィーベルの生涯』の架空の原著者ヨーアヒム・ペルツでもなく、散逸したこの『フィーベルの生涯』の回収・編纂者ジャン・パウルでもなく、この人物とはかなり重なり合うものの、それでもさらにその奥に鎮座している作者ジャン・パウルにとっては、実在の国語読本『フィーベル』に存在するこの一節は、現代のわれわれと同じような違和感をもって受けとめられているのかもしれないと想像されないだろうか。少なくとも間の抜けた進歩史観による「時代的制約」などといういいかげんなことばは、微妙繊細・用意周到な作家魂の前では存在しないのではあるまいか。

ジャン・パウルの「ユダヤ人観」――そんな野暮なテーマを追うのはやめよう。ジャン・パウルの目の前では、ただ、ユダヤ人という一風変わった生活者たちの姿と身ぶりが、生き生きと躍動しているのみであったに違いない。これに焦点を合わせてみる。一瞬だけ合うかもしれぬし、ボケっぱなしかもしれぬ。どちらであれ、心と眼の至福である。

もしユダヤ人へのこだわりが、付録の『フィーベル』の一節の、歪んだ現実把握へのほぼ意識的な、それでいてオブラートにくるんだようなコンペンセイションであったとしたら、それはジャン・パウルの、彼なりのリアリズムへの固執といえる。ジャン・パウルは「現代小説」の作家なのである。同時代のゲーテ・シラー・ティーク・クライスト等のように過去を題材とし、異国のみを舞台とするような戯曲や詩は一切著していない。ひたすら、自分が生きている時代に、自分を取り巻く世界で、自分と同じ空気を吸っている、貴賤・貧富・職業・年齢さまざまな人物たちが、個性を発揮しまくるのである。それは、いわば架空にせよ本物の「国語読本」を作った多少過去に属する歴史上の人物として設定されたフィーベルにおいても変わらない。フィーベルは、ジャン・パウルが『フィーベルの生涯』を執筆している時代まで生き続けるのである。つまり、作品の書かれた一八一一年現在、百二十五歳でまだ存命であることが明記されているのだ。[76] ならば生年は一六八六年となる。

しかし矛盾が生じる。一つは件のユダヤ人である。現代の作者が伝記資料を買い取ったユーダスは、他ならぬ、フィーベルと関わったあの古着商のユダヤ人と同一人物といわれている。[77] フィーベルより年上なのだから、彼は百二十五歳よりもっと上ということになる。では、「永遠のユダヤ人」として描かれているのかというと、そういう示唆はどこにもない。

もう一つは、フィーベルは「国語読本」の成功で、「自分の名声の方が、ほんの一巻でしかない自分の小品よりもほとんど大きなものとなっていることを考えれば考えるほど、また、同様の偉大なる名声をかろうじて一ダースの索引つき豚革二つ折れ版の本で得た他の学者たちと比べれば比べるほど、まだ他に何かやることが義務だと思うようになってきた」結果、「競売で、表紙の扉に著者名のないものなら、装丁・専門・ことば使いがどうであれ、それらの本を競り落とし」、「それらの書物に、その作品が彼自身のものだとちゃんと思われるように、巧みに自分の名前を印刷した」のだが、まさにその本たちこそ、「前章」で作者がユーダスのもとで発見して買い取っていたフィーベル名義の本たちだったのだ。しかしそれらの発行年は、フィーベルが「国語読本」で成功を収めたと思しい二十歳前半の時期よりあとなのである（ちなみに二十歳は、一七〇六年にあたり、本の発行年は、一七二二―五三年に及んでいる。もっとも、あとの方であげられるものは一七〇〇―二九年であるが、そこではさらに、二つ折れ版の本の著者になりたくて、「自分が生まれる二、三十年前」の一六三一年発行の本の著者になってしまったともいう(78)。これは単なる計算ミスだろうか。それとも、書いているうちに時代の差を感じなくなってしまったのだろうか。

ところで、「フィーベル」という単語は十五世紀からあったらしいが(79)、ここでいわれている教科書としての、「毛爪に棍棒を持った雄鶏」がおしまいに載っている(80)古いそれを追い払ったといわれる国語読本『フィーベル』は、それほど古いものではないようだ。小学校低学年は父の個人教育だったジャン・パウルが、ついに「その表紙にはすでにほんものの金文字で一頁目の内容が書かれていた、行《ぎょう》指し石筆つき国語読本を手にして(81)」喜んだといっているものこそ、まさに、「金箔の何たるかを承知していた(82)」フランス人金箔師ポムピエールが協力して作ったというフィーベル著すところの『フィーベル』そのものなのである。

少し無理をしてでも会ってみたかったのだろうか。あまりにもおのれの分身になりすぎてしまったため、対峙してお互いの反応を確かめてみたかったのだろうか。あるいはそうすることで多少なりとも客観化しようとしたのだろうか。

トイレで最後の断片が見つかり、それによってフィーベルの母や妻、三人の協力者のその後をごくあっさりと紹介したあと、もはや資料が手に入らなくなったので、世の人に尋ねてみたら、「情報を提供できるのは、ビーネ《ママ》ンローダの老翁しかいない。百二十五歳を越えるみごと超高齢の男の人で、村から数マイルのところで荒れ果てた暮しをしているが、ひょっとしたらその青春時代に、フィーベルに関してあったかもしれないすべてのことを知っていることが最も確実な人だ(83)」という。

老翁は果樹の林苑にいた。鳥や犬や蜜蜂と自由に交流し、神と直に向き合うだけの無愛想な老人、当初フィーベルのことを聞こうと思っていたこの人こそ、フィーベルその人だとわかる。

老人「驚いてはならんぞ。何もかも忘れてしまい、神様以外誰も彼のことを知らず好いてくれない完璧な老人には、愛すべき動物しか相手がいないのじゃ。老翁が誰の大きな役に立てるかい。村を歩き回るときは、全く見ず知らずの町を歩き回るみたいじゃ。子供を見ると、彼らはわしの灰色の幼年時代に思えるし、老人を見ると、わしの過ぎ去った老年時代に見える。今のわしは、どっちに属しているのか、しかとはわからんのじゃ。そして、天と地の間に宙ぶらりんじゃ。しかし、神はわしをいつもやさしく見ておられる。その二つの目・太陽と月とでな。それに動物たちは、いかなる罪にも導くことはなく、祈りへと導いてくれる。そしてわしの雉鳩たちが、その雛をあんなにして暖め、餌をやっているときは、あたかも神おん自ら多くのことをなさっているかのようなのじゃ。つまり神様からあれらは、雛にたいする愛と技を贈ってもらったのじゃよ。」

沈黙。そこへ幼児洗礼の鈴の音が聞こえてくる。

老人「わしにはいつも、わしの年になるとよく聞こえないから、あの幼児洗礼の鈴の音は、遠いハイリゲングートからかすかにこちらに鳴ってくるかのようなのじゃ。百年に及ぶ幼年時代が、古い奥の方の時代から上ってきて、わしを驚いてみつめるのじゃ。そして、わしもその幼年時代も、泣いたらいいのか、微笑んだらいいのか、わからんのじゃ。なんとなんと。」

ジャン・パウル氏「あなたが御存知のそのハイリゲングートで、私は有名な国語読本を作った今は亡きゴットヘルフ・フィーベル氏の一生を作成し完成させたのですが、まだその死による結末だけが欠けているのです。」

老人、微笑んで深々と頷く。

ジャン・パウル氏「あなた以外のなんぴとも彼の死を知りえないことでしょう。それにそもそもあなたは、彼の幼年時代の珍しい特徴を私に世話して贈っていただけるであろう唯一の人なのです。」「後生ですから故人について御存知のことを全て教えてください。」

老人「優れた天分の人《エクセラント・ジュニ》――文学者《リテラートル》―― 天才《マン・オブ・ジーニャス》 ――文士《オム・ド・レトル》――輝かしき作家《アウトル・クラーリス》……」

ジャン・パウル氏「！（心の声）私のことか？」

老人「この全てといくつかの豪華絢爛たる称号のもの、だから全部空で覚えておるのじゃが、そういったものだと、たしかにかつては思っていたものじゃ。まだあの目の眩んだ見栄っ張りのフィーベルであったときのことじゃ。件のほとんど平凡といっていい国語読本を作って印刷させたフィーベルのことじゃが。[84]」

老人のこのへりくだりは本心である。決していやみには聞こえない。フィーベルという人物は、もともと謙虚そのものという人物だった。成功に酔い痴れて目が眩んだこともあるにはあったが、そういう天狗になったフィーベルを、ペルツが「伝記」作成事業というパロディーで笑いのめすのだととるほどのものでもなく、フィーベルは自分自身、己の成功に戸惑いを隠さない人なのである。ちなみに、これは『彗星』の主人公にもいえて、自我にとらわれた空想家のパロディと片付けてしたり顔の評者がいるけれども、主人公はいつもそういう自分自身に及び腰なのだ。まわりに盛り立て役がいて、半分成り行きで自分の思いを貫くという面がある。そこには周囲への目配りがあったり、一種のやさしさがあったりもするのである。

名声を捨て、過去を忘れ、一介のビーンローダのものとして、隠者の生活を送るフィーベルの「この新しいキャラクターへの移動の説明と動機づけ[85]」を作者は彼に求める。

老人というものは、「肉体的なものすべてと同じように精神的なものも、震える手で与えるので、半分はこぼしてしまう」ものだが、作者が、「こぼすことなく受け取った」のはこうだ。

「彼がやっと百歳頃のことだったらしいが、人生を生まれ変わらせつつあった夜に新たに歯が生えてきて、苦しみの中で激しい成長の夢を生き延びた。真夜中前に彼の亡き妻が現われて彼にいった。自分は彼のために死者の中から復活した、そして彼を叱り、ペルツはからかい屋で、彼自身はお人好しだと、教えてあげたい、と。それから真夜中過ぎに、彼は夢を見た。彼は幅のある篩を両手に持っていて、完全にその編み目を解かなくてはならない。しっかりと編まれた篩と木の縁は、彼を、口に出来ないくらい不安にした。そして彼は何も、夢見心地で自分自身をそうする以外には、ずたずたにすることはできなかったが、ついに突如、篩の代わりに、完全な大きさの明るい太陽を手の中に持っていて、それが彼の顔面に眩しく輝いていた。――彼は新生児として目を覚まし、波打つチューリップの上にいるかのように、再び眠りに就いた。そのとき彼は、こんな夢を見た。自分は百を過ぎること一歳、そして無垢な一歳の子供として、地上の苦しみも地上の罪もなく死に、彼方で両親を見つける。すると彼らは、彼の前に、彼の子供の行列をまる一列連れて来た。地上では見えないままだったものたちだが、なぜかといえば、彼らはただもう澄み切った天使のようにしか見えなかったからだ。」そして、「彼はベッドから下りたが、近くの新しい歯のみならず、新しいイデーも一緒だった。老フィーベルは燃え尽き、れっきとしたフェニックスがそこにはいて、色のついた翼を日にさらしていた。彼は変容して復活していた。他ならぬ自分自身の肉体から、この世は退き、天国が下りてきた。」[86]これはすなわち、ジャン・パウル自身の「私は私だ」と主張する自分の顔を見た、有名な幼年時代の自我の幻影体験の止揚ではないか。

この日は、「単調でさびしげで途切れ途切れだったにもかかわらず」「家庭礼拝には十分だった」老フィーベルの手回しオルガンと賛美歌を耳にしつつ、自分も「あとについて歌いながら帰途に就」[87]く。

二日目。彼のドイツ語の立派さは、百二歳のとき、「天使の舌」でドイツ語を語るある聖職者の話を日曜日に必ず聴いていたからだと聞き、それはヘルダーだったかもしれないと喜んだ作者は、これ以上老翁を世俗的なことで煩わせたくないと思う。朝の訪問を終えて帰るとき、「晩にまた来てお別れをいたします」というと、老翁は、「ひょっとしたら私は、自分自身が全世界からお暇するかもしれないので、自分が死ぬときを邪魔されたくない。今晩はヨハネ黙示録を読んで過ごす。そうすれば簡単におしまいを迎えられよう」という。つまり彼は、「バイブルを始めから終りまで読む以外何も読まず」、「ヨハネ黙示録の二十二章の二十歌と二十一歌のときに去り行くだろう」、というのだった。(88)

晩にまた出かけてみたが、「老人は死なずに夕べの賛美歌を奏でていた。」その夜彼は、老人が死ぬ夢を見る。

「私のベッドの中で夢がさまざまに彼を殺し奪った。しかしいつも十分にすばらしいものだった。あるときは、私のもとから、夢の中で、この老人は春の夜に死んでいった――あるときはまた、元旦だった――時には父の小さな果樹に寄りかかって座っていると、稲妻が天からさっと下ってきて、彼を天上へ運び上げるだけだった――あるときは、彼の棺を丈高い大きな子供たちが運んできて、運ぶうちに小さな赤い花咲く冠を被った老人たちになっていった。――ある他の夢では、彼は死にながら、自ら瞼を閉ざして言った。『もはや何も見たくはない。イエス・キリストが私の横に立っておられる』と。――またある別の夢では、彼はつらそうに自分の母の墓にまで深々と身を屈めて、墓の花を曲げて顔にくっつけるのみで、一本も折りはしなかったが、突如母が墓から飛び出してきて、彼と一緒に雲の彼方の一番近くの星へ向かって行った。(89)」

三日目、別れの日――朝、ジャン・パウル自身が現に飼っていたスピッツをこの老人から譲り受ける一方、手渡した別れの手紙に用いていた青インクが気に入って所望される。「青ということばは、どこで出会っても格別感動してしまう」と彼は饒舌に語る。「それに私の亡き母はまだ棺の中では生き生きした青い目をしていたものじゃ」と。そして魂の静寂の中で別れを告げる。「口から出るどんな音も、デリケートきわまりないアダージョのときのそれと同じように、あまりに散文的な生硬さで途切れてしまう」、そんな静寂の中で。(90)

彼が「悠然と手回しオルガンの方へ」行くと、「私は一つの生からそうするように、彼から離れた。」

「この歌の間、彼のまわりをその鳥たちが飛び回っていた。犬たちもこの音楽に慣れているらしく、黙っていた。蜜蜂の群れを、この音楽は、完全にその小屋の中へなびかせた。彼がどんなに私から離れたところにいても、また年月のせいで墓の方へどんなに屈まっていても、遠くから見ると、そのとても背の高い姿のせいで、まだ十分すっくと立っているように見えた。」そして「私は、老人が、その朝の賛美歌[91]を歌い終るまでずっと立ちつくしていた。」「それから、私は私の街道をおもむろに歩き続けた。[92]」

ほぼ完璧なフィーベルの最後の姿。百二十五歳の老人の諦念と静寂と希望、息づかいとことば、体の動き——これもまたリアルな映像なのである。

さてユダヤ人ユーダスである。ジャン・パウルの「ユダヤ人観」を求めても空しい、というのはこの映像と関わる。ジャン・パウルの「老人観」「人生観」「愛情観」——そんなものを求める人々は、文章の含意のみ穿鑿する。あのナチスのお先棒担ぎもその亜流であろう。ジャン・パウルにおいて求められるべきものは、まず第一に、登場人物の表情と動作、反応と距離なのである。もっともこれはジャン・パウルに限らないかもしれないが、少なくともジャン・パウルにおいては、ことばの調味料や衣が、あるいは金箔やメッキが、たっぷりとまぶされているため、芯を「見る」まえに「観」を捏造されてしまうのだろう。

ジャン・パウルのユダヤ人たちは、表情も動作も生きている。つまり、ジャン・パウルの世界の立派な住民たちなのであるとともに、ジャン・パウルの生きた時代の住民たちなのである。

(4) ジャン・パウルのまわりのユダヤ人たち

ジャン・パウルの一番身近なユダヤ人は、先に触れたエマーヌエル・ザームエル（のちにオスムント）である。では、このエマーヌエルを含めて、ジャン・パウル周辺にはどんなユダヤ人たちがいたのだろうか。

ジャン・パウル自身の証言によれば、そのシュヴァルツェンバハ時代（一七七六―七九／一七九〇―九四）、ヘブライ語を学ぶべく、「シュヴァルツェンバハの町のすべての片隅からヘブライ語の文法書を借り集めた」(93)らしい。この町にユダヤ人が居住していたかは不明だが、同じ領国の近隣の町々には確認されているし、また、バルト海からヴェネチアへ至る交易路上にあったともいわれる(94)この町の地の利から考えて、存在を疑う方が難しいように思われる。つまりジャン・パウルの記述の信憑性は十分ある。

領国としての、広い意味でのバイロイトに関しては、在住するユダヤ人への迫害があったという一二九八年の記録が、ユダヤ人についての最初の言及だといわれる(95)。町としての狭義のバイロイトはホーフとともに、中世には正式に保護を与えられたユダヤ共同体が存在していたという。しかしその後、追放と保護が繰り返され、ユダヤ人の財を頼りにする領主と、宗教界とツンフトの利益を背景とする議会の綱引きに翻弄される。とくに、一五一五年の追放令によって、領国のほぼすべての町からユダヤ人は追放される。しかし領主の台所事情がその完全な遂行を阻む。縮小された形ではあろうが、またもとの綱引きが繰り返されることになる(96)。しかしバイロイトの町にユダヤ人が再び居住を完全に許されるのは、十八世紀半ばになってのことである(97)。このときはシナゴーグまで建設を許される（一七六〇年）(98)。一方ホーフでは、あくまで居住は認められず、かろうじて商売のために町に来ることが認められるのみである（一七八〇年）。領主によるその許可の動機づけはこうである。「ややもすれば社会の堕落分子が行うやもしれぬ行きすぎがあるかもしれないといって、全社会及びその罪なき構成員の権利と生まれついての自由が制限され破棄されることは許されない。なんとなれば、そのようであれば、いかなる体制といえども、きわめて恣意的な変化に左右され、やがては完全な崩壊へすら至るであろうからである。」[99]かなり上滑りな表現だが、ジャン・パウルの一番身近なユダヤ人の環境は、こういうものであった。ホーフに完全にユダヤ人が定住できるようになるのはおそらく、一八一三年のバイエルン王マクス・ヨーゼフ（一七五六—一八二五）の勅令以後、特に一八五〇—六〇年代にユダヤ人に対して平等の権利を付与する一連の法令が出されて以後のこととなるのだろう。[100]ところでマクス・ヨーゼフ王の勅令に関しては、こういわれている。それは彼らに「完全な良心の自由」を認め、「ユダヤ共同体を私的教会団体と認定し」、職業選択の幅を広げ、ユダヤ税を廃止するのだが、その一方で、ラビの仕事は、「教会の仕事に限定され、法的行為は禁止され、ユダヤ人も国家の、したがってキリスト教の判決に服さなければならなくなる。」その結果、「独立したユダヤ共同体生活は不可能になる」と。[101]このような、キリスト教国家への取り込みによって、ユダヤ人の改宗に拍車がかかったのであろうか。『フィーベルの生涯』のユーダスのように、ユダヤ教世界とキリスト教世界を行きつ戻りつしながらであったかもしれない。法令と統計だけでは、彼らの姿はなかなか見えて来ない。

地方在住ユダヤ人に関しては、各都市ごとにさまざまな資料が出ている。とりあえずジャン・パウルに関しては、ホーフとバイロイトのそれが見つかる。[102]しかし、ジャン・パウルの生活空間であったバイエルンは、とくに成り立ちがいびつであって、それに応じて時代及び地域によってユダヤ人の生活状態も異なっていたように思われる。その実態についての記述は、どこかとりとめがないという感じが否めない。ともあれ、何人住んでいたか、何を営んでいたかがある程度わかったら、人々は彼らとどのように出会っていたか、彼らは人々とどのように出会っていたか、それをイメージさせてくれるような記述を見つけることがどうしても不可欠に思えてくるのである。

ただし、少なくともジャン・パウルは、「鳥瞰」と「虫瞰」を見事に使い分けることのできるその特異な個性と、何でも取り込む意志によってかちえたその「体系」ずれしていない学識によって、ユダヤ教とはいえぬにしても、すくなくともユダヤ人とは、現実においても、書かれたものを通しても、いとも幸福な出会いをしたのではないかと思われる。ただしこの場合、幸福とは、それに付随する不幸を含めてのことである。

（1） Ludwig Greve : Mit einer Verbeugung. In : Eduard Berend : Exkursionen, Marbach 1968, S. 9. なお、ここにおける「彼」とは、エードゥアルト・ベーレント、「私」とはルートヴィヒ・グレーヴェのことである。二人については後述される。
（2） Ludwig Börne : Denkrede auf Jean Paul. In : Börnes Werke, Berlin / Weimar 1981, S. 147.
（3） Ebenda, S. 147.
（4） Ebenda, S. 148.
（5） Ebenda, S. 148.
（6） Ebenda, S. 149.
（7） Ebenda, S. 150.
（8） Ebenda, S. 150f.
（9） Ebenda, S. 153.
（10） H・ハイネ『ドイツ・ロマン派』（山崎章甫・訳）未来社、一九六五年刊、一七〇頁。
（11） 同書、一七三頁。
（12） 同書、一七二頁。
（13） Walther Harich : Die Gründung der Jean Paul-Gesellschaft in Bayreuth am 14. November 1925. In : Jean

Paul-Blätter, 1. Jg, Heft 1, Bayreuth 1926, S. 2.

(14) Satzung der Jean Paul-Gesellschaft. In : Jean Paul-Blätter, 1. Jg, Heft 1, S. 23.

(15) Literatur Lexikon. Autoren und Werke deutscher Sprache, hrsg. v. Walther Killy, Bd. 3, Gütersloh / München 1989, S. 302f.

(16) Ebenda, Bd. 10, 1991. S. 164f.

(17) Vgl. Jean Paul-Blätter, 1. Jg, Heft 2, 1926, S. 24-28, 1. Jg. Heft 3, 1926, S. 27f. und 2. Jg. Heft 1, S. 16.

(18) Jean Paul-Blätter, 1. Jg., Heft 1, S. 22.

(19) Michael Täteberg : Die Rezeption Jean Pauls in der Jean-Paul-Gesellschaft 1925-1945. In : Jahrbuch der Jean Paul Gesellschaft, 9. Jg, München 1974, S. 183.

(20) Ebenda, S. 189.

(21) Anton Zeheter : Jean Paul und die Nöte unserer Wirklichkeit. Ein Wort an alle, die es angeht. In : Jean Paul im Urteil seiner Kritiker, hrsg. v. Peter Sprengel, München 1980, S. 271f.

(22) Joseph Müller : Jean Paul und die Juden. In : Jean Paul Blätter, Heft 13, S. 15-20. 逆にユダヤ教徒側からは、ジャン・パウルが若い頃からいかにユダヤ教に興味を抱き、かつまたそれに通じていたかが論じられている。Vgl. S. Meisels : Jean Paul und das althebräische Schrifttum. In : Menorah, Heft 4 / 2, S. 117-200. それで博士論文が一つ書けるくらいだとまでいわれる。

(23) 「教授資格を得るために改宗することを潔しとしなかった」ともいわれる。Vgl. Klassiker in finsteren Zeiten 1933-1945, Marbach 1983, Bd. 1, S. 274.

(24) Ebenda, S. 274. ちなみに、一九三四年刊行の第十巻から、編者の名が表紙扉から除かれている。

(25) Joachim Seng : Von blühenden Sprachgittern. Paul Celan als Leser Jean Pauls. In : Neue Rundschau, 109. Jg, Heft 1, 1998, S. 158. 及び、イスラエル・ハルフェン『パウル・ツェラーン―若き日の伝記』（相原勝・北彰・訳）、

未来社、一九九六年、二九六頁。

(26) ゲルショム・ショーレム『ベルリンからエルサレムへ―青春の思い出』（岡部仁・訳）法政大学出版局、一九九一年刊、一三三―一三四頁。

(27) Joachim Seng: a. a. O., S. 157 und 160. 及び拙訳『カンパンの谷』三七頁。（『ジャン・パウル三本立』拙訳、近代文藝社、一九九五年刊、所載）。もっとも、J. Seng 氏はこのことばはジャン・パウルの造語だと誤解している。Vgl. Jacob und Wilhelm Grimm: Deutsches Wörterbuch, Bd. 16, München 1984, S. 2757f.

(28) Klassiker in finsteren Zeiten 1933-1945, Bd 1, S. 274.

(29) Vgl. Ludwig Greve: Wo gehörte ich hin. Geschichte einer Jugend, Frankfurt / Main 1994.

(30) Ludwig Greve: Mit einer Verbeugung, S. 7f.

(31) Ebenda, S. 11.

(32) Gottlieb Wilhelm Rabener（1714-71), Christian Ludwig Liskow（1701-60).

(33) Burkhardt Lindner: Jean Paul als J. P. F. Hasus. In: Wege der Forschung, Bd. 336, Jean Paul, hrsg. v. Uwe Schweikert, Darmstadt 1974, S. 417.

(34) Ebenda, S. 421.

(35) もちろんユダヤ人のそれであろう。

(36) Jean Paul: Auswahl aus des Teufels Papieren nebst einem nöthigen Aviso vom Juden Mendel. In. Jean Paul: Sämtliche Werke, Abt. II, Jugendwerke und Vermischte Schriften 2, München 1976, S. 112.

(37) Ebenda, S. 114f.

(38) 拙稿『ジャン・パウルの『コメート』―ある薬屋の生涯からの詩《ディヒトゥング》―』であらましを解説している。（『人文学報』第一四八号、四―九頁）

(39) このペーター・ヴォルブレという人物像を、前出の拙稿は大いに重視している。

（40） 泉門に毛を撚ったものを指しこんで悪い体液を取ると称する昔の排膿法。

（41） Jean Paul : Der Komet oder Nikolaus Marggraf. Eine komische Geschichte. In : Jean Paul : Werke, Bd. 12. München / Wien（Hanser-Taschenbuch-Ausgabe）1975, S. 772.

（42） Ebenda, S. 773.

（43） これを「贋ダイヤモンド」と解する人がいるが、天然でないことを「贋」というのならそれはそれで結構だが、本文を素直に読めば、これは世界最初の人工ダイヤモンド造成をテーマにしたフィクションだと解すべきだろう。

（44） Jean Paul : Der Komet oder Nikolaus Marggraf, a. a. O., S. 782f.

（45） Ebenda, S. 830.

（46） Ebenda, S. 866f.

（47） Ebenda, S. 869.

（48） 実在の『フィーベル』を付録として添えていて、作者は、ベルニゲロートというところの副校長ビーンロートという人がそれを書いたといわれているが、それは嘘で自分の方が正しいのだと主張する。また「フィーベル」ということばは、ラテン語の「フィーブラ」（括弧ないしクリップ）から来ているというが、それも「ほとんど滑稽なくらいの」間違いだという。Vgl. Jean Paul : Leben Fibels, des Verfassers der Bienrodischen Fibel. In : Jean Paul. Werke, Bd. 11, München（Hanser-Taschenbuch-Ausgabe）1975, S. 370. 現在では「ビーベル」（聖書）からというのが常識となっているが、資料校訂版全集編纂者ベーレントによると、当時そういう説があったらしい（Vgl. Jean Pauls Sämtliche Werke, Historisch = kritische Ausgabe, 1. Abt., 13. Bd, Weimar 1935, S. 556）。

（49） イスカリオテのユダのことはドイツ語ではユーダス（Judas）という。

（50） フリードリヒ・ニコライは「自分は何でも知っているが、これは例外だ」といい、レッシングの弟は、「自分は兄貴の知っていたことは知らない。すなわちそのことは」といったという法螺話が語られる（Jean Paul : Leben Fibels, a. a. O., S. 371）。

（51）すべてそれまでジャン・パウルが足跡を残している都市。

（52）Jean Paul : Leben Fibels, a. a. O., S. 371.

（53）Ebenda, S. 372f.

（54）Ebenda, S. 374f.

（55）ちなみに他の章は、その章の部分が反古として使われていた用途に応じて命名されている。「頭巾型紙の章」「コルセット型紙」「鰊の包み袋」「撚り糸巻きつけ紙」「ペッパーの紙袋」「コーヒーの紙袋」「凧」「案山子」「接ぎ木《ペルツ》の章」「仕立て屋の型紙」「ちょうちんの章」「弾薬包の章」が各一章ずつ、さらに「カール五世重罪裁判所規則の一部のカバー」に使われていたと称する章は、どうしても見つからなかった章があるということで、「第十六章ではなく、第十七の犯罪の章」と変則的であり、「接ぎ木の章」も接ぎ木の傷の手当てに使われていたと称するが、「もしそうしたければ微妙なアレゴリーとして解釈できる」（Ebenda, S. 464）といわれているようにむしろ登場人物ペルツにかけている。見てわかるように、「章」とあるものと、ないものがある。また最後の章は、「ユーダスではなく、ジャン・パウルの章」といわれ、それは、もうなかなか新しい材料が手に入らないから、自ら出向いて村の「名士三本マスト」（Ebenda, S. 523）なる、牧師・学校教師・郡長を儀礼訪問して、そのトイレを借りて、そこで見つけたものだといわれる。

（56）Ebenda, S. 371.

（57）Jean Pauls Sämtliche Werke, Historisch = kritische Ausgabe, 3. Abt., 4. Bd, Berlin 1960, S. 94.

（58）Jean Pauls Persönlichkeit in Berichten der Zeitgenossen, gesammelt und herausgegeben von Eduard Berend, Berlin / Weimar 1956, S. 67.

（59）Jean Pauls Sämtliche Werke. Historisch = kritische Ausgabe, 3 Abt., 3. Bd, Berlin 1959, S. 346.

（60）Dieselben Werke, 3. Abt., 4. Bd, S. 37.

（61）「これまで、自分の作り出すもの以外（子供のこと―筆者注）、何ら非凡なことを体験」したことのなかった貧しい鳥刺しが、物思いに耽って座っていたとき、上空の青空で、外国のことばだったが、人間のことばで、いかさま師《フィル》・死刑執行人《プロ》・聖なる悪魔《ディアブル・サクレ》等々と、自分に話しかけるのが聞こえた。と同時に、金の指輪が彼の足もとに降ってきた。」(Ebenda, S. 400) つまりオウムと思しい鳥がどこだかわからぬところから盗んできて落としたらしい。これと同じような話が『おめでた老師』にある（拙訳『おめでた老師』一〇二―一〇三頁。『ジャン・パウル三本立』所載）。

(62) ベルリンの教授で当時有名だった美学者ヨーハン・ヤーコプ・エンゲル（一七四一―一八〇二）が一七八二年上梓した『身ぶり論《ミミック》』をふまえている。

(63) Jean Paul: Leben Fibels, a. a. O., S. 402.

(64) Ebenda, S. 404f.

(65) 漠然としたかたちではあるが、これまでジャン・パウルの「ユダヤ性」に唯一言及されたのは山下肇氏である。山下肇『ドイツ・ユダヤ精神史―ゲットーからヨーロッパへ』（講談社学術文庫、一九九五年刊、二七九頁参照）。

(66) Jean Paul: Leben Fibels, a. a. O., S. 439.

(67) Ebenda, S. 410f.

(68) アウグスト・ハインリヒ・ユーリウス・ラフォンテーヌ（一七五八―一八三一）の十二巻の『家族物語《かぞくのれきし》』（一七九七―一八〇四年）のことをいっている。

(69) Jean Paul: Leben Fibels, a. a. O., S. 411f.

(70) Ebenda, S. 477.

(71) Ebenda, S. 557.

(72) Jean Paul と同じくJ. P. 氏である。

(73) フランス人金箔師ポムピエール氏と印刷作業者フールマン氏。

(74) これは「Y」の項目のことで、見出し語は「ハリネズミ(Ygel《ママ》)」と「ほうずき(Yüdenkirschen《ママ》)」。文章は、

「ハリネズミの肌には針がいっぱい。ほうずきが私は欲しくてたまらない」(Ebenda, S. 562)。もっともこの「批評」のあとに、「さらにある偉大な美学者兼歴史家の第二の批評」(Ebenda, S. 506) を編集部は注釈として載せていると称し、そこでは、「J」のつづりが「Y」にされていることを指摘して、最後のギリシャ文字「XYZ」の項目で作者は困ってしまったのだろうといわれる。

(75) Ebenda, S. 505.
(76) Vgl. ebenda, S. 534.
(77) Vgl. ebenda, S. 477.
(78) Ebenda, S. 478f.
(79) Jacob und Wilhelm Grimm, a. a. O., Bd. 3, S. 1612.
(80) Vgl. Jean Paul : Leben Fibels. a. a. O., S. 426 und S. 479.
(81) Jean Paul : Selberlebensbeschreibung. In : Jean Paul : Werke, Bd.12, München (Hanser-Taschenbuch-Ausgabe) 1975, S. 1052.
(82) Jean Paul : Leben Fibels, a. a. O., S. 464.
(83) Ebenda, S. 527.
(84) Ebenda, S. 532ff.
(85) Ebenda, S. 536.
(86) Jean Paul : Selberlebensbeschreibung, a. a. O., S. 1061.
(87) Jean Paul : Leben Fibels, a. a. O., S. 537f.
(88) Ebenda, S. 540f.
(89) Ebenda, S. 541f.
(90) Ebenda, S. 545.

(91) 「歩みを終える準備はできています／あなたの合図次第です、神様！／そしてただひたすら良心を心がけています／そんな私を死が見つけてくれますように―」という歌。(Ebenda, S. 546.)

(92) Ebenda, S. 546.

(93) Jean Paul : Selberlebensbeschreibung, a. a. O., S. 1091.

(94) Dietmar Trautmann : Die wirtschaftliche und soziale Entwicklung der Stadt Hof, Hof 1979, S. 133.

(95) A. Eckstein : Geschichte der Juden im Markgrafentum Bayreuth, Bayreuth 1907. S. 1.

(96) Ebenda, S. 17-20 und S. 85.

(97) このころ（一七六三年）の居住者のなかに、ザームエル姓が二つある。どちらかがエマーヌエルの近親者だろうか。Vgl. ebenda, S. 92.

(98) Ebenda, S. 90.

(99) Ebenda, S. 104.

(100) 「一九世紀始めに再び居住が始まった」という (Vgl. Dietmar Trautmann : a. a. O., S. 127)。そして「ホーフのユダヤ共同体の歴史は、やっと遅まきに一九世紀後半に始まる」といわれる (Vgl. Sigrid Friedrich-Wössner : Kultur und Lebensweise der Juden in Hof seit dem Ausgang des 19. Jahrhunderts, Regensburg 1997, S. 21 und S. 57-59.)。

(101) Sigrid Friedrich-Wössner : a. a. O., S. 57.

(102) 同書及び A. Eckstein の前掲書。

第二部

繰り返される試練

異教的反ユダヤ主義
――L・クラーゲスの思想と反ユダヤ主義

田島正行

一　問題の所在

一八七二年ドイツのハノーファーに生まれ、一九五六年スイスのキルヒベルクで亡くなった思想家ルートヴィッヒ・クラーゲスは、今日、筆跡学や性格学、表現学などを学問的に基礎づけた篤実な学究として知られている。だが、その一方で、蒙昧野蛮なナチズムを招来させた戦慄すべき非合理的哲学者として、戦後、クラーゲスは厳しく指弾されてきたし、叱責の声は今もなお後を絶たない。こうした相反するクラーゲスの相貌が一つにまとまることなく、毀誉褒貶相半ばしている現状こそ、彼の思想が本質的には問題にされてはこなかったことの端的な証左であると言えよう。クラーゲスの思想の批判的検討は未だなされてもいなければ、はじまってもいないが、その際、大きな躓きの石となっているのが彼の激烈な反ユダヤ主義であることはまずまちがいない。

たとえば、クラーゲスの信奉者の一人は次のように述べている。

「多くの謂ゆる教養人達が今日クラーゲスについて知っていることと言えば、彼が七十歳も間近い高齢で、第二次世界大戦中に、ユダヤ人排斥的な脱線といったような宙返りの離れ業をやってのけたということ位しかない。極端に内向的で心底から非政治的な人間――クラーゲスは其の様な人であった――の此の現実離れのした、世事にうとい発言が、まるで彼の仕事の意義や価値に関係するかの様に――いや、それ所か彼で問題になるのは此の発言だけであるかの様に。彼の壮大な全著作を顧慮するなら、確かに不利なものではあってもたった一つの此の過失のためにクラーゲスを黙殺するのはバカ気たことである」(1)。

このような発言は事実として正しくないばかりでなく、内容的にもまちがっている。クラーゲスは晩年に至って突如「ユダヤ人排斥」を唱え始めたのではなく、思想家としてのそもそもの出発から強固な反ユダヤ主義を堅持していたからだ(2)。しかもこの反ユダヤ主義は一時的な「過失」というものでは決してなく、彼の根本思想に深く根ざしているのである。

ところで、クラーゲスの反ユダヤ主義に関してはいくつかの厄介な問題が伏在している。その一つは、「クラーゲスはさまざまの点でプレファシストと見なさざるをえない」(3)にしても、彼の思想はナチスによって歓迎されるどころか、激しい攻撃にさらされたという事実である(4)。クラーゲス研究者の一人はこう述べている。「本来、史料研究が歴史的判断の基盤となっているのでなければならないであろう。クラーゲスを国家社会主義に近づけようとする件の叙述(たとえばゲオルク・ルカーチやエルンスト・ブロッホ)は、しかし性急な表面的判断が決して通例でなくはないことをまざまざと示している」(5)。また別な研究者は、ナチス流の「人種論的反ユダヤ主義」とクラーゲスやシューラーの「宗教哲学的ないし形而上学的反ユダヤ主義」とを識別するために、前者をAntisemitismus、後者をAntijudaismusと呼んでいる(6)。しかしそうであるなら、クラーゲスの反ユダヤ主義がはたしてどのようなものであったのか、ますます問われねばならないであろう。

二つ目の問題は、クラーゲスの反ユダヤ主義文献の隠蔽が信奉者たちの手によってなされ、この問題が糊塗されていることである。ブーヴィエ社から刊行されているクラーゲス全集は全九巻の浩瀚なものであるが、そこには、問題の文書『シューラー遺稿集序文』や『リズムとルーネ』、さらには処女作『シュテファン・ゲオルゲ』などがまったく収められていない。また、膨大な書簡や未発表原稿、ノートの類も一切出版されていない。クリストフ・ベルヌーリはこう述べている。「私はクラーゲスの最も古い友人の一人に数えられているにもかかわらず、彼の至るところで明言されている反ユダヤ主義を偽りの美化によって歪曲しようとする一切の不正な努力と絶えず関わらないようにしてきた」[7]。これは、クラーゲスの葬儀の際に弔辞を読んだ、彼の最愛の弟子の発言だけに、重大な意味をもっていると言わねばならない。

三つ目の問題は、クラーゲスの反ユダヤ主義的予言が、ホロコーストの酸鼻な体験を経た戦後世界において、奇妙にも、実現されてきたように見えることである。「近代の中心的モチーフ、すなわち物質的な生の基盤からの進歩的な現実の抽象化は、ユダヤ・キリスト教的一神教《モノタイスムス》の完成として解釈される」[8]のであり、「一切の物質的価値基盤から解き放たれた抽象的貨幣は、一神教によって目指された組織方針を、少なくとも機能的には、ほとんど理想的に実現している」[9]。クラーゲスの反ユダヤ主義の核心はまさしくこのような意味での「ユダヤ・キリスト教的一神教」の批判にあったのであり、記号化された「抽象的貨幣」の支配する今日の「物象的世界」の到来をクラーゲスは正確に予言していた。

本章は、以上のような点を踏まえながら、クラーゲスの反ユダヤ主義を彼の根本思想に即して考察し、そこに潜む問題を考えようとしたものである。

二　クラーゲスの反ユダヤ主義資料

クラーゲスの反ユダヤ主義が問題にされるとき、資料として決まって挙げられるのは『シューラー遺稿集序文』（一九四〇年）と『リズムとルーネ』（一九四四年）の二つである。この二冊の書の出版年がナチス支配の時期に当たっているところから、クラーゲスを時勢便乗的反ユダヤ主義者のように誤解する向きもあるが、すでに述べたように、クラーゲスの思想はナチスによって厳しく糾弾された(10)。とはいえ、両書におけるクラーゲスの激烈な反ユダヤ主義的発言には目を覆いたくなるものがある。「反時代的哲学者」とも言うべきクラーゲスが、反ユダヤ主義が常識となっていた時代にこのような発言を公表すること自体信じがたい気がするが、いまここで問題にしたいのは、『リズムとルーネ』の中の「ギリシア主義とユダヤ主義」と題された一文である。

『リズムとルーネ』が出版されたのは一九四四年で、いかにも戦争末期の物資乏しき時代を偲ばせる粗悪な仙花紙に印刷されたものであるが、もともとは第一次大戦勃発を契機に著者自らが編集した生前の遺稿集であった。内容は、若き日の詩文、草稿や手紙の類から成っている。「ギリシア主義とユダヤ主義」が書かれたのは、著者自身の記述を信じれば、一九〇三年でクラーゲス二十九歳のときである。この時期は、文字通りクラーゲスの思想形成期にあたっており、前年に処女作とも言うべき『シュテファン・ゲオルゲ』を出版しただけで、旺盛な著作活動はまだまだ先のことであった。以下に掲げるのは、「ギリシア主義とユダヤ主義」の「ユダヤ主義」の部分である。或る意味では貴重な資料なので、多少長いが、全文省略せずに引用しておく。

「ところで、ユダヤ人（つねにユダヤ主義者の意味で解して）の場合は事情がまったく異なっている。ユダヤ人において決定的なのは、世界と秩序づける自我との関係ではなく、否定へのむきだしの意志なのだ。この意志は同化することなく蝕む。補塡することなく、屠殺し、有毒化し、汚染する。しかも形而上的にしか理解できない実践を通してそれを成し遂げる。すなわち、一切の世界形式や教養形式を、腐敗したものも腐敗していないものも、或る敵対的意図の下に利用するという実践を通して。――ユダヤ人が行為を用いるのは、行為の成果を根絶するためだ。このようにしてユダヤ人は果てしなき目的を、アハスヴェールのような『進歩』を代表している。このようにしてユダヤ人は、価値を創造するかわりに、価値交換を司り、組織化している。このようにしてユダヤ人は倫理を商業道徳に摩り替える。――ユダヤ人が学問において批判を用いるのは、学問を否定するためだ。ユダヤ人が代表しているのは何らかの知ではなく、学問的懐疑である。――ユダヤ人が芸術において剝がれ落ちた、見せかけだけの形式を用いるのは、内容を消し去るためだ。ユダヤ人は創造的戦慄を劇場へと、装飾へと貶める。――最後に、ユダヤ人は魔術も、それも供儀慣習の魔術もまた用いるが、それは供儀儀礼を不浄にするためなのだ。――どの分野においても、そこにおいて重きをなしているものをできる限りすばやく感知しようと、ユダヤ人は懸命になっている。それを知るやいなや、それを模倣する。ユダヤ人におけるすべて人間的なものは単なる身振りにすぎない。それどころか、ユダヤ人の人間的な顔ですら仮面《ラルフェ》にすぎない。ユダヤ人は嘘つきなのではなく、嘘そのものなのだ。かくして、われわれは肝心要なことを発見するに至った。ユダヤ人はそもそも人間ではないのだ。もちろん、ユダヤ人が動物ではないことを付け加える必要はない。ユダヤ人は、欺瞞によって人類を破壊するために、モロク・ヤーヴェが懸けている仮面の見せかけの生を生きている。ユダヤ人を介して、否定の超現世的力が、自分は人間であると喚き立てている。このようにして、この力は大地の生の中へ致命的に突入する道を見出した」[11]（傍点は著者自身による。以下同）

引用するのも憚れるような、悪意と中傷に満ちた誹謗文書であり、「ユダヤ人」に対する通俗的偏見を一歩も出てはいない。これでは、いかに強弁しようと、「人種差別主義者」と指弾されてもいたしかたないであろう。しかも「ユダヤ人はそもそも人間ではない」という言葉は、「アウシュヴィッツ以後」の今日では、慄然たる響きをもっていよう。クラーゲスの信奉者たちが隠蔽を図るのも理解できるような気がする。とはいえ、多少なりとクラーゲスの著作に親しんだ者であれば、クラーゲスがここで「ユダヤ人」の本質としている「否定へのむきだしの意志」や「否定の超現世的力」が彼の敵視している「精神」そのものにほかならないことに気づくはずである。すなわち、クラーゲスの透徹した「精神」批判と彼の激烈な反ユダヤ主義とは密接不可分なのである。

もちろん、クラーゲスが右のような露骨な反ユダヤ主義的言辞を吐露したことは、ただ一つの例外を除いて、後にも先にもない。そのただ一つの例外が『シューラー遺稿集序文』であった。[12]けれども、仔細に検討してみれば、クラーゲスの学問的著作の随所に彼の反ユダヤ主義的傾向が見つかるばかりでなく、それが単なる個人的性癖の域を越えて、特異な思想に結実していることがわかる。たとえば、『宇宙生成的エロース』の以下の文章と、先の「ギリシア主義とユダヤ主義」の文章とを比べてみて欲しい。

> 「ところで、人類史は人間において、ただ人間においてのみ、万象に偏在している生命と時空外の或る力との『血みどろの』闘争を示している。この力は極性を分断し、それによって極性を破壊し、肉体を脱心情化し、心情を脱肉体化しようとする。この力は精神（ロゴス、プネウマ、ヌース）と呼ばれる。精神はまたわれわれの本質の二つの側面的性質に応じても現れている。すなわち、識別する思慮（ノエーシス）と目的を目指す意志（ブレーシス）とを通じて。両者の共通の支点、われわれの中で生命の偏った中心となった支点は、自我《イッヒ》ないし我《ゼルプスト》である。生命の担い手として、われわれはすべての生命の担い手たちと同様、個体《インディヴィドゥーム》（すなわち分割できない個別者）である。精神の担い手として、われわれはその上にまた自我ないし我である。『ペルゾーン〔個人〕』はラテン語のペルソナ＝貫き響

くに由来しており、もともとはそれを通してデーモンが語り出す役者の仮面を表していたが、それは疾うに精神に暴行された生命に、精神の仮面から命じられる役割に仕える生命に化してしまっている。思考せざるをえないこと、意欲せざるをえないことのうちにのみ、われわれはかろうじて生きている。言い換えれば、われわれは自我感情を通してのみ、われわれがそこから切り離されてしまった万象の声をかろうじて聞いているのである。

心情の支配する先史的人類の後に――ここで挿入するのを許していただきたいが――精神の支配する有史的人類が続いた。しかしその後には、見かけ上生きているにすぎない仮面《ラルフェ》の後史的人類が続くことだろう。われわれはまさにその出現を目の当たりにしている。しかしながら、われわれがわれわれの中の、そしてわれわれの周囲の生命を毒殺し、焼き払い、粉砕しようとも、殺害された母の死体から『エリーニュスの復讐』が仮借なく起こる。生命を冒瀆し、陵辱した報いとして、考えられないくらい恐ろしいことに、人類は、仮面ゴーレムが最終的な無限の勝利を祝うまさにその瞬間に滅亡することだろう。そのように、カッサンドラーは語る。彼女の告知する災厄が成就するときに盲目とならざるをえない者たちから、狂女として嘲られること、これがカッサンドラーの運命なのだ」[13]。

先の文章と照らし合わせてみるなら、ここでクラーゲスが「仮面の後史的人類」「仮面ゴーレム」として脳裏に浮かべていたのが「ユダヤ人」であることは明白であろう。『宇宙生成的エロース』(一九二二年)が執筆されたのが一九一八年であるとすれば[14]、十五年の歳月を経た後でもほとんど同じ表現によって「ユダヤ人」が敵視されていることに改めて驚きを禁じえない。しかも『宇宙生成的エロース』はクラーゲスの著作の中で最も人気のあった書であり、第二次大戦後も版を重ねている。一九三〇年に改訂第三版が出版され、以後一九八八年までに第九版を数えるに至っているが、右の文章は第一版から現行の版に至るまで、いささかの変更も加えられていないし、何の注釈も加えられていない(クラーゲスが亡くなったのは一九五六年である)。このことが意味しているものは何か。それは、クラーゲスが「アウシュヴィッツ以後」も彼の反ユダヤ主義を些かも改めはしなかったということである（これについては、後で問題にするもう一つの資料からも明らかである）。それもそのはずであった。クラーゲスの反ユダヤ主義は彼の根本思想と表裏をなしていたのであるから。

三　クラーゲスの根本思想と反ユダヤ主義

ところで、クラーゲスの著作全体は哲学、性格学、表現学、筆跡学の多岐に亙る壮大なものであるが、それらはいずれも例外なく一つの根本的洞察に基づいていると言っても過言ではない。その洞察とは、ほぼ次のようなものであった。「肉体と心情とに分極している生命。この原型的三つ組の中に人間を介して、正確には『世界史』開始頃の人間を介して、心情と肉体とを離反させ、そのようにして生命細胞を殺す傾向を帯びた、精神という名の時空外の（宇宙外の）或る力が闖入した」[15]。

しかし、「精神」はなぜ「原型的三つ組」とは異質なものとされるのか。それどころか、「生命敵対的力」とされるのはなぜなのか。クラーゲスが「ユダヤ人」を「精神の化身」と見なしていることが明白である以上、この問題は重大な意味をもっているだろう。さらに、「精神」が「生命敵対的力」=「時空外の（宇宙外の）或る力」であるとして、どうしてその化身が「ユダヤ人」とされるのかということも問われなければならないであろう。

クラーゲスが「精神」を、「心情」「生命」「肉体」の「原型的三つ組」とは異質なものとするのは、「精神」を「時空外の或る力」として措定せざるをえないからであった。すなわち、「生命」およびその両極としての「心情」も「肉体」も、不断に生成変化している「時空的現実」であるのにひきかえ、「精神」はつねに自己同一的な「時空外的なるもの」とされる[16]。「精神」は永遠不滅にして不変不動なのであり、そうである限り、「時空的現実」の「外部」にあるものと想定しなければならない。なぜなら、「時空的現実」とは「生滅の流れ」にほかならないからである。クラーゲスが「精神」を「無」として、ただし或る積極的働きを帯びているがゆえに、「積極無」[17]と定義しているのも、「精神」を「現実外（宇宙外）の或る力」であるとしなければならないからであった。

さて、「時空外の或る力」としての「精神」が「外部から」宇宙に闖入し、人間の「生命」に取り付いて生まれたのが「自我」であるとクラーゲスは言う。「精神はそれ自体無であるにもかかわらず、宇宙に闖入し、人間という有機体をいわば宿り場としながら、以後、間欠的把握作用の、生命に結ばれた本源地となる。この本源地は自我と呼ばれる」[18]。「精神」はそれ自体「無《ニヒツ》」、つまり「理体《ヌーメノン》」（考えられたにすぎぬもの）である以上、「精神」それだけでは現実世界に現象することはできない。「精神」が現象するためには現実世界に「宿り場」が必要なのであって、この「宿り場」が個々人の「個別的生命」なのである。そして「精神」が「個別的生命」と結びついたものこそがまさしく「自我」にほかならない。それゆえ、「自我は個体における精神の現存在形態」[19]であって、「同時に現象体《ファイノメノン》でもある唯一可能な理体《ヌーメノン》」[20]なのだとされる。このような「精神」が単なる「無」ではなく、「積極無」であるとされるのは、「精神」が「自我」を通じて生命破壊的作用を行うからであった。

「精神」が「自我」を介して遂行する生命破壊的作用、それをクラーゲスは人間の「把握作用」（識別する思慮）と「意志作用」（目的を目指す意志）に見出している。クラーゲスの思索の過半は「自我」の解明に費やされたと言ってもよいが、その中心はこの「把握作用」と「意志作用」の分析にあった。ところで、「把握作用」と「意志作用」とが生命破壊的作用とされるのはなぜだろうか。

クラーゲスは端的にこう述べている。

「しかしながら、われわれが疑いもなく科学に負っている膨大な『知識』は何を成し遂げているのか。換言すれば、知識の意味は何なのか。知識は、人間が地上世界全体を所有するのを可能にするのである。事実論、とりわけ因果論は、現実を概念的に暴行した特殊な様式、われわれの中の精神が行動的に現実を支配するために必要とする特殊な様式なのである。すなわち、原因と結果との関係はまさしく手段と目的との関係にあたる。『知識』とは、体験された現実に（強制的に）加えられた解釈のし直しの成果なのであって、それは自我拡大欲求からなされたものなのだ」[21]。

われわれ人間は「生命の担い手」=「個体」として、他の生きものたちと同様、現実を体験している（クラーゲスはこの「体験された現実」を「諸形象の現実」と呼んでいる）。だが、人間はその上に「精神の担い手」=「自我」として、「体験された現実」を概念的に把握している。そのようにして獲得したものこそが「事実の世界」なのである（クラーゲスはこの「事実の世界」を「諸物の世界」と呼んでいる）。われわれがいわゆる「知覚世界」と称しているものは、実はこの「事実の世界」にすぎない。そうであればこそ、「知覚世界」は万人にとって共通なものとして通用している。この「事実の世界」は人間が「現実を支配するために必要とする」ものなのであって、「知識」の本質は人間の「自我拡大欲求」にあるのだと言うのである。

西欧の「ロゴス中心主義」（この言葉をクラーゲスはすでに前世紀前半に使っていた）が問題視されるようになって久しく、右のようなクラーゲスの知識批判は必ずしも目新しいものではない。とはいえ、「物とは世界に投影された自我である」[22]とし、「科学の意味」を「自我拡大欲求」に認めたクラーゲスの洞見は、現在ますますアクチュアルな意義を帯びつつあると言えるだろう。クラーゲスは前世紀初めにすでにこう告発していたのである。

「われわれが『進歩』を空しい権力欲と疑ったのは錯覚ではなかった。しかも破壊の狂気の中に計画性《メトーデ》が潜んでいるのがわかる。『有用性』、『経済発展』、『文化』という口実の下に進歩が実際に狙っているのは生命の破壊である。進歩は生命の現象形態のすべてに襲いかかり、森林を伐採し、動物種を抹殺し、原始的諸民族を絶やし、風土を営利的虚飾で覆って醜くし、生き残った生き物も『屠畜』のように単なる商品に貶めて、際限なき獲物欲のほしいままな対象にしている。ところが、全技術が進歩に仕え、また科学のかなり広範な分野が技術に仕えているのである」[23]。

以上によって、「精神」がなぜ「生命敵対的力」とされるのか、その理由が或る程度納得できるであろう。問題は、クラーゲスがこのような「精神の化身」をなぜ「ユダヤ人」に認めたのかということである。すでに見たように、「時空外の或る力」としての「精神」は「世界史開始頃の人間」に取り憑いたのであって、「自我」をもった人間はすべてひとしく同一の「精神」に与っているはずである。にもかかわらず、「ユダヤ人」がとりたてて「精神の化身」とされる根拠はどこにあるのか。

まず指摘しておきたいのは、クラーゲスの反ユダヤ主義が本質的には一神教批判であったことである。H・E・シュレーダーが述べているように、確かに「シューラーとクラーゲスにとって、ヤーヴェ主義とキリスト教と近代の進歩的イデオロギーは共通の根をもっている」[24]のであり、それはまさしく「一神教の問題」にほかならなかった。その意味では、クラーゲスは「反ユダヤ教主義者」であると同時に「反キリスト教主義者」であって、一神教としてのユダヤ・キリスト教を生み出した「ユダヤ人」を憎悪したと言える。だが、なぜ一神教をそれほど眼の敵にしたのか。クラーゲスはその理由を次のように述べている。

「ところで、諸概念のどれも時間の彼方に存在する単一性であるがゆえに、現象することができないのに対して、現象は時間的に流れ行く多様性を帯びている。そうである以上、名辞の基礎となっている真の神性、諸形象の存在する神性と、かの憶測された神性、あくまで把握されたにすぎない神性とは、互いに相容れないものなのである。現実の魔神たち、すなわち体験された魔神たちの諸形象の夥しい多数性から概念神へといかなる橋も通じてはいない。これら魔神たちの支配領域と属性は——諸形象の海に似て汲み尽くしがたく——、同じ源泉から流れ出している人間の言語音の豊かさと同様、多くの点で人間の概念の在庫全体に優っているのだ。一神性とは、神の威厳を纏わせようとしているものの概念性の別な言いまわしにすぎない。そして一神教とは、あらゆる心的興奮の『対象』、すなわち神々に満たされた現象世界、これに対する神ならざる精神性の勝利への或る移行形態にすぎないのである。『神を求めるものは、神々をけっして見出すことはないだろう』[25]」。

クラーゲスによれば、「一神教的世界」と「多神教的世界」とは原理的に背馳し合う異質な二世界とされる。前者が単一な「概念的世界」であるのにひきかえ、後者は多様な「現象的世界」であると言う。そのことは、両者の「神の観念」の違いにはっきりと現れている。多神教の神々とは基本的に自然のエレメントを神格化したものであり、多彩な自然現象をその属性としている。そうであればこそ、神は複数神とならざるをえなかったし、「名辞の基礎となっている真の神性」=「諸形象の存在する神性」を帯びている。これに対して、一神教の神は概念的に把握された抽象的観念としての「概念神」にすぎない。それは、「絶対者」は「唯一者」でなければならないとする高度な思念から生まれたものであって、この「絶対者」は現象世界の一切の属性を欠いている。もし有限な現象世界の何らかの属性を帯びていれば、絶対的存在ではなくなってしまうからだ。それゆえに一神教は例外なく偶像崇拝禁止を掟としているが、それは「唯一神」が「憶測された神性」=「把握された神性」であることの証左にほかならないと言う。要するに「多神教世界」と「一神教的世界」との対立は、クラーゲスにあっては「体験的世界」と「思考的世界」とのそれに還元されるのである。クラーゲスが一神教を敵視するのは、「多神教的世界」＝「体験的世界」が「一神教的世界」＝「思考的世界」によって駆逐されたからであり、それが人間の「精神性の勝利」を意味する「進歩」として称揚されてきたからである。もちろん、ここでクラーゲスが「多神教的世界」として脳裏に浮かべているのが古代ギリシア・ローマの「異教的世界」であることは言うまでもない。クラーゲスの「一神教敵視」は、実のところ、「精神による自然の克服」＝「人間による自然支配」に対する批判であった。

ところで、クラーゲスは右の引用の中で、「一神性とは、神の威厳を纏わせようとしているものの概念性の別な言いまわしにすぎない」と述べているが、この「神の威厳を纏わせようとしているもの」こそまさしく「自我」であった。すなわち、ユダヤ・キリスト教の「唯一神」とは「自我の神格化」であって、「エゴイズムの神」であるとされるのである。クラーゲスのこうした見解は決して特異なものではない。たとえば、フォイエルバッハは『キリスト教の本質』の第十二章「ユダヤ教における創造の意味」の中でこう述べている。「ユダヤ人はその独自性によって今日まで保存されてきた。彼らの原理、彼らの神は、世界についての最も実践的原理、すなわちエゴイズム、しかも宗教的形態を纏ったエゴイズムである。エゴイズムは、そのしもべたちをけっして壊すことのない神である。エゴイズムは本質的に一神教的である。なぜなら、エゴイズムはただ一つのこと、自分のことだけを目的としているからだ」[26]。とはいえ、フォイエルバッハの場合、ユダヤ教を「エゴイズムの宗教」であると裁断するのは、もっぱらキリスト教と弁別するためであった。徳永洵は「しかし彼（フォイエルバッハ）がきわめて単純化した形でエゴイズムをユダヤ教に割り振り、『精神化』されたキリスト教をそれから区別する時、そこには彼の人間主義的立場そのものの或る不徹底と混乱が見られるのではないだろうか」[27]と指摘しているが、クラーゲスの場合は首尾一貫している。クラーゲスはユダヤ教のみならず、「『精神化』されたキリスト教」をも含めて「エゴイズムの宗教」として、換言すれば「人間中心主義」として厳しく批判しているからである。その意味ではクラーゲスの思想は「非人間主義的立場」であると言ってもよく、そのことと彼の非情な反ユダヤ主義とは通底している。

さて、クラーゲスが「ユダヤ人」を「精神の化身」と見なす理由として次に指摘したいのは、「精神」と「ユダヤ人」との現存在様式の酷似ということである。クラーゲスによれば、「精神」は「外部から」現実世界（宇宙）の中に闖入し、人間の「個別生命」に取り憑き、万象の生命を破壊しようとする「寄生的存在」とされる。ディアスポラ以後の「ユダヤ人」はまさしく諸民族の共同体の「外部的存在」であり、「寄生的存在」であった。「ユダヤ人」に対する通俗的偏見にとらわれていたクラーゲスにとっては、この「寄生的存在」は共同体を破壊し、生命を失血させる「吸血鬼的存在」でもあった(28)。

最後に指摘しておきたいのは、クラーゲスがニーチェの「ルサンチマン」から決定的な影響を受けているということである。周知のように、ニーチェは「ユダヤ人と共に道徳における奴隷蜂起がはじまる(29)」として、こう述べている。

「道徳における奴隷蜂起がはじまるのは、ルサンチマン自体が創造的となり、価値を生み出すようになる場合である。すなわち、本来の反応《レアクツィオーン》、つまり行動の反応が拒まれているがゆえに、もっぱら想像上の復讐によって埋め合わせをする者たちのルサンチマンの場合がそれである。すべての高貴な道徳は自己自身に対する勝ち誇った自己肯定から生まれるが、奴隷道徳は『外部』『他者』『非自己』に対してはじめから否定する。そしてこの否定こそが彼らの創造的行為なのだ。価値を定立するまなざしのこの逆転——自分自身へと戻る代わりに外部へと必然的に向かうこの方向——これこそまさにルサンチマンに特有のものだ。すなわち、奴隷道徳が成立するためには、つねにまず対立世界や外部世界が必要なのである。生理学的に言えば、そもそも行動を起こすために、外部的刺激を必要とするのである

——奴隷道徳の行動は基本的に反応から生じる」[30]。

「ユダヤ人」において「本来の反応」＝「行動の反応」が拒まれているのは、もちろん、ディアスポラによってその郷土を失ったからにほかならない。異民族の共同体の外部に寄生して生きていかざるをえない「ユダヤ人」は、自然な「行動の反応」を抑圧して、つねに意識的にならなければならなかった。「郷土喪失」は文字通り「現実喪失」を意味していたのであって、「ユダヤ人」は「想像上の復讐」によってその埋め合わせをする。すなわち、「現実世界」そのものを否定し、観念上の「理想世界」を定立するのである。ニーチェはユダヤ・キリスト教の根本にこうした「ルサンチマン」が存在することを見ぬいていた。「ルサンチマン」＝「生への復讐」をクラーゲスは「生への嫉妬[31]」であると言い換えているが、「生命」に対して嫉妬し、復讐するものこそまさに「精神」であった。

四　「自己憎悪」としての反ユダヤ主義

Ｈ・Ｅ・シュレーダーによる詳細なクラーゲスの伝記の末尾近くに、大変興味深い彼の三通の書簡が載っている。そのうちの二通はクラーゲスの友人で出版人でもあったクルト・ザウケに宛てたものであり、もう一通はクラーゲスの伝記の執筆準備をしていた畏友マルティン・ニンクに宛てたものである。内容はいずれも、第二次大戦後に、クラーゲスが自己の反ユダヤ主義について弁明したものであった。ここでは、一九五一年七月二十三日付けのニンク宛ての書簡を引用しておこう。

「あなたの反感はわたしの叙述（テオドール・レッシングとの訣別についてクラーゲスが書き送った報告。筆者註）の憶測的反ユダヤ主義をめぐって形成されています。これに関してはさまざまな意見があることを、わたしは以前から知っています。あなたはJudeという語を一般的な意味《エクソテーリッシュ》で用いていますが、わたしは、どうしても避けられない場合には、この語を秘教的な意味《エゾテーリッシュ》で用いているのです。秘教的な意味では、しかしJude＝Judäerではないのです。多くのユダヤ人はけっしてJudäerではなく、無数のキリスト教徒こそJudäerなのです。新しいパレスチナがユダではなく、イスラエルと名づけられたのは偶然ではありません。ユダヤ主義と共にわたしたちは人生の闇の側面へと赴きます。明るい側面において、私生活や友情や世界観の多くがわたしたちを結び付けているので、暗い側面において、ところどころでわたしたちの道が分かれても、わたしにはつねに大した問題ではなかったのです。

　かつての学友（テオドール・レッシングのこと。筆者註）のユダヤ主義が後年の絶交をもたらしたのではなかったということを証明するのは、わたしの章の些細な付随的目的ではなかったのです。けれども、驚いたことには、あなたはまさに逆のことを読み取ったのです……

　わたしはナチのボスが高度な人種に属しているのかどうかテストしようと思ったことは一度もありませんでした。しかし同様に、ユダヤ民族が自余のすべての諸民族の中で『選ばれた』民族であると見なすつもりもないのです。どちらの場合も、傲慢《ヒュブリス》は同じなのです。ただ、人類に対する二千五百年にわたる戦いの後にユダヤ人はすべての諸民族に対して決定的勝利を収めたという違いがあるだけです。ほとんどすべての文明が人類の憎悪に屈したことに——タキトゥスはキリスト教徒について語っているのですが、しかしユダヤ人のことも同様に考えているのでして、それは第五巻を見れば明らかです——わたしはもちろん与しませんし、それを戦略的にも誤っていると見なしているのです(32)」。

クラーゲスはここで、自分は「ユダヤ人」という名称を「一般的な意味」で用いているのではなく、「秘教的な意味」で用いているのだと抗弁している。すなわち、通俗的な「人種論的な意味」ではなく、精神史的な「形而上的な意味」で用いているのだと言うのである。ザウケ宛ての書簡では、「わたしは異教の基盤の上に立っており、それゆえ二つの聖書は拒否する」[33]と書いている。すでに述べたように、クラーゲスの反ユダヤ主義は確かに反ユダヤ・キリスト教であって、その内実は一神教批判であった。しかしそうであるなら、なぜ誤解を招きやすい「ユダヤ人」という名称をことさら用いたのか。ザウケ宛ての書簡では、またこうも書いている。「それゆえ、クラーゲスの拒絶の対象はユダヤ人ではなく、ユダヤ主義者＝キリスト教徒なのです。その最も有力な証拠は、彼がごく若い時から今日まで、価値があると思われたユダヤ人とは交際してきたし、今もしているということです」[34]。そうであるなら、「ユダヤ人」という名称の代わりに、「ユダヤ主義者」という名称を用いてもよかったはずである。

先に引用したニンク宛ての書簡は、ギムナジウム時代からの親友テオドール・レッシングとの訣別の経緯に関するクラーゲスの報告が、反ユダヤ主義として誤解される恐れがあるとのニンクの疑義に対して、クラーゲスが直接答えたものである。テオドール・レッシングはクラーゲスと同年のユダヤ人の文化批評家、哲学者、心理学者で、一九三三年に亡命先のマリエンバートでナチの手により暗殺された。レッシングとクラーゲスはギムナジウム時代の一八八五年に知り合い、一八九九年に絶交するまで、文字通り青年時代を通じての親友であった[35]。クラーゲスはレッシングに宛てた訣別の手紙の中で、別離の理由として、二人の魂がかなり前から疎遠になり、「内的宥和」が無くなったことを挙げている[36]。だが、レッシングの報告では違っている。彼の恋人のユダヤ女性マリーアをクラーゲスに紹介したところ、突然、別離の手紙が届き、驚いたレッシングはクラーゲスとの話し合いを求めた。最後の出会いの折、クラーゲスはレッシングに向かって次のような決定的言葉を発したと言う。

「おまえはむかつくずうずうしいユダヤ人なんだよ」[37]。レッシングは翌年マリーアと結婚し、シオニズム運動の色濃いユダヤ教へと回帰する。クラーゲスから見れば、レッシングはユダヤ娘に唆されて異教的世界を裏切ったのであり、彼を粛清したのである。しかし、レッシングに向かって吐きつけた「むかつくずうずうしいユダヤ人」という言葉にはクラーゲスの言う「秘教的な意味」などあろうはずがない。

「ルートヴィッヒ・クラーゲスとの友情が早期に壊れてしまった痛手から逃れることができなかった」[38]レッシングの記述はもちろん割り引いて考えなくてはならないが、さすがに青年期の親友であっただけに、クラーゲスの反ユダヤ主義について貴重な所見を書きとめている。「クラーゲスはユダヤ主義、主知主義、合理主義、権力意志、個人崇拝などに対して憶測的闘争を戦っているが、しかし実際には（この点におけるわたしの意見をはっきり言っておけば）、あくまで自己自身に対して戦っているのだ。つまり自分の本質の或る部分、わたしなどよりもはるかに野心的に、合理的に、専制的に、そして（クラーゲス的言葉を用いれば）『ユダヤ的』に構成されている部分に対して戦っているのである」[39]。『ユダヤ人の自己憎悪』[40]の著者でもあるレッシングによれば、クラーゲスの反ユダヤ主義はまさしく「自己憎悪」にほかならない。レッシングが指摘しているのは、もっぱらクラーゲスの内面に潜むユダヤ性である。だが、わたしがここで問題にしたいのは、クラーゲスの外面的ユダヤ性、つまりその現存在様式のユダヤ性である。

そもそもクラーゲスは何によって糊口を凌いでいたのか。生涯アカデミズムとは一切関わりをもたず、在野の学者にとどまったクラーゲスはどこから生活費を捻出していたのか。いわゆる「泡沫会社設立時代」（一八七一―七四）に生を享けたクラーゲスは、ドイツの大工業発展とともに成長したと言っても過言ではない。しかもクラーゲスの父は、布地を商う典型的小市民であった。一九〇九年に父親が死亡するまではその経済的支援を受け、その後は父親の残した遺産によって暮らしたが、それも第一次大戦後の天文学的インフレで全財産を失う。

それ以後は、私的ゼミナールの聴講料や講演料、原稿料、また富裕なパトロンの援助によって暮らしたのである。

ところで、クラーゲスは近代資本主義社会を「拝金主義《マモンニスムス》」として徹底的に憎悪した。彼は第一次大戦前にすでにこう述べている。「たいていの人は生きているのではなく、存在しているだけである。大企業のために機械のように使い古される『職業』の奴隷として、もしくは無思慮にも株や企業設立の数の妄想にとらわれた貨幣の奴隷として、最後に大都市の娯楽惑溺の奴隷として、存在しているだけだ。しかし同様に多くの人は崩壊と増大する惨めさをぼんやりと感じている」(41)。なるほどクラーゲスの言うとおりではあるだろう。世界資本主義時代の今日、われわれはそのことをはるかに痛切に感じている。だが、クラーゲスは右のような発言をどこから発しているのか。少なくとも、近代資本主義社会の「外部」に立っていることだけは確かである。近代資本主義社会の「外部」にいて、その上前によって暮らしながら、その社会を徹底的に憎悪すること、これこそまさに「ユダヤ人」のような「寄生的現存在様式」にほかならない。クラーゲスの生活費は、彼の父や、彼の教えている子弟の両親が「『職業』の奴隷」として、「貨幣の奴隷」として稼いだものの一部にすぎないのである。

ニンク宛ての手紙からも明らかなように、クラーゲスは近代資本主義社会の成立を「ユダヤ民族の決定的勝利」と見なしていた。「資本主義は、その開拓者の科学を含めて、実際にはキリスト教の成就の一つであり、教会はキリスト教と同じように利益集団の一つにすぎない。そして神々を失った倫理の『一者《モノン》』は、生敵対的自我の一者とまさしく同じものである。それは、精神の唯一神性の名において、世界の数え切れない神々の多数に対して戦いを宣告した一者なのである」(42)。クラーゲスによれば、資本主義は「ユダヤ・キリスト教的一神教」の成就であって、それはとりもなおさず「ユダヤ民族の決定的勝利」を意味していた。彼は「異教的多神教世界」を擁護すべく、「ユダヤ・キリスト教的一神教世界」を敵視し、それと生涯戦いつづけた。だが、近代資本主義社会が成立し、現実世界そのものが「ユダヤ・キリスト教的一神教世界」と化したとき、この世界を原理的に否定し、「異教的多神教世界」の到来を夢想するクラーゲスは、皮肉なことに、彼の忌み嫌う「ユダヤ的心性」＝「ルサンチマン」と同じ心的構造となっている。わたしがクラーゲスの反ユダヤ主義を「自己憎悪」と裁断するのは、このような意味でである。すなわち、クラーゲスにおいても、「ユダヤ人」と同様「否定こそがその創造的行為」となっているのだ。この点において、彼の主著『心情の抗争者としての精神』という題名はきわめて象徴的であると言わねばならない。

終わりに、わたしはクラーゲスの「傲慢《ヒュブリス》」を示す文章を引用しておくことにしたい。それは、彼の最後の著作『心情学の源としての言葉』（一九四八年）の脚註に載っている次のような一節である。

「ニュー・リーダー紙の報告によれば、これらの文章が書かれた日々（一九四五年二月）に、USA爆撃機協会はノーフォークのクウィーゲンハムの聖アンドレアス教会に、『神と爆撃機』と題された一枚のステンドグラスを寄進したという。それは、キリストの姿を見上げている、飛行服に身を包んだひとりのアメリカ人パイロットと、はるか下に、攻撃目標に向う途上の爆撃機が飛び越して行く一つの教会の塔を描いたものである。『数え切れない幾千という男や女や子供の殺害のこの記念は、敢えて言えば、神の栄誉を示すために打ち建てられたのである』とコメントすることによって、この雑誌が加えている批判は的外れである。なぜなら、このステンドグラスはまったく適切な感謝をかの神にささげているからである。すなわち、それは、復讐の息を吐きながら『男女少《わか》きもの老いたるものの区別《わかち》無く盡くこれを刃にかけて滅ぼし且《かつ》牛羊驢馬にまで及ぼせり』（ヨシュア記第六章一七および二一）と言われている神、そしてアングロサクソン人の兵士たちに何百万部ずつ配られているあの『旧約聖書』の中で、そのしもべたちに向かって、『汝らかへつて彼等の祭壇を崩しその偶像を毀《こぼ》ちそのアシラ像を斫《き》りたふすべし』（出エジプト記第三四章一二から一三）と命じている神にささげられているからだ」[43]。

クラーゲスによれば、「第三帝国ドイツの崩壊」も「アウシュヴィッツの悲惨」もともに彼らの「傲慢《ヒュブリス》」の結果であり、「ヤーヴェの復讐」にほかならないとされる。だが、自らはスイスという安全な「外部」にいて、このような審判を下しているクラーゲス自身が唯一神と同じ超越的立場に立っているのだ。これこそまさに「傲慢《ヒュブリス》」以外の何物でもないのである。

（1）アルベルト・ヴェレク「ルートヴィヒ・クラーゲスと現代」柴田収一訳、（『理想』四七五号、一九七二年）八八頁。

（2）ヴェレクが述べている「ユダヤ人排斥的脱線」とは、『アルフレート・シューラー――遺稿からの断簡と講演』（Alfred Schuler : Alfred Schuler Fragmente und Vorträge aus dem Nachlass. Mit Einführung von Ludwig Klages, Johann Ambrosius Barth Verlag, 1940）につけたクラーゲスの長大な「序文」（以下、『シューラー遺稿集序文』と呼ぶ）のことである。その中でクラーゲスは激烈な「反ユダヤ主義」を展開しているが、クラーゲスを敵視する人々はもっぱらこのクラーゲスの発言を問題にしている。ところで、この「序文」においてクラーゲス自身が回想しているように、一九〇四年に「宇宙論サークル」が決裂した直接の原因はクラーゲスとシューラーの「反ユダヤ主義」とヴォルフスケールとゲオルゲの「シオニズム」との対立にあった。この点に関しては、Alfred Schuler : Ebd., S. 75ff. を参照されたい。さらにまた、クラーゲス自身が編集出版した若き日の遺稿詩文集『リズムとルーネ』（Ludwig Klages : Rhythmen und Runen. Aus dem Nachlass, Johann Ambrosius Barth Verlag, 1944）においても激烈な「反ユダヤ主義」に満ちた文章が散見される。たとえば、「ヤーヴェの表現手段（Ausdrucksmittel Jahwes）」（Ebd., S. 321）や「ギリシア主義とユダヤ主義（Hellenismus und Judaismus）」（Ebd., S.

329f.）はその典型である。これらの文章が書かれたのは一九〇三年である。こうした事実を顧れば、クラーゲスがその思想形成の初期から「反ユダヤ主義」を秘めていたことは明白であろう。

（3） Richard Faber : Männerrunde mit Gräfin, Peter Rang Verlag, 1994, S. 54.

（4） ナチス体制化におけるクラーゲスの思想の受容に関しては、Hans Eggert Schröder : Ludwig Klages. Die Geschichte seines Lebens. Das Werk2, Bouvier Verlag, 1992, S. 1194-S. 1202. および Michael Großheim : Ökologie oder Technokratie? Der Konservatismus in der Moderne, Duncker & Humbolt, 1995, S. 128-S. 132. を参照されたい。ちなみに、一九三八年にはアルフレート・ローゼンベルクのクラーゲス弾劾演説「形態と生命」が行われ、ローゼンベルクはクラーゲスを「現代と歴史からの逃亡」（Michael Großheim : Ebd., S. 130 からの間接引用）であるとして非難した。また同年クラーゲス論駁文書 Max Bense : Anti-Klages oder von der Würde des Menschen, Verlag von R. Oldenbourg, 1938 が出版されている。同書の中には、次のような記述がある。「クラーゲスとともに哲学のデカダンスのみならず、人間の実存のデカダンスが、より正確に観察するなら、ジャン・ジャック・ルソーに近い神学的流儀の救済意図を帯びた、近代のありふれた自己破壊がはじまるのである」（Ebd., S. 20）。

（5） Michael Großheim : a. a. O., S. 131.

（6） Heinz-Peter Preußer : Antisemiten aus Kalkül? Über Alfred Schuler, Ludwig Klages und die Instrumentalisierung des rassistischen Ressentiments im Nationalsozialismus, in : Spielräume des einzelnen. Deutsche Literatur in der Weimarer Republik und im Dritten Reich, WEIDLER Buchverlag, 1999, S. 123.

（7） Richard Faber : a. a. O., S. 72. からの間接引用。

（8） Hans Günter Holl : Zaster. Von höchster Einheit oder vom emotionalen Wert des Geldes, in : Lettre International, Hft. 52, 2001, S. 32.

（9） Ebd.

（10） もっとも、クラーゲスの弟子たち Kurt Seesemann や Hans Kern はクラーゲスの思想を広めるためにナチス要人に接近を図ったが、アルフレート・ローゼンベルクやアルフレート・ボイムラーなどのナチス御用哲学者たちの妨害にあい、失敗したと言う（Vgl., Hans Eggert Schröder：Ludwig Klages. Die Geschichte seines Lebens. Das Werk2, S. 1308ff.）。クラーゲスとボイムラーは、従来、第三帝国の水先案内人として並び称されてきただけに、この事実は重要な意味を持っているだろう。

（11）Ludwig Klages：Rhythmen und Runen, S. 330.

（12）クラーゲスの詳細な伝記の作者H・E・シュレーダーによれば、『シューラー遺稿集序文』においてクラーゲスの激烈な「反ユダヤ主義」的言辞を惹起せしめたのは、一九三〇年に出版されたゲオルゲの弟子フリードリッヒ・ヴォルタースの『シュテファン・ゲオルゲと芸術草子——一八九〇年以来のドイツ精神の歴史』の次のような記述であったと言う（Hans Eggert Schröder：Ludwig Klages. Die Geschichte seines Lebens. Das Werk2, S. 1346）。「シューラーとクラーゲスのどちらにとっても、ヴォルフスケールははじめのうちとりたてて好ましい存在ではなかった。すなわち、シューラーはユダヤ人たちを劣等人種と見なして彼らを軽蔑していたし、クラーゲスはユダヤ人と関わるつもりはなかったが、つねに彼らを求めざるをえなかった。そして二人は彼らの昔ながらの狡猾さのとりこになった。彼らはヴォルフスケールに次第に接近し、彼によって、そのつもりのない場合でも心中を明らかにされ、彼の強烈な魔術に屈した。そして後になって、心中を打ち明けさせられたことで心底激怒した」（Friedrich Wolters：Stefan George und die Blätter für die Kunst—Deutsche Geistesgeschichte seit 1890, Georg Bondi, 1930, S. 246）。

（13）L・クラーゲス『宇宙生成的エロース』拙訳、うぶすな書院、二〇〇〇年、四八頁以下（訳語を一部変えた）。

（14）Vgl. Hans Eggert Schröder：Ludwig Klages. Die Geschichte seines Lebens. Das Werk1, Bouvier Verlag, 1972, S. 738ff.

（15）Ludwig Klages：Geist und Leben, Bouvier Verlag, 1974, Sämtl. Werke, Bd. 3, S. 565.

（16）「精神の時空外性」の問題をクラーゲスは精緻に論証しているが、ここでは主著『心情の抗争者としての精神』

の劈頭で提示されている明快な例証を紹介しておく。

クラーゲスは「われわれは時間を無持続の点と関係づけて把握している」（Ludwig Klages : Der Geist als Widersacher der Seele, Bouvier Verlag, 1969, Sämtl. Werke Bd. 1, S. 11）と述べて、次のような例を挙げている。「われわれが一時間を六十分に分けているその分割点は明かに無持続である。そうでなければ、一時間はもはや六十分から成立しておらず、分割点の持続の分だけ増加した六十分から成立していることになるからだ」（Ebd., S. 12）。わたしたちが「無持続の点」、つまり「無持続の瞬間の概念」を行使することによって時間を計測していることは否定しえない。問題は、こうした「無持続の点」=「無持続の瞬間の概念」をわたしたちはどこから得てきたのかということである。というのも、外界のいかなる対象も、またわたしたちのいかなる内的体験も無持続であるものは一切ないからだ。わたしたちの経験世界には無持続なものはまったく存在しないのである。そうである以上、「把握作用」自体を無持続なものと想定せざるをえないとクラーゲスは言う。「把握作用は時間的無延長の点で行われると仮定してのみ、この点を用いて把握作用は決して静止することのない時間を分割することができる」（Ebd.）のであって、「数学的今（無延長・無持続の点。筆者註）によって、いうなれば、生起の流れの中に把握作用が『投影され』、そのようにして時間的無延長の点を通じて時間という恒常的媒体を限定された期間に切り分けているのである」（Ebd., S. 13）。

さらにまた、次のような例をクラーゲスは挙げている。「無持続の時点はいわば全万象を貫く横断面を据えるのであり、その結果、想定されたどの瞬間においても空間の一切の場所は同時性の概念に結び付けられて現れる。今点は、その性質から見て、空間のどの点にも存在している、すなわち偏在しているのである」（Ebd.）。ところで、「把握作用」を「或る時間的過程」とするならば、「把握作用」はこのように「偏在しているもの」=「今点」を見出すことはできないであろう。「なぜならその時間的性質によって妨げられて、数学的瞬間において任意の数の異なった場所に達することができないからである」（Ebd.）。だとすれば、こう結論せざるをえない。「時間を把握する作用は、したがってどの把握作用も時間外的である」（Ebd.）。

さて、「把握作用は時間外的である」とすれば、「把握作用」を可能ならしめている「或る力」は当然「時間外的なるもの」であり、したがって「時空外的なるもの」であるだろう。時間性をまったく欠いた空間的なるものは存在しないからだ。クラーゲスはこうした「時空外の或る力」を「精神」と呼んでいるのである。

(17) Ludwig Klages : Geist und Leben, S. 594.
(18) Ebd., S. 594.
(19) Ludwig Klages : Vom Wesen des Bewußtseins, Bouvier Verlag, 1974, Sämtl. Werke Bd. 3, S. 270.
(20) Ebd.
(21) Ebd., S. 331.
(22) Ludwig Klages : Die Grundlagen der Charakterkunde, Bouvier Verlag, 1976, Sämtl. Werke Bd. 4, S. 358.
(23) Ludwig Klages : Mensch und Erde, Bouvier Verlag, 1974, Sämtl. Werke Bd. 3, S. 621.
(24) Hans Eggert Schröder : Ludwig Klages. Die Geschichte seines Lebens. Das Werk2, S. 1345.
(25) Ludwig Klages : Der Geist als Widersacher der Seele, Bouvier Verlag, 1981, Sämtl. Werke Bd. 2, S. 1265.
(26) Ludwig Feuerbach : Das Wesen des Christentums, Akademie-Verlag, 1956, Ausgabe in zwei Bänden Bd. 1, S. 190.
(27) 徳永洵『ヴェニスのゲットーにて——反ユダヤ主義思想史への旅』みすず書房、一九九七年、一九六頁。
(28) クラーゲスの「ユダヤ人」に対する偏見がいかに民衆並みの通俗きわまるものであったかは、以下の『シューラー遺稿集序文』の文章が物語っているであろう。「われわれが前世紀に苦労し犠牲を払ってようやく手に入れなければならなかった少なからざるものが、ほとんどドイツ人の教養の共有財産になった。夥しい研究者たちの仕事のおかげで、世界戦争の『操り師』とロシア革命の出資者がユダヤ人であったことを知るのに、今日ではもはやディズレーリはまったく必要ない。『人文主義《フマニテート》』『世界市民主義』『リベラリズム』『アメリカニズム』『マルキシズム』『インターナショナリズム』『ボルシェビズム』などについて何が問題であるのかは、今日では、見ようとしない人だけが見ないだけである。フリーメーソン上層部の目標は暴かれ、ユダヤ民族による諸民族奴隷化計画は暴かれ、『首謀者』ならびにその共犯者が同様に暴かれ、『議定書《プロトコル》』が周知のものとなってからは、表向きは故郷を求める運動『シオニズム』の底意すら暴かれた」(Ludwig Klages : Einführung des Herausgebers, in : Alfred Schuler : Fragmente und Vortäge aus dem Nachlass., S. 46f)。この箇所のクラーゲスの註には、参考文献としてアルフレート・ローゼンベルクの著書『反国家的シオニズム』も挙げられている。

(29) Friedrich Nietzsche : Zur Genealogie der Moral, Carl Hanser Verlag, 1973, Werke in drei Bänden Bd2., S. 780.

(30) Ebd., S. 782.

(31) Ludwig Klages : Die Grundlagen der Charakterkunde, S. 218.

(32) Hans Eggert Schröder : Ludwig Klages. Die Geschichte seines Lebens. Das Werk2, S. 1350.

(33) Ebd., S. 1349.

(34) Ebd., S. 1348.

(35) テオドール・レッシングとクラーゲスとの友情と訣別に関しては、Elke-Vera Kotowski : Feindliche Dioskuren, Jüdische Verlagsanstalt Berlin, 2000, を参照されたい。

(36) Ebd., S. 248.

(37) Theodor Lessing : Einmal und nie wieder, Bertelsmann Sachbuchverlag, 1969, S. 382f.

(38) ハンス・マイヤー『アウトサイダー——近代ヨーロッパの光と影』(講談社学術文庫) 宇京早苗訳、講談社、一九九七年、六八七頁。

(39) Theodor Lessing : Meine Beziehungen zu Ludwig Klages, in : Einmal und nie wieder, S. 422.

(40) 『ユダヤ人の自己憎悪』は、一九三〇年ベルリンのユダヤ出版社から発行された。Theodor Lessing : Jüdischer Selbsthass, Jüdischer Verlag, Berlin, 1930.

「ユダヤ人の自己憎悪」という言葉はレッシングの造語であるとされている。

(41) Ludwig Klages : Mensch und Erde, S. 623f.

(42) Ebd., S. 627.

(43) Ludwig Klages : Die Sprache als Quell der Seelenkunde, Buvier Verlag, 1989, Sämtl. Werke Bd. 5, S. 486. わたしはこの箇所を、Richard Faber : a. a. O., S. 70によって教えられた。なお、『聖書』からの引用は、『旧新訳聖書―文語訳』(日本聖書協会、一九九五年)によった。

ナチ体制下の反ユダヤ主義
——立法政策を中心として

白根澤　正士

はじめに

「反ユダヤ主義」（Anti-Semitism）とは、ナチの専売特許ではない。それは中世以来、ヨーロッパの各地に存在しており、歴史的にも非常に根の深いものがある。とくに十九世紀以降、ドイツにおいては国民国家の形成と相まって反ユダヤ主義は噴出していったのである。その先陣を切ったのが人種理論家のチェンバレンであった。彼はアーリア人とユダヤ人の人種上の対立を説き、ドイツでの人種的反ユダヤ主義を先導したのである。[1]のちに、チェンバレンの見解はナチによって歓迎され、第三帝国の国家プロジェクトへと反映された。これは反ユダヤ主義政策の実践へと結びついていったことを意味する。その結果、未曾有の大量殺戮をもたらして幕を閉じたのである。だが、本章の目的はホロコーストの検討ではない。それについては、数多くのすぐれた先駆的な文献や論文にゆずることにしたい。

本章の目的はナチの反ユダヤ主義政策を法的な側面から考察することにある。たしかに、ナチによるユダヤ人虐殺は払拭できない汚点を人類史上刻み込んでしまった。そのような最終的な結果はともかくも、ナチ体制下で制定された人種立法はユダヤ人迫害の「露払い」を演じたことは疑いない。この点について、興味深いのは、ブロッホが「『法的に正しきこととは、アーリア人が正しいと判断することであり、悪しきこととは、それを否定することである』とナチのイデオローグ、アルフレッド・ローゼンベルクは語っている。ユダヤ人とは法的に悪しきものとみなされる。したがって、彼らはファシスト国家から排除されなければならない」[2]という記述を指摘していることである。やがて、ユダヤ人に対するさまざまな差別的な法令が制定され（後述する「ニュールンベルク法」はその典型である）、次第に彼らの法的権利は剝奪され、社会から「市民的な死」を宣告された。そういう意味では、ナチの人種立法によって、由緒ある法治国家ドイツは完全にファシスト国家へと変貌してしまったことを表わしているのである。

そこで、本章ではナチによる立法政策を中心に検討し、それによって、反ユダヤ主義の内実を提示することができればと考えている。

一　匕首伝説とワイマール共和制の崩壊

第一次大戦で敗北を喫したドイツは革命を経て、ワイマール共和制へと移行する。だが、ヒトラーをはじめとする国粋主義者は「匕首伝説」なるものを唱えてワイマール共和制を誹謗した。

「匕首伝説」（Dolchstoßlegende）とは、先の大戦でドイツ国内に敵兵を一人たりとも入れていないのに、共産主義者やユダヤ人の陰謀によって戦争に敗れたというものである。これは別名「背後からの一突き」ともいわれる。とくに、ヒトラーはワイマール共和制の創立者たちを軍隊の背中、すなわち、銃後の側から短刀をつき刺した「一一月の犯罪者ども」（Novemberverbrechern）と呼んで激しい憎悪を抱いたのである。[3] ヒルファーディング（蔵相）、ラーテナウ（外相）、フロインド（内務省長官）、ヒルシュ（プロイセン首相）などのワイマール共和国の要職にある人物やワイマール憲法の起草者である公法学者のプロイスはユダヤ人であったために、そのやり玉にあげられたのである。(4) このため、ナチはワイマール共和国を「ユダヤ共和国」と同一視したのだった。
また、戦勝国との平和条約の締結（いわゆる「ヴェルサイユ体制」）による経済的圧迫（戦時賠償）が原因となり、ドイツ国内は失業、インフレ、恐慌といった危機的な状況にみまわれたのである。このような状況がファシズム（ナチズム）台頭の温床となったのである。

二　ナチ体制下の反ユダヤ主義政策

以上のような危機的状況の中で、ドイツ国内では強い指導者の登場が望まれていた。それに乗じてヒトラーはライヒ首相に任命され、政治の表舞台に登場する。やがて、彼の率いる国家社会主義ドイツ労働者党（NSDAP以下、ナチという）が一党独裁を確立していく。ナチは(1)大ドイツ主義的対外主義、(2)反大企業的社会経済政策、(3)反ユダヤ主義的人種政策の三つをそのイデオロギーの根幹に置いていた。とくに、(3)はアーリア人種至上主義を盛り込んだものであり、党綱領において次のように謳っている。

「4・民族同胞たる者に限り国家公民たりうる。民族同胞にはドイツ人の血統を有する者のみがなりうるのであり、その際に宗派は不問とする。したがって、ユダヤ人は民族同胞たりえない。5・国家公民でない者はドイツ国内では来賓としてのみ生活が可能であり、外国人に関する立法に服しなければならない。6・国家の統率と立法を決するための法律は国家公民に限って適用されるものとする。したがって、われわれは、公務の態様がライヒ、ラント、地方自治体を問わず国家公民が官職に就けることを要求する。8・非ドイツ人に対するこれ以上の扶養は阻止されなければならない。われわれは、一九一四年八月二日以降に、ドイツ国内に移住してきたすべての非ドイツ人が即刻ドイツ国内から立ち去ることを要求する。23・われわれは、ドイツ出版界の活動を可能ならしめるために以下のことを要求する。a)新聞の刊行はドイツ語によるものとし、すべての出版関係者は民族同胞でなければならない。b)非ドイツ人がドイツの新聞に対して、財政的に関与または干渉することを法律で禁止し、それに違反した者については処罰を要求する。同時に、ライヒから即刻追放されるものとする」(5)。

そこで、ヒトラーはユダヤ人をドイツ民族に対する不倶戴天の敵と捉え、ドイツ社会から排除していったのである。排除に先立ったのが、一九三三年四月一日にドイツ全土で実施されたユダヤ人商店の「ボイコット」であり、その六日後の四月七日には「職業官吏団再建法」が公布されるところとなった。いわゆる反ユダヤ立法の開始である。

(1) ボイコット

四月一日のボイコットは「反ユダヤ主義の第一波」と位置づけることができる。このボイコットのために、ナチ党指導部は実行委員会を設置したのだった。実行委員長には悪名高き反ユダヤ主義者のシュトライヒャーがなった。ボイコットの実施にあたって、党指導部は次のような指令を出した。

「実行委員会は直ちに宣伝啓蒙を行ない、ボイコットを普及せしめなければならない。以後ドイツ人はユダヤ商人から買ってはならないし、ユダヤ商人ないしその同類の商品の宣伝を阻止しなければならない。——これが根本原則である。……ボイコットは一斉に行なわれねばならず、全国民によって行なわれ、ユダヤ人の最大の急所を衝かねばならない。……ボイコットは分散的にではなく、一気呵成に行なわねばならない。この意味で、まずあらゆる準備が必要である。まずボイコットと同時に、郵便により国民がユダヤ人商店に立入らないよう警告するため、SAおよびSS（SAとは突撃隊、SSは親衛隊の略称である＝引用者注）に指令が出される。ボイコットの開始は、ポスター掲示、新聞、チラシなどで知らせる。ボイコットは四月一日午前一〇時をもって電撃的に実施せられ、党指導部の中止指令のあるまで引き続いて行なわれる。……ナチ党員同志諸君！　来たる土曜日一〇時を期してユダヤ人どもは宣戦布告を受けたものが誰であるかを知るわけである」(6)。

ボイコット当日は、いわゆるドイツ民族の「防衛戦争」の日とされ、それは「ドイツ人よ！　自らを守れ！ユダヤ人の店で買うな！」という言葉でスローガン化された。その内容はユダヤ商品、ユダヤ人商店、医師および弁護士に対して、ドイツ民族が抱く憤まんが暴動になるのを回避するために、政府がこれを公認し、党がこれを組織化したものであった(7)。ボイコットには経済的な実効性はなかったが、心理的な効果は絶大なものだった(8)。党指導部は四月三日にボイコットを中止し、反ユダヤ主義の第二波としてこれ以降、法的な手段を用いてユダヤ人の権利を剥奪し、彼らをドイツ社会から排除する作業に取り組んでいくことになる。その手始めが「職業官吏団再建法」である。

(2)　職業官吏団再建法

ボイコットから六日後の四月七日、「職業官吏団再建法」（Gesetz zur Wiederherstellung des Berufsbeamtentums, RGBl. I, S. 175 以下、「再建法」という）が公布された。「再建法」でネックになるのは第三条一項のいわゆる「アーリア人条項」（Arierparagraph, アーリア人に属しない官吏はこれを退職させる。名誉官吏についてはこれを免職するものとする）である。これはライヒおよびラントの直接官吏、間接官吏、地方自治体および地方自治体連合の官吏、公法上の団体、それに準ずる機関、企業の官吏などを対象に非アーリア人を官吏から追放するというものである。[9] ただし、その二項で「1・一九一四年八月一日以前に官吏だった者」、「2・第一次大戦においてドイツライヒおよびその同盟国のために戦った者」、「3・第一次大戦においてその者の父または息子が戦死している者」については例外とし、適用を除外する措置がとられた（本項はライヒ大統領ヒンデンブルクがヒトラーによる無条件適用を懸念して、第一次大戦に兵士として従軍したユダヤ人は救済されるべきであると異議を唱えたために設けられた規定である）。

それでは、本法にいう「非アーリア人」とは誰を指したのだろうか。この点については、四月十一日の「再建法第一施行令」の定義が示唆的である。それによれば、「非アーリア人とは、とりわけ、ユダヤ人の両親または祖父母の血統をひく者である。両親の一方または祖父母の一人が非アーリア人であっても充足されるものとする。これはとくに両親の一方または祖父母の一人がユダヤ教徒である場合、非アーリア人であると推測される」としている。さらに、同施行令ではアーリア人血統者かどうか疑わしい場合は、ライヒ内務省に設置された人種専門官による鑑定が義務づけられたのである。この定義は一九三五年九月十五日にいたるすべてのユダヤ人立法に用いられることになった。

こうした施行令の下で、非アーリア人官吏は強制的に職を解かれ、彼らの恩給は最低額に削られた。非アーリア人は公務に携わることを禁じられ、すでになされたものについては取り消すように命じられたのである。[10]「アーリア人条項」は「再建法」にいう官吏に限らず、次第にその適用範囲を政治的、社会的に重要な他の公的職業へと拡大していった。具体的には、裁判官、大学を含む公立学校教員、通常の職務義務を免じられた教授・員外教授、名誉教授、官吏関係を持たない員外教授、私講師、かつての官廷官吏、公証人、新・旧国防軍官吏、ラント保安警察官、選挙により選出された地方自治体官吏、名誉官吏がそうであった。ただし、新・旧国防軍士官、衛生部士官、獣医士官、下士官、兵士に関しては、彼らを「官吏ではない」として、適用を除外した。(11)

以上のような「再建法」で適用対象となった公的な職業以外にも、個別法による非アーリア人の追放が行われた。以下、紹介しよう。「再建法」と同じ日に公布された「弁護士の許可に関する法律」(Gesetz über Zulassung zur Rechtsanwaltschaft, RGBl. I, S. 188) では、「『再建法』が定めるアーリア人の血統を有しない弁護士の許可については、一九三三年九月三十日までにこれを取り消しうるものとする」と規定し、自由業にも「アーリア人条項」が個別立法の形で手を伸ばしてきたことを物語っている。弁理士や税理士についても同様の法的措置がとられるようになった。(12) 医師についてもまた然りであった。四月二十二日の「健康保険医開業の許可に関する命令」(Verordnung über die Zulassung von Ärzten zur Tätigkeit bei den Krankenkassen, RGBl. I, S. 222) において、「健康保険医がアーリア人の血統を有しないとき、または共産主義者であるときはその開業行為を停止させる」とした。同命令は六月二日には歯科医師にも適用されたのである。

学校もその標的となった。当初、ナチは学校教育に占めるユダヤ人比率の抑制に重大な関心を抱いていたという。(13) 四月二十五日の「ドイツ人学校および大学の過密を抑制するための法律」(Gesetz gegen die Überfüllung deutscher Schulen und Hochschulen, RGBl. I, S. 225) は義務教育を除くすべての学校の生徒および大学生には基礎教育を保障し、職業需要を満たす程度に制限しなければならないとして、非アーリア人の生徒および学生の比率を一・五パーセントにまで制限するものとした。教師は「再建法」の「アーリア人条項」により、ユダヤ人の教育機関を除いて教鞭をとることを禁じられたのである。(14)

それ以外にも、ナチの「血と土」の源泉という世界観に立脚し、九月二十九日には「ライヒ世襲農地法」

(Reichserbhofgesetz, RGBl. I, S. 685) が公布され（世襲農地 Erbhof とは、ヴェストファーレン、ニーダーザクセンなどに残存する古代ゲルマンの法律形態を意味し、分割されずに相続人（主として長男）に相続される農地の名称である）[15]、厳格な「アーリア人条項」を盛り込んだのである。「1・農民となることができるのはドイツ人またはそれと同種の血を有する者である」。「2・父方または母方の先祖にユダヤ人または有色人種の血統を有する者はドイツ人またはそれと同種の血を有する者ではない」。「3・第一項の前提存在に対する期日は一八〇〇年一月一日とする。第一項の前提に疑いがあるときは、所有者または管区の農民指導者の申請に基づき、世襲裁判所がこれを決定する」としている。十月四日には「編集者法」(Schriftleitergesetz, RGBl. I, S. 713) が公布された。同法によれば、編集者は国家のための公的任務として、新聞および政治的定期刊行物の編集活動を行うものとした。編集者になれる要件として、「ドイツ国籍を有すること」、「アーリア人であり、非アーリア人と婚姻していないこと」、「公的に精神的な影響を及ぼす任務に要求される資質を有していること」等が規定された（この法律は先のナチ党綱領第二三項と密接に関連していることが読み取れる）。

同じ頃、ドイツ薬剤師協会、ナチス法律家連盟、ドイツ体育協会、ドイツボクシング連盟、ドイツ盲人アカデミー、ドイツチェス同盟、ライヒ文筆家協会、ドイツ合唱団同盟、ライヒ家畜商組合、ドイツ自動車クラブ等がそれぞれ独自に「アーリア人条項」の導入を機関決定したのである[16]。六月には「再建法」は非アーリア人と婚姻しているアーリア人官吏にも拡大されていった[17]。ドイツ社会では、現実にはアーリア人と非アーリア人との雑婚がなされているためにドイツ民族の人種的な純血を保持するという観点から、かの悪名高き「ニュールンベルク法」の制定を迎えるのである。

(3) ニュールンベルク法

ニュールンベルク法とは、一九三五年九月十五日にニュールンベルクで開催されたナチ党大会の際、当地で国会を招集して制定した人種法の通称である。それは「ライヒ市民法」(Reichsbürgergesetz, RGBl. I, S. 1146) と「ドイツ人の血と名誉を保護するための法律」(Gesetz zum Schutze des deutschen Blutes und der deutschen Ehre, RGBl. I, S. 1146 以下、「血と名誉の保護法」という) の二つの法律を指す。ニュールンベルク法はナチが標榜した「民族共同体[18]」(Volksgemeinschaft) の保護という視点からもっともきわだったものと捉えることができる。この点について、ローゼンベルクはその著書『二十世紀の神話』の中で、「健康なるドイツの血が養成されるところにのみ、全国民の倫理性は保たれ、又その自由は維持されるのである[19]」と表現している。一九三四年十二月にニュールンベルクにおいて、人種衛生学および遺伝生物学に関する諸問題を協議するために専門医の会合が催された。その席上で次のようなことが口にされた。「本質的に、民族に不可欠な最終項目は自明のことであった。ドイツ人女性とユダヤ人男性による肉体的共同体の構築は重罰に処せられるというものである。ドイツ人女性はドイツ国籍を剥奪され、労働収容所に送られる。一方、ユダヤ人男性は断種を施され、同じようにドイツ国籍を剥奪され、全財産を差押えられ、少なくとも五年以下の懲役刑に処せられるのである。その後、望ましくない異人種 (unerwünschter Fremdrassiger) とされて即刻ドイツ国内から追放される。……ドイツ民族は精神的および肉体的な人種を純粋に維持する。実際には、ユダヤ人による人種的な害悪とドイツ民族に対する血への感染は、右のような措置と刑罰による威嚇を担保としてはじめてドイツ民族の生存が可能となるのである[20]」というものであり、ここに人種法制定の萌芽が見うけられるのである。

一九三五年九月十三日、ニュールンベルク党大会に際してヒトラーは (二日以内に)「血と名誉の保護法」の草案を提出するように命じた。それを受けて、内務省の専門家である参事官のメディクスとレーゼナーの二名が空路ニュールンベルクへ向かった。……内務大臣のフリックとライヒ医療指導者のヴァーグナーは最新の草稿を持ってヒトラーの宿舎と警察署の間を行き来した。熱狂のさなか、音楽と行進の列の足取りに合わせて新しい法案が作成された。そこでは、もはや「非アーリア人」ではなく、「ユダヤ人」を扱うものとなった。ユダヤ人とドイツ国籍所有者（ドイツ人またはそれと同種の血を有する者）との婚姻および婚外の性行為を禁じ[21]、四五歳以下のドイツ人ないしそれと同種の血を有する女性のユダヤ人家庭での家業の禁止やユダヤ人による国旗の掲揚が禁じられた。この法案の中ではこれまで用いられてきた概念は定義されなかった[22]。さらに、「血と名誉の保護法」では、法文上ドイツ人とユダヤ人との婚姻の禁止に限定されるのかという解釈論上の疑問が生じるが、これは「ドイツ人の血の純粋性の維持」を危うくする子孫の誕生が予想されうる一切の婚姻を禁止したことにより、ユダヤ人にとどまらず、ジプシー、ネグロ、その他の有色人種との婚姻についても拡大された。また、ドイツ人同士でも「身体的および精神的差異」（背が大きくて力強い男性と小さくて可憐な女性との）による婚姻でさえも、生まれる子供の身体上の健康が脅やかされるということで「種」を異にするとされ、婚姻が禁止されたのである[23]。

翌十四日の夕方、フリックはヒトラーを訪問して自宅に戻り、「ライヒ市民法」の起草を提出するようにと疲れはてた専門家たちに伝えた。次官と参事官たちはこの任務を遂行するためにフリック邸の音楽室に引きこもった。彼らは用紙を使い切ってしまったので、古びたメニューに書き込んだのである。午前二時三十分、「ライヒ市民法」は完成した。「ドイツ人またはそれと同種の血を有する者」だけがライヒ市民たりうると規定したのである[24]。

「ライヒ市民法」によれば、「ドイツ人の血またはそれと同種の血を有する者」がライヒ市民になりうるのであり、同時に、「ドイツ民族とライヒに対して忠誠を誓うこと」をその要件としている。これはユダヤ人の血統を有する者をライヒ市民のカテゴリーに入れず、ユダヤ人のすべての政治的な権利を剝奪するとともに、ナチがイデオロギーの拠り所として標榜した「民族共同体」に市民として仕えることを明文によって確認したものであるといえる。ニュールンベルク法にいう「ドイツ人またはそれと同種の血を有する者」の解釈については、ライヒ内務大臣フリックの見解が参考となる。彼は『ドイツ法アカデミー雑誌』に「第三帝国における人種政策」という論稿を寄せており、人種問題を担当している内務省の公式見解を代弁しているといえる。フリックはいう。「白ヨーロッパの人間（当然のことであるが、それ以外の大陸での子孫もまた）は、本質的には六つの人種の複合体から構成されている。それは北方人種、ファーレン人種、ディナール人種、東方人種、西方人種、東方バルト人種である。これらの人種はお互いに同種の血を有しているのである。……したがって、スカンジナヴィア、イギリス、ドイツなどの北ヨーロッパやフランス北部においても北方人種が支配しているのである。……ドイツ民族とその民族性は北方人種に基礎づけられ、ドイツの空間においても今日、他の人種が凌駕しているが、北方人種は他の人種の表情をも形成しているのである」[25]と。「ライヒ市民法」においては、一九四三年の七月までに十三にわたる施行令が公布され、ユダヤ人はドイツ社会から組織的に排除されていったのである。「再建法」が定めた非アーリア人（ユダヤ人）に関する例外規定は効力を失った。

ニュールンベルク法で問題となったのは、誰をユダヤ人とするかであった。この点について、十一月十四日にようやく成立した「ライヒ市民法第一施行令」では、ユダヤ人とは「祖父母のうち三人が完全な人種上のユダヤ人である者」[26]とし、法文をもってユダヤ人の定義をすることになったのである。さらに、同施行令では「ユダヤ人混血児」（Jüdischer Mischling）という新しい法律用語を導入した。混血児とは「祖父母のうち一人または二人が完全な人種上のユダヤ人である者」をいう。これにはいわゆる「半ユダヤ人」と「四分の一ユダヤ人」が該当した。前者は「第一級混血児」、後者は「第二級混血児」と称され、両者は原則として「ライヒ市民法」上、ドイツ人血統者と同等に取り扱われるべきものとされた。[27] ただし、前者については次のような例外規定が設けられた。1・「ライヒ市民法」の公布時点または公布後にユダヤ教共同体に所属した者、2・「ライヒ市民法」の公布時点または公布後にユダヤ人と婚姻した者、3・「血と名誉の保護法」の公布後にユダヤ人との婚姻によって生まれた者、4・ユダヤ人との婚外交渉により一九三六年七月三十一日以降に生まれた者はユダヤ人とみなされたのである。

右のようなことを受けて、ライヒ内務大臣は同じ日に布告した「血と名誉の保護法第一施行令」において混血児に対する婚姻禁止の措置をとったのである。それによると、1・ユダヤ人とドイツ国籍を有する第二級混血児との婚姻（第二条）、2・ドイツ国籍を有する第一級混血児とドイツ国籍を有するドイツ人血統者またはドイツ国籍を有する第二級混血児との婚姻（第三条）、3・ドイツ国籍を有する第二級混血児同士の婚姻（第四条）がそれぞれ禁止された。

十一月十四日の施行令の公布以降は、ユダヤ人に対する法的措置は比較的落ち着きを見せたようである。一九三八年の三月にいたるまではわずかな命令が先の措置に追加されただけだった。だがそれとは対照的に、経済的な迫害はこれまでにない規模で加速化されたのである。[28]

(4) 経済のアーリア化

これまでナチはユダヤ人を公務員や自由業などの一定の職業から排除してきたが、経済の領域においては手つかずのままであった。だが、これまで経済の再建を最優先課題とし、反ユダヤ主義に難色を示してきたライヒ経済大臣のシャハトが一九三七年の十一月に辞任すると、代わって四カ年計画を推進してきたゲーリングが経済界のイニシャティブをとり、本格的に「経済のアーリア化」(Arisierung der Wirtschaft) に取り組んでいくことになった。ゲーリングはまず一九三七年十二月十五日にユダヤ人企業に対して、外貨と原料分配の割当を制限したのである。[29] さらに、彼は翌三八年の一月に競売業に関する新しい法案（「競売業に関する法改正のための第四法律」Viertes Gesetz zur Änderung des Gesetzes über das Versteigergewerbe, RGBl. I, S. 115）をうながした。その法案は二月五日に発布され、競売業の職にあったユダヤ人を最終的に排除するというものであった。三月一日には公的な委託譲渡に関する方針が実施され、もはやユダヤ人を考慮することは許されないものとされた。[30]

経済の領域におけるユダヤ人の排除は四月二十二日の「ユダヤ人企業偽装防止令」（Verordnung gegen die Unterstützung der Tanung judischer Gewerbetriebe, RGBl. I, S. 404）によってそのお膳立てが整えられ、[31] 二十六日の「ユダヤ人財産申告令」（Verordnung über die Anmeldung des Vermögens von Juden, RGBl. I, S. 414）がその手はじめとなった。同命令によれば、五千ライヒスマルクを超える財産を国内外に所有するすべてのユダヤ人、ユダヤ人を配偶者に持つ非ユダヤ人、ドイツ国内に財産を有する外国籍のユダヤ人に六月三十日までに全財産を申告し、評価することを義務づけたのである。ナチはその目的は収用ではないとしてこれを否定したが、のちの命令によってそれは偽りであることが判明したのである[32]（ヒトラーやゲーリングは軍備拡張のための財源としてユダヤ人の財産を欲していたことはいうまでもない）。

経済のアーリア化の過程を示すのに参考となるのがシャハトの辞任後、ライヒ経済大臣に就任していたフンクの次のような演説である。

「ユダヤ人を公的な生活から締め出し、経済的に孤立させるのは容易なことではありません。われわれがユダヤ人の経済的な排除を達成しようとしていた時、決定的な民衆の怒りが暴発したのです（これは後述するクリスタルナハトを指しているものと思われる―引用者注）。四カ年計画の全権委員であるゲーリング元帥はこの問題に最初に取り組まれたのです。元帥はドイツの経済生活からユダヤ人を徹底的に排除する措置を提供してくれました。アーリア化によって、すでに株式取引者や銀行からユダヤ人を放逐しており、大企業やすべての重要な産業においても達成されようとしています。登録されたユダヤ人財産七〇億マルクのうちのおよそ二〇億マルクがすでにドイツ人の所有となっています。われわれにはユダヤ人をドイツの実業界から徹底的に締め出し、残されたユダヤ人の財産をドイツ人への手中に移す用意があるのです」[33]。

以上のようなフンクの演説から察するに、経済のアーリア化の終焉が近いことがわかる。その仕上げとして、一九三八年十二月三日に「ユダヤ人財産動員令」(Verordnung über den Einsatz des jüdischen Vermögens, RGBl. I, S. 1709)が布告されるのである。この命令により、ユダヤ人企業の所有者は一定期間内に企業を売却または清算し、管財人には一時的な継続または清算に関する管理を委託することができるとした。さらに、ユダヤ人には一定期間内に農業、林業または不動産などの財産についての売却が命じられたのである。

以上のような経済のアーリア化によって、ドイツはまさに集中的独占資本の典型となっていったのである[34]。

また、それ以外にもユダヤ人に対する個別命令を紹介しておくのが有益であろう。一九三八年八月十七日の「改姓法第二施行令」(Zweite Verordnung zur Durchführung des Gesetzes über die Änderung von Familiennamen und Vornamen, RGBl. I, S. 1044)では、ユダヤ人はライヒ内務大臣が認めた特別一覧表に列挙された名に限ってその使用が許されるとし、一九三九年一月一日以降、男性は「イスラエル」を女性は「サラ」を自分の名につけ加えて登録することを義務づけられたのである。つづく十月五日の「ユダヤ人旅券令」(Verordnung über Reisepässe von Juden, RGBl. I, S. 1342)でユダヤ人には二週間以内に当該旅券の提出を義務づけ、海外用旅券については、ユダヤ人(Jude)であることを示す「J」マークが刻印されることによって有効とされたのである。そして、戦時下の一九四一年九月一日には「ユダヤ人表示に関する警察令」(Polizeiverordnung über die Kennzeichnung der Juden, RGBl. I, S. 547) が布告され、九月一九日以降、満六歳に達したユダヤ人は公開の場所での「ユダヤ人星形章」の着用が義務づけられた。星形章(ダヴィデの星)は掌大の大きさで、黒縁の六角形とし、黄色の地に「ユダヤ人」と黒く表示され、衣服の左胸部に堅く縫いつけるものとされた[35]。この星形章について、シュトゥットガルトのある女性は「一九四一年以降の黄色い星の着用は、まるで私たちが犯罪者のような烙印を押され、一種の拷問のようでした。毎日外出するときは自分が冷静であり続けることと格闘しなければなりませんでした[36]」と回想している。

(5) クリスタルナハト

クリスタルナハトとは、一九三八年十一月七日にパリでポーランド系ユダヤ人青年ヘルシェル・グリュンスパンによるドイツ大使書記官フォム・ラート襲撃事件に端を発して、ドイツ全土で吹き荒れたすさまじいポグロムをいう。この事件の背景には、ドイツ政府がポーランド系ユダヤ人およそ一万七千名に対して国外退去処分を行ったことにあった。その中にグリュンスパンの家族も含まれていたのである。彼はドイツ政府の仕打ちへの抗議としてフォム・ラートを襲撃したのだった。事件発生から二日後の十一月九日、フォム・ラートの死亡が報じられた(その日、ヒトラーはミュンヘン市の旧庁舎で開催されたミュンヘン(ビヤホール)一揆の記念式典に参加していた)。フォム・ラートの死がポグロム開始の合図となった。これによって、七千以上のユダヤ人商店が破壊され、シナゴーグへの放火が全国規模で行われたのである。

粉々に破壊された商店のショーウインドーの破片が街路に散乱し、街頭に照らされて輝いたイメージから「クリスタルナハト」(Kristallnacht,「水晶の夜」)と呼ばれ、十一月のポグロムの通称となったのである。このポグロムのイニシャティブをとったのはゲッベルスであった。彼はポグロムの様子を自らの日記に次のように記している。

「ユダヤ人は再びドイツ民族の怒りにさらされることになった。これは正しい方向である。私は党と警察に指令を出し、その後、党指導層を前にして簡単な演説を行った。そこでは猛烈な喝采があった。電話でも同様であった。今やドイツ民族の関心事となったのである。……私はベルリンのヴェクターにファーザーネン通りにあるシナゴーグを粉砕せよと命じた。彼は『光栄な任務であります』といった。フェルトヘレンハーレの前で親衛隊の宣誓があった。それは真夜中のことであり、とてもおごそかで情緒的なものであった。総統は隊員たちに檄を飛ばしていた。私はホテルで真赤な空に目をやっている。シナゴーグが燃えさかっているのだ。……突撃隊はおそろしい任務を遂行中である。全国から続々と報告が入ってきた。五〇、次いで、七五のシナゴーグが燃えている。総統は二万五千から三万人のユダヤ人の即時拘禁を命じられた。これは効を奏し、今やユダヤ人にはわれわれの我慢も限界にきていることがのみこめることだろう」[37]。

ゲッベルスの日記からもうかがえるように、このポグロムによって、さらに「ユダヤ人である」ことを理由とした大規模な拘禁が開始された。その内容は裕福なユダヤ人の拘禁であった[38]。彼らはドイツ各地の強制収容所に送り込まれた。その数はダッハウには一万九一一人、ブーヘンヴァルトに九千八四五人、ザクセンハウゼンには六千ないし一万人という具合に送られたのであった[39]。拘禁されたユダヤ人は財産の放棄と国外への退去を条件に釈放された[40]。

ところで、クリスタルナハトの性格はホロコーストへと連なるポグロムの序曲だったのだろうか。これはユダヤ人（グリュンスパン）によるドイツ人（フォム・ラート）への襲撃という視点から、ドイツ民族に対する攻撃という側面をゲッベルスがことさらに強調したためのものであると考えられるのであるが、十一月二十四日付けの親衛隊機関紙『黒色軍団』（Das Schwarze Korps）の記事「ユダヤ人諸君。さて次に来るものは何か」は大量虐殺の前兆を示しているようにも解せられる。それによると、「ちょうど治安国家が犯罪を撲滅するように、われわれは炎と剣を持ってユダヤの暗黒世界を根絶するという使命に邁進するものである。その成果はユダヤ人の現実的かつ決定的な終焉、すなわち、徹底的な抹殺を意味することになるだろう」[41]というものである。

ポグロムから二日後の十一月十二日、ユダヤ人問題の最高責任者となったゲーリングはポグロムの後始末として、ユダヤ人に対して三つの命令を布告した。先ず、「贖罪令」（Verordnung über eine Sühneleistung der Juden deutscher Staatsangehörigkeit, RGBl. I, S. 1579）では、ドイツ国籍を有するユダヤ人にポグロムの贖罪として一〇億ライヒスマルクの支払いを義務づけるとともに、「ユダヤ人企業による街頭景観修復令」（Verordnung zur Wiederherstellung des Straßenbildes bei jüdischen Gewerbebetrieben, RGBl. I, S. 1581）でポグロムの被害者であるユダヤ人企業と住居の所有者に対してその修復を自らの費用でただちに行うことを義務づけたのである。さらに、「ドイツの経済生活からのユダヤ人排除令」（Verordnung zur Ausschaltung der Juden aus dem deutschen Wirtschaftleben, RGBl. I, S. 1580）では、一九三九年一月一日以降については、ユダヤ人の小売業、通信販売業、自営による手工業などが禁止され、文字通り、経済生活から排除されていったのである。その後、ユダヤ人に対する差別的な命令が雨のように布告された。枚挙にいとまがないので代表的なものを紹介すると、ドイツ人学校と大学からの締め出し、ユダヤ人の立ち入り禁止区域として劇場、演奏会、博物館、競技場、浴場への出入りの禁止、運転免許証の没収、自動車の運転禁止などである。次いで、「ライヒ市民法第七施行令」では、ユダヤ人官吏の年金受給が制限され、一九三九年一月十七日の「第八施行令」では、ユダヤ人歯科医の開業を禁止し、その資格を剥奪した。同時に、獣医や薬剤師の業務に携わることが禁止された[42]。

(6) 大戦前のユダヤ人に対する法的措置

そんな中、第二次大戦は目前に迫っていた。ヒトラーは政権獲得六周年を記念した演説でユダヤ人問題について次のように言及している。「『今日、余はもう一度預言者となるだろう。国際的なユダヤ人金融家がヨーロッパの内外で各国を戦争へと導くのならば、地球のボルシェヴィキ化とユダヤ人の勝利ではなく、ヨーロッパにおけるユダヤ人の抹殺という結果になるだろう』[43]」と。すでに、ドイツ在住のユダヤ人は政治的権利、市民としての地位、所有権、職業を剥奪されていた。ナチはユダヤ人を自らの戦争プログラムに組み込んでいったのである。一九三九年三月にはユダヤ人が強制労働のために徴集され、労働能力のあるユダヤ人は「重要な国民的偉業」のためにドイツ人の労働を解放すべく道路工事、土壌改良工事といったたぐいの労働に従事しなければならなくなった。ユダヤ人労働者と非ユダヤ人労働者との間には差別待遇がなされたのだった[44]。四月三十日には「賃貸借関係に関する法律」(Gesetz über Mietverhältnisse mit Juden, RGBl. I, S. 864) が制定され、ユダヤ人は借家法上の法的保護を剥奪されたのである。七月四日の「ライヒ市民法第一〇施行令」では、「ライヒユダヤ人協会」(Reichsvereinigung der Juden) を設置し、ライヒ内務大臣はユダヤ人の国外移住を促進するために既存の組合、社団、財団の解散権を有したのだった。

ところで、一連の立法措置による反ユダヤ主義政策は一九三八年三月十一日のオーストリア併合（Anschluss）によって同国にも適用されることになる。元来、オーストリアはドイツよりも反ユダヤ主義が強いところであった。ナチはユダヤ人の住居、商店、企業に闖入し、家具、貴金属を略奪し、場合によっては逮捕したりした。当日ウィーン・イスラエル教区の会長と副会長、その他名士たちが逮捕され、ダッハウ収容所に送られた。

ナチは三八年春にウィーン・ユダヤ人の数を二十五万と数えているが、これはすでに同化した者をも含めた数と考えられている(45)。ドイツではユダヤ人迫害に五年もの歳月を費したものが、オーストリアではわずか数カ月のうちに達成されたのである。オーストリアはユダヤ人の排除を敏速に実践した点でモデル国となった。そのやり方は一般的にナチ占領下の国々で採用されることになったのである(46)。

(7) 戦時下のユダヤ人に対する法的措置

一九三九年九月一日、ドイツ軍がポーランドに侵攻し、第二次大戦の火ぶたが切られた。戦争に突入すると、ユダヤ人の外出が禁止され、ラジオ受信機の引き渡し（もちろん、これは無償による提供である）が義務づけられ、翌四〇年には衣類の配給切符が打ち切られ、テレビアナウンス接続の解約がなされたのである(47)。ドイツ軍は破竹の勢いで進撃を続け、近隣諸国を制圧していった。すでに、ポーランドはドイツの占領下にあり、一九四〇年以降、ドイツはポーランド国内に総督領を設け、ユダヤ人を収容するための居住区として「ゲットー」（Ghetto）を建設した。このゲットー化政策により、これまでの国外移住に代わり、ドイツライヒのユダヤ人に対する強制移送が展開されていくことになった(48)。

すでに、ハイドリヒはユダヤ人問題に一定の方向性を打ち出し始めていた。彼は三九年の九月二十一日に、保安警察の担当責任者と特務部隊指揮官との討議内容をヒトラーに報告している。そこで、ヒトラーはユダヤ人を旧ドイツ領内からポーランドへ移送することを許可し、強制移送は一年以内に行わなければならないとした。これによって、ハイドリヒは次のような「統一指令」を出したのである。それによると、「1．ユダヤ人をできる限り迅速に都市へ集めること。2．ドイツライヒからポーランドへユダヤ人を移送すること。3．残るジプシー三万人についてもポーランドへ移送すること。4．ドイツ領内（旧ポーランド領内）からユダヤ人を貨物列車によって体系的に移送すること」[49]というものであった。十二月には、ライヒ保安中央局と保安警察による最初の大規模な強制移送が行われた。これは八十両の貨物列車を用いてポーゼンから八万七千名のポーランド人とユダヤ人を大量に移送したものであった[50]。

一九四二年になると、ドイツライヒのユダヤ人は公共交通機関の利用、レストランへの立ち入り、書籍の購入、公衆電話の利用等が禁止された。強制移送が本格化したのは四一年の十月以降であった。目的地はウッチ、ワルシャワ、ミンスク、リガのゲットーであった。四一年の十二月、デュッセルドルフから一千名のユダヤ人を移送する任務に就いていたある警官は出発前の駅の光景について次のように述べている。

「発車時刻は九時三〇分でした。四時にはユダヤ人を積み込む準備がなされていました。しかし、国有鉄道は人員不足のために特別な列車の手配ができないでいたのです。ようやく、ユダヤ人の積み込みが始まったのは九時になってからのことでした。発車時刻が迫っていたため、積み込みは急いでなされたのです。収容定員が三五から四〇名の車両に六〇から六五名が詰め込まれても驚くことではありませんでした。……屠殺場へと向かう途中、一人のユダヤ人男性が軌道で自分の身体をひいて自殺を図りましたが、車輛の緩衝器に引っかかって一命をとりとめたのです。彼はかすり傷を負っただけでした。……さらに、年配のユダヤ人女性はこっそりとタラップを離れ、近くの民家に身を隠したのです。……しかし、掃除婦に発見されると、その女性は車輛へと戻されてしまいました。ユダヤ人の積み込みは一〇時一五分に完了しました。その後、列車は何度も分岐線を移動し、デュッセルドルフの貨物駅を出発してヴッパタールへと向かったのはおよそ一〇時三〇分のことでした[51]」。

こうして、ユダヤ人はゲットーに移送され、そこで強制労働に従事させられた。だが、ゲットー内では劣悪な生活環境の中で飢餓と伝染病が蔓延したのでゲットーは壁に囲まれ、外界から完全に遮断されることになったのである。[52] 他のドイツ占領地区のユダヤ人についても同様の措置がとられた。

それでは、枢軸国やドイツの占領諸国において法的措置によるユダヤ人迫害はどのように展開していったのだろうか。以下、これについて見ていくことにしよう。

ナチの軍事力が最高潮であったとき、迫害はもっとも過酷なものであった。たとえば、セルビアでは、一九四一年四月十八日にユーゴスラヴィアがドイツに降伏すると、ただちに反ユダヤに関する法的措置が採用され、ドイツに劣らず大量の人々の処刑を行った。ユーゴスラヴィアのバナト地域では、ドイツが侵略してからわずか四カ月後の八月にはユダヤ人一掃（judenrein）が宣言されたのである。反ユダヤ政策はナチ占領下のヨーロッパ諸国では基本的に同じであったが、「ユダヤ人」の定義については国によってまちまちであった。オーストリア、ポーランド、ベーメン・メーレン、ルーマニアではニュールンベルク法の人種主義を模倣し、自国の法にそれを部分的に取り入れたりした。スロヴァキアでは、一九三九年四月十八日に一つの法律を制定し、ユダヤ人とは、人種または血統によるものではなく、「イスラエルの信仰」によるものであると定義した。彼らは「経済的に価値あるもの」とみなされ、法が定める一定額の税の支払いを免除された。しかし、スロヴァキアの傀儡政府は一九四一年九月十日、実に一三〇もの反ユダヤの布告から成る法律によってナチの人種基準を確立したのである。ハンガリーでは教会に譲歩し、改宗ユダヤ人には多くの例外を認めた。クロアチア傀儡政府は一九四一年四月三十日に人種立法を公布するが、四月十日以前に国家の特別な任務に就いていたユダヤ人は「名誉あるアーリア人」として法の適用を免れたのである。ブルガリアは一九四一年一月二十三日に「国民を保護するための法律」を制定して人種主義を取り入れるが、二月十五日の施行令では改宗者、退役軍人、非ユダヤ人と婚姻した者を含めた「特恵ユダヤ人」を免除する規定を設けたのである。ノルウェーでは「人種上の」ユダヤ人はほとんど存在しなかったのであるが、悪名高きクヴィスリング政府は「精神上のユダヤ人」という用語を考案し、これに反ユダヤ法規を含めてフリーメンソンやそれ以外の反体制派を弾圧したのである。[53]

以上のように、枢軸国や占領諸国での反ユダヤ立法による迫害はさまざまであった。スロヴァキアやノルウェーはユダヤ人迫害を率先して行ったが、それ以外の国々ではドイツの顔色をうかがいながら人種立法を制定する一方で、ユダヤ人に対してさまざまな例外を設けていたのが対照的である。ただし、デンマークはナチの圧力に屈せず、反ユダヤ立法を制定しなかったのである。[54]

ナチのユダヤ人政策は東欧、とりわけポーランドで展開され、同時に、強制移送（のちにゲットー化政策から抹殺計画へと変貌を遂げる）の目的地であったことはすでに述べた通りである。一九四一年十一月二十日にはライヒ司法大臣の命令により、すべてのユダヤ人囚人については釈放六週間前にゲシュタポに報告し、それを契機に囚人を連行しなければならないと定めた。[55] 十二月四日の「併合された東部地域におけるポーランド人およびユダヤ人に対する刑事司法に関する命令」（Verordnung über die Strafrechtspflege gegen Polen und Juden in den eingegliederten Ostgebieten, RGBl. I, S. 759）では、「ポーランド人およびユダヤ人はドイツ刑法典の基本思想に照らして、併合された東部地域に存在する国家の必要性にしたがい、処罰に値する行為がなされ、またそれに違反した場合にも処罰されるものとする」（第二条）とした。これは一九三五年の「改正刑法」が謳った健全な民族感情に代えて、単に外的な服従義務を負ったポーランド人とユダヤ人のドイツ人に対する敵対行為を類推条項によって犯罪と認定し、いち早く刑罰権を発動できるものとしたことにほかならない。また、彼らは予断を抱いているとの理由でドイツ人裁判官を忌避することはできなかったのである。一九四二年九月十八日になると、新しく司法大臣に就任したティーラックはヒムラーとの会見において、刑務所に収監している「反社会分子」を親衛隊全国指導者に引き渡し、「労働によって抹殺すること」を取り決めたのである。しかも、ポーランド人は三年の拘禁刑であり、ドイツ人とチェコ人は八年のそれであったものを入れかえ（したがって、刑期には左右されないとした）、「ユダヤ人、ジプシー、ロシア人、ウクライナ人は保安拘禁処分」とし、さらに、ティーラックとヒムラーは（ヒトラーが条件付きで同意したものについて）将来の目標である東部問題を清算するための国家的指導を考慮して、（処罰すべき）ユダヤ人、ポーランド人、ジプシー、ロシア人およびウクライナ人についてはもはや通常裁判所によって審理されるべきではなく、親衛隊全国指導者の手によって処理されることも申し合わせたのである。[56] 占領地域での右のような状況の中、ドイツ国内のユダヤ人の生活はどうなっていたのだろうか。

ドイツでは、ユダヤ人の強制移送が展開中であったが、ゲーリングはユダヤ人問題に対してイデオロギー的ではなく、何よりもその経済的な側面に関心を持ってこれに介入してきたのである。[57] すでに、ユダヤ人は「国民的偉業」のための労働に従事させられていたのであるが、ゲーリングが着目した点を具体化したものが、一九四一年十月三十一日の「ユダヤ人雇用実施令」（Verordnung zur Durchführung der Verordnung über die Beschäftigung von Juden, RGBl. I, S. 681）である。これに先立ち、十月三日の命令はユダヤ人従業員の労働法上の権利を認めていたが、この命令ではユダヤ人は経営共同体の構成員とはなりえず、[58] 疾病手当、有給休暇、休日・残業手当、扶養手当等を受け取ることができなくなった。すでに、同年の六月には独ソ戦が開始されており、冬将軍によってドイツ軍の進撃は頓座し、戦況は膠着状態になりつつあった。そんな中、独ソ戦は長期化の様相を呈し、戦時経済を担うための大がかりな労働力が必要とされていったのである。

四一年の末には、ドイツ国内に居住するユダヤ人の総数はヒトラーの政権掌握時の六％程度の三万人強までに減少していた。[59] 十一月二十五日の「ライヒ市民法第一一施行令」は外国を居住地とするユダヤ人のドイツ国籍の喪失（剥奪）とその財産のライヒへの帰属を定めた。翌四二年の四月には、ユダヤ人の公共輸送機関の使用が、五月にはペットの飼育が禁止された。そして、一九四三年に布告された二つの施行令が一連の人種立法の最後を画するものとなったのである。[60] 四月二十五日の「ライヒ市民法第一二施行令」はドイツ国籍者のほかにドイツライヒに住居を有する者に関して、「一般命令または個別の場合の決定により、これまでに承認されたか今後承認される取消可能なドイツ国籍を有する者」（第二条）と「ドイツ民族に属さず、ドイツライヒに住居を有し、一般命令または個別の場合の決定により、これまでに承認されたか今後承認されるドイツライヒの保護を受ける者」（第三条）というカテゴリーを設け、ユダヤ人とジプシーは国籍所有者となりえず、ドイツ国籍を取り消し、ドイツライヒの保護を受けることはできない（第四条）としたのである。つづく七月一日の「ライヒ市民法第一三施行令」では、ユダヤ人の犯罪行為については警察が処罰し、先の「ポーランド人およびユダヤ人に対する刑事司法に関する命令」からユダヤ人への適用を除外した（第一条）。これはユダヤ人の審理が裁判所ではなく、警察の手中に移ったことを意味するものである。[61] 第二条では、「ユダヤ人の死後、その者の財産はライヒに帰属する」として、最終的には生きているユダヤ人のみならず、死亡したユダヤ人に対しても徹底した権利剥奪が実践されたことになる。[62]

おわりに

以上のように、ナチによる反ユダヤ主義政策を立法面に着眼した考察を試みてきた。そのプロセスについて再確認すると、ユダヤ人商店のボイコットに始まり、一定の公的または知的な職業からのユダヤ人（非アーリア人）の排除（その代表が「再建法」であった）、血の共同体からのボイコットと権利剥奪（「ニュールンベルク法」）、経済のアーリア化、ポグロム、国外移住を経て、ポーランドへの強制移送というものであった。その中には、ユダヤ人を日常生活から締め出すための種々の命令が含まれていたのである。

以後、ヴァンゼー会議の開催がユダヤ人政策のターニングポイントを迎えることになる。これは戦況の悪化による総力戦体制への移行とユダヤ人に対して漸次嗜虐的な色彩を帯びた政策への様変わり（最終解釈の実行）を意味するものであったことが推察されるところである。このように、最終的にはホロコーストへと集約されていくのである。そのための「露払い」が人種立法による迫害であり、反ユダヤ主義政策の根幹をなしていたのではないだろうか。

文字通り、本章の目的はナチの反ユダヤ立法による展開を検討することにあった。その中で、ファシスト国家としてのナチ・ドイツ（第三帝国）の存立が終焉に近づくにつれて、法の「弛緩化」現象が際立ってくるのであるが、それとは対照的に、人種立法については真綿で首を締めつけるように機能していった点は疑いえない。そういう意味では、本章はナチ体制によるユダヤ文化に対する無理解および排斥という負の部分を法政策的な側面から考察したものであると捉えることも可能であろう。

（1） ヒューストン・チェンバレン、保科胤訳『新世界観の人種的基礎』栗田書店、一九四二年、一九八―一九九頁を参照。飯森伸哉「一九世紀ドイツにおける反ユダヤ主義の形成」（『人文研紀要』第二八号、一九九七年）七〇頁を参照。また、ポリアコフは反ユダヤ主義をナチが政治的な武器として用いた点に着眼して論を展開している（Cf., Léon Poliakov, *Anti-Semitism : Cause or Result of Nazism ?*, John L. Snell (Ed. by) *The Nazi Revolution*, Boston, 1959, pp. 30-33.）。

（2） Anne L. Bloch, The Law, World Jewish Congress, *The Black Book The Nazi Crime aganist the Jewish People*, New York, 1981, p. 80. アルフレッド・ローゼンベルク、丸川仁夫訳『二十世紀の神話』三笠書房、一九三八年、三〇三頁以下を参照。

（3） Vgl. Helmut Klausnick : Judenverfolgung, in : Hans Buchheim〔et al.〕, Anatomie des SS Staates Bd. 2, 4 Aufl. Müünchen, 1984, S. 253 ff.

（4） 二荒芳徳編『新獨逸国家体系第一巻　政治篇1』日本評論社、一九三九年、二一二頁。リヒアルト・グルンベルガー、池内光久訳『第三帝国の社会史』彩流社、二〇〇〇年、五五八頁以下を参照。この点について、ロベルト・ライ（後のドイツ労働戦線（DAF）の指導者）は一九二七年三月に「共和国保護法」違反で起訴された。というのも、彼は共和主義的国家形態を「ユダヤ共和国」と呼び、体制全体が汚染されていると誹謗したからである。デュッセルドルフ裁判所刑事部はライに「共和国保護法」第八条第一号違反を理由に、一〇〇ライヒスマルクの罰金刑を宣告した（ディルク・ブラジウス、比嘉康光訳『ドイツ政治犯罪の歴史』成文堂、一九九五年、一一〇頁以下）のである。

（5） Uwe D. Adam : Judenpolitik im Dritten Reich, Düsseldorf, 1972, S. 24. アダムはヒトラーの世界観と政治活動については、明らかに「人種の敵に対する闘争」（Kampf gegen den Rassefeind）という基本信条の一つをなしていたとする（Ebd., S. 24 f.）。

（6） ワルター・ホッファー、救仁郷繁訳『ナチス・ドキュメント』ぺりかん社、一九六九年、三八〇―三八二頁。

（7） ボイコットに先立って、すでにドイツ各地ではユダヤ人迫害が展開されていた。たとえば、三月十五日にライプツィヒではポーランド系ユダヤ人に対する虐待がなされ、同じ頃、ドレスデンではシナゴーグが襲撃され、ケムニッツやそれ以外の都市ではユダヤ人商店が破壊された（Helmut Klausnick : a. a. O, S. 258 f）のである。したがって、ボイコットは党指導部が民衆レベルでのポグロムを抑制しながら、全国に反ユダヤ主義を植えつけていく機能を担ったものであると考えられる。

（8） Axel Azzola : Die rechtliche Ausschaltung der Juden aus dem öffentlichen Leben im Jahre 1933, in : Ralf Dreier und Wolfgang Sellert (Hrsg.), Recht und Justiz im Dritten Reich, Frankfurt a. M., 1989, S. 108.

（9） 南利明『ナチス・ドイツの社会と国家――民族共同体の形成と展開』勁草書房、一九九八年、四〇八頁。

(10) Anne L. Bloch, *op. cit.*, p. 86.

(11) Vgl. Axel Azzola: a. a. O., S. 109 f. 南、前掲書、四〇九―四一〇頁。

(12) Anne L. Bloch, *op. cit.*, p. 86.

(13) 南、前掲書、四一三頁。

(14) Anne L. Bloch, *op. cit.*, p. 87.

(15) 二荒編、前掲書、三頁（適訳語注解箇所）を参照。

(16) 南、前掲書、四一二頁。

(17) Anne L. Bloch, *op. cit.*, p. 86.

(18) これは階級、社会秩序、職業、宗教集団を超越し、ドイツ人の血統を有する者から構成される一つの真なる運命共同体を意味する（Christian Zentner and Friedemann Bedürftig (Ed. by), *Encyclopedia of the Third Reich*, New York, 1997, p. 999）というものである。

(19) ローゼンベルク、前掲書、三〇八頁。

(20) Lothar Gruchmann: „Blutschutzgesetz" und Justiz, in: Vierteljahrshefte für Zeitgeschichte 31, 1983, S. 425. Vgl. Georg Dahm: Nationalsozialistisches und faschistisches Strafrecht, Berlin, 1935, S. 29. 一九三七年七月十二日には保安警察長官ハイドリヒによる極秘通達が発せられた。それによると、「ユダヤ人による人種汚辱は……刑罰に照らして、保護拘禁を検討しなければならず、したがって、強制収容所送致を決定するものとする。ドイツ人と人種汚辱を行ったユダヤ人女性については、裁判手続の終了後、ただちに保護拘禁に付されなければならない」（Helmut Klausnick: a. a. O., S. 273）としている。

(21) この点について、一九三七年一月七日のライヒ裁判所は被告人（完全ユダヤ人）とドイツ人女性の数回にわたる肉体関係は「性行為に限定されず、一般に異性との性に関する一切の行為を含むものであり、少なくとも一方が他方の性欲を満たすことである。被告人とドイツ人女性Vは、この意味において性欲を満たそうとしたのであり、立証された事情にしたがえばそれは明白である」と判示し、人種汚辱の罪を肯定したのである（Martin Hirsch, Diemut Majer, Jürgen Meinck (Hrsg.), Recht, Verwaltung und Justiz im Nationalsozialismus, Köln, 1984, S. 494 f.)。

(22) Raul Hilberg : Die Vernichtung der europäischen Juden Bd. 1, Frankfurt a. M., 1991, S. 73 f. Uwe D. Adam : a. a. O., S. 126 f.

(23) ディムート・マイヤー、上田健二訳「『民族的不平等』を例としたナチズムにおける司法の法理論的機能規定」フベルト・ロットロイトナー編、ナチス法理論研究会編訳『法、法哲学とナチズム』みすず書房、一九八七年、二四三頁以下。

(24) Raul Hilberg : a. a. O., S. 74. ユダヤ人のニュールンベルク法に対する受け止め方について参考となるのが当時の歯学部学生の次のような回想である。いわく、「……ドイツに在住するすべてのユダヤ人の選挙権の剝奪、すべての雑婚の禁止、その上ユダヤ人とキリスト教徒の個人的な交際の禁止がその内容でした。さらに、ユダヤ人家族に対してドイツ人の女中、そもそも家事使用人の雇傭が禁止されました。……今やドイツ全土のユダヤ人たちが無理矢理眠りから覚まされ、事態のより一層の悪化と自らの将来に対する大きな不安を抱かされることとなりました。人々はこれまで以上にはっきりと新しい法律を一つのシグナルとして理解し、本気になってドイツからできるだけ速やかに立ち去る準備にとりかかったのです」（南、前掲書、四二四―四二五頁）。

(25) Wilhelm Frick, Die Rassepolitik des Dritten Reichs in : Zeitschrift der Akademie für Deutsches Recht, Heft 1, 1936, S. 2. すでに、ライヒ内務省長官のニコライは「われわれ北方人種の法秩序がもっとも重要な基本思想に由来すること、すなわち、正義を発見する能力（法制定能力についても然り）は北方人種の血という純粋な人種へと結びついたのである」（Helmut Nicolai, Rasse und Recht, Berlin, 1933, S. 29）との見解を表明している。

(26) Lothar Gruchmann : a. a. O., S. 433.「ライヒ市民法第一施行令」では先のレーゼナーの提案が採用されることになった。その分類方法こそが「非アーリア人」を法文のカテゴリーで細分化するものであった（Hilberg : a. a.

O., S. 76)。

(27) 南、前掲書、四一八頁。

(28) Anne L. Bloch, *op. cit.*, p. 92.

(29) Uwe D. Adam : a. a. O., S. 176.「ライヒ市民法第三施行令」では、ユダヤ人企業とは、ユダヤ人が所有または管理する企業であるとしている。

(30) Ebd., S. 176 f.

(31) Vgl. Ebd., S. 177.

(32) Anne L. Bloch, *op. cit.*, p. 97. 経済のアーリア化によるユダヤ人企業の解体に伴ない、雇用関係においてもユダヤ人への補償は否定された。ライヒ上級労働裁判所は一九三八年二月に「被用者がユダヤ人であるという事実に対し、雇用主は何の予告もなしに解雇することができる」と判示した（*ibid.*, p. 95)。

(33) *Ibid.*, pp. 99–100.

(34) *Ibid.*, p. 94.

(35) ワルター・ホッファー、前掲書、四〇五頁を参照。Cf., Jerry Noakins and Geoffrey Pridham (Ed. by), *Documents on Nazism*, 1919–1945, New York, 1974, pp. 487–488.

(36) Daniel J. Goldhagen, *Hitler's Willing executioners : ordinary German and the Holocaust*, New York, 1996, p. 138.

(37) Elke Fröhlich (Hrsg.), Die Tagebücher von Joseph Goebbels Teil 1 Aufzeichnungen 1923–1941, Bd., 6, August 1938–Juni 1939, München, 1998, S. 180 f.

(38) Helmut Klausnick : a. a. O., S. 277.

(39) 南、前掲書、四三六頁。

(40) ゴールドハーゲンは一九三三年一月の時点でドイツ在住のユダヤ人は五二万五千人であったが、その後の五年間でおよそ十三万人が国外に移住し、一九三八―三九年までにさらに十一万八千人がドイツを離れ、戦争勃発後はわずかに三万人弱がかろうじてドイツを脱出できたにすぎない（Daniel J. Goldhagen, *op. cit.*, p. 139）と算出している。

（41）Das Schwarze Korps vom 24. 11. 1938.

（42）Helmut Klausnick : a. a. O., S. 278.

（43）Daniel J. Goldhagen, *op. cit.*, p. 142.

（44）Anne L. Bloch, *op. cit.*, p. 101.

（45）入野田眞右「ユダヤ小史のなかのウィーン」（中央大学人文科学研究所研究叢書二二『ウィーン　その知られざる諸相』）中央大学出版部、三八二頁。

（46）Anne L. Bloch, *op. cit.*, p. 106.

（47）Helmut Klausnick : a. a. O., S. 279.

（48）この点について、ブロッホはユダヤ人を集団にまとめてゲットーや強制収容所に隔離するのは最終手段であるとする。というのも、その後の彼らの運命は絶滅収容所に引き渡されるからであるとしている（Anne L. Bloch, *op. cit.*, p. 108）。

（49）Helmut Klausnick : a. a. O., S. 289.

（50）Ebd., S. 291.

（51）Jerry Noakins and Geoffrey Pridham (Ed. by), *op. cit.*, p. 488.

（52）ナチのゲットー化政策の経緯については、拙稿「ワルシャワ・ゲットー蜂起におけるユダヤ人抵抗運動の民族的意義」（『人文研紀要』第三七号、二〇〇〇年）一一四頁以下を参照。

（53）Anne L. Bloch, *op. cit.*, p. 108.

（54）*Ibid.*, p. 109. 反面、スロヴァキアはユダヤ人の強制移送に関する布告を出した唯一の国であった（*ibid.*）。

(55) Helmut Klausnick : a. a. O., S. 319.

(56) Ebd., S. 320.

(57) Uwe D. Adam : a. a. O., S. 290.

(58) たとえば、一九三四年一月二十四日の「国民労働秩序法（Gesetz zur Ordnung der nationalen Arbeit, RGBl. I, S.45）では、「非アーリア人」は経営方針に参画できないだけでなく、経営者、信頼のある被用者ならびにドイツ労働戦線の構成員となることはできなかった(Diemut Majer, Grundlagen des nationalsozialistischen Rechtssystems, Stuttgart, 1987, S. 193.)。

(59) 南、前掲書、四七五頁。

(60) 前掲書、四七六頁。

(61) 一九四三年三月十一日、ライヒ保安中央局は罪の償いに応じてユダヤ人を強制収容所に収監して終身拘禁に付する旨の命令を出し、ライヒ司法大臣のティーラックもこれに同意した（Helmut Klausnick : a. a. O., S. 321)。

(62) クラウスニックもドイツユダヤ人の権利の剥奪については、「法律」という形式手段によって実践された点を強調している（Ebd., S. 321)。

ソビエト・イディッシュの運命
——一九二〇年代ソビエトの現場から

高尾　千津子

一　ユダヤ人とことば

アシュケナーズ系ユダヤ人たちの用いた言語はイディッシュ語とヘブライ語という二つのユダヤ語と、ユダヤ人が住んでいた土地の言語がある。『イディッシュ語の歴史』を著したマックス・ワインライヒは、前者をユダヤ人内部のバイリンガリズム、後者をユダヤ人外部とのバイリンガリズムとに区別している。(1)ユダヤ人たちは主に、日常の話し言葉としてイディッシュを、宗教と結びついた「聖なる言葉」としてヘブライ語をというように、機能により使い分けていた。

十九世紀の末ごろ、イディッシュ語はまともな言語とは見なされず、「崩れたドイツ語」とか、ドイツ語の方言と考えられていた。ユダヤ人のあいだですらイディッシュ語は、一人前の言語あつかいをされていなかったのであり、しばしば「ジャルゴン」と呼ばれていた。

たしかに、文法や語彙の多くがドイツ語との共通点が多いイディッシュ語ではあるが、一方でイディッシュ語独特のイディオムも多く、スラブ語やロマンス語、ヘブライ語の語彙が見られる。なかでもスラブ語に特徴的な指小辞や、スラブ語の日常的な単語がイディッシュ語に多く見られるのは、ポーランド時代以来のユダヤ人と周辺住民との盛んな接触を物語るものであろう。

二十世紀初頭から、ユダヤ人が社会主義やナショナリズムなどの世俗的な運動をくり広げていく過程で、ユダヤ人外部とのバイリンガリズムが進展した。その一方で、ヘブライ語とイディッシュ語の関係は、使い分けの時代から選択の時代に入った。すなわち、大衆言語としてのイディッシュ語の地位の確立が目指されることになった。一九〇八年のチェルノヴィッツ大会で、イディッシュ語がユダヤ人の民族語の一つとして認められ、ブンド（ポーランド・リトアニア・ロシアユダヤ人労働者総同盟）に代表されるユダヤ人労働運動が、あらゆるユダヤ人の文化的領域で、イディッシュ語の使用を標榜していくことになる。

他方では、同時期に出現したシオニズムのなかから、ヘブライ語を「聖なる言語」としてではなく、生活全面にわたって使っていこうとするヘブライ語の「世俗化」の運動が起こる。むろん、シオニストすべてがヘブライ語主義者であったわけではない。二十世紀初頭のロシアやポーランドのユダヤ人の圧倒的多数がイディッシュ語しか知らない人々であり、どのような思想であろうと、彼らに伝えるためにはその言語を用いるしか方法がなかったためである。

この大衆との接近のための手段としてイディッシュ語を用いるという戦術は、決してイディッシュ語に積極的な意味を見出していたわけではない。これに対し、イディッシュ主義とは、当時圧倒的多数のユダヤ人の母語であったイディッシュ語の地位の確立を目指したものであった。イディッシュ語を大衆の「ジャルゴン」とする認識からの転換は、ユダヤ人の労働運動であったブンドの歴史の中に端的に現れていた。

二十世紀初頭、ブンド自体もイディッシュ語をジャルゴンと呼び、未発達な言語と認めていた。ブンドは大衆へのアジテーションのためにはイディッシュ語、党の理論誌にはロシア語という使い分けをしていたのである。

これは、イディッシュ語は複雑な理論の構築には未発達で不適当であるという認識があったためであった。[2]

しかし、一九一〇年になると、ブンドはイディッシュ語が不当に「名誉をけがされ、迫害された言語」であるとの認識のもとに、「ユダヤ人の生活のあらゆる分野で、ユダヤ人の民族語として（イディッシュ語が）主要な地位を獲得するために闘争」することを全会一致で採択したのである。[3]

ユダヤ人のアイデンティティにとってイディッシュ語がいかに重要であったかという点を、ブンドの理論家であったウラジーミル・メデムの生涯から知ることができる。彼は一八七九年、ロシア帝国軍軍医を父に持つミンスクの裕福なユダヤ人家庭に生まれ、生後すぐ、ロシア正教の洗礼を受けている。メデムの家庭ではイディッシュ語が御法度で、彼自身、ロシア語、フランス語、ドイツ語は堪能であったが、ヘブライ語やイディッシュ語を知らなかった。キエフ大学に入学後、彼はユダヤ人仲間とともに革命運動に身を投じ、ブンド党員となった。メデムは回想録で、自分がユダヤ人の同志たちから「ゴイ（非ユダヤ人）」と呼ばれていたと述懐しているが、その主な理由とは、彼がイディッシュ語を話せなかったためであった。[4]

イディッシュ語を一から学び初め、晩年にはイディッシュ語で回想録を書いたメデムは、イディッシュ語を選び取ることで意識的に、自らユダヤ人となったといえるかもしれない。メデムの生涯はまったく同世代のトロツキーが、ユダヤ的世界の枠を越えて、「普遍的」な世界を求めたのと対照的である。二人は、アレクサンドル三世の時代に少年期、ニコライ二世の時代に革命運動に身を投じるという典型的革命家世代であった。二人の共通性とは、世代だけでなく、特権的ユダヤ人家庭に生まれ、イディッシュ語を母語とはせず、同化したロシア語を話す家庭に育ったという点である。トロツキーにとって、メデムのユダヤ人への回帰は、狭い檻のなかにわざわざとらわれにいったように映ったことであろう。一九〇三年、メデムがロシア社会民主主義者は反ユダヤ主義との闘争を無視していると批判した際、トロツキーは、反ユダヤ主義などという特殊なユダヤ人問題を取り扱うの

図　ソビエトにおけるユダヤ人人口とイディッシュ語人口の推移(6)

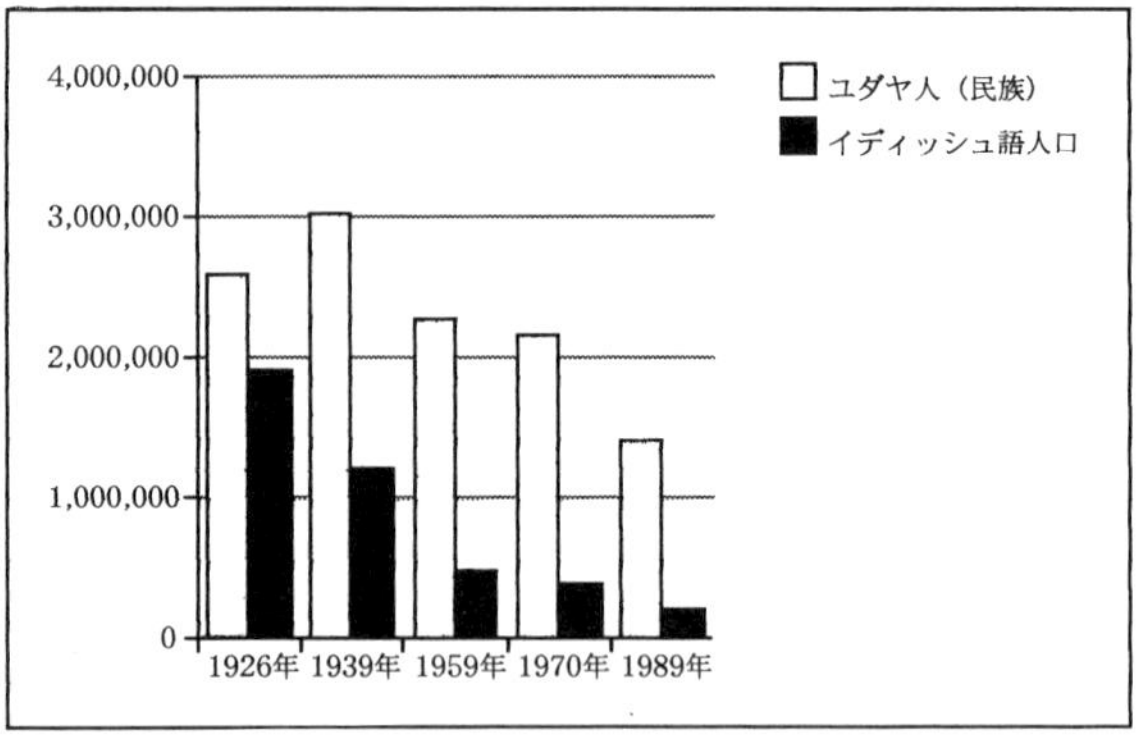

はよけいなことだと述べたのである。

　メデムは一九二一年にニューヨークに移民し、レーニンの体制を「独裁」として批判した(5)。トロツキーはといえば、周知のようにレーニンとともに革命を指導し、赤軍を率いて革命を成功に導いたロシア革命の立て役者となった。ロシア革命後、トロツキーに限らず、党指導部にいたユダヤ人の多くは、ユダヤ人という意識すら稀薄で、イディッシュ語も知らないロシア化した人々であった。メデムとは異なり、かれらはユダヤ人の運命に少なくとも表面上は無関心を装い、ユダヤ人内部で積極的に働こうとはしなかった。

　グラフから明らかなように、ソビエトでは一九二六年から八九年までのおよそ六十年の間に、ユダヤ人人口の減少が見られるのと同時に、イディッシュ語を母語とするユダヤ人が激減した。革命後ソビエトではイディッシュ語はユダヤ人大衆の言語として認められ、一九二〇年代から三〇年代にかけてイディッシュ語学校が数多く建設され、イディッシュ語による行政も一部で行われた。にもかかわらず、戦間期にすでにイディッシュ語母語率の大幅な低下が起きていた。

　こうしたユダヤ人の中の非イディッシュ語人口のほとんどは、ロシア語を母語としていた。しかし革命後、ユダヤ人のあいだではロシア語の識字率が高かったにもかかわらず、とくにユダヤ人読者を対象とするロシア語新聞は一紙もなかった。その反面、戦間期のソビエトでは新聞、雑誌、書籍類にイディッシュ語出版がさかんに行われた。ユダヤ人社会団体やユダヤ人問題にかかわる政府組織は、その議事録や報告書の多くをロシア語で書くのが常であった。しかし、こういった組織や、あるいは個人にしても、ユダヤ人内部でのやりとりではイディッシュ語（シオニスト組織内部ではヘブライ語の使用も認められる）を用いることが多かったのである。本章では、こうしたユダヤ人内部の資料を主に用いることで、戦間期ソビエトにおけるユダヤ人たちの「現場」をかいま見ることにしたい。

二　ユダヤ人コムニストたち

一九二七年当時、コムニスト（共産党員および党員候補）にしめるユダヤ人の割合は、四・三%であり、ユダヤ人コムニスト四五、〇〇〇人中、イディッシュ語を母語とした者は一八、〇〇〇人（四〇%）にすぎなかった。なかでも、とくにロシア語を話す「大物」のユダヤ人コムニストたちは、イディッシュ語どころか、「ユダヤ人問題」そのものから意識的に遠ざかる傾向があった。たとえば、外務人民委員代理のリトヴィノフはソビエト政府が一九二四年にユダヤ人農業入植のための委員会（「コムゼット」）を設置した際、委員に任命された。しかし、彼は就任直後に「個人的にこの問題には何ら専門知識を持っていない」として辞任を申し出ている。(7)

革命後ソビエト政府内でユダヤ人問題を担当していた機関は、一九一八年に民族問題人民委員部内に設置され、二四年に解散した「ユダヤ問題委員会」であり、一方、党組織としては、同じく一九一八年にロシア共産党中央委員会内に作られ、三〇年に解散した「ユダヤ部局（イェフセクツィヤ）」であった。これら機関の主な活動は、イディッシュ語によるユダヤ人内部での「宣伝」であった。

イギリスのシオニストでリトヴィノフと親類関係にあったデビッド・イーダーは、一九二一年初頭に訪ソした際、会談した外務人民委員のチチェーリンに対してシオニズム活動の自由を要求したが、これに対する外務人民委員部の返答は、「ユダヤ人労働者大衆の民族機関は、ユダヤ問題委員会であり、この委員会は独立した発議権および決定権を所有している。……従って、ユダヤ人の文化、精神生活に関するすべての事柄は、ユダヤ人自身によって決定されている」というものであった(8)。このエピソードはユダヤ人自身の民族自決というプロパガンダに腐心していた当時のソビエトの対外配慮がよく現れている。イーダーはユダヤ人コムニストが決してユダヤ人大衆の意見を代表しているわけではないと反論しているが、彼はユダヤ教やシオニズムとの闘争を最も呵責なしに行ったのは、ユダヤ問題委員会とイェフセクツィヤ、すなわちユダヤ人自身であることを熟知していた。

内戦さなかの一九二〇年、ロシア・シオニスト組織がヨーロッパの同胞に宛てた手紙によれば、シオニズム活動の最大の敵はソビエト体制でもロシア人でもなく、ユダヤ人コムニストであった。

「ソビエト政府に対するわれわれの態度は常に完全な忠誠といえるものであった。一九一八年春にはすでに、われわれは、ポグロムと無政府状態のおそれが色濃いなか、ボリシェヴィキ体制はポーランド人、ウクライナ人、反動的ロシア人、およびほかのロシアの支配者となりうるものたちよりも、望ましいと認識していた。われわれはロシア人高官の側からは、我々の活動に対して何の妨害も受けなかった。われわれの活動に対する妨害を禁止する布告が出され、司法人民委員部、農業人民委員部、最後に一九一九年七月二十一日には最高執行委員会がこれに賛同した。

にもかかわらず、シオニスト組織はユダヤ人の手によって迫害された。すなわち、コムニストと民族問題人民委員部のユダヤ部によってであり、最悪の同化分子たちである。ここから発せられた非難のために、われわれは一九一九年九月に逮捕され、我々の図書館、クラブ、学校が閉鎖され、地方の資産は没収され、シオニストの逮捕がひっきりなしに行われた。(強調原文)(9)」

この書簡は、「最悪の同化分子」とイェフセクツィヤを批判している。しかし、リトヴィノフやトロツキーなどと違い、イェフセクツィヤのメンバーの多くがかつてブンドの党員であり、革命後になってボリシェヴィキに入党するという経歴を持っていた。しかも、幹部の多くが、ユダヤ教の素養を持ついわば「ユダヤ的ユダヤ人」であった。

興味深いことに、イェフセクツィヤの機関紙『デル・エメス』には、コムニストの機関紙であるにもかかわらず、ユダヤ教と密接に結びついた用語が頻繁に現れるのである。次の文章は、その典型例である。

「（……）「［共産党組織の］ユダヤ社会協会は宗教的ユダヤ人にとって豚のようにトレイフである。……上層部にいるこれら宗教的分子は乞食の様に堕落しており、彼らの唯一のシュルハン・アルーフとは、「誰から多く［金を］もらえるか」である。[10]」

トレイフとはユダヤ教の戒律により禁忌の食物を指すヘブライ語であり、またシュルハン・アルーフはユダヤ教の「法規」を意味する。この記事をいま一度訳せば、「宗教的ユダヤ人たちは共産党系組織を豚のように忌み嫌っており、ユダヤ教徒の上層は乞食のように堕落し、彼らは誰からよけいに金をもらえるかしか考えていない」という意味になる。反ユダヤ主義を厳しく取り締まった二〇年代ソビエトのロシア語出版物では、まずお目にかかれない反ユダヤ主義的な言明とさえいうことができよう。[11] ロシア語ではなく、ユダヤ人内部でのみ通用するイディッシュ語であったからこそ、こうした批判が可能であったと考えられる。

一九〇三年以来の古参ボリシェヴィキで、一九一八年にはスターリンのもとでユダヤ人問題委員となったセミヨン・ディマンシュテインは、民族問題の理論家であった。しかし、彼はボリシェヴィキ入党以前、ハシディズムのルバビッチ派のイェシヴァで学び、ラビの資格も取得していた[12]。
一九二五年にディマンシュテインと会談したある人物は、ディマンシュテインが「本物の、生き生きとしたイディッシュ語」を話し、イディッシュ語を深く愛していたと前置きした上で、次のようなエピソードを披露している。

「会話がはじまるとすぐ、彼［ディマンシュテイン］はわたしのイディッシュ語に興味を持ち、私の母語ではないと見抜いた。彼はなぜわたしがリトアニア訛りでイディッシュ語を話すのかと尋ねた。私がこの言葉をリトアニア出身の友人たちから学んだこと、そしてイディッシュ語を勉強するのは、子供の頃へブライ語を学んでいたから楽だったと話したところ、彼は心底からひどく驚いて、こう叫んだ。『イディッシュ語の習得にはヘブライ語も役に立つのか。』[13]」

ディマンシュテインがイディッシュ語におけるヘブライ語要素をまったく知らなかったとは思えない。しかし、ディマンシュテインにとってヘブライ語はシオニズム、ユダヤ教と結びついた「階級敵」の言語であったがために、こうした反応が現れたのであろう。
ディマンシュテインのユダヤ教に対する深い知識の一端は、一九二九年の反宗教キャンペーンでの彼のユダヤ教批判にはっきりと読みとることができる。ディマンシュテインは、聖書、タルムードの引用を駆使して、ユダヤ教を批判するという芸当をやってのけたのである。

マルクス主義的に見れば、ユダヤ人の歴史は宗教現象を広めるためにはうってつけだった。宗教とは支配階級による大衆支配の道具である。神は、人間をみずからのかたちになぞらえて創造したのではない。そうではなく、人間が、人間のある階級が自らの姿になぞらえて神を創造したのである。だが、圧倒的多数の搾取された者にとって宗教とは経済的利益ではなく、精神的な問題だった。

……タルムードのなかでラビ・アキバは神を信じないものにこう答えている。「あなたが家を見るとき、たとえそれを作った人を見なくても、家を造った人がいると知っている。それと同じように、世界を見るとき、その創造主が見えてなくても、創造主がいる」と。しかし、その創造主を作ったのはだれなのであろうか。宗教はなんの答えも与えない。タルムード（ハギガー編　ギーメル）はこれについて一つの回答を与えている。「あなたがわからないことは、わかろうとしてはならない。なぜなら神は人間がそれを理解するのを望まないからである。」[14]

三　ロシア語とのバイリンガリズム

一九二六年にソビエトを訪問したイディッシュ作家のルーベン・ブライニン[15]は、彼のヘブライ語の日記のなかで、モスクワのユダヤ人貧民窟を訪れた際の衝撃をこう記している。「これほど汚い、下品なわたしの民を見たのは生涯で初めてだ」と。ブライニンの日記からは、革命から一〇年を経た一九二六年になっても施しだけを頼りに生きているユダヤ人難民[16]たちの様子がうかがわれる。ブライニンは、貧民窟でのユダヤ人少年たちとの「会話」を次のようにつづっている。

「一九二六年五月二十一日モスクワ……

―きみはなにをどこで勉強したのか？

―モスクワの学校でイディッシュ語を勉強した。

（彼がイディッシュ語で話すのが難しいとわかり、わたしは彼とロシア語で話すことにした。しかし、彼のロシア語はもっとひどかった。）

―きみはイディッシュ語で何を勉強したのか。

―えーと、本を……

―どんな本？　イディッシュ語のどういう本を読んだのか？

―忘れた。知らない。

―わたしたちに神様は何人いる？

―ひとりもいない。

―どうしてそんなことを言うんだ？　神様がいないなどと本当に知っているのか？

―もちろん神様なんていないって知っているよ。

―きみはどうやって神様がいないってわかったのか？

―神様はいないって、先生が言った。(17)」


子供たちとのこうした会話にならない会話をつづった後で、ブライニンは、子供たちを教育のないままに放置しているモスクワのユダヤ人社会を批判する。しかし、革命後ソビエトでは、ユダヤ人の相互扶助を行っていたケヒラー（ユダヤ人共同体組織）は廃止され、また伝統的なユダヤ教教育の枠組みが解体される一方で、義務教育がソ連で導入されたのは一九三〇年になってから（しかも都市部で七年、農村部で四年という貧弱なもの）であった。このようなかで、数多くのユダヤ人の子供たちが、教育の機会もなく放置されたのである。

表1は、一九二六／二七年度のユダヤ人初等教育学齢人口と教育を受けていた児童数である。学齢人口四一一、七七七人の内、二九万人（およそ七一％）のユダヤ人児童が教育を受けていたが、その反面、学齢人口にあたるユダヤ人児童のうち三割が、初等教育を受けていないことが明らかである。しかも、ブライニンの嘆いたモスクワのあるロシア共和国の状況は、ウクライナに比較すればはるかにましであった。ソビエト期のユダヤ人学校にかんする研究を行ったリプセットは、「共産党体制の押しつけと従来のユダヤ人学校制度の抑圧のために、ユダヤ人の歴史上はじめて、読み書き能力のないユダヤ人が多数生まれることになった。ソビエト政府は文盲撲滅キャンペーンを行ったが、文盲が生まれる最大の責任はソビエト体制にある」と断罪している。[19]

表1　1926-27年　ユダヤ人8-14歳の教育状況[18]

	学齢者数	児童数	教育を受ける児童の%
ウクライナ	270,000	162,000	60.0
ベラルーシ	58,277	50,881	87.3
ロシア	76,338	74,069	97.0
ほか	7,096	4,587	57.3
	411,777	291,797	70.9

一方、ソビエトの文献は、一八九七年のロシア帝国末期のセンサスと一九二六年センサスとを比較し、ユダヤ人の識字率は帝政期に比べ、男性で一・五倍、女性は二・三倍上昇したとしている。[20]たしかに、一九二六年当時のユダヤ人の識字率は、男性七五・二％、女性六三・八％であり、ソ連の民族の中ではトップクラスに位置する。しかし注意すべきは、世代間における識字率の差の大きさであった。五十歳代以上のユダヤ人女性の識字率は、五〇％台以下と低く、逆に帝政末期のセンサス以降に生まれ、革命前に初等教育を受けた世代（一九二六年当時二十～二十九歳）は、男女それぞれ九五・六％、九三・一％と高い。ところが、当時学齢人口にあたる八～十一歳の男女は、いずれも八二・五％、八三・六％へ低下する。ここでも共和国間の差があり、モスクワ、レニングラードなどの大都市では、八歳以上の男性すべての世代で識字率

が一〇〇%に近い数字であるのに対し、ウクライナ、ベラルーシでは高齢者と低年齢層に非識字者が多いのである[21]。

読み書き能力のないユダヤ人が、ソビエト政権になって史上初めて大量に発生したというリプセットの批判は、あきらかに誇張である。しかし、帝政期に比べて一九二六年センサスでユダヤ人の識字率が表面上上昇したのは、帝政末期におけるユダヤ人の教育の普及という「遺産」によるものであったということができる。

ところで、表1の数字はイディッシュ語学校（イディッシュ語で教育を行う学校を指す）以外も含むものである。これをイディッシュ語学校に限った数字（表2）と比較すると、興味深いことがわかる。一九二六／二七年度のイディッシュ語学校児童数は九六、八六四人となっており、表1の学齢人口の四分の一にすぎない。イディッシュ語学校に通うユダヤ人は少数派にすぎなかったのである。これは、ユダヤ人の間で、ロシア語化の着実な進行が起きていたことを端的に表している。ユダヤ人自身、とくにその学齢期の子供を抱えた両親がイディッシュ語での教育よりも、ロシア語での教育を選ぶものが多かったのである。この現象は二〇年代当時すでに問題視されており、ソビエトユダヤ研究では、様々な説明がなされている。おそらく、イディッシュ語学校は初等教育と中等教育の一部に限られていたために、高等教育や、就職などで子供の将来を考えた親は、ロシア語での教育を望んだのであろう。

表2　イディッシュ語で教育を行う学校[22]

	1925-26	1926-27	1927-28
初等教育（1－4年）	365	435	497
（5－7年）	144	206	234
児童数	72,701	96,894	105,686

ソビエトではイェフセクツィヤによるヘブライ語の弾圧により、ユダヤ人内部ではイディッシュ主義が勝利を収めたのであるが、その反面外部とのバイリンガリズム、とくにロシア語とのバイリンガリズムがユダヤ人の間で進行していた。とくにユダヤ人の間では彼らの住む民族共和国の現地語（たとえばウクライナ語やベラルーシ

語）を飛び越してロシア語への傾斜が見られた。一九二〇年代、ロシア人と同じ東スラブ系民族であるウクライナ人の一七％がロシア語を母語としていたのに対し、ユダヤ人の場合には二七％に達していたのである。[23]

ウクライナとベラルーシの両共和国では、読み書き能力のあるユダヤ人のうち、最も多いのは、ロシア語とイディッシュ語のバイリンガルであり、次がロシア語のみ、第三番目がイディッシュ語のみという順になっている。総合すると、両共和国に住む読み書き能力のあるユダヤ人のロシア語識字率はイディッシュ語以上に高く、男女とも八割前後に達している。一方、イディッシュ語識学率はベラルーシの場合、ロシア語と同じ割合であるが、ウクライナでは六割以下に低下しており、またベラルーシ語、ウクライナ語などの現地語の識学率にいたっては二割程度にすぎなかった。[24]

ユダヤ人のロシア語への傾倒は、三〇年代末のロシア語義務教育化の時代になるとより鮮明に現れた。ベラルーシのイディッシュ語学校の閉鎖にかんする最近の研究によれば、ベラルーシではロシア語ではなく、ベラルーシ語教育が強制されたためにユダヤ人の間から強い不満が起きた。一九三八年七月のイディッシュ語学校の閉鎖に関する決定後ベラルーシ党中央委員会に提出された報告書は、「ロシア語での教育を希望するユダヤ人住民側の強い要請にもかかわらず」、一六五のイディッシュ語学校のうちロシア語での教育に変更されたのは十七校にすぎず、残りはすべてベラルーシ語学校となった。[25] 学齢期の子供を抱えるユダヤ人の親たちは、イディッシュ語による教育の廃止そのものより、むしろベラルーシ語による教育の押しつけに対する不満を訴えたのである。

四　コレニザーツィヤとユダヤ人

二〇年代なかばから始まったソ連の民族政策の基本である「現地化政策（コレニザーツィヤ）」は、民族共和国の基幹民族優遇策であった。戦間期、ソ連では領域に基づいた民族自治の原則のもとで、連邦構成共和国、自治共和国、自治州、民族管区などの民族行政単位が次々に建設され、こうしたロシア人以外の民族をソビエト体制に近づけるための手段として、それぞれの民族行政単位の基幹民族幹部を養成し、言語、教育、就職などの機会の優遇措置がとられた。現地化政策は、帝政期に抑圧された非ロシア系民族に対するアファーマチブ・アクションとして、積極的な意味を持つものであった。しかし、現地化政策は、自治共和国や州という自前の行政単位をもたない少数民族と、基幹民族の利害とをどのように調整するかという問題をはらんでいた。

たとえば、ウクライナでは現地化政策はウクライナ化政策と呼ばれたが、ウクライナ化と同時に、そこに居住する数多くの少数民族、すなわちロシア人、ユダヤ人、ドイツ人、ポーランド人らとの利害の衝突が発生した。

こうした衝突を避ける便法として、現地化政策が推進された二〇年代から三〇年代にかけて、少数民族言語による行政が各地で行われた。少数民族が集中して住む地域では民族地区や民族村ソビエトなどが建設された。たとえばウクライナでは、少数民族の間で民族ソビエト建設がしやすいよう、特恵的な法令が出され、五〇〇人以上の住民で村ソビエト、一万人以上の住民で民族地区建設が可能になった。しかし、圧倒的多数のユダヤ人が居住する都市でイディッシュ語による行政を行うのは事実上不可能であり、したがって、ソビエトは村とシュテットルにのみ存在した。一九二六年までにウクライナでは一二四のユダヤ人ソビエトが作られ、またユダヤ人農業入植地が集中していたウクライナ南部には、三箇所の「ユダヤ人民族地区」（カリーニンドルフ、スターリンドルフ、ノヴォ・ズラトポリ）が建設された。

しかし、こうした下位の民族行政単位における当該民族の母語の使用は、常に別の言語（ウクライナではウクライナ語）を用いる上級機関とのあいだで、意志疎通の困難さがあったと想像される。ウクライナのユダヤ人ソビエトの問題について、当時の文献は次のように問題点を指摘している。

「ユダヤ人ソビエトの会議や委員会はイディッシュ語で行われている。しかし、地区執行委員会との関係は難しい。ここでは言語問題は解決されていない。上級のソビエトにイディッシュ語で文書を送るソビエトがあるかと思えば、ウクライナ語やロシア語で送るソビエトもある。この問題が調整されない主要原因は、訓練された書記が不足し、イディッシュ語での文書様式ができておらず、さらに地区によっては受け取ったユダヤ人の議定書や訴えが長い間目を通さず放置されているからである。(26)」

民族の母語による行政を現実的に機能させようにも、現場では相当の混乱が発生していたものと思われる。のちに三〇年代末のロシア語による教育の強制や、戦後の各共和国でのロシア語併用主義により、ロシア語がソ連全体のインターナショナルな言語とされた背景には、もちろん大ロシア主義が存在していたのは確かであろうが、その半面でマルチリンガルな行政の非効率さと困難さがあったのではないかと思われる。

一九三九年にイディッシュ語学校からロシア語による教育への移行を経験したウクライナのユダヤ民族地区カリーニンドルフに在住していたある女性は、筆者とのインタビューで、突然のロシア語教育への変化に住民たちがどのように対応したのかを、次のように回想している。彼女によれば、教師や生徒たちにはたしかにとまどいはあったものの、移行は比較的スムーズだった。

「問題は、私たちに十分なロシア語の語い力がなかったことです。先生たちはオデッサなどの都市で学んだ人々でしたから、ロシア語に問題はなく、私たちもロシア語やウクライナ語は学校で勉強していました。しかし、突然すべての科目をロシア語だけで勉強するには語い力が当然足りません。ロシア語に変わるという噂が立ったとき、私たちは心配しました。化学、物理、数学を、どうやって勉強するというのでしょう。でも、まあそれほどの困難はなかったのも確かです。というのも、ロシア語は私たちにとって「外国語」ではありませんでしたから。」[27]

五　インターナショナルな言語

ソビエト期のイディッシュには、他のイディッシュとは異なったいくつかの特徴があった。それは第一に、ヘブライ語起源の単語を、ヘブライ語式ではなく、発音通りに書くという正書法の違いであり、第二に、ソビエト時代になって次々に作られたロシア語の新語、造語、略語の類、いわゆる「ソビエティズム」の多くがイディッシュ語へ翻訳されたという点である。さらにロシア語の語彙が大量にイディッシュ語に流入した。

なかでもわれわれ読者を悩ませるのがソビエティズムのイディッシュ語訳である。ソビエティズムとは、ソビエト時代になって特有の意味を持つようになった言葉や、あらたな時代を反映する造語を指し、たとえば、コルホーズ kolkhoz (kollektivnoe khoziaistvo 集団農場)、コムソモール Komsomol (Kommunisticheskii Soiuz Molodezhi 共産主義青年同盟) などロシア語の頭文字を組み合わせた略語がその代表例である。イェフセクツィヤの中央機関紙『デル・エメス』には、こうしたソビエティズムの忠実なイディッシュ語訳がみられ、コルホーズはコルヴィルト (kolvirt)、コムソモールはコムユーグ (komyug) へと逐一翻訳されたのである。

こうしたソビエティズムをいちいちイディッシュ語へ翻訳するという作業は、イェフセクツィヤのイディッシュ主義の強さを物語るものであろう。しかしユダヤ人のあいだでの口語では、ソビエティズムはロシア語のまま使われていた。このために、『デル・エメス』に書かれたイディッシュ語は、当時ですら、しばしば読者にとっては意味不明の言葉となったのである。[28]

このように、ソビエト・イディッシュには、ほかのイディッシュ語と比べいくらかの相違が存在していたのは確かであるが、イディッシュ語がアシュケナーズ系ユダヤ人のインターナショナルな言語として機能していたことは疑いない。

両大戦間期のヨーロッパ、ソビエト、北米、南米には数多くのイディッシュ語を話すユダヤ人たちがいた。なかでも、ポーランド、アメリカ、ソビエトは、それぞれが重要なイディッシュ文化圏であった。彼らの多くは、十九世紀末以降のロシアからの移民かその子孫であり、あるいは革命後の国境線の変更によってソビエトから分断された人々であった。一九二〇年代のアメリカ、ポーランドのユダヤ人の大多数がロシア系ユダヤ人のディアスポラであったと言うことも可能である。すでに見たように、一九二六年のセンサスで、ソビエトではイディッシュ語を日常言語とする人々が一九〇万人、当時のユダヤ人総人口の七三%を占めた。一方、ポーランドの一九三一年センサスではイディッシュ語人口はおよそ二五〇万人であり、ポーランドのユダヤ人の八〇%がイディッシュ語を母語としていた。戦間期アメリカにおけるイディッシュ語人口は不明であるが、二〇年代初頭のアメリカのイディッシュ語新聞の発行部数は四〇万部近くに上っている(29)。

ニューヨークのイディッシュ語新聞には、ソビエトでのイディッシュ紙の論調が、その多くは批判を込めてではあるが、頻繁に掲載された。イェフセクツィヤの機関紙『デル・エメス』がそろって保存されていたのはソビエト国内ではなく、むしろ国外であった。一九二八年三月に開始された「ビロビジャン計画」は、ニューヨークのイディッシュ紙ではその前年から話題になっている。社会主義系の新聞はもちろんのこと、シオニズム運動にしても、たとえばポアレイ・ツィオンなどマルクス主義系シオニズム政党の年報はイディッシュ語で発行されていた。外国のユダヤ人にとって、ソビエト事情の主要情報源となっていたのはソビエトで発行されるイディッシュ文献であった。

イディッシュ語のもつインターナショナル性、この言葉の国外への伝達力が政府、党当局にとって重視されたのは明らかであろう。政府内でのユダヤ問題関係組織の人選に、イディッシュ語の能力の有無が問題となることもあった。たとえば、さきに述べたコムゼットの発足時の人選では、委員会議長のスミドヴィッチ（ベラルーシ人）は、ウクライナ農業人民委員のクリメンコ（ウクライナ人）が決定した人選を不服として次のように批判している。

「外国でのユダヤ系新聞では反入植キャンペーン、反ソキャンペーンが強まっている現在、コムゼットはウクライナ政府のメンバーがウクライナコムゼットの全権委員に指名されるのは具合が悪いと考える。このポストには外国のユダヤ人社会に名が知られ、またイディッシュ語で演説ができる人物の任命がより適当と思われる。（強調高尾）」[30]

これに対し、クリメンコは「ウクライナ最高政府機関の全権委員に、ウクライナ政府のメンバーが任命されるのは至極当然である。このことは外国の新聞にウクライナ政府がユダヤ人入植事業に真剣に取り組んでいることを示すであろう」と反論したのである。

六　「祖国ソ連」の求心力

二〇年代初頭にロシアから亡命したイディッシュ詩人たちの運命は、ソビエトのイディッシュ語のそれと二重写しのように見える。詩人たちのなかには、二〇年代なかばになるとソ連にふたたび舞い戻ったものたちがいた。ペレツ・マルキッシュ[31]、レイブ・クヴィトコ[32]、ダヴィッド・ホフシュテイン[33]らがその代表的な例であり、いずれもスターリン晩年期に処刑された。彼らはソビエト体制に思想的に共鳴したがゆえに、ソ連へ帰国したと一概に断定することはできない。

ホフシュテインの例をみてみよう。彼は一九二三年、『デル・エメス』への協力を拒否しソビエトから出国している。一九二五年にテルアビブからホフシュテインがアメリカの友人アブロム・リエーシンに宛てた手紙は、「わたしには本を出版するどころか、生計を立てる手段すらない。一つだけ仕事が手に入り、少しばかりの印税が入った。わたしのイディッシュ語の詩がヘブライ語に翻訳された。しかし、これだけではやっていけない」とその窮状を訴えている。(34)

ホフシュテインは、一九二六年にソビエトに帰国したのであるが、イディッシュ詩人たちだけでなく、戦間期にはソビエト国外から多くのユダヤ人たちがソビエトへ「帰国」した。一九二八年に開始されたビロビジャン計画にしても、イディッシュ語を公用語とする「ユダヤ人国家」建設という夢に、多くのユダヤ人たちが引きつけられた。「祖国ソ連」の持つユダヤ人に対する求心力は、思想的な共鳴や政治的背景、そしてイディッシュ語という共通語の存在の大きさが指摘できるが、それだけではなく、むしろ当時の経済的背景を考慮すべきであろう。二〇年代のパレスチナでは、詩人の糧どころか、生産労働の場すら逼迫していたのである。二〇年代半ばのシオニストたちの当面の問題とは、ソビエトからの出国の困難さよりむしろパレスチナの不況であった。ロシア出身のシオニストのなかには、パレスチナの経済的困難のためにソ連に戻るものすらあったのである。(35)

おわりに

戦間期におけるユダヤ人の間でのイディッシュ語離れと、ロシア語へのシフトは、本稿で示したようにイディッシュ語保護策と平行した現象であった。この現象は、新体制になってから、ユダヤ人に新たな可能性が開かれ、ユダヤ人が従来のイディッシュ語のみの世界にしばられなくなったためにおこったというのが妥当であろう。これはある意味で、アメリカの東欧ユダヤ系移民が、統合の過程で次第に英語化していったのと比較可能であり、本稿で扱った事柄の多くは、ユダヤ人の文化変容のプロセスと言うことができる。したがって、戦後のスターリン晩年期のイディッシュ文化に対する抑圧や、ユダヤ人に対する強制的同化政策などの反ユダヤ主義的政策以降のイディッシュ語の運命とはあきらかに別の事象である。

（1） Weinreich, M., *Geshikhte fun der yidisher shprakh,*（『イディッシュ語の歴史』）New York, band 1, 1973, p. 251ff.

（2） Slutski, Y., *Ha'itonut hayehudit-rusit be-meah ha'esrim*（*1900-1918*),（『二〇世紀におけるロシア・ユダヤ人新聞』）Tel-Aviv, 1978, pp. 132-133.

（3） ブンドとイディッシュ語については、以下を参照。Frankel, J., *Prophecy and Politics : Socialism, Nationalism, and the Russian Jews, 1862-1917*, Cambridge University Press, 1981. ; Tobias, H. J., *The Jewish Bund in Russia From Its Origins to 1905*, Stanford University Press, 1972.

（4） Medem, V., *Fun mayn lebn*, band 1., New York, 1923, p. 231.

（5） ニューヨークへの移民後のメデムについては、Howe, I., *World of Our Fathers : the Journey of the East European Jews to America and the Life They Found and Made*, New York, 1976, pp. 328-30.

（6） Zinger, L., *Evreiskoe naselenie v sovetskom soiuze*, M., 1932 ; Altshuler, M. ed., *Distribution of the Jewish Population of the USSR 1939*, Jerusalem ; Nove, A. "The Jewish Poputation : Demographic Trends and Occupational Patterns", in Kochan, L. (ed.) *The Jews in Soviet Russia since 1917*, Oxford University Press, 1970 より作成。

（7）GARF（ロシア国立公文書館）f. 7541, o. 2, d. 5, l. 29.

（8）*The Jewish Chronicle*, March 11, 1921.

（9）Central Zionist Archives, Jerusalem, Z4 / 550.

（10）Der Emes, 1924 / 4 / 27.

（11）二〇年代のソビエトにおける反ユダヤ主義については、拙稿「一九二〇年代ソビエトにおける反ユダヤ主義」『社会科学討究』第一一九号、一九九五年、一七五―一九九頁参照。

（12）Gitelman, Z., *The Jewish Nationality and Soviet Politics: The Jewish Sections of the CPSU, 1917–1930*, Princeton University Press, p. 131-2. 1972. この著作はイェフセクツィヤの活動に関して英語で発表された研究としては最も詳しいものである。

（13）Y. Barzilai, "Sihot 'im Shmeon Dimanshtein"（「ディマンシュテインとの会話」）*He-avar*, 1968, p. 217.

（14）Ibid, 1929 / 5 / 11.

（15）ブライニンは、一八六二年ベラルーシで生まれ、一八九二年にウィーンへ移住後、一九〇九年にアメリカに移民した。一九三九年没。

（16）第一次大戦中、帝政ロシアは前線地帯から強制的に退去させられたユダヤ人や難民に対する特例として、ユダヤ人居住制限を緩和し、ロシア内地への移住を許可した。難民の多くが、それまで居住を許されなかったロシア中央部、ボルガ地方などへ移動しており、ロシア内地へのユダヤ人の移動は、ロシア革命以前にすでに難民のかたちで開始されていた。（Peter Gatrell, *A Whole Empire Walking: Refugees in Russia during World War I*, Indiana Univ. Press, 1999, pp. 145-46.）

　モスクワやペトログラードへの難民の流入は、おそらくロシア革命後に始まったものと考えられる。革命後一九一八年からの内戦期にはポグロムによりユダヤ人難民は五十万に達したと推測されているが、そのうちのかなりの部分がロシア共和国へ移住した。

(17) M. Altshuler, "Yoman Moskva shel Luben Brainin (1926)"「ルーベン・ブライニンのモスクワ日記」*Behinot*, vol. 6, 1975.
(18) Harry Lipset, Jewish Schools in the Soviet Union, 1917-1941 : An Aspect of Soviet Minorities Policy, Ph. D. dissertation, 1965 p217.
(19) Ibid.
(20) Semenov, T. I., 'Evreiskoe naselenie SSSR po polu, vozrastu i gramotnosti', *Materialy i issledovaniia*, Bypusk 4, M. 1929, p. 66.
(21) Ibid. 65.
(22) *Der Emes*, 1929 / 10 / 9.
(23) *Vsesoiuznaia perepis' naseleniia 1926g.*, t. 17.
(24) Semenov, T. I., op. cit., p. 64.
(25) Elimenev, Viacheslav and Zeltser Arkadii, 'The Liquidation of Yiddish Schools in Belorussia and Jewish Reaction', *Jews in Eastern Europe*, 1 (41), 2000, pp. 74-111.
(26) Levin, Y. "Evreiskie sovety na Ukraine", *Tribuna evreiskoi sovetskoi ovshchestvennosti*, 1927 No. 2.
(27) サラ・シェフテルとのインタビュー（一九八六年一二月、イスラエル）。
(28) Peltz, K., "Di Yiddish-Imperye' The Dashed Hopes for a Yiddish Cultural Empire in the Soviet Union" in Kreindler (ed)., *Sociolinguistic Perspectives on Soviet National Languates*, 1985, p. 291.
(29) Doroshkin, M., *Yiddish in America : Social and Cultural Foundations*, Fairleigh Dickinson University Press, 1969, p. 218.
(30) GARF, f. 7541, o. 2, d. 5, l. 28.
(31) ペレツ・マルキッシュは、一八九五年ウクライナのヴォルイン県に生まれ、一九二一年ワルシャワへ亡命したが、一九二六年に帰国した。
(32) レイブ・クヴィトコは、一八九〇年にウクライナのポドリア県で生まれた。彼は一九二一年ドイツへ亡命し、一九二五年にソ連に帰国している。
(33) ダヴィッド・ホフシュテインは、一八八〇年ウクライナのキエフ県に生まれ、一九二三年にベルリン、のちパレスチナへ移住した。
(34) Altshuler, M. ed., *Briv fun yidishe sovetishe shraybers*, Jerusalem, 1979, p. 134.
(35) 当時イギリスの委任統治領となったばかりのパレスチナでは、農業や生産労働によるユダヤ人国家再建を目指したシオニズム運動も、移住してくるユダヤ人に見合うだけの労働の場がないことが移民の障害となっていた。

第三部　内なるツァロート（苦難）

カール・クラウスにおける「ユダヤ性」
――ディアスポラ・アイデンティティの戦略としての諷刺パフォーマンス

河野英二

世紀転換期ウィーンのユダヤ人諷刺家カール・クラウス（一八七四―一九三六）の生涯は、政治的な反ユダヤ主義の発生から、それがドイツのファシズムと結びついて猖獗を極め始めるまでの期間にほぼ相当している。この事実に対応して、彼の諷刺では一貫して社会現象としてのユダヤ人問題が直接ないし間接の主題とされた反面、彼自身のユダヤ性やユダヤ的アイデンティティの問題に対しては両義的な距離が保たれていた。このことはさまざまな角度から論じられているが、そこでは次の前提が常に見落とされる傾向にある。即ち彼はユダヤ人のドイツ社会への同化可能性を、理想として最後まで放棄することがなかったのであり、また彼の諷刺を思想的にも技法的にも規定している中心要素として、演劇的なものとの重層的な関わりを考慮の外に置くことはできないのである。(1) 以下これらの主題を年代記的に概観し、彼の表現と思想のアクチュアリティを検証してみたい。

一　選び直された同化志向

クラウスはオーストリア・ハンガリー二重帝国の成立後にウィーンへ移住して新しい市民階級に属し、自由主義体制を担った典型的なユダヤ人家庭の出身であった。[2] 西欧社会への形式的な同化は両親の世代で概ね完了しており、彼はユダヤ教徒としての教育や慣習とは没交渉に成長したとされる。[3] 彼が幼少時から最も親しんでいたのは、旧ブルク劇場とフォアシュタットの劇場で吸収したウィーンの演劇文化であった。既にギムナジウム在学中にユーモア劇を自作自演したことに始まる彼自身の演劇的なキャリアは、主役を演じたシラーの劇『群盗』の公演が失敗したあとは、ドイツ語圏の新聞や雑誌に劇評を寄稿する活動として継続する。そこで彼は早くからネストロイなどを論じて諷刺を主題化する（z. B. FS I, 140）と共に、演劇と文学の双方に関わる諷刺のジャンル横断的な特性を反映するように、[4] 自らも諷刺的な文筆家として声望を高め、「ウィーンの散歩者」ことD・シュピッツァーの後継者と目されるようになるのである。シュピッツァーは日刊紙『ノイエ・フライエ・プレッセ』にフユトン（文芸論説欄）を連載し、冷笑と皮肉に加えて「ヴィーナー・シュメー」と呼ばれる媚態を特色とするこの小文芸形式の代表者となった人物であり、[5] クラウスはやがてこの日刊紙の社主M・ベネディクトから正式の招聘を受けるに至る。しかしそのときクラウスは、自らも一時出入りしていた「若いウィーン」派の文学サークルを揶揄したエッセイ『取り壊された文学』（一八九六年）などを通じて、ウィーンの商業的な文学界と言論界への批判を開始していた。それが彼の個人誌『炬火』（一八九九年―一九三六年）の創刊に繋がるのであるが、そこで彼は当事者の視点からユダヤ人問題に取り組んでいたのである。「若いウィーン派」の構成員や、最有力紙であった『ノイエ・フライエ・プレッセ』を始めとするウィーンの新聞の経営者は殆どが同化ユダヤ人であり、クラウスは彼らが形成していた同時代のドイツ語文化のなかに、同化ユダヤ人が中心的な担い手となっていたウィーンの文化全体を自壊に導く危険性を見出していたのだ。

次のような書き出しで始まるエッセイ『シオンのための一クローネ』（一八九八年）では、この問題が政治的なシオニズムへの諷刺を通じて論じられている。

いまユダヤ民族史の全権代理人として評価を高めつつあり、日の出に向かって奇妙に捻じ曲げられた目をもって、残りのユダヤ人全員が本国パレスチナへ帰還するために行動しているお歴々の一人が、かの目的のために先ごろ私に少々の寄付を求めてきた。その目的とはつまりシオニズム的、あるいは古き良き言葉で反ユダヤ主義的と呼ばれるもののことである。(FSII, 298)

この一節は造語と隠喩、諧謔と誇張を含んで入念に構築された文体と並んで、クラウスの諷刺に特徴的な表現技法を伝えている。即ち「シオニズム的」を「反ユダヤ主義的」といいかえる簡潔な操作によって、このエッセイで彼がとろうとする思想的な立場が単刀直入かつ衝撃的に示されているのである。それがもっていた意味は、シオニズム運動に対して当時の同化ユダヤ人が見せた拒否反応の単なる一例には留まらなかった。運動の指導者Th・ヘルツルは、当時M・ベネディクトと反目し合いながらもまだ『ノイエ・フライエ・プレッセ』の編集員としてフユトンの執筆を続けており[6]、また劇作家および劇評家としてもクラウスの先例となる文筆家だったからである。つまりクラウスは、露呈しつつあった同化努力の限界と同化ユダヤ人文化の内部矛盾を、「才能に恵まれたウィーンの散文家」(FSII, 314) であったヘルツルが逡巡の末にシオニストに転身するに至った背景として、正確に探知し得る立場にあったのだ。事実このエッセイでは、貨幣単位と同時に王冠をも意味する「クローネ」という掛詞を含む標題が既に伝える通り、シオニズムに付随する経済と政治の問題が冷静に分析されている。クラウスはこの当時シオニズムを「決して実現されない有害な目標」(FSII, 299) と見なしていたが、他方では移住の候補地パレスチナで「空腹を分かち合うはずであった人々が民族的な特徴に従って分離され、反目させられる」(FSII, 301) 危険性や、ガリチアのユダヤ人問題に有効な解決策をもたらすと見なされた「冷静な入植計画」(FSII, 310) の必要性を訴えることも怠っていないのである。

しかし彼がエッセイ全篇を通じて最も力点を置いたのは、ディアスポラ状態を解消しようとする「国粋ユダヤ的な文化の創出」という要求に対して「ヨーロッパ文化の改良」（FSII, 311）という課題を擁護することであり、そこで同化ユダヤ人に課される役割を示すことであった。

最も反抗的なシオニストといえども、わずか数年のうちにたやすく文明化されて、ヨーロッパ人となるに違いあるまい。ユダヤ的な性格がもつ適応能力への議論の余地なき信仰が、最良の正統信仰なのだ。さあ、まずは試しにこれが——父祖たちの信仰となるに任せてみよう。周りを取り囲む全ての文化の分かちがたい一部となるが、それにもかかわらず常に酵素であり続けるように定められつつ、この存在のあり方は、その過度に熱心な告知者どもより強力であることが明らかになる。反ユダヤ主義が戦闘対象として選び出したのはこの存在のあり方ではなく、それに随伴する諸々の副次的な事情なのである。（FSII, 309）

この楽観的にみえる展望から読み取り得るのは、ユダヤ人の「適応能力」が単なる謳い文句にすぎないことを承知しながらも、敢えてそこに立脚点を置こうとする理想主義的な態度に他ならない。それは同化の推進に留まらず、「酵素」としてユダヤ人を受容する社会の側にもある種の文化変容を誘発しようとする意図を含んでいた。いうなれば啓蒙ユダヤ人が信じた理性的な対話による同化と相互理解の可能性は、啓蒙主義の産物としての近代新聞によっては実現に至らず、ここで諷刺家によって追求されるべき理想として選び直されたのである。(7) 事実、彼が主題の中心に据えたのは言語とコミュニケーションの問題であった。バーゼルのシオニスト会議において、多様な国籍をもった参加者たちが手振りで意思の伝達を行わざるを得ない場面が現出していながら、その問題を正視しない指導者たちを、彼は「新バベルの塔の勤勉な建設者」（FSII, 307）と揶揄する。彼がシオニズムを諷刺した論拠のひとつは、そこで「言語上の伝達のたやすさ」（FSII, 308）があまりにも疑われていないことにあった。さらに彼は「パレスチナの経済的な可能性について、聖書の記述によればそこには乳と蜜が流れている、という以上のことをこれまで知らなかった」参加者がいると皮肉り（FSII, 301）、そのような現実への無知を引き起こした報道の偏向に注意を向ける。「ユダヤ民族のプロパガンダは（……）滑稽さの爆薬をたっぷり持ち合わせて」いるために、会議の報道を批判する場合にも、そこからの「文字通りの引用」を行うだけでこと足りるとされ、それが実演される（FSII, 301ff.）。また、別の箇所ではこの技法が言葉遊び的に応用され、「意気阻喪する」という比喩的な意味で通用している「鉄砲を穀物畑の中に投げ出す（die Flinte ins Korn werfen）」という慣用句が故意に文字通りの解釈を受ける。即ち、シオニストのある者はパレスチナの実態を知って落胆のあまり「意気阻喪」しそうになるが、実際その穀物は「残念ながら神聖な地面の上では成長しない」（FSII, 307）といわれるのである。「常套句」（FSII, 312）的な言辞を弄する書き手をその言辞自体に批判させ、自動化した思考習慣をも暴露してみせるこのような模倣的な反復の技法は、その後クラウスの諷刺の特色としてさらに発展を見ることになるであろう。(8) いいかえればそのような言語への問題意識と、それが演劇的な機知やユーモアとの密接な関わりのなかで可能にした諷刺技法こそが、彼の反時代的な戦略の基盤となっていたのに他ならない。演劇人ヘルツルに率いられたシオニズムそのものが、彼にとっては「民族芝居」（FSII, 311）に他ならなかった。政治的な観点からはさまざまに反論され得るであろうこのような立場は、当然の結果としてクラウス評価に毀誉褒貶をもたらしたが、(9) そこで見逃してはならないのは世界観にまで浸透した演劇的なものとの関わりの深さであり、現実と格闘する諷刺家の芸術的意思なのである。

二　アウトサイダーとしての諷刺家

個人誌『炬火』の創刊後一九〇三年ごろまでは、ユダヤ人問題を直接の主題とするクラウスの論考が集中して見られた時期である。そこで特徴的だったのは、彼がユダヤ人差別の言説よりも、むしろそれに応答するユダヤ人ジャーナリストの言説を主要な批判対象としたことである。具体的にはドレフュス事件や、キリスト教徒に対する儀式殺人の容疑がユダヤ人にかけられた事件をめぐって、『ノイエ・フライエ・プレッセ』などで展開されていた反差別キャンペーンが、同化を妨害して差別を助長する逆効果しかもたないと指摘された。差別者の扇動に乗ってユダヤ人と非ユダヤ人を二分する図式を踏襲し、個人の問題を人種の問題に拡大することが、「ユダヤの教権支持者たちのドグマ的な関心」（F7, 4）の現われとされ、それによって「結局のところあらゆる反ユダヤ主義よりも大きな災い」（ibd.）が引き起こされる危険が繰り返し警告されたのである。それに対してクラウスは、『炬火』創刊と同年にユダヤ教会から正式に離脱し、V・アードラーやW・リープクネヒトらの社会民主主義者と緩やかに協調しながら（Vgl. F19, 1ff. u. a.）、「同化の妨げとなるあらゆる契機を弾劾すること」を目標に掲げる（F11, 5）。そこにはまた非ユダヤ人の不信と反感を招くような資本家の活動を告発することも含まれていたが、その場合も共犯関係にある新聞の責任が徹底して追求され（Vgl. F113, 6ff.）、そのことが破局を回避するための火急の課題として提示されたのである。

仲間うちでの勇気ある粛清だけが、何百年もの離散を通して一つの民族であることをやめて久しい人種の奇妙さを除去することだけが、全ての苦しみに終止符を打つことができる。今日もなおゲットーを取り囲んでいる黄金と新聞紙の格子は、倒壊しなければならない。解体を通じて救済へ！ さもなければ多くの使命を授かった二〇世紀は、より邪悪な種類の暴行を目の当たりにすることになるだろう。(F23, 7)

このような苛烈で冷徹な予言性をもった呼びかけに対応して、クラウスは当時ゲルマン文化とユダヤおよびカトリックの文化との対立を論じていたH・S・チェンバレンの寄稿を『炬火』に掲載している（F87, 1ff.; F92, 1ff.)。チェンバレンの訴えは、それを規定していた差別的な人種イデオロギーにもかかわらず、啓蒙ユダヤ人に態度変更を促した点ではクラウスの見解と重なる部分をもっていたのである[10]。当時クラウスは宗教に関して、プロテスタント諸派の改革によって「宗教的なユダヤ人気質」がその「啓蒙的な使命」を終え、「『言葉への奉仕者』のあとを、従順な理性宗教を弁護する聖職者が継ぐ」と述べた（F11, 3f.)。しかしその後、ユダヤ的な宗教伝統の特徴である言語という主題への従事[11]は、彼自身の活動においてますます比重を増すことになるのである。

もともと言語という主題が、同化のためにドイツ語の習得を急務としたユダヤ人にとって、世俗的な意味でも主要な関心事となっていたことはいうまでもない。クラウスは既に「シオンのための一クローネ」でも、「やつらはわれわれをハカイ（brachen）しなかった」というべき場面で「ホカイ（brochen）しなかった」という動詞活用の誤りを犯したユダヤ人について、「私が思うにユダヤ人問題の一切はこの変音された『O』音に掛かっている」（FSII, 310）と皮肉に言及している。このような言語運用の問題への取り組みは、イディッシュ語とドイツ語方言の融合から生じたいわゆる「ジャルゴン」に対するM・メンデルスゾーンらの排斥運動[12]と明らかな類似を示しながら、『炬火』でも創刊当初から巻末の欄で行われていた。それがA・ロースの装飾批判との対比で知られるクラウスの活動であり、そこでは新聞に見られた文法的な誤りや文体上の放恣が、「言語冒瀆と無思想性」（F11, 26）の問題として具体例に基づいて追求されたのである。しかしクラウスは、既成の言語規範に準拠して、その遵守や侵犯を言語浄化主義的な観点から論じていたのではない。それは諷刺家としての創造的な関心と不可分に結びついていたのであり、文学界や演劇界と商業的に結託した新聞（Vgl. F1, 12ff.）の影響下で常套句が「強大な権力」（F11, 6）となり、新聞に壊滅させられた文学に代わってフュトンが隆盛を誇っていると彼が見なすウィーンの特殊事情[13]（Vgl. F30, 11）に対する批判の一部を構成していたのだ。これらの主題は、エッセイ「モラルと犯罪」（一九〇二年）を嚆矢として、女性や同性愛者を抑圧する偽善的な市民道徳、およびそれに加担する司法とジャーナリズムを告発する一連の執筆活動を通じて前景化してゆく。それに伴ってユダヤ人問題が論じられる頻度は後退するが、対象領域が人種からセクシュアリティへと移行した点を除けば、社会的な差別に対する問題意識は明らかに一貫していた。事実、著書『性と性格』（一九〇三年）で女性とユダヤ人と同性愛者を劣位項として関連づけたユダヤ人の性理論家O・ヴァイニンガーの例に見られる通り、それらを同一平面上で論じるパラダイムは当時一般化していたのである。[14]クラウスはヴァイニンガーの女性蔑視を「女性崇拝者」の立場から熱烈に支持すると述べた（Ⅷ, 51）が、そこには優位項と劣位項の位置関係を攪乱する価値転倒的な美学が介在し、「言語＝エローティク」説[15]として結実しつつあったのに他ならない。二つの演劇批評を契機として、それが顕在化する。ひとつは当時O・ワイルドの詩劇『サロメ』（一八九三年）がウィーンで上演された際、ユダヤ人の登場人物がジャルゴンを喋ったことに対して、『ノイエ・フライエ・プレッセ』の記者が発した抗議をめぐって書かれた。そこでクラウスは単なる「演出の誤り」（F150, 9）を反ユダヤ主義の問題に転化する過敏さを戒めると共に、記者の価値観が同性愛者への別種の差別意識と表裏一体であることをワイルド擁護の観点から批判したのである。[16]また彼は、F・ヴェーデキントの『パンドラの匣』（一九〇四年）の禁じられていた上演を非公式に主催して端役を演じたが、その前口上として朗読したエッセイでこのファム・ファタール劇の主題を「不道徳の完璧な名誉回復」（Ⅲ, 20）と規定し、それを可能にした言語表現の「原初の力」（Ⅲ, 18）を評価した。これらの「美的な転回」（F185, 1）を経た彼は、女性性と倒錯性を詩的言語の特性と捉えるに至り[17]、それを独自の演劇的な領域で実践する者として、自らを「芸術家」あるいは「言葉への奉仕者」（Ⅷ, 116）と位置づけるのである。

この過程をさらに促したのは、O・ブラームらと共に自由舞台の創設に参加したベルリンの劇評家で、雑誌『未来』の発行者でもあったM・ハルデンとの論争である。彼はユダヤ人の諷刺ジャーナリストとして肯定的かつ否定的に初期のクラウスの模範となった人物であるが、一九〇七年に反ヴィルヘルム二世の論陣を張り、その臣下オイレンブルクの同性愛を暴露して政治的および商業的な利益を得ようとしたことが、クラウスから「文化に対する情報の勝利」（II, 78）を象徴する事件として糾弾されたのである。しかしこのとき彼はハルデンの品格を欠いた醜聞報道に、ユダヤ系ジャーナリズムによってユダヤ人自身への偏見が強められる危険性の他の事例を見ただけでなく、性愛の営みと詩作を並行的に捉え、それらの創造的な自由を擁護するという新たな論拠に立脚していた。即ち、同性愛を留保なく否定する抑圧的な性モラルは、言語を表現者の意図に従属した「道具」（II, 58）として自明視するジャーナリスト的な態度と共に、同型のファロス中心主義的な価値ヒエラルキーの産物と見なされ、そこからの脱却が求められたのである[18]。さらにそのような言語観への批判は、劇の上演において戯曲に依存し、そこから読み取られる原作者の意図を忠実に再現しようとした自由劇場的な近代ドラマトゥルギーへの批判とも、相互関連のなかに置かれていた[19]。ここにクラウスの諷刺は、言語と演劇をめぐる改革思想的な、後述するように現代の「パフォーマンス」行為との比較をも可能にするだけの射程を内包した芸術として捉え直され、その発表媒体の幅も拡大されるようになるのである。第一次大戦前後の時期に、そのような転回の指標となる活動が集中している。まず彼は、自らの先例を非ユダヤ人の民衆劇作家であり、俳優であったネストロイに求め、両者の諷刺に「書かれた演劇芸術」（Ⅷ, 284；Ⅳ, 226）という共通の呼称を与えた。一九一〇年には彼独自の舞台となる定期的な朗読会の活動を開始し、翌年は秘密裡にカトリックの洗礼を受けたあと、『炬火』を単独で執筆するようになる。当時の彼の政治的な立場が保守主義ないし擬似保守主義[20]といわれるのは、そのような経歴上の事実と著作の文面を表面的にみる限り不思議ではない。例えばネストロイ再評価の論述に託して諷刺の方法論を述べたエッセイ「ネストロイと後世」（一九一二年）では、ネストロイを自由主義者に分類したユダヤ人の歴史家H・フリートユンクの説が反駁され[21]、啓蒙的な価値観との全面対決ともとれる記述がなされている（IV, 220ff.）。これとの関連で重要なエッセイが、当初「言語問題に寄せるアフォリズム」という副題が与えられていた問題作「ハイネとその結果」（一九一〇年）である。ここでクラウスに先行する最も著名なユダヤ人諷刺家であるハイネは、プラーテンとの論争で相手の同性愛を攻撃した点がハルデンと比較され、また「言葉の巨匠」というジャーナリスト的な自覚をもっていたために「芸術家」ではありえないと主張される（IV, 209）。これに先立ってハイネの諷刺の歴史的な意義への評価が見られる（IV, 208）ことが示すとおり、クラウスが自らとハイネをさまざまな点で批判的に比較対照してみせるこのエッセイは、新世代の諷刺家としてのマニフェストになっているのだ[22]。のちに再度ふれるように、クラウスの政治性に対する評価は、予測される先入見への彼自身の反論を含んだこれらの著作を厳密に踏まえたものであることが求められよう。

クラウスの身体が朗読会で可視化するに伴って、彼の存在は公的な論議の的となり、反ユダヤ主義者からの攻撃も目立つようになった[23]。クラウス擁護の例としては、彼の影響下に創刊されたカトリック系の雑誌で、表現主義文学の一拠点ともなった『ブレンナー』が実施し、さまざまな分野の指導的な芸術家や学者が回答を寄せた「カール・クラウスについてのアンケート」が挙げられる[24]。この記録は、クラウスの社会的な位置がどの既成カテゴリーにも分類しがたい特異なアウトサイダー性を帯びていたことを推測させずにはいない。それを端的に示すのが、狂信的なアーリア人種至上主義を唱えて雑誌『オースタラ』を発行し、ヒトラーにも影響を与えたランツ・フォン・リーベンフェルスの回答である。彼はクラウスを、ユダヤ系ジャーナリズムを無力化して「アーリア・ゲルマン人に公的な発言の権利を再び取り戻してくれた」人物と評し、その功績を称えたのだ[25]。しかしまた他方、多くのユダヤ人は回答者としてクラウスを支持し、また社会的に友人であり続け、あるブダペストの劇団はイディッシュ語劇のブルク劇場公演のために彼の支援を受けている[26]。このような評価の分裂に対してクラウス自身は、「彼はどうせユダヤ人さ」という巷間の評言をそのまま標題としたエッセイで、読者からの質問に答える形でコメントを発した。その質問は彼が自分にユダヤ的な特性が全く備わっていないと思っているのか、および「人種から脱出することは不可能だ」という人種的な反ユダヤ主義者の命題に彼がどのような態度を取るのかを問うものであったが、これに対して彼はまず「私は時代から外れて生きているので、人種問題のような重要な問題について全く頭を悩ませたことがない」(IV, 328) という挑発的な保留条件を設け、議論の焦点をずらしつつ次のように述べている。

さて、かつてどんな人種にも拒まれたことがなく、ひとたび到達可能になればその人種を決して耐えがたい存在にはしなかったであろうような、より次元が高い状態の真価を証明することは、人種の内部においてもまたあり得ることだと私は確かに信じているのである。だから、まだ神から自立していないユダヤ性の状態においては捜しても無駄であろうような特性ならば、私はきっと憎悪することがあり得るかも知れない。それに対して私が次のように主張し、それによって第一の問いに答えることもできるかも知れない。つまり、私たちがユダヤ的な事物の現状に基づいて同意のもとに確認しようとするようなユダヤ人の特性は、私には一切備わっていない、と私は信じているのみならず、ある啓示体験の衝撃に発するかのようにそう感じてもいるのだ。(ibd., 328f.)

これに続いてクラウスは、「権力と所有の欲望」(ibd., 329) をユダヤ人だけに帰することの不合理に注意を促し、また彼の活動の意図を誤解させている要因が「常套句の生活」（IV, 331）にあることを主張する。まさしく彼は人種問題に諧謔を伴った慎重な距離を置くことで、人種に関するジャーナリズム的なカテゴリーそのものが可変的であり、従って無効であることを訴えているのだ。この主題は人種差別と隣接する民族主義およびナショナリズムへの批判と並んで、第一次大戦中に成立した彼の反戦劇『人類最期の日々』（一九一八年）を貫徹しているものでもある。この戯曲は翼賛報道の引用モンタージュを通じて同化ユダヤ人ジャーナリズムの戦争協力を記録しているだけでなく、上述のイデオロギーによって「人類」を恣意的に区分し、暴力をもって対峙させることへの抵抗を呼びかけているのである。(27)

三　「ユダヤ性」への回帰

ハプスブルク帝国の崩壊とオーストリア共和国の成立に伴い、クラウスの活動の前提条件も一新される。『ノイエ・フライエ・プレッセ』は、M・ベネディクトが死去するに及んで急速に影響力を低下させた。他方、クラウスは政権に就いた社会民主党と緩やかな連帯関係を復活させる。そのもとで彼の活動の重点は、ユダヤ人同化の現状に対する批判から、彼が同化の基礎と見なす思想の啓蒙と実践に移行し、その全体を通じて演劇との関わりが中心的な要素となるのである。このことを端的に示す作品が、戦時中から続いていたF・ヴェルフェルとの論争の延長上で書かれた戯曲『文学あるいは今に分かるさ』（一九二一年）である。ヴェルフェルと彼が属するプラハの表現主義グループは、同じユダヤ系のベルリンの出版産業や戦争政策を進める当局に協力的であったことを理由に、クラウスから「新しい文学ジャーナリストたち」（F484／498, 94）と揶揄され、商業文芸に従事する「付和雷同的な文士仲間」（F514／18, 37）と同列に置かれていた。これらの主題自体は戦前から継承されたものであったが、戯曲ではその提示方法が決定的な変更を蒙っている。一人称の語り手が登場して主題を論じるエッセイの形式とは異なり、そこではジャルゴンを話す「父親」のようなさまざまな役柄の人物が登場して、語りを通じて批判対象の滑稽さや愚昧さを擬態してみせるのだ。実際この作品はクラウスの朗読によって「上演」され、「初めに新聞ありき」という旧約聖書のパロディーで始まる挿入歌（XI, 57f.）は単独でも唄われた。[28] 諷刺エッセイの主題を最終的に戯曲として作品化するというこの試みは、『人類最期の日々』に端を発し、戦後を通じて反復される。[29] このような自作および古典の戯曲を取り上げる朗読会は「文芸劇場」と命名され、ドイツ語圏内外での巡業も行われた。また、同じころ執筆が開始された一連の言語論的なエッセイおよび「言語の教説」と題された啓蒙的な短文においても、多くの論述はシェイクスピアやゲーテ、ネストロイやオッフェンバックなどの戯曲からの引用に基づいてなされているのである（z. B. VII, 284ff.）。

このような演劇的なものへの関与は、クラウスが自らのユダヤ性について行った態度表明とも密接に結びついていた。まず彼は、ホーフマンスタールの祝祭劇がM・ラインハルトの演出によってザルツブルクの教会で上演されたことに抗議し、それを直接の理由としてカトリック教会からの脱退を宣言した際、[30] その行為をかつて自分が「忌まわしい誕生の偶然によってそこへ迷い込んだユダヤ教の信仰共同体を去った」（F601/7, 3）ことになぞらえている。しかしこのような否定的な見解については、それが二人のユダヤ系演劇人への批判の文脈で発せられたこと、並びにほぼ時を同じくしてそれとは対極的な発言もなされていることに注意しなければならない。その契機となったのは、クラウス自身のアレゴリー劇である『夢戯曲』（一九二三）と『夢劇場』（一九二四）の公演がシオニズム系の新聞で論評され、作者の過去を追想する作品にもかかわらず「シオン」エッセイでのヘルツル批判については撤回も後悔もなされていないと批判されたことであった。これにクラウスは反論し、ヘルツルの形姿を取り巻く「問題性」の印象は不変としながらも、当時刊行されたヘルツルの日記を読んだことで、彼をその同僚ジャーナリストと比べて「遙かに高貴な現象」と見なすようになったと述べる（F649／56, 137f.）。但し自らのユダヤ性への問いについては依然として断定を避け、クラウスをユダヤ人として好意的に論じたイディッシュ語の新聞記事の原文（ibd., 141f.）とヘブライ語の雑誌記事の翻訳（F657／67, 174）を転載し、引用を媒介にした暗示をもって答えとした。また「シオン」エッセイ自体に関しては、それを「撤回」したことも「芸術的な不完全さ」以外の理由でそれを「後悔」することもないとされる（F649／56, 137）。彼がかつての見解を保持するか撤回するかの態度決定を義務づけられているという見解は、「『撤回したことがない』という発言と撤回はしないという告白を混同するのと全く同様に精神薄弱である」と反駁され、シオニズムをどう考えるか問い糾す「この上なく押しつけがましい審理」への答えではなく、「私の著作に書かれている大抵のことを今ならいわないか、あるいはそのようにはいわないであろう」という芸術家としての矜持だけが確約されたのである（F657／67, 167f.）。ここでもユダヤ性をめぐる主題は周到な距離を置いて扱われたのであり、とりわけそれに肯定か否定かという二者択一的な評価基準を適用することに対しては峻拒の態度がとられているのだ。ここで考慮するべきことは、まさしくこのような身振りこそがクラウスのユダヤ性理解の核心を示している可能性であり、発言の文脈を無視してこれらの記述から字義通りの問題回避や自己弁護を読み取ることは、クラウス自身が慎重に回避しようとした問題のイデオロギー的な単純化に逆行することを意味するだろう。ユダヤ人のイスラエル移住が既に進行していた当時、ヘルツルと同じ「演劇批評家」（ibd., 165）に対してこのような言明がなされたことは、クラウスもまた自らの表現活動の原点を確認する必要に迫られていたことを推測させる。彼は「私の矛盾」（一九二七年）と題された詩で、自らの政治的な志操が機会に応じて「革命的」にも「反動的」にもなり得たと述べると共に、「根源」への遡行について語っている（IX, 591）が、カテゴリー化に抗うそのような「根源」志向は、民族アイデンティティをめぐる彼の晩年の格闘をも根底において特徴づけていたようにみえるのである。[31]

彼が「穴居人どもの暴動の不可避性」（F845／46, 31）と予見した事態がナチスの政権就任によって実現したとき、クラウスは既に社会民主党の「意思の友人」ではあっても「存在の敵」（F876／84, 7）であると自らを位置づけ[32]、「私たちがなす術もなく委ねられている世界没落を前にして」残された唯一の可能性を、政治ではなく文芸劇場と言語の教説への「退却」に見出していた（F845／46, 3）。実際には『第三のワルプルギスの夜』（一九三三年）という長大なナチズム批判の書を著し、極点に達しつつある反ユダヤ主義の渦中にあった同化ユダヤ人としては稀有の抵抗姿勢を貫いていたにもかかわらず、もはやその公刊は許されない状況にあったのである[33]。とはいえ、ナチスによる物理的および言論上の暴力が引用によって実証され、徹底的に弾劾されるこの著作の主題は、最終的に政治ではなく言語と文学の問題に収斂してゆく。ゲーテの詩劇『ファウスト』前後二部に現れる魔物の饗宴のモチーフを借用した標題自体が既に示すとおり、ここでは全篇にわたってゲーテやシェイクスピア等の劇句が事実の比喩ないしクラウスの見解の代弁として引用され、かつナチスのプロパガンダと対比されている。即ちナチズムという狂暴な「劇場政治」あるいは「国家演劇」（Ⅻ, 53）が、クラウスの依拠する演劇伝統との対照のなかで断罪されるのだ。しかしユダヤ人問題が弁護の対象に転じたわけではなく、ユダヤ系ジャーナリズムへの批判もナチズムとの共犯関係を追求するという形で続行されている（Vgl. Ⅻ, 97ff.）。その重要な例外は、クラウスの著作がナチスの焚書対象にならなかったという事実（Vgl. Ⅻ, 40ff.）に関連してリーベンフェルスのクラウス評が再録され、それへの反論としてクラウスの活動が「アーリア・ゲルマン精神」とは無関係であることが改めて強調される箇所である。彼はその根拠として、彼が「ドイツ語とある秘密の関係を保持しており、その関係の真相を国家が嗅ぎつけることは許されまい」（Ⅻ, 318）と述べるのだが、これは直ちに「言葉への奉仕者」について論じられた第一次大戦前期のテクストを連想させずにはいない。事実、この著作の公刊を断念したことで生じた沈黙を「なぜ炬火は発行されないのか」と疑問視あるいは非難する声をそのまま挑発的に標題とした『炬火』では、政治的な危機に直面したときにこそ言語と文学の問題に没頭することが正当であるという主張（z. B. F890 / 905, 9ff.; 46ff.）と並んで、クラウスの「ユダヤ人批判」がいわゆる自己憎悪の痕跡を示すものではなく、反対に彼が次のような「告白を迫られているように感じる」（ibd., 36ff.）と論じられているのだ。[34] それは彼が「精神的な嘲りを意のままに使いこなす点で、また傷つけられた生命と汚された言語への恭順という点で、ある断じて侮辱不可能なユダヤ性という自然力を感謝と共に認めており、何ものにもまして愛している」（ibd., 38）という告白である。これらの記述は次の一節と共に、ドイツ語への関与が自らの「ユダヤ性」の自覚と表裏一体の関係にあるという、クラウスに極めて特徴的な事態を間接的に伝えるものに他ならない。

それにしても、ある国家の言語に近づけば近づくほど、それだけいっそうその国家の利害から遠ざけられるということは、素晴らしい冒険ではないだろうか？　そのときにこそ、この言語の尊厳、その高みが、馴れ馴れしさをどれほど除去するかが初めて感じられるのだ。しかしこの言語の話し手と書き手は、それを馴れ馴れしくあしらっているにすぎない。まさにこの共同体ほど、その言語のもとで狂信的に、その言語の秘密から遠ざかって生きた共同体は、またとはないかも知れないのである。この共同体は、最も謎に満ちた言語を所有するという幸運をもっている。そしてその最大の謎とは、この言語との関係をもたないままにそれが語られ、書かれ得るということ、それどころか、この言語自体に対する民族意識のこの上なくご立派な勝利が勝ち取られることができたということだ。（ibd., 97f.）

ここではドイツの民族主義とナショナリズムがドイツ語に立脚点を求めたことが辛辣に皮肉られているだけでなく、クラウスが「ドイツ語を朗読を通じて賛美する」活動と「言語の教説」による啓蒙活動を最後まで重視し、「言語ゼミナール」（ibd., 168）の開設すら構想していた理由が説明されている。彼にとってドイツ語は、「最も計り知れず最も深い言語、そのふしだらな使用が流血の惨事という結果をもたらした言語」（ibd.）として啓蒙の対象となるべき要件だったのであり、それがひいては「民族的な自己規定によって脅かされている諸価値の救済」（ibd.）に繋がることが遠望されていたのだ。ここには、彼が諷刺活動の出発点に掲げた理想の痕跡を明らかに認めることができる。彼がヒトラーへの対抗勢力としてドルフスの独裁政権を支持したこと（Vgl. XII, 234ff.）に対する評価は、ユダヤ人の同化がナチズムという現実の前に実現を最終的に阻まれつつあった事情を酌量することによって、確かに変更が可能であろう。[35] しかし諷刺芸術の属性としての理想の追求が、本来その現実的な成就とは無関係な次元に属していると考えるならば、彼の活動には最晩年まで揺らぐことのなかった一貫性が認められるのであり、それを考慮するためにはそもそも政治的な判断基準ではなく、芸術に一定度の自律性を容認する視点が不可欠だと考えられるのである。

四　パフォーマンスとディアスポラ・アイデンティティ

クラウスの諷刺の独自性が、それを基礎づけていた思想と共に明確化したのは、ハイネとネストロイについてのエッセイが発表された時期である。当時ユダヤ系ジャーナリズムに対する批判の根拠となる言語観は、「私は言語を支配していない。しかし、言語は私を余すところなく支配している」という文章で始まるアフォリズム（VIII, 134f.）に集約されていた。クラウスはハイネ論を発表する直前の『炬火』でこれを引用し、彼の「言語宗教」に関連づけると共に、「多くの言語を支配することができても、奉仕することができるのはただひとつの言語のみ」と述べている（F298／99, 55）。このことが暗示しているように、彼のドイツ語理解においては早くからユダヤ的な伝統が意識されていた。[36] ハイネ論では、そこで提示された言語の支配不可能性というテーゼがハイネのベルネ論における言語の道具視と対比されたのであるが、このときもハイネは単に過去の克服対象として参照されていたのではない。ジャーナリストとしてのハイネと対比されたのは、最終的にはクラウスではなく、『ルッカの温泉』でクラウスの立場と一致する記述を行っていたハイネ自身だったのである。[37] ハイネがユダヤ人として諷刺芸術家であり、同時にジャーナリストでもあったという事実は、クラウスにとって自己の立場を鮮明にするための格好の思考材料を提供する矛盾であったと考えられるのだ。そのことを示すのが、同じハイネ論に含まれている「思想の先行形成」(IV, 202) というテーゼである。「創造的な頭脳は、他人が彼より先に語ったことも自分の頭脳から語ることがあり得る。その他人は、創造的な頭脳にはあとで初めて思いつくであろう思想を模倣しているのだ」(ibd.) という逆説がそれであるが、ここにクラウスとハイネの関係が投影されていることは明白であろう。クラウスの言語観が、同時期にハルデンとの論争を通じて形成されつつあった彼の演劇論と交差するのも、そのような前提に立つときに他ならない。即ち「思想」がそれを語る文筆家に同時に帰属しかつ帰属せず、そのためにクラウスがハイネに対して実演してみせるような引用をも許容するという矛盾した事態は、「俳優的人格」(VIII, 101) に対してその舞台での台詞がもつ関係との類比において捉えられていたと考えられるのである。この点で彼の言語観は、話者の意図の現前によって保証された「真理」の言説と、それを俳優が模倣することで成立する「虚構」の言説との差異を失効させようとする脱構築思想と明らかな接点をもつのであり、[38] 言語の支配不可能性というテーゼはこれ以後、彼の根本認識として随所で反復されることになるのだ (z. B. VI, 109 ; VII, 373 ; XII, 13)。ハイネが理論的にのみ先取りしているとみなされたこの認識を、クラウスは「その人のなかで言語が事物を憂慮する最初のドイツの諷刺家」(IV, 230) としてのネストロイを模範として、実践的に徹底化しようとしたのである。ジャーナリズム批判と、読者を「脱ジャーナリズム化」(IV, 18) に導こうとする啓蒙的な著作は、どちらも俳優的な引用に基づく「書かれた演劇芸術」の二つの方向性であったと理解し得る。演劇的な朗読会で目標とされたのも、まさにジャーナリズムの影響によって引き起こされた「言葉への疎遠さという根源悪」（F668 / 75, 62）を聴衆に克服させることであった。

このような諷刺の実践によってクラウスには、反ユダヤ主義とそれの影響下で先鋭化した民族的なアイデンティティの問題と、シオニズムとも社会民主主義とも異なるしかたで対決する可能性が拓かれたといえる。彼はユダヤ人というカテゴリーに負わされた差別的な負の属性を正に転じようとしたのでもなければ、ユダヤ人と非ユダヤ人を差異化する二分法を平等の理念によって消滅させようとしたのでもない。彼は生涯を通じてユダヤ系ジャーナリズムの言説を、また晩年にはナチズムの言説を引用によって諷刺の文脈に移し替え、模倣的に再演してみせた。この基本的な戦略を通じて露呈したのは、それらの言説を通じて人種的な差異やそれに立脚するアイデンティティがあたかも実体性を帯びたものであるかのように産出される機構だったのである。差異は外部から直接的に反駁されるのではなく、このような距離を置いた演劇化の操作を通じて内破へと導かれたのだ。ゲルマン民族主義者リーベンフェルスがクラウスに寄せた賛辞は、この戦略の帰趨が肯定的なものであったことを皮肉に証明している[39]。それと共に、引用によって脱主体化された言語の創造性は、「言語の教説」や朗読会において単に美学的ではなく、民族共生のための倫理的な主題として追求されたのである。内在的な差別批判へと方向づけられたこのような言語思想と演劇実践の結びつきは、ジェンダー論との関連で新たに規定された「パフォーマンス」に典型化された特徴に他ならない。生物学的な性差という基準に代わって導入されたジェンダー概念が、性役割の可変化に貢献しながらも依然として男女の二分法という抑圧的な機制の圏内にある状態を克服するべく、そこでは性差別を再生産する言語慣習そのものが引用によって模倣され、差別批判的な逆の効果を演じるように仕向けられる[40]。クラウスの諷刺はこのような意味でのパフォーマンスを、既に述べたように性差の問題をも視野に収めながら、性差と並ぶ原初的な差異である人種と民族を主題として先取りする表現活動であったと見なし得るのである。[41] 事実そこに内包されていた重層的な演劇性は、伝統演劇が依拠する表象＝上演の制度に対する批判の産物である点でもパフォーマンス的であった。例えば朗読会で声色を駆使して役柄を演じ分けるクラウスは、「俳優ではないもの」と「俳優でなくはないもの」の中間に位置する特徴的な二重否定性[42]を体現していたはずであり、その「台本」となるテクストでは、聴衆も知識を共有する現実の事件が素材とされながらも、そこに「書かれた演劇芸術」としての演出が施されるのが常だったのである。[43] 聴衆もまたそこでは単なる傍観者であることをやめ、価値観の変革を促されるような影響力を蒙ったことがE・カネッティらによって回想されている。[44] つまりクラウス的な劇空間は、それを構成するさまざまな次元で現実と虚構、真剣さと遊戯性などの対立する二項間に設けられた制度的な境界が侵犯され、社会的に固定されたペルソナを脱したアウトサイダーである諷刺家がそこで価値転倒的な言説を展開する「リミナリティ[45]」の領域として構想されていたのだ。彼がネストロイに関して「自由主義的にも反自由主義的にも思考できなかった」（IV, 234）と述べるとき、そこではこの空間を二分法的なカテゴリーに還元しようとする先入見が断固として斥けられているのである。彼の近代批判と保守性の問題は、近代以前の社会において秩序形成力の一端を担った民俗儀礼と親近性をもち、また慣習への依拠を通じて慣習の打破に至るという両義性をもったパフォーマンス行為の特性という観点から再検討されなければならない。

そのような方法論的見地からの考察を通じて、クラウスの諷刺が思想史的にもつ固有の位置もより明確になるだろう。彼は『第三のワルプルギスの夜』でハイデガーへの批判的な言及を行っている（XII, 71）が、まさに彼自身の表象批判的な思想もハイデガーの哲学と同じく、ドイツ語を手掛かりとした存在論といえる特徴を示す結果になっていることは、アドルノによって指摘されている通りである。[46] しかし重要な点は、それがユダヤ人という被差別者の側からの思索であったということなのだ。反ユダヤ主義のもとで同化ユダヤ人が直面せざるを得なかった存在の二重性の体験が、そこでは演劇的な思考モデルのなかで捉え直され、上述のような脱構築的な射程をもった思想へと昇華されている。ドイツ語は言語使用者にナショナル・アイデンティティの基盤を提供する従属的な道具ではなく、反対に言語使用者の意図を常に裏切る他者性に満ちた「女主人」（Ⅷ, 135）として「奉仕」の対象とされたのである。これがクラウスの入念な文体構築と、諷刺の技法として駆使される引用の背景にあった言語観であり、先述したようにそれは「精神的な嘲りを意のままに」し、「傷つけられた生命と汚された言語への恭順」を示すとされた「ユダヤ性という自然力」（F890／905, 38）と、明言されないままに関連づけられていた。このような思想に立脚して同化理想の追求を敢行した彼は、その戦略の必然的な帰結として、同化対象となる当時のドイツ文化にもそれと対立するユダヤ的ナショナリズムにも共有されていた本質主義的な人種イデオロギー、即ち「ドイツ人」や「ユダヤ人」であることを生得的で非歴史的な属性と見なす思考形態を徹底して批判しながらも、同時に「ユダヤ性」に対する距離を置いた「感謝」と「愛」をも放棄することがなかったのだといえよう。ユダヤ系ジャーナリズムへの攻撃においては一見したところユダヤ人の「自己憎悪」をも連想させるその身振り(47)は、むしろ民族的な起源へと想像的に、つまりそれが純粋な形態においてあるという臆見を排しつつ遊戯的に回帰し、それを通じて自己を雑種混淆性《ハイブリディティ》に向かって開かれたものにしてゆく「ディアスポラ・アイデンティティ」(48)の実践と正確に呼応するような性質をもっていたのだ。このような意味での同化を理想化するための表現手段となった諷刺が激しい攻撃性を特色としているように見えるとしても、それは理想の強烈さと対をなし(49)、当然のことながらナショナリズム的な暴力とは何らの接点もなく、反対にそれを否定して人種理解をめぐる「より次元が高い状態」（Ⅳ, 328）への文化変容を招来するための推進力であったと捉えることができる。(50)具体的には執筆と朗読においてパフォーマンス的に「演じる」行為こそが、クラウスにいわば「祖国」への帰還も亡命もしないままでナショナリティの外部に立つ可能性を与えたのである。(51)そのようにみるとき、ユダヤ人を「酵素」として捉えることから出発した彼の諷刺の理想は、さまざまな差異との関連でアイデンティティの岐路に立つわれわれの現実と架橋され得るであろう。

*凡例：この論文での引用は、次の要領に従っている。Kraus, Karl: Frühe Schriften. Hrsg. von Joh. J. Braakenburg. Bd. 1-2. München (Kösel) 1979.（略号FSのあとにローマ数字で巻数、アラビア数字で頁数を表記）; Kraus, Karl: Schriften. Hrsg. von Christian Wagenknecht. Frankfurt a. M. (Suhrkamp) 1986-1989.（ローマ数字で巻数、アラビア数字で頁数を表記）; Kraus, Karl (Hrsg.): Die Fackel. Neuausgabe in 12 Bänden. München (Zweitausendeins) 1968-1976.（略号Fのあとに号数と頁数をアラビア数字で表記）

（1）例えばこの主題に関する以下の代表的な論文を参照のこと：Wagner, Nike: Incognito ergo sum — Zur jüdischen Frage bei Karl Kraus. In: Literatur und Kritik, 219 / 20 (1987), S. 387ff. ここでは標題に示されているとおり、クラウスが自らの人種的な出自を隠蔽する傾向にあったことが、反ユダヤ主義のもとで当時の同化ユダヤ人一般に強いられていた態度の派生事例として因果論的に跡づけられている。このようなアプローチは、それが「ユダヤ」という人種主義的なカテゴリーの自明性を無批判に前提している点で、クラウス自身の問題意識を既に捉え損ない、現象論的な記述に終始しているといわざるをえない。これは同種の他の論文にも共有されているようにみえる特徴だが、人種的なアイデンティティをめぐるクラウスの思想と実践は、それを論じる研究者自身にも、自らの「人種」理解を真摯に問い直す再帰的な思考の作業を要求するだけの批判的な射程を含んでいたのだといえよう。本論は、それを測量する試みの端緒である。

（2）クラウスの父親は、中欧全域で成功を収めてドイツのオーストリア併合まで存続した製紙会社を経営しており、一家は一八七七年にプラハ近郊の小都市イッチンからウィーンに移住してリング・シュトラーセ区域に住んだ。

（3）Theobald, John: Karl Kraus's attitude to his jewishness as reflected in his early life and writings. In:

Quinquereme. New studies in modern language, Bath 2 (1979), S. 168f.

（4） Brummack, Jürgen: Zu Begriff und Theorie der Satire. In: Deutsche Vierteljahrsschrift für Literaturwissenschaft und Geistesgeschichte, Sonderheft (1971), S. 276ff.

（5） Andics, Hellmut: Die Juden in Wien. Wien 1988, S. 318

（6） Wandruszka, Adam: Geschichte einer Zeitung. Das Schicksal der "Presse" und der "Neuen Freien Presse" von 1848 zur Zweiten Republik. Wien 1958, S. 113ff.

（7） シラーは『素朴文学と情感文学について』（一七九五年）において、諷刺詩人の主題を「自然からの乖離」と並んで「現実と理想の矛盾」と規定している。Vgl. Brummack: ibd., S. 320ff.

（8） 拙論：Satire und Geschichte. Uber Karl Kraus' Essay *Nestroy und die Nachwelt*. In: Doitsubungaku, 98 (1997), S. 69ff.

（9） Zohn, Harry: Karl Kraus. "Jüdischer Selbsthasser" oder "Erzjude"? In: Modern Austrian Literature, 8. 1/2 (1975), 3ff.

（10） Timms, Edward: Karl Kraus. Satiriker der Apokalypse. Leben und Werk 1874-1918. Aus d. Engl. von Max Looser u. Michael Strand. Wien 1995, S. 323ff.

（11） この問題については以下を参照。ゲルショム・ショーレム（山下肇他訳）：ユダヤ神秘主義（法政大学出版局）一九八五年、二四頁以下。

（12） Toury, Jacob: Die Sprache als Problem der jüdischen Einordnung im deutschen Kulturraum. In: Grab, Walter (Hrsg.): Gegenseitige Einflüsse deutscher und jüdischer Kultur. Tel-Aviv 1982, S. 75ff.

（13） Arntzen, Helmut: Karl Kraus und die Presse. Müünchen 1975, S. 25ff.

（14） Braun, Christina von: Warum 'Gender Studies'? In: Zeitschrift für Germanistik, Neue Folge IX-1 (1999), S. 14ff.

(15) ニーケ・ヴァーグナー（菊盛英夫訳）：世紀末ウィーンの精神と性（筑摩書房）一九八八年、二一五頁以下。

(16) このエッセイ「サロメ」については、以下に詳しい紹介がある。サンダー・L・ギルマン（本橋哲也訳）：病気と表象――狂気からエイズに至る病のイメージ（ありな書房）一九九六年、二三三頁以下。

(17) 拙論：カール・クラウスのアフォリズムにおける言語観について［『早稲田大学大学院文学研究科紀要』別冊第二一集、一九九四年］四七頁以下。

(18) 拙論：ラブレターのなかの「根源」――カール・クラウスにおける言語とジェンダーの問題について――［『ドイツ文学』第一〇五号、二〇〇〇年］八五頁以下。なお、この主題との関連では、クラウスとフロイトの協調と確執も重要である（Vgl. VIII, 222ff.; 347ff.）。

(19) 拙論：「書かれた演劇芸術」としての諷刺――カール・クラウスにおける伝統問題とそのメディア批判的な射程について――［『ワセダ・ブレッター』第六号、一九九九年］四頁以下。

(20) Scheichl, Sigurd Paul: Politik und Ursprung. Über Karl Kraus' Verhältnis zur Politik. In: Wort und Wahrheit, 27 (1972), S. 43ff.

(21) Theobald, John: Karl Kraus's jewish pseudo-conservatism and its effect on his writings between 1903 and 1914. In: Quinquereme. New studies in modern language, Bath 4 (1981), S. 26ff.

(22) 大オーストリア主義を支持していたこの歴史家はこれに先立ち、当局の偽造文書に基づいてセルビアへの開戦を扇動する情報操作記事を『ノイエ・フライエ・プレッセ』に発表した責任を問われていた（Vgl. IV, 21ff.）。

(23) 拙論：カール・クラウスにおける「言語問題」への転回点――エッセイ「ハイネとその結果」の諸問題――［『ワセダ・ブレッター』第二号、一九九五年］一九頁以下。

(24) 例えば雑誌『マスケット銃』第四一〇号（一九一三年）には、クラウスをユダヤ人として戯画化したイラストと共に、彼のアフォリズムのイディッシュ語によるパロディーが掲載された。Vgl. Schuh, Franz u. Vogel, Juliane (Hrsg.): Die Belagerung der Urteilsmauer. Karl Kraus im Zerrspiegel seiner Feinde. Wien 1986, S. 89ff.

（25）Der Brenner, 18 (1913), S. 847f. なお、E・ラスカー＝シューラーを初めとして、このアンケートの回答者の多くはユダヤ人であった。

（26）Grimstad, Kari : Masks of the Prophet. The theatrical world of Karl Kraus. Toronto u. a. 1982, S. 120f.

（27）クラウスは戦前にも、対話劇の形式をもつ「ハラキリとフュトン」などのエッセイで、非ヨーロッパ人への偏見を告発している（Vgl. IV, 140ff. ; 323ff.）。また戦時中は、カントの平和思想にオマージュを捧げた詩「永遠平和のために」（IX, 267f.）が頻繁に朗読された。

（28）戯曲を朗読する試みは戦前から始まっており、『人類最期の日々』も含めて彼の自作戯曲は全て朗読会で「初演」された。なおこの戯曲も含め、大戦前後の著作の標題には黙示録をパロディー的にモチーフとするものが少なくない（Vgl. IV, 9ff. ; 424ff.）。

（29）例えばクラウスは共和国の理念に希望を寄せ、それを社会民主党内の逸脱や外部の反対勢力から守ろうと努力したが、それはアリストファネス『鳥たち』の翻案である『ヴォルケンクックックスハイム』（一九二三年）のモチーフとなった。また、醜聞報道とその背後での買収と恐喝によって勢力を伸ばしたユダヤ系新興ジャーナリストであるI・ベケシーを相手に行われ、彼をウィーンから追放することに成功した論争は、一九二七年に大量の犠牲者を出した労働者デモへの発砲事件における警察署長J・ショーバーの責任を追及する抗議活動と共に、記録演劇的な『克服不可能な者たち』（一九二八年）の背景となっている。

（30）Schick, Paul : Karl Kraus mit Selbstzeugnissen und Bilddokumenten. Reinbek bei Hamburg 1993 (10. Aufl.), S. 110. なお、カトリックに入信していた事実はこのとき初めて明らかにされた。

（31）「根源」概念はエロスを主題とする詩に導入され、旧約時代のユダヤ民族の征服戦争をモチーフとする反戦詩「ギベオンの太陽の祈り」（IX, 125ff.）以後はしばしば政治的なメッセージ詩で用いられるようになった。拙論（二〇〇〇年）八九頁を参照のこと。

（32）社会民主党との決裂の理由については以下を参照。Kohn, Caroline : Karl Kraus und das Judentum. In :

Grimm, Gunter E. u. a. (Hrsg.) : Im Zeichen Hiobs. Jüdische Schriftsteller und deutsche Literatur im 20. Jahrhundert. Königstein / Ts. 1985, S. 156f.

（33） Schick, ibd., S. 129.『第三のワルプルギスの夜』は一九五二年に公刊された。なお、当時クラウスが迫害された同胞に対して行った援助活動については、以下を参照。Kohn : ibd., 153ff.

（34） この号の『炬火』では、『炬火』出版社である「われわれ」がクラウスの委託を受けて語るという、仮面的な代理の体裁が取られている。

（35） Theobald, John : The Paper Ghetto. Karl Kraus and Anti-Semitism. Frankfurt a. M. 1996, S. 181.

（36） この問題について論じた文献としては以下を参照。Dürr, Volker : Karl Kraus. Sprachmystik, Kabbala und die deutsche Sprache als „Haus des Seins“. Zum Essay „Heine und die Folgen“ In : Czucka, Eckehard (Hrsg.) : »Die im dem alten Haus der Sprache wohnen« Beiträge zum Sprachdenken in der Literaturgeschichte. Helmut Arntzen zum 60. Geburtstag. Münster 1991, S. 375ff. 但し、クラウスにはユダヤ教とユダヤ哲学に関する知識は乏しかったとされる（Vgl. Zohn : ibd., S. 12）。

（37） 拙論（一九九五年）二四頁以下。

（38） 拙論（一九九九年）一四頁以下。

（39） これと反対に、『第三のワルプルギスの夜』の冒頭の文章として『炬火』に引用された「ヒトラーに関して私に思い浮かぶことは何もない」（F890 / 905, 153）という凄絶な反語は、それを字義通りに解する読者に対しては憤激と失望を深める危険性をもっていたといえる。Vgl. Schick, ibd., S. 128ff.

（40） ジュディス・バトラー（竹村和子訳）：ジェンダー・トラブル（青土社）一九九九年、二三九頁以下、および同（竹村和子抄訳）：触発する言葉――パフォーマティヴィティの政治性――［『思想』第八九二号、一九九八年］一八頁以下。

（41） 例えばクラウスは、女装した男優が主人公を演じるネストロイのパロディー的なユーディト劇を、ヘッベルによるその原作よりも高く評価した（F457 / 61, 53ff.）。それが示すように、性差の問題に対するクラウスの取り組みは、性的アイデンティティを脱構築しようとするジェンダー論の実践と比較可能な展開を実際に示していたのである。拙論（二〇〇〇年）八五頁以下を参照のこと。

(42) リチャード・シェクナー（高橋雄一郎訳）：パフォーマンス研究（人文書院）一九九八年、四九頁および六四頁以下。

(43) クラウスの文章そのものの演劇性や、語り手「私」を通じての彼の自己演出などについては拙論（一九九九年）八頁以下を参照。

(44) Canetti, Elias: Karl Kraus, Schule des Widerstands. In: Ders.: Die Stimmen von Marrakesch. Das Gewissen der Worte. München-Wien 1995, S. 135f.

(45) Turner, Victor: Das Liminale und das Liminoide in Spiel, »Fluß« und Ritual. Ein Essay zur vergleichenden Symbologie. In: Vom Ritual zum Theater. Der Ernst des menschlichen Spiels. Aus d. Engl. von Sylvia M. Schomburg-Scherff. Frankfurt a. M. 1995, S. 39ff.

(46) テオドール・W・アドルノ（木田元他訳）：否定弁証法（作品社）一九九六年、一三八頁。

(47) Lessing, Theodor: Der jüdische Selbsthaß. Berlin 1930, S. 43f. ここではクラウスが「ユダヤ人の自己憎悪の最も卓越した事例」として言及され、彼のもとで「憎悪の最奥の秘密が露わになる」と暗示的に述べられている（しかし続く本文では、彼は自己憎悪の事例として論じられる六人の内には含まれていない）。

(48) ステュアート・ホール（小笠原博毅訳）：文化的アイデンティティとディアスポラ［『現代思想』第二六巻第四号、一九九八年三月臨時増刊］一〇一頁以下。

(49) Theobald: ibd. (1979), S. 177.

(50) 時代批判を通じて時代の軌道修正を図ろうとするこのような態度は、「裏返しのユートピア論（Utopie ex negativo）」とも名指されている。Vgl. Arntzen, Helmut: Nachricht von der Satire. Einleitung zu einer Antho-

logie deutscher Satire des 20. Jahrhunderts. In : Ders. : Literatur im Zeitalter der Information. Frankfurt a. M. 1971, S. 166.

(51) 彼の諷刺が近代批判を内包しながら、ホーフマンスタールに見られたような文化保守主義的な反動には陥ることがなかったと指摘されているのは、この点において正当である。Vgl. Fischer, Jens Malte : Karl Kraus. Studien zum »Theater der Dichtung« und Kulturkonservatismus. Kronberg Taunus 1973, S. 128ff.

ヨーゼフ・ロートの手紙

――シュテファン・ツヴァイクにかかわらせて

相馬久康

一　書簡集を再読して

始めに、今からはやがて三十年にもなる同じ表題による拙稿の冒頭部分をここに引かせていただく。

このほど『ヨーゼフ・ロート書簡集　一九一一年―一九三九年』が、多年の友人ヘルマン・ケステンの手で編集され、序文を添えて公刊された（一九七〇年）。ちなみにケステンはすでに、ロートと共に自分にもゆかりの深いこのキーペンホイアー書店から、ロート全集三巻を編集し、出版している（一九五七年）。

ヨーゼフ・ロート、――一八九四年九月二日、旧オーストリア・ハンガリー二重帝国の東の辺境に、後に狂気に至る父とユダヤ人の母との間に生まれ、一九三九年五月二十七日、遺作『酔いどれ聖者譚』を了えて程なく亡命の地パリに死んでいったこのユダヤ系ドイツ亡命作家の作品については、つとに小松太郎訳『酔いどれ聖譚』（河出市民文庫、昭和二十八年）によって、あるいは、今は亡き柏原兵三訳『ラデツキー行進曲』（一九三二年。筑摩書房版世界文学大系第五十七巻、昭和四十二年）によって日本の読者たちの知るところとなりつつあるが、没後三十余年を経た今日、ますますその文学的声望を高めようとする『果てしなき逃走』（一九二七年）の人ロートの肖像についても、再びケステンの『わが友詩人たち』（一九五三年。邦訳は飯塚信雄『現代ドイツ作家論』、理想社、昭和三十四年）のうちに、あるいは、これもいまは亡き佐藤晃一が山下肇と共に編んだ『ドイツ抵抗文学』（東京大学出版会、昭和二十九年）のうちに、さらには、最近邦訳されたばかりのクラウス・マンの『転回点』（一九六九年、ただし英文版は一九四二年。邦訳は小栗浩『マン家の人々―転回点』、晶文社、昭和四十五年）のうちに、ほぼその輪郭は示されていた。たとえば、『ドイツ抵抗文学』の第一部第三章「亡命の苦難」では、一九三八年十二月、「パリーザー・ターゲブラット」紙のアンケートに応えて、「今日、ヒトラーと第三帝国に抗して戦うことをしない詩人は、弱々しい非人間であり、おそらくは詩人としての価値のない者である」と揚言してはばからないロートの、死を半年後に控えながらもいまなお昂然とした姿勢が伝えられているし、第二次大戦中は亡命先の国アメリカの軍隊に投じ、戦後間もなくカンヌで自殺したトーマス・マンの長男クラウスの『転回点』は、この未曾有の破局の時代に生きて、いまは亡きハープスブルク王朝再興の幻想にとりすがる王朝主義者、『ラデツキー行進曲』の著者ロートの、酔いどれることで「緩慢な自殺を敢行しようとした」痛ましい姿を浮き彫りにしていた。

しかしながら、ロートについて最もよく語りうる人が、全集に続いてこの度の書簡集の編集にも携わり、「十二年間、自分の人生の相当な部分を共に暮らし」、「その死の十日前にも会っていた」ケステンを措いてないのは、言うまでもないことであろう。そして事実、『わが友詩人たち』所収のケステンのロート論は、ホーフマンスタールとケストナーを除く他の十七名の亡命文学者像のいずれにも増して、後に掲げるシュテファン・ツヴァイク像とともに、彼を囲む亡命者たちの生活の翳りに包ませながら、このロートの人となりをひときわ鮮やかに浮かびあがらせるものとなっている。「トランク三つが全財産」（一九二九年二月二十七日付ツヴァイク宛ロートの手紙）のこの『サヴォイ・ホテル』（一九二四年）の著者の姿は、ハインリヒ、トーマス、クラウスの三人のマンを始め、デープリン、シッケレ、トラーを経て、ロート最晩年の恋人でもあった女流作家イルムガルト・コインに及ぶ亡命文学者像に混じって、ここではたとえば次のように描かれていた。

ロートは、天才的な人間の場合には往々にしてみかけることだが、尊敬と同情を同時に呼びおこした。彼は保護の手をさしのべながらあらわれるが、同時に、保護されることが必要だという感じを人にあたえるのだ。彼の友人のなかでも極端に貧しい人生の敗北者たちまでが、なにか「ロートのためにしてやれる」ことについて真面目な顔つきで相談し合っているのを、往々にして見たり聞いたりするくらい、喜劇めいた感動を身におぼえることはなかった。彼はいつも百人ほどの救い主たちにとりまかれていたが、当のロートはふところに百マルクか千マルクも持っていれば、もう百万長者のようなつもりでいたし、いつも新たに破れた福袋をかついでいながら、たえず金と幸運にめぐまれていた。おそらく百マルクか千マルクがふところにあれば、テーブルに上等の葡萄酒の瓶をすえ、いつもよりうれしそうな顔の友人たちとならんで腰をおろし、存分に飲み且つ喰って、夢の中をさまよう世界のあらゆる救い主たちのことをメランコリックにひやかしているのだった（飯塚訳）。

こうして、ケステン編集になるこの度のロートの書簡集は、いまやヘルマン・ブロッホ、ローベルト・ムージルらに続いて新たな照明を加えられつつあるこのオーストリア亡命文学者の姿を、改めてその内面から映しだすものとなるはずである。ウィーンでドイツ文学を学び、第一次大戦に従軍、戦後はジャーナリストとして主に「フランクフルター・ツァイトゥング」等に寄りながら生計を立て、懐疑的悲観的なモラリストから正統カトリック信者に、極左から保守的右翼に、社会民主党機関紙から反動雑誌の寄稿者へと、激しい振幅でゆれ動きながらも、第三帝国成立後は一貫してヒトラーに抵抗しつづけ、一方、分裂病の妻フリーデリケ・ライヒラーを養い、多くの恋をし、ウィーン、ザルツブルク、マルセーユ、ニース、アムステルダム、オストエンデ、ブリュッセル、レムブルク、ワルシャワ、チューリヒ等々のホテルを転々とし、主としてパリに、それも、リルケと酒蔵に貯えられたワインで名高い「オテル・フォワイヨ」を常宿にしながら、四十五年の生涯の間に千を越える寄稿文、一冊の短篇集、十指に余る長篇小説、三冊の評論集、それと借金を残して死んでいったこの永遠の故郷喪失者ロートの生涯の軌跡が、この度の書簡集のうちからは、ロートその人の肉声によっていわば立体的に展開されなおすからである。

しかも、この場合忘れてはならないのは、「これまで後にした道筋がすなわちこれまでの歳月に等しく」、「内なる故郷の他には故郷を持たない」(一九三〇年、グースタフ・キーペンホイアー生誕五十年を祝うロートの手紙)この流浪の人ロートの生涯の道程が、フランツ・ノイマンの命名するナチズムの異名、怪物ビヒモスの蹂躙を許した破局の時代の戦慄と悲惨を、かいくぐらなければならなかったことである。こうして、この度の書簡集はまた、上掲のクラウス・マン、ヘルマン・ケステンらによる、あるいは他にも、たとえばヴィリー・ハースの『文学的世界』(一九五七年。邦訳は原田義人『文学的回想』、紀伊国屋書店、昭和三十四年)、シュテファン・ツヴァイクの『昨日の世界——あるヨーロッパ人の回想』(一九四四年。邦訳は原田義人、みすず書房版ツヴァイク全集　十七・十八、昭和三十六年)などによる、世紀末から第一次大戦を経てナチスの興亡に及ぶ激動の時代にかかわる文学的証言を、新たに補足しなおすものともなるはずである。語りかけるべき当の母国語の国から追放され、もしくはその国を拒否し、自作を発表すべき出版社をさえ時には失いながら、なおかつ書くことを止めなかった極限状況下の文学者群像は、外なる酔眼によっても曇らされることのなかったこの『カプツィーン派寺院納骨堂』(一九三八年)の著者ヨーゼフ・ロートの内なる眼に映しだされて、改めてその赤裸々な姿を呈示する。「牧歌として始まり、悲劇として終わった」(ロート書簡集に寄せたケステンの序文)この酔いどれ聖者によって書きに書かれ、わずかに散逸を免れえた書簡集五百二十八ページの行間からは、時代の寒風に吹きさらされるむき出しの人間の姿が迫らずにはいないのである。

ところで、ロートの遺作となった『酔いどれ聖者譚』に登場する主人公、セーヌ河にかかる橋の下に暮らす「名誉を重んずる」無宿者アンドーレアスが、まぎれもないヨーゼフ・ロートその人の戯画像であるとすれば、その二十フランの無心に二百フランを与えて去る「立派な身なりの紳士」、この旅行者風の物腰の「分別ざかりの男」の姿から浮かびあがるのは、誰あろうシュテファン・ツヴァイクの姿である。ちなみに、ケステンは再び『わが友詩人たち』において、後にハンス・アーレンス編集のツヴァイク讃『偉大なヨーロッパ人、シュテファン・ツヴァイク』（一九五六年）にも収められることになるツヴァイクの章で、自らもそこに居あわせた一九三七、八年頃のオストエンデでのツヴァイクとロートとの交友にまつわるエピソードを報告している。女流作家イルムガルト・コイン（前掲）と共にツヴァイクを訪れたロートに、裾がずたずたに破れた旧オーストリア士官のズボン一本しか無いことを知ったツヴァイクは、早速ロートを土地の仕立屋の店に連れこみ、ズボンの丈を計らせる。続いてケステンは回想している。

「何をしているのですか?」変に思って私がたずねると、ロートは、「シュテファン・ツヴァイクを罰しているのさ」と答え、毒々しいリキュールのはいった私のグラスを、彼の上衣の上でさかさにした。ロートのような飲み助にとっては大変な犠牲だ。ロートは言った、夕方ツヴァイクをこのしみだらけの上衣ではずかしめてやるのだ、と。「百万長者ってのは、あんなもんだ！」と彼は言明した。「あいつらは、せっかくおれたちを仕立屋につれていっても、ズボンに合わせて上衣を新調させるのを忘れるんだよ！」。三日後にツヴァイクは、ロートに新品の上衣をおくった。「ロートは天才さ、ヴェルレーヌやヴィヨンのような天才だよ！」とツヴァイクは言った（飯塚訳）。

ケステンの紹介するこのエピソードは、「おそらく銀行に預金口座さえ持たなかった」（ケステン、『書簡集』序文）この酔いどれ作家の、にもかかわらず昂然とした姿勢と苛立ちとペシミズムとを鮮かに照明しながら、併せて、ウィーンの億万長者の息子シュテファン・ツヴァイクの、良き子供部屋に育った鷹揚さと、賢者風の風貌と、やさしいはにかみをも示して余すところがない。すでに作家としての名声にも包まれたこの世界市民、道徳を説くイレーミアスと反革命的懐疑的賢者エラスムスに自らの姿を擬したツヴァイクの前に、この十三歳年少のもうひとりの明日の世界への挽歌の著者、『ラデツキー行進曲』のロートの姿は、おなじくツヴァイクが心をこめて描いてもいる、ほとんど書店への前金返済のために書きに書いたあのバルザックやドストエフスキー像にも重なりあいながら、たち現われていたのではないだろうか。ルターよりはエラスムスに、カルヴァンよりはカステリオに、エリザベス女王よりはメリー・スチュアートにむしろ心を寄せ、「悲劇をつねに敗北者のうちにみる内的態度の、ある個性的な性向」（ツヴァイク『昨日の世界』）を映した『テルジテス』（一九〇七年）、『エラスムスの勝利と悲劇』（一九三四年）、『権力とたたかう良心』（一九三六年）等々の著者ツヴァイクにとって、上掲のように牧歌として始まり、悲劇として終わる生涯の人ロートこそは、ツヴァイクの一面でもあった芸術パトロン的心性にも触れずにはおかない、痛ましくもいとしい年少の友であったに相違ない。

そして事実、この度のロート書簡集は、改めてこのことをも裏書きする。その圧倒的な部分は、二人の間に交わされた二百三十余通によって占められているからである。一九二七年九月八日付の手紙に始まり、一九三八年十月十日、つまりはその死に先だつこと半年のパリ発信の手紙に及ぶツヴァイク宛ロートの手紙（以下「ロートの手紙」と略す）と、一九三三年九月三十日ロンドン消印の手紙に始まり、一九三八年末（日付不詳）、ロートのかたくなな沈黙を案ずるロート宛ツヴァイクの手紙（同じく「ツヴァイクの手紙」と略す）ほぼ四十数通とによって、この度の書簡集は、ほとんどこの二人による往復書簡集の趣をさえ呈するものとなる。もとよりその場合、ロートの手紙とツヴァイクの手紙の数の上の不均衡から、これをそのまま往復書簡とみなすことには異論の余地はあるであろう。しかしながら、多くのロートの手紙の文面には、散逸した多くのツヴァイクからの返信を想像させるものがあり、加えて、定住する家を持たず、自分の著書すら満足に所蔵することのなかったロートの生涯と、ロート死後の戦火の日々を思い併せるとき、むしろ、からくも散逸と消滅を免れたこれら書簡の背後の、いまはいわば青銅の沈黙に閉ざされた無音のうちから、変転して止まぬ雲間をついて慌しく交わされたであろう交信の響きを、進んで聞きとろうとしなければならないはずである。すなわち、この度のロート書簡集をいわばツヴァイクとの往復書簡として読みとることこそ、たえず「生のきざはし」（ロートの手紙の言葉、後掲）に立ちながら、ついに書くことを止めなかった二人のドイツ亡命作家に寄せるわれわれの関心を、遠ざかりつつある時代への歴史的関心以上のものとさせずにはおかないことであろう。

（「ヨーゼフ・ロートの手紙――シュテファン・ツヴァイクにかかわらせて」前書き。雑誌「みすず」一五九号所収、みすず書房、一九七三年一月）

一九七〇年刊行の『ロート書簡集』をツヴァイクとの往復書簡集として読みかえ、一部抄訳と共に三回に分けて雑誌「みすず」に連載したのは、思えば七三（昭和四十八）年一月から三月にかけてのことであった。ちなみに、第二次ツヴァイク邦訳全集（全二十一巻）刊行中の当時の編集人でもあった小尾俊人は、折しも刊行されたばかりの『権力とたたかう良心』（高杉一郎訳）の「月報」中に抄訳二通分を載せ、拙文の雑誌掲載を予告してくれてもいる。

今にして読み返せば、さしずめ啓蒙的宣伝文と読めなくもない文字通りの若書きを、にも拘らずここに再録するのは、一つには、戦後二十余年を経た日本における当時のロート文学の受容の動向が、文中ささやかに掲げた文献、翻訳作品などによってそれなりに窺うことが出来るように思われるからである。結論から先に言えば、この動向は分けても、ヴァイマル期ドイツ文学の展開に始まり、やがては抵抗・亡命文学へと傾斜する関心に直接結んでいた。山下肇による前掲の『ドイツ抵抗文学』でのロートについての紹介も、クラウス・マンによる発言を介したこの側面にほぼ絞られていたと言ってよいであろう。

その山下肇によるロートをめぐる発言に新たな展開が見られるのは、一九八〇年刊行の『ドイツ・ユダヤ精神史研究――ゲットーからヨーロッパへ』(有心堂高文社)においてである。後に一九九五年、一部内容を割愛の上「講談社学術文庫」の一冊として復刊もされるこの本の第一章、「ユダヤとドイツのはざまで」の末尾には、それまで特定されていなかったロートの生地がアメリカ在住のゲルマニスト、ダーフィト・ブロンゼンの『ヨーゼフ・ロート　ある評伝』(一九七四年)[1]によって「ブロディ」に確定されたことの紹介に続けて、「ロートの人と作品に現われる陰影に富んだコンプレックスの実相が、アシュケナジ・ユダヤ知識人の典型としていよいよ浮彫りにされる日も遠くないであろう」と書かれている。[2]ロート没後四十年にも当たる一九七九年開催の西ドイツ・フランクフルトでの大規模な記念展等に始まるこの「ロート・ルネッサンス」は、やがて一九八九―九一年の六巻本全集として結実を見るに至るが、それに先だつ一九七五―七六年刊行の四巻本全集の先駆けともなったこの『書簡集』の拙い抄訳紹介に当たっては、未だ一九五六年刊行の三巻本全集しか手元にはなかったことも、ここには書き添えておきたい。山下肇の言う「東方ユダヤ知識人」の典型としてのロート像や、「その作品に現われる陰影に富んだコンプレックス」について自覚的には言及されることのなかった雑誌「みすず」一六一号所収の拙稿の最後が、一九三六年二月と推定される次のようなロートの手紙で閉じられていたのも、「たえず〈生のきざはし〉に立ちながら、なおかつ書くことを止めなかった二人のドイツ亡命作家」像に主として向けられていた当時の関心の所在を証している。

……僕にはもう夜がありません。僕は朝の三時頃まで机に向かい、四時には着のみ着のままで横になり、五時には起きて部屋中をほっつきまわります。この二週間来、服を脱いだことがありません。時が何を意味するかは、もちろん貴方はご承知です。一時間は湖で、一日は海、夜は永遠、目覚めは地獄のおびえ、起床はまがまがしい妄想から明晰を奪いかえすための戦い、要は時間、時間、時間のあること、なのですが、もとよりこの僕には、その時間がひとつもないのです。

すなわち、やがては三十年にもなる旧稿の前書きをあえてここに引くのは、何にも増して、この二人のユダヤ系ドイツ亡命作家における「ユダヤ問題《ユーデントゥム》」にかかわる当時の潜在的関心を、『書簡集』再読を介していわば顕在化させようとするここでのささやかな試みの、さしずめはネガティヴな一部としてなのであった。

二 「ユダヤとドイツのはざまで」

ロートとツヴァイクとの間に交わされた『書簡集』所収の都合二百三十余通（前掲）を久々に再読して先ず気づかされるのは、当の「ユダヤ問題」を直接採りあげている手紙の少なさである。念のために、これを年代別に整理すれば、一九二七、三〇年に各一通、三二年に二通、三三年に十四通（ツヴァイクの手紙一通）、三四年に六通（ツヴァイクの手紙三通）、三五年に六通（ツヴァイクの手紙一通）、三六年に三通（ツヴァイクの手紙二通）の都合三十余通であり、しかも、主としてこの時期に集中するツヴァイクの手紙四十数通のうち、僅かに七通がこのテーマを扱っているに過ぎないことが分かる。このこととの関連で思いおこされるのは、これも前項に引いた『昨日の世界』中の、「悲劇をつねに敗北者のうちにみる内的態度の、ある個性的な性分」にかかわる、同じくこの回想録でのツヴァイクの発言である。最初のドラマ『テルジテス』（一九〇七年）このかた彼の念頭にあり続けた「敗北者の精神的優越」にかかわらせながら、新たに『イレーミアス』（一九一七年）を構想する段階で、この発言は次のように敷衍されていた。「しかし無意識のうちに私は、バイブルの主題を選びながら、私のなかでそれまで利用されずに横たわっていた或るものに、触れたのであった。すなわち、血液あるいは伝統のなかにほの暗い根を置いた、ユダヤ人の運命との連帯性である。あらゆる民族によって絶えず繰り返し征服されながら、しかも或る神秘的な力――敗北を意志によって変え、敗北につねに耐えるあの力――によって他民族よりも生きのびたのは、私の民族ではなかったろうか。われわれの予言者たちは、われわれを今日においてもまた屑も同然に路上に投げ出す、この永遠の追放と放逐とのさだめを予見していたのではなかったか……中略……私はこのことを、私の著書のうち自分自身で価値あるものと認めた最初の作品であるこの戯曲を書きながら、幸福を覚えつつ感じたのであった」（原田訳(3)）

ちなみに、『書簡集』中のツヴァイク宛ロートの最初の手紙（「一九二七・九・四」――以下このように略記）は、次のとおりである。

拝啓、ツヴァイク様

久しくご好意に甘えたままの自分が、心底許せない思いです。僕の「ユダヤ人の本《ユーデン・ブーフ》」に、心からのお言葉をいただきました。深くお礼いたします。

ユダヤ人は彼岸を信じない、とおっしゃるのであれば、そのことには同意するわけには参りません。しかし、このことを論ずるためには、沢山の時間、空間を必要とすることでしょう。二、三年先には、この本をもっと完全なものにし、出版しなおす所存です。そのための準備作業は、フランクフルター・ツァイトゥングでの取材記者としての僕の仕事に、つなげることが出来るでしょう。

秋には次の本（小説、もしくは小説めかしたもの）がクルト・ヴォルフ書店から出ます。貴方宛届けさせます。

『放浪のユダヤ人』（一九二七年）、それと『果てしない逃走』（一九二七年）について語りながら、一部はツヴァイクへの反論をも伝えているこの言葉を、前掲のツヴァイクによる回想録中での発言と重ね読むとき、一見したところ奇異にも取れなくはないユダヤ問題にかかわる交信の少なさこそ、実はこの二人の亡命作家が共有する「血液あるいは伝統のなかにほの暗い根を置いた、ユダヤ人の運命の連帯性」を証しするその当のものであることに思い当たるであろう。「西ヨーロッパへの同化の願いから、むしろ関係を断とうとしていた故郷ガリシアのユダヤ人世界への恭順と帰属とを自らすすんで表明した告白の書」(4)、とも言われるこの『放浪のユダヤ人』の著者ロートは、師表として仰ぐ十三歳年長のツヴァイクとはいわば暗黙のうちに共有していたこの問題に、ことさら書簡中に言及されるまでもなかったはずだからである。

にも拘らず、このテーマが一九三三―三五年の三年間にほぼ集中的に二人の手紙に登場するのは、もとよりヒトラー政権成立というい わば時代からの挑発によるものであったことは、言い添えるまでもないことであろう。この「時代からの挑発」にかかわらせては、一九一八年にミュンヘンで生まれ、三三年にフランスに亡命、占領下のレジスタンス運動に参加、ダッハオ強制収容所体験をさえ担ったひとりの特異な歴史学者の発言を紹介しておこう。「人生の最初の十五年間をドイツ人として、続く六十年間をフランス人として生きてきた」ジョゼフ・ロヴァン、一九九八年、浩瀚な『ドイツ人の歴史――その起源から今日まで』（一九九五年）の独訳版を出版したこのソルボンヌのドイツ史講座担当者は、その第九章「アードルフ・ヒトラーの帝国」の冒頭に次のように書いている。

「人種的反ユダヤ主義、――アーリア人種の仇敵にまで押し上げられたユダヤ人に対する、この際限のない全面的憎悪こそ、ナチ・イデオロギーの核心に他ならなかった」(5)

このこととのかかわりで、「一九三五・八・一九」、パリ・オテル・フォワイヨ発信のロートの手紙の一部を、予め引いておくことにしよう。

……ユダヤ人を貶めようとする病的欲求は、昨日今日に始まることではアリマセン(注、カタカナ表記は原文でブロック活字の強調体)。それは、第一日目から(注、傍点部分は原文でイタリック)そもそも第三帝国のプログラムの一部なのです……中略……ナチの思想には、それが思想と呼べるものとしてのことですが、ユダヤ人種を貶めること以外は何も含まれていません。どうして貴方は今になってやっと、そのことに気付かれたのですか。何故二年前はこのことに気付かれなかったのですか。このような残虐は、そもそもの始めからそこに含まれていたのです。ユダヤ人についての下劣きわまりない見解は、二月前に初めて始まったことではありません。ヒトラー・日《ディ》の初日このかた、僕たちは一貫して侮蔑され、貶められ続けてきました。どうしてこのことに抗議なさるのがこんなに遅れたのでしょう。

一九三六年開催を一年先に控えたベルリーン・オリンピックへの抗議の意思を確かめるためにツヴァイクに宛てられたロートのこの手紙は、前掲の亡命歴史学者とも共有される「ナチ・イデオロギーの核心としての反ユダヤ主義」の視点に加えて、ツヴァイクにみられる現状への無理解への苛立ちの思いをも伝えているが、この苛立ちの思いも、二〇年代の相対的安定を一挙に崩壊へと導くことになる二九年恐慌前後に開始され、三三年初頭のナチ政権成立によってピークに達する二人の往復書簡にみられる、いわば基調低音とも言うべきものとなる。

……「ドクター・クラカウアーにはひどく心を傷つけられました。彼はエホヴァ希求のユダヤ人のひとりで、マルクシズムがそのバイブルです。東方ユダヤ人は、この種の人士を称して、神の警察という巧い言葉を持っています。それに、貴方の高潔なお心を理解するのは、どだい無理なことです。もはやこれは、現在のような世に容れられるものではないからです。いささか素朴ではありますが、とても純粋なドクター・クラカウアーを無理解なままにさせないでおくことは、もっとも、これまでも無駄ではありませんでした。目下、彼はブルターニュにいます。……中略……彼は言語、哲学、経済学に通じています。それでいて、とかく人間の心というものを見過ごしてしまいます。正義というやつにも困ったものです。しかし貴方も、これに材料を提供するようなことは、お避けになられた方がよいと存じます——こんなことを申しあげたりしてご免なさい。人間が失われたため、新聞、共和制、デモ、議会、党派が重視されてきています。しかも、ご自分の発言が及ぼすかも知れぬ影響力を、(たとえそれが新聞紙上のことであれ)貴族風に軽視、あるいは過小評価なさる貴方に、どうみても勝ち目はありません……

(「三〇・八・三〇」、ロートの手紙)

……誰が政治に嫌悪を覚えない者がいるでしょう。おおせのとおり、ヨーロッパは自殺を図ろうとしています。しかも、この緩慢でむごたらしい自殺の仕方は、自殺を図ろうとしている者が、すでに屍であることから来ています。この破滅は、呪わしいまでに、ある精神病に似ています。精神疾患者の女の自殺が、これとそっくりです。文字通り、悪魔が世界を支配しています。しかし、相変らず僕には、左右両翼の過激主義者たちのことが理解できません。彼らのことが理解できるにしては、僕はあまりにもフランツ・ヨーゼフ皇帝と時代を同じくし過ぎました。相変らず今も、この世代のまっただ中にいる僕には、過激主義が憎まれてなりません。これこそが、この度の業火の、疎ましいかぎりの灼熱の火舌だからです……

（「三〇・一〇・二三」、ロートの手紙）

そして、ナチス政権を五カ月後に控えたバーデン・バーデン発信のロートの手紙の一節。

……とうに一息入れることができていたはずのここ約ひと月間というもの、忌まわしい胃カタルと腸カタルとに悩まされ続けてきましたが、現在は少しずつ快方に向かっています。しかし、完全に良くなることはもう二度とないのではないかと存じます。この肉体的な病いは、かつての眼疾とおなじように、所詮は僕が置かれている破局的な状況の必然の結果なのですから。未だ完成してもいないのに、僕の小説が新聞に載りはじめていることをご想像下さい（注、『ラデツキー行進曲』はこの年の四月以降「フランクフルター・ツァイトゥング」に連載された）。しかも僕は、時代の無情の息吹きをいわば首筋に受けて、もちろん煽られるどころか、そのために麻痺させられながら、ともかくも書き続け、そうしている間も構想を練り直し、校正し、果ては、かりそめの結末をつけなければなりませんでした……中略……キーペンホイアー書店が維持できているのは、ユダヤ人の出資者たちがドイツに留まっている間だけです。しかし、彼らがベルリーンから去ることは、どうみても確実です。つまりナチは、最もプライベートな事柄で僕を打ちのめしたのです――出版業者たちがテロで威嚇され、あるいは自分の方からすすんで国家主義的になり、自分らが文明的、西欧的等々のレッテルを張りつけた文学とは絶縁したがっていることは別にしても、です。僕の確信するところでは、あのふてぶてしいユダヤめ共《ヒュッペ・ユーテン》は安泰です。禍はすべて、真に保守的な人の上に降りかかります。下種《げす》は喧嘩も早いが仲直りも早い、という諺が、これほど的を射ていたことはかつてありません。さだめしハンガリー・ユダヤ人は、ロシアとそのクソ民主制《シャイス・デモクラティー》内部で行なわれているように、第三帝国においても、まことに抜け目なく検閲の役を買ってでることでしょう……。

（「三二・八・七」、ロートの手紙）

この年、失業者は六百万人を超え、四月十日の大統領選挙ではヒトラーは千三百万票を獲得（二位）、そして、前掲のロートの手紙に先だつ一週間前の七月三十一日の国会選挙では、ナチは遂に第一党に進出している。一九二三年、オーストリア・マルクス主義の立場に立つウィーンの「アルバイター・ツアイトゥング」（労働者新聞）に発表した小説『蜘蛛の巣』中に、ミュンヘンを中心とした反革命の動行からファシズムの危険の明確な予見を示してもいたかつての「赤いロート」は、いまや左右両極の「ふてぶてしいユダヤ共《ヒュッペ・ユーデン》」とは自らを区別しながらも、この「世界史的事態」（「三三・二・二二」、ロートの手紙、後掲）に正面から向かいあう。三三年一月三十日のヒトラー政権樹立後およそ二カ月を経た頃の、次に引くロートの手紙は、ツヴァイクへの「カプツィーナーベルクの賢者」の献辞で始まり、「燃えさかる家からは逃れなければなりません。逃れた人が戸外で禍に見舞われ、倒れたときにはじめて、それが神のご意志と知れるのです」の言葉で閉じられているが、この時点でのロートの動揺する思いを映した次のような注目すべき言葉も書かれている。

……ユダヤ人について言えば、第一に、この民族はいままさに（ロシアのおかげで）解体しつつあり、五十年から百年のうちにはもはや存在もしていないことでしょう。第二に、この民族には――二百年このかた精神の故郷に暮らしてこなかったために、先祖の苦しみを担うことがもはや生理的にさえ不可能です。貴方は教典《タルムード》を学ばれましたか。毎日のようにエホバに祈りを捧げておいでですか。祈禱書《テフィリーム》を前にされていますか。いいえ、もはや廃れてしまいました。僕たちはドイツ的なものにどっぷりと浸りながら、ドイツ人としてその遺産を担っています。しかもこの遺産は、必ずしも常に喜びと共に、とは言えないまでも、文明世界のすべての民族に受け容れられたものなのです。

（「三三・三・二二」、ロートの手紙）

ちなみに、文字通り「ユダヤとドイツのはざま」（前掲の山下肇『ドイツ・ユダヤ精神研究――ゲットーからヨーロッパへ』第一章の表題）に立つこの時点でのロートの発言に続く言葉が、山下肇によって次のように訳されていることも紹介しておく。

……われわれの祖先は、アブラハム、イサク、ヤコブである以上に、ゲーテ、レッシング、ヘルダーなのです。われわれはエジプトからよりも、十八世紀のドイツの解放とフマニテート（人間愛）から出てきたのです。われわれはもう昔のようにキリスト教徒から迫害された異教徒ではなく、今ヨーロッパ文化とフマニテートを破壊しようとする神なき異端者（ナチ）に対して共に権利をもって戦う誇りたかい戦士なのです……（山下訳）[6]。

ここに引いた訳文がいささか文意を逸脱して勇壮に過ぎるところから、念のために原文と拙訳とを以下に併記しておく。

Wir kommen eher aus der »Emanzipation«, aus der Humanität, aus dem »Humanen« überhaupt, als aus Ägypten. Unsere Ahnen sind Goethe Lessing Herder nicht minder als Abraham Isaac und Jakob. 〔Im Übrigen werden wir nicht mehr, wie unsere Vorfahren von frommen Christen geschlagen, sondern von Gottlosen Heiden. Hier geht es nicht gegen Juden allein. Obwohl sie, wie immer, das schärfste Geschrei erheben. Hier geht es gegen die europäische Zivilisation, gegen die Humanität, deren Vorkämpfer Sie mit Recht und Stolz sind. 〔Und gegen

Gott)〕

僕たちの出自はエジプトよりもむしろ、「解放」に、フマニテート（人間愛）に、押しなべて「人間的なもの」にあります。僕たちの先祖はアブラハム、イサク、ヤコブに劣らず、ゲーテ、レッシング、ヘルダーでもあるのです。〔ところで、僕たちはもはや、かつてのような敬虔なキリスト教徒からではなく、神なき異端からの迫害を受けています。これはユダヤ人に対してだけ向けられているものではありません。ただし、最もけたたましい悲鳴を挙げるのは、例によってユダヤ人なのですけれど。これはヨーロッパの文明に、貴方が至当かつ誇りと共にその先導者でいらっしゃるあのフマニテートに、向けられたものなのです。（そして神に）〕。

念のために、この手紙からは四日後の「三三・三・二六」の手紙の末尾はこうである。

すでにお伝えしましたように、僕たちはモーゼやユダヤの先祖に対してと同じように、ヴォルテール、ヘルダー、ゲーテ、ニーチェに対して責務を負うています。このことからは次のような責務が生じます。

野獣どもに脅かされている生命《いのち》を、そして書くという営みを救い出すこと。

運命と名付けられたものに、早まって身を委ねたりしないこと。

そして、しかるべき瞬間の訪れたあかつきには、直ちに「介入し」、戦うこと。

しかしながら、ロートのこの果敢な決意の表明も、予想を超えたスピードで展開する現実を前に、たちまちのうちに掻き消されてゆく。

……僕達の生涯の仕事はすべて――現世的意味では――徒労でした。貴方が取り違えられるのは、貴方の名がツヴァイクだからではありません。貴方がユダヤ人であり、文化的ボルシェヴィキであり、平和主義者、文明文士、自由主義者だからです。いまや希望はすべて無意味です。この「民族の刷新」なるものの行く末にあるのは、極めつきの狂気です。精神医学上よく知られている、まさしく躁うつ病です。ドイツ民族そのものが、この病いに罹っています。

（「三三・四・六」、ロートの手紙）

どんな希望も捨て去るべきです、決定的に、沈着に、力強く。

（「三三・五・二二」、ロートの手紙）

相も変わらず、貴方は気がついておられません。ドイツの眼に映る貴方（僕）、アルノルト・ツヴァイク、フィッシャー、ウィーンの「労働者新聞《アー・ツェット》」、フォイヒトヴァンガー、トーマス、ハインリヒ、クラウス・マンは、全く同じユダヤの糞ったれなのです。現実はこうなのです。

（「三三・一一・二九」、ロートの手紙）

ドイツは死にました。僕たちにとってのドイツは死にました。もはやドイツを当てにすることは出来ません。その下劣を、その高貴を、当てにすることは出来ません。夢でした。いい加減に、このことにお気付き下さいますように（同上）。

ところで、『ワイマール文化――早熟な《大衆文化》のゆくえ』の共著者のひとり平井正は、その第七章「文化の崩壊、文化の移動」の第四節「文化の移動」中に、イギリスやフランスの場合とは歴史的にも性質を異にする「ドイツ系文化とユダヤ系文化との共生関係」について、次のように書いている。

「……そしてドイツ〈文化〉自体も、政治上のドイツの〈境界〉と無関係に、イディシュ文化をも含めた東欧文化全体との相互浸透の上に成立していた。ユダヤ系文化にとってはドイツ系文化は不可欠な基盤であり、ドイツ系文化から切り離されることは、半身不随になることを意味した。ドイツ文化にとっても、ことにワイマール文化は、大学を中心とする伝統的文化人層からはずれた、とりわけ大衆的媒体によるユダヤ系文化人によって活性化されたものだったので、ユダヤ系文化はそのまま自己を豊かにし、拡大する、分離不可能な担い手だった……」(7)

自らは押しとどめがたく滅びへの道をたどりつつあるロートによる、「いまなお無意味にも理性を保とうと努めている」(「三三・三・七」ロートの手紙)かにみえるツヴァイク宛前掲の一連の手紙は、まさしく「ユダヤとドイツのはざまで」さながら風見のように激しく軋みながら、平井正の言う「不可欠な文化的共生」の伝統がいままさに崩壊を前にしている三三年体制下の現況を、それも「最大級のけたたましい悲鳴」と共に、鮮やかに伝えている。

三　鎮魂のアムビヴァレンツ

前項にその一部を引いたこれら「三三年・パリ発信・ロートの手紙」について、「ロロロ叢書」所収のロート評伝の著者であるヘルムート・ニュルンベルガーは、性急に書きなぐられた文章そのものがすでに当時の状況の鮮やかな表現であることに加えて、具体的な事実に触発されて書かれる手紙という形式からみても、その内容が当時のロートの日常からの「逸脱を免れている」むねを指摘したのち、いまなおザルツブルク・カプツィーナーベルクに留まり続けるツヴァイク宛のロートの手紙の響きが「ペシミズム、嫌悪、絶望であると同時に、決断、自己主張への意志、冷徹、ではあっても、決して抑うつ的《デプレシーフ》なものではなかった」むねを指摘している。(8)

他方、前項中のロートの手紙の幾つかにも確かめられるこのニュルンベルガーの指摘を前にするとき、ロート宛ツヴァイクの手紙にみられるいわば音色の相違も、一読して明らかとなろう。例えば、「三三・九・三〇」、ロンドン消印のツヴァイクの手紙。

友よ、私たちは当地で快適に過ごしています。自分用に素的なアパートを借り、午前中は三時まで図書館に籠り、その後は家で過ごします。当地の人びとは思いやりがあり、好感が持てます。気候も仕事にうってつけです。貴方もパリでお暮しになるより、当地の方がずっと快適に過ごせるはずですのに。この四週間禁煙を続けていることにも、それに国元からは何の連絡も届かないことにも、気持が安まります。

ちなみに、「それが一種の別離であることに気づかず」(『昨日の世界』)、ツヴァイクがカプツィーナーベルクの家を出るのはこの年の十月、やがてイギリスへの亡命を決断し、ロンドン・ヴィクトリア駅に降り立つのは、明けて三四年二月のことであった。このこととの関連では、三三年の亡命の潮流のなかで、ユダヤ人の含まれる割合が比較的少なかったことを指摘する『ドイツ文学の社会史』の第五章「亡命文学」での発言も、念のために添えさせていただく。

「このグループの中で亡命を考える動きが次第に高まるのは、ナチ政権が彼らの経済的基盤を脅かし、あるいはそれを奪い去るさまざまな措置をとるようになるのと並行してである。亡命はこの場合、一時的なものではなく、最終決定の性格をもっていた。定住地には、新しい経済的な基盤を打ち立てるのに最も好都合な条件を持つ所が選ばれた」(9)

念のために、このこととの関連で、「三三年十一月」とだけ記されたツヴァイクの手紙の一部を引けば、例えばこうである。

ドイツの出版界に三年ないし五年客演しただけで、書店と一緒に移住することの出来た君たち若い人には、トーマス・マンや私に一夜にして解くことの出来ない絆が現実にあることなど、およそ想像も出来ないことなのです。

そして、この日からはほぼ半年後の「三四年五月発信」と推定される同じくツヴァイクの手紙。

……当地での私は、高校生のようにもう一度勉強を開始しました。もう一度、焦燥と好奇心とに駆られています……中略……政治に関する私のペシミズムには、果てしがありません。他の人びとが神を信じるように、私は遠からぬ戦争を確信しています。しかし、遠からぬ戦争を信じていればこそ、現在の私は、より強く生きているのです。未だに享受しえている最後の自由の一片に、私は縋りついています。毎朝ひそかに、自分が自由であることに、現在イギリスにいることに、感謝の祈りを捧げています。この私の幸福をご想像下さい。このような狂気の時代にありながら、他の人びとに道徳的な励ましを与えられるだけの力が、身内にみなぎるのを覚えます。それだけにまた、貴方が当地におられないことが心に重くのしかかっています。この力がいつまで持続出来るものやら、分かったものではないからです。しかもこの力は、繰り返し申しますが、愚かしい無知からではなく、私たちの担う存在の脆さについての醒めた認識から生まれたものです。私たちは「にも拘らず」という言葉を、「それら一切にも拘らず」という言葉を、私たちの生活のスローガンとして掲げなければなりません。かつてロマン・ロランが口にした忘れがたい言葉のように、「人間を知り、それでいてなお、人間を愛さなければなりません」。……中略……

私の『エラスムス』（『エラスムスの勝利と悲劇』〈一九三四年〉のこと）二週間以内にお手元に届けます。自分でも一応のものだと思っています（数少ない人たちのために、中間音調《ツヴィッシュン・トーン》を分かってくれる人たちだけのために書かれたものです）。……中略……

八月には多分、二、三整理のために、オーストリアに出向きます。しかし、ザルツブルクとの縁は切れました。秋には、南米か北米かに講演に出かけます。遠隔の地への渇望と、世界をもう一度まるのまま見てみたいという願いとに再び捕らえられています。世界が音をたてて崩れ去らないうちに。

ツヴァイクにおけるいわば「世界終末への暗い予感」を伝えるこの響きも、例えば次に引くロートの手紙にみられる前掲の「ペシミズム、嫌悪、絶望、同時にまた、決断、自己主張への意志、冷徹」のそれに比べては、なんと対照的にさえみえることであろう。

今日ドイツに味方し、ドイツと共に、ドイツにおいて公然と活動している連中のすべてとこの僕とを、それも例外なく区別する基準は、人間を野獣から区別するものとまさしく同じものなのです。悪臭芬芬たるハイエナ、地獄の屑共に比べれば、仇敵トゥホルスキーでさえわが戦友です。たとえ雑誌「ザンムルング」が幾度となく過ちを犯そうとも、ゲッベルスや人殺し共、ドイツならびにドイツ語を汚して止まない悪臭芬芬たるルターの屁共に比べれば、「ザンムルング」だってまともなものです。……中略……

貴方はご自分がアルノルト・ツヴァイクであることを否認なさいました。どのような形であれドイツと関りを持たれるのであれば、貴方はご自分が他ならぬシュテファン・ツヴァイクであることを否認なさることになります（貴方の女性読者の言葉）。

貴方は多くのものを失わなければなりません。個人の尊厳ばかりか、世にも名高い文学上の尊厳をも失わなければなりません。貴方のようにではなく、私のようにドイツについて考えている何千もの人々にとって、貴方は支えであり、信仰の対象でした。戦時中の貴方はロマン・ロランの側にお立ちになりました。事態が戦争より悪化している現在、他ならぬその貴方が、インゼル書店に遠慮しながら書いていらっしゃる……中略……

今こそ決断の時であると申し上げるのは、ドイツを敵とし、人間に味方して連帯するという意味からだけではありません。どの友人にも真実を語るという意味からも、そうなのです。急いでいるあまり、ついつい言葉が大仰になるのが心苦しいのですが、若し貴方がココロノナカデサエ完全に、決定的にドイツとは絶縁なさらない限り、耐えがたい断絶が僕たち二人を隔ててしまうことでしょう。

（「三三・一一・七」、ロートの手紙）

そして、この年最後の「十二月二十二日」発信のツヴァイク宛の手紙で、最後を「昔からなるJ・R」と署名しながらロートは書く。

……よもやこんな事がありえようとは、と思うようなことが、僕の身に生じました。僕は初めて、完全な心神喪失を体験したのです。その夜の記憶が完全に消えています。ことによると、ドゥ・ラーンジュ書店でのチャンスをすべて失ってしまったかも知れません。ご承知おきいただきたいのですが、彼は一種ユンカーなのです。作家が飲むということぐらいは想像は出来ても、泥酔することまでは思い至らないはずです……中略……僕は初めて、自分がいかに弱くなりうるかを感じました。「自滅への衝動」が、多分むき出しのまま表に現われてしまったのです。もっとも、何も食べていなければ、完全に酩酊するものだ、ということで、生理学的には充分説明してみせることも出来ますが。とは申せ、われながら自分が怖くなりました。初めてのことです。僕には従軍の経験があり、その後も随分と飲みました。しかし、完全な心神喪失を経験したことは、それ以後一度だってありません。お信じいただきたいのですが、貧窮こそはわが美神《ミューズ》とは思いますものの、この貧窮のために自殺に駆りたてられていることも、僕にははっきり見えています。懐中五フランではもう生きてはいけません。僕にはこの時代を生きながらえることは出来ません。考えても下さい、僕は二十年飢えつづけ、四年間戦争をし、その上さらに六年、「辛い貧窮」に苦しんできました。なかば生きることが出来たのは、ほんのここ三年来のことです。そこへ、このいわゆる世界史的事態なのです……

ツヴァイク宛ロートの手紙のもう一つの「基調低音」である、生活苦、金策の訴えの美事な文例でもあるこの手紙の末尾の「世界史的事態」とは、もとより前掲のツヴァイクの手紙で述べられる「世界の終末への予感」に対応するものだが、「世界をまるのまま見てみたい」と語るツヴァイクの文面に、後の四二年ブラジルでの自殺にもかかわる「抑うつ《デプレシーフ》」の響きの予兆を聞き取ることは出来ても、「貧窮のために自殺に駆りたてられている」かにみえる当のロートの手紙は、「抑うつ《デプレシーフ》」どころか、まさしく激しい「自己主張への意志」そのものの表出と言ってよいのであろう。

このこととの関連でいささか唐突に想起されるのは、後にツヴァイクによって回想されている自らの家系についての次のような記述である。

「私の父の家系は、チェッコスロバキアのメーレン地方の出である。そこにはユダヤ人の集団が、小さな田園地方に、農民や小市民ときわめてうまく協和しながら生活していた。それで彼らには圧迫されるというようなこととか、他方、ガリツィア地方や東方のユダヤ人たちの持っているような、執拗に出張ってゆこうとする性急さというものが全くなかった。彼らは田園生活によって強壮に、また精力的になり、彼らの故郷の農民たちが野原を行くように、確実に、落着いて彼らの道を歩んだ。早くから正統のユダヤ教より解放された彼らは、「進歩」という時代宗教の熱烈な信奉者であり、政治的には自由主義の時代において、議会に最も尊敬を受けるような議員を送り出していた。彼らは故郷からウィーンに移住したとき、驚くべきすみやかさで上層の文化圏に適応した。彼らの個人的な向上は時代の飛躍と有機的に結びついていた。この推移の形においてまた、われわれの家系は全く典型的であった」[(10)]。（ツヴァイク『昨日の世界』原田訳。傍点は引用者）

「メーレン」、すなわち、現在のチェコ・モラヴィアを出自とする祖父ヘルマン（一八〇七―八四）に始まり、父モーリッツ（一八四五―一九二六）に至ってオーストリア有数の繊維企業家に成長する家系に、これまたオーストリア有数の銀行家ブレッタウァー家を出自とするイーダを母として生まれたツヴァイクによるこの回想録中の傍点部分からは、十三歳年少のいわゆる「塹壕世代」、第一次大戦を戦場でつぶさに体験した「東方ユダヤ人」ヨーゼフ・ロートの場合が、ほとんど反射的に鮮やかに炙り出されてくる。ちなみに、旧西ドイツの新鋭歴史学者として惜しまれつつ早世したデートレフ・ポイケルトは、一九八七年刊行の『ヴァイマル共和国』の第七章の「ユダヤ人解放、同化、差別」の項で、ヴァイマル共和制が十九世紀このかたの同化ユダヤ教養市民層の解放を完成させたむねを述べた後、二〇年代以後は多数のユダヤ系知識人が近代精神や前衛的《アヴァンギャルド》活動の成果を分かちあうことで、かつてのユダヤ人差別の養いでもあった伝統的民族主義の障害が排除されるに至ったことを指摘し、その一方で、これら同化ユダヤ人とその世界への新たな挑戦者である東方ユダヤ人の流入現象に言及している。こうして、かつての反ユダヤ主義者の憎しみは、異質なアクセントの言葉や見慣れぬ行動様式を持つ東方ユダヤ人に集中的に向けられるようになり、「したがって、ヴァイマル共和国におけるドイツ系ユダヤ人の歴史は、ナチズムのもとでのむごたらしい最後という観点からだけでは理解出来ない。ユダヤ人内部の対立と社会全体の成長過程をみれば、ユダヤ人の一部における同化の進展と、他の部分での排除の強化とが混在していることが分かる」というのである。(11)

ロートの『書簡集』を「いわばツヴァイクとの往復書簡集」として読んできたここでの立場からすれば、ポイケルトの指摘する「同化ユダヤ人」対「東方ユダヤ人」のこの図式は、殆どそのままのかたちでツヴァイク対ロートの場合にも重ねることが出来るであろう。冒頭に紹介したツヴァイクのロートに対する「芸術パトロン的心性」、十三歳年少の「もうひとりの昨日の世界への挽歌の著者」に寄せる「悲劇をつねに敗北者のうちにみる内部態度の、ある個性的な性向」の背後に、いわば「種族的性向」とでも言うべきアムビヴァレンツ、すなわち「反対感情並列」を、もっと平たく言えば、同族にしてかつ異質なものへのわだかまりを推定することは、同時にまた、生涯にわたって援助の手を差しのべ続けてくれた十三歳年長の「カプツィーナーベルクの賢者」、ヴィーン一区・ショッテンリング街の広荘な家に生まれた「同化ユダヤ人」の子ツヴァイクに対する、生涯を通じて自らの生地をさえはぐらかし続け、上京したヴィーンではお定まりの二区・レオポルドシュタットの貧しいユダヤ人街から学生生活を始めた典型的東方ユダヤ人の出自を担うヨーゼフ・ロートのひそめていた、もう一つの「反対感情並列」を推定することに他ならない。ちなみにロートは、前掲のように「故郷ガリシアのユダヤ人世界への恭順と帰属とを」遅ればせに表明した告白の書『放浪のユダヤ人』中に、自らの東方ユダヤ人としての出自についてこんな風に書いてもいた。

「犬が彼らに吠えるのも、彼らが動物や単純な人間を刺激するような服装で現われるからである。彼らは薄暗いハエーデル（東方ユダヤ人の小学校）で教育される。そしてごく幼い幼年時代に、もうあのユダヤ人の祈りにこめられた痛ましい絶望感を察知し、愛し給うよりも罰し給うことが多く、享楽を罪とみなす、そうした神との情熱的な戦いを初めて知り、さらには勉学にいそしみ、観照に恋いこがれる若々しい眼で抽象を追い求める厳しい義務を知るようになる」[12]（平田達治訳）

貴方には僕のようにすげない対応がお出来になれない。この種の連中を扱うのに、僕は乗馬用のムチをもってします。ただもうお上品な貴方は、管理人の第六勘というものがお分かりにならない。ですから、プロイセンの奴らについての僕のような見方を一度もされたことがないのです。僕は奴らのことを戦場このかた承知しています。……中略……プロイセンの奴らは、この世における化学化された地獄の、産業化された地獄の代理人なのです。やがては一撃を喰らうことでしょう。予想よりもはるかに早く、滅び去ることでしょう。

（「三三・五・二二」、ロートの手紙）

後にロート文学のさまざまな場面にもそれとなく登場することになる故郷ブロディでの幼年時代に寄せながら、自らの出自について語る『放浪のユダヤ人』中のロートの言葉を、まさしく「ペシミズム、憎悪、絶望、決断、自己主張への意志、冷徹」の典型例でもあるこの手紙に添えて読み併せると、原田訳の言う「執拗に出張ってゆこうとする性急さ」、ツヴァイクの原文で言う die geschmeidig vordrängenden Ungeduld der galizischen, östlichen Juden—「ガリツィア東方ユダヤ人たち特有の、しなやかに差し出がましい焦燥の思い」が、新たな意味と共に思い起こされてくる。一読しては文意を取りかねるこのツヴァイクの言葉こそ、かつては例の「世界史的事態」を共有しながら、長大な遺言の書とも言うべき『昨日の世界』中には遂に登場することのない今は亡き若き僚友ロートその人に捧げられた、まさしくアンビヴァレントにしてひそやかな鎮魂の言葉そのもののように読めてくるからである。

四　「僕こと、ヨッセル・ロート」

ツヴァイクが『昨日の世界』執筆を思い立つのは、ロートの没後一年が過ぎ、自らの死を二年先に控えた一九四〇年のことである。そしてその終章「平和の苦悶」の冒頭には、シェークスピアの『ジュリアス・シーザー』からの次の一節が引かれている。

ローマの太陽は没した。われらの日は去った。雲、露、そして危険が訪れる。われらの行為はすでに終わった。(13)

この悲痛な叫びは、当時のツヴァイク自身の切迫した思いを如実に伝えて胸に迫らずにはいないが、同時に、これもまた今は亡きロートに寄せたいわば鎮魂の言葉としても聞こえてくることであろう。ここで言われる「われらの日」こそ、一九二七年九月の前掲のロートの手紙に始まる師弟にして僚友の日々でもあったからである。

友よ、このような紙片にしたためることをお許し下さい。とある店先で書いているのです。ようやく『エラスムス』を落手、ただちに読み了えました。
これは、貴方がお書きになられたもののうちで、最も高貴な書です。これは貴方のお姿をそのまま映した伝記です。──この貴方の似姿に、お祝いの言葉を述べさせていただきます。たったひとりの人間が『フーシェ』と『エラスムス』を書かれるとは、思うだに壮観というほかはありません。
実に高貴です。用いられている言葉は「控えめ《ソブル》」、貴方について知るかぎり最も簡潔にして的確です。

ルッター対エラスムスは、才気にあふれ、見事というほかはありません。賢明にも歴史の「素材的な要素」が背景に退けられ、もっぱら事態の精神的要素だけが描かれています。精神化された歴史です。結末は実に感動的、震憾的で、最後の三ページに至っては、言葉の上から見ても非の打ちどころがありません……

（「三四・八・一〇」、ロートの手紙）

この度の『ロート書簡集』は、ツヴァイクの手紙四十余通を主してこの時期に含みながら、ロートのますます荒みゆく生活と、ときには精神の錯乱を思わせる酔いどれぶりと、一見して申し分なくモラリスト風の姿勢を保ちつづけるかにみえるツヴァイクへのアムビヴァレントな焦燥の思いを伝えると共に、一方、いまは同じく死への予感を奥深くひそめながら、ロートの書店とのトラブル、金策の件ではいまなお助力を惜しまず、アルコールとパリのホテル「オテル・フォワイヨ」との絶縁を勧めるなど、ロートに向かって「たとえ貴方の生活は破滅させても、貴方の芸術を破滅させてはならぬ」（「三四・七」、ロートの手紙）ことを訴えてやまないツヴァイクの姿を伝えている。前項で見た「世界史的事態」の一層の展開の延長線上に、三八年三月のナチによるオーストリア併合、同年十一月のドイツ国内でのいわゆる「水晶の夜」、「ポグロムの夜」のユダヤ人大虐殺、明けて三九年末のヒトラーによるヨーロッパ一円のユダヤ人絶滅の予言等々の予兆が日程に上りつつある頃、この二人の「昨日の世界への挽歌」の著者であるユダヤ系ドイツ亡命作家同士の結びつきは一層切実さを加えて、前掲のいささか過褒ともみえる『エラスムス』についてのロートによる批評も、やがてその一部が自らの『アンティ・クリスト』に引用されることにも示されているように、人間の尊厳を楯に、いわば素手だけによる抵抗を余儀なくされるロート自身の勝利と悲劇性を早くも予見させている。ちなみに、ロートが讃えてやまない『エラスムスの勝利と悲劇』の末尾の言葉の一部は、こうであった。「明晰な精神をもって、また純粋な人倫的力から、かつて思考され、発言されたものは、なに一つとしてまったく徒労に終わることはない。たとえ弱々しい手で、しかもただ不完全に形成されたにせよ、それは人倫的な精神を、くりかえし新たな造形へとかき立てる。日ましに人道的に、日ましに精神的に、日ましに理解ふかくなることこそ人類の最高課題であるとする、きわめて単純でありながら永遠でもある思想、この人道主義的な思想を文学的に世界へ送り出したという事実は、現世の空間のなかでは敗北者であったエラスムスの名前を、いつまでも讃えてやまないであろう」[14]（内垣啓一訳）。そして、ロートが自作『アンティ・クリスト』（一九三四年）中の第一章、「アンティ・クリストがやって来た」の冒頭にエピグラム風に引いている同じく『エラスムス』からの言葉は、こうである。

「おお、神よ、何という野獣的な本能が汝の御名において、ほしいままに荒れ狂うことか。だめだ、もはや世界には思考の自由、理解と寛容、これら人文主義的教義の根本思想を容れるだけの余地はない。このように血塗られた大地のうえに、さまざまな芸術は栄えることができない。何十年ものあいだ、何百年ものあいだ、ことによると永遠に、超国家的な共同体の時代は過ぎ去った。そしてラテン語、この統一ヨーロッパの最後の言葉、ヨーロッパの心臓の言葉も死にたえる。さらばエラスムスよ、汝もまた死ぬがよい」[15]（同前）。

『エラスムス』に寄せるまさしく過褒とでも言うべきこのロートの対応ぶりについては、前掲の三三年十一月七日付の手紙にもあった「ドイツならびにドイツ語を汚してやまない悪臭芬芬たるルターの屁共」との戦いのさなかにいるロートの、人種、宗派、民族の壁を超越したルネッサンス的人間としてのエラスムス像への共感と共に、一方では、いまや「反ユダヤ主義の毒に染まりつつある」キッペンベルクの率いる「インゼル書店」に替わって、亡命オーストリア人による「ヘルベルト・ライヒナー書店」が出版元となったことも、なにがしかの影響を及ぼしていたように思われる。これまた前掲の手紙に幾度となく書かれていたように、ロートはツヴァイクに対して、久しく「インゼル書店」との絶縁を求め続けていたからである。

そして、やがてほぼ一年後のいわゆる「ニュルンベルク法」、――ドイツ人の血と名誉を守るべくユダヤ人から市民権を剥奪し、併せてユダヤ人との結婚をも禁ずる法律の公布（三五年九月十五日）を直前にした時点での、「七・二四」のロートの手紙の一部は、こうである。

> 僕こと、ラヴィロフ出身のヨッセル・ロートが偉大なるドイツの過去の一切を含めてドイツを擁護するのは、もとよりこの僕にとっては当然のことです。僕のユダヤ性は、現に僕の口ひげが金髪であるように（黒い色でだってありえたのですが）、かねてから偶然の所産以外のものとは思えませんでした。このことに悩んだり、このことを誇りに思ったりしたことは一度だってありません。現在の僕の悩みも、ドイツ語で考えたり書いたりすることにではなく、ヨーロッパの中央にいながら、四千万人もの人々が野蛮人であることにあります。僕はこの悩みを多くの人びとと、数字で言えばおよそ二千万の人々と共有しています。つまり僕は、ドイツとローマの刻印を受けたカトリックの王国を信じ、正統のカトリック教徒に、戦うカトリック教徒にさえなろうとしています。現在の僕には「人間なるもの《メンシュハイト》」が信じられません――これまでの僕が信じてきた対象も、そんなものにではなくて神であり、神の恵みに与らない人間など、ただの糞ったれでしかないということに向けられていました。僕はその神の恵みに与りたいと念じています。「パレスチナ」、「人間なるもの」は、とうにご免です。現在の僕にとって唯一大切なのは神であり、加えて、当面、この世においては、僕が働くことを許され、世俗的義務を果たすべく努めなければならない領域であるドイツのカトリックの王国なのです。ハープスブルク家の人々を介したその王国の建設のために、僕は微力を尽くす所存です……

一九二〇年代初頭には無神論的、反宗教的発言を繰り返していたロートの、この時点での「カトリックへの転向」問題については、前掲の一九七四年刊行の『ヨーゼフ・ロート　ある評伝』によって「ロート・ルネッサンス」に大きく貢献したダーフィト・ブロンゼンはその「ファシズムとの戦い」の章で、当時生存していたロートゆかりの人々とのインタビューを多く混じえながら、この「転向」がハープスブルク王朝再興への願いとは同根の反プロイセン、従ってまた反ルター・プロテスタンティズムにかかわるものであることを指摘し[16]、例えばロート最晩年の恋人でもあった前掲の女流作家イルムガルト・コインによる、次のようなインタビューでの発言を引いている。

「ロートはカトリックのことは何も知りませんでした。私たちが一緒に過ごした十八カ月のあいだ、聖体拝領はおろか、ミサにさえ出かけたこともありません。それでいて幾度も、カトリックの形式で埋葬して欲しいと言い続けていました[17]」。自らはカトリックとして育ったこのイルムガルト・コインの発言にある当の埋葬の日の模様も、ここでの『ロート書簡集』に先だつこと六年前の一九六四年、『亡命のなかのドイツ文学――ヨーロッパ作家による書簡集　一九三三―一九四九年』の表題で主としてドイツ亡命作家との間で交わされた自らの手紙を書簡集にまとめていたヘルマン・ケステンによって、ヘルマン・リンデンからの問い合わせに応えた臨場感あふれる手紙中に報告されている（一九四九・二・二〇、ニューヨーク発信）。ちなみにリンデンはこの年、戦後ドイツでは初めてのロート回想の書『ヨーゼフ・ロート、生涯と作品』を刊行、「ロロロ叢書」『ヨーゼフ・ロート』の著者ニュルンベルガー（前掲）によれば、「当時は殆ど完全に忘れられていた」ロートを再び甦らせた人でもあった。そのケステンは、こんな風に書いている。

「……多分墓地の名はティエではなかったかと思います。しかし埋葬の折のことは鮮明に覚えています。かなり郊外のバンリューにありました。神父のエストライヒヤーが語り始めると、墓地を二分しているすぐ近くの高架橋を貨物列車が通り、煙を吐き、ガタガタ音を立て、汽笛を鳴らしました。それに先だち、この神父エストライヒャーの言葉をめぐって、ロートの友人たちの間にちょっとした口論がありました。ロートはもとよりユダヤ人で、その生涯最後の酔っぱらっていた何年かは、かなりカトリックに近づいていましたが、断じて洗礼は受けていません。そのため神父はミサをあげることが出来ませんでした。ユダヤ人の友人の何人かがショックを受けたのは、一人のラビもロートの墓の前では語らなかったからです……」[18]

一九三九年五月三十日午後四時からのこの告別式に参加しなかったシュテファン・ツヴァイクは、その欠席の理由を「ロートが神父によるカトリックの祝別を受けるのを見るに忍びなかった」としながら、同年七月一日、パリ発行の「オーストリア・ポスト」に掲げられた追悼文『ヨーゼフ・ロート』中に、こんなように書いている。

「私は彼の友人たちや、かつての仲間たちの多くがロートのいわゆる反動的立場への転向について悪しざまに言い、この転向を心の迷いだとか混乱だとかみなしたことを承知しています。この転向を承認したり、いわんやこれに同調したりするつもりは更更ないものの、彼におけるこの転向の誠実さを疑ったり、この献身的態度を理解しがたいものとみなすような不遜をあえてするつもりもありません。と申しますのも、彼は以前から『ラデツキー行進曲』のうちに旧き帝政オーストリアへの愛を告知し、『ヨブ』のうちに、宗教的欲求、信仰への意志こそ、彼の創造的生活のひそめた最も内面的な要素であることを表明していたからです。この移行のうちにみられるのは、怯懦でも、思惑でも、打算でもなくて、いかなる隊列、立場をも問わずに、ヨーロッパ文化をめぐるこの度の戦いに一兵士として参加するという、絶望的意志に他ならなかったのです」[19]

そのツヴァイクは、この日からは三年前の「三六・三・三一」の手紙では、ロートに向かってこんな風に書いていた。

……人々が何故か貴方に厳しく当たるというようなお考えは、頭から拭い去って下さい。私たちが世界滅亡のさなかにあって、せめてこの時代を生きながらえることだけでも幸福であることを、忘れないで下さい。出版社を責めたり、友人たちを咎めたり、そのくせ自分の非を認めようとなさらないようなことは止めて、いい加減に勇気をもって認めていただきたい、よし詩人としてどんなに偉大ではあっても、物質的な意味では貴方はちっぽけな哀れなユダヤ人であり、他の七百万人のユダヤ人と同じように貧しく、この世の九割の人々と同じようにささやかに、せせこましく暮らさなければならないのだということを……

そして、この手紙を受けた二日後のアムステルダム・「エーデン・ホテル」発信のロートの手紙の一節（「三六・四・二」）。

……貧しく哀れなユダヤ人のことなど、殊更この僕に向かって口になさるには及びません。生まれ落ちた一八九四年このかた、僕はずっとこうでした、それも、誇りと共に。信仰篤い東方ユダヤ人、ラヴィヴィロフ出身のこの僕は。放っておいて下さい。三十年間というもの、僕はずっと貧しく、みじめでした。そして今も貧しい。

これまた自作の映画化にかかわらせたツヴァイク宛の見事な依頼の手紙から響き出る自嘲と自己諷刺と一抹の自己憐憫、——久しく痛めつけられ、苛まれ続けてきた東方ユダヤ人たちの、不安と暗黒の日々に耐えおおせるために身につけたこの悲しいユーモアの響きそのものこそ、この「ラヴィヴィロフ出身、ヨッセル・ロート」におけるカトリックへの転向の背後にある内なる思いを、鮮かに明かしている当のもののように思われる。作品中に僅かにそれとなく仄めかすより他には、生前はついに自らの生地ブロディの名をさえ明かすことのなかったこのMythomane、[20]――前掲のブロンゼンの『評伝』の最終章「あるミュトマーネの死」への注記によれば、「自らを伝説の衣装で包まずにはいない人間」の意味でフランス語から援用され、Mythomaniaすなわち「異常虚偽癖」、「異常誇張癖」にも隣接する言葉で語られる遺稿『酔いどれ聖者譚』の著者ロートは、この「転向」の真意についてさえも、遂にその死に至るまでそれと語ることはなかったのである。ちなみに、同じくブロンゼンは、『評伝』第十九章「限界状況としての亡命　一九三八―三九」の冒頭に近く、次のように書いてもいる。「ロートの全生涯は、何かに縋りたいという欲求に要約することができる。彼の政治上の世界像の赴くところも、これ以外のものではなかった。この世界像は、酒を飲みながらもなお求め続けた人生と世界との和解、孤立からの脱出をもたらすはずであった。そしてその背後には望郷の思いが、父、人間、故郷に寄せるのと同じ望郷の思いが、決して満たされることのない、半ば抽象的なままに留るほかはない望郷の思いがひそめられていた[21]」。

そして、「シオニストとはナチであり、ナチはシオニストである」と述べながら書かれている「一九三五・八・一四」のロートの手紙の一節。

……僕たち、すなわち貴方、僕、僕の仲間たち、そんな僕たちがことと次第によってはシオニズムを擁護するのは、僕たちが人間だからであって、ユダヤ人、反ユダヤ人だからではありません。この点について、ヴァイツマン氏と僕たちの間には何の合意もありません。（より厳密に言えば、もし彼がたまたま僕と個人的に会うような場合は、僕は彼にとっては――たとえ彼がどんなに寛容な人であっても――ひとりの「変節者」なのです。僕は自分がドイツ人ならびにユダヤ人からの変節者と呼ばれることを歓迎しますし、そのことを誇りに思います。僕は従って、キリスト教徒や人間への変節者にならないで済むからです。）

つまり僕には、貴方がどうして他ならぬナチの兄弟、いかに天才的であれひとりのシオニストを介してヒトラーとの戦いを開始なさろうとしている理由が、分からないのです。ヒトラーはそのシオニストの低能な兄弟に過ぎません。この度のことで、貴方はユダヤを擁護することはできるかも知れません。しかし、僕にとって大切なのは、ヨーロッパと人間とを、それもナチならびにヒトラー・シオニストから擁護することなのです……

『書簡集』巻末のケステンによる解説からは、この年九月に予定されていた広範な反ナチ宣言活動に当初参加を予定し、後に辞退するに至ったツヴァイクに宛てた手紙中に登場する「ヴァイツマン氏」なる人物は、一九一七年のイギリス外相バルフォアとの「バルフォア宣言」にも、一九四二年のニューヨーク・ビルトモアホテルでシオニスト諸団体のあいだで結ばれた「ビルトモア綱領」[22]にもかかわり、やがて一九四九年、イスラエル建国後の初代大統領となった当の人であることが判明する。[23] そして、一読したところ呪文のように語られる「シオニストはナチであり、ナチはシオニストである」というロートの断案と、この「ヴァイツマン」のそれ以後の生涯を重ねるうちに思い起こされるのが、あのもうひとりの東方ユダヤ人、ガリツィアのアウシュヴィッツからも遠くない地に生まれた『非ユダヤ的ユダヤ人』[24]の著者、アイザック・ドイチャーによる次のような発言である。その第二章「ユダヤ人とは何か」中に、ハイネ、ベルネ、ヴェルフェル、アルノルト・ツヴァイク、ヴァッサーマンと共にシュテファン・ツヴァイクをも「非ユダヤ系ユダヤ作家」のひとりに挙げていたドイチャーは、例えばこんなように語っていた。

「ユダヤ人の本質についてふたたび定義を下した人物はヒトラーである。これは悲しくも不吉な真理である。これは死後のヒトラーのちょっとした勝利であろう。アウシュヴィッツは新興ユダヤ民族意識とその国家イスラエルの恐るべき発生の地であった。ユダヤ教の宗教的伝統を拒否しているわれわれも、今やユダヤ民族というネガティヴな社会の一員に属さしめられている。それは歴史の中で何回となく――否、ごく最近に至るまで――悲劇的に迫害と絶滅のために選ばれた民族なのである。ユダヤ的なるものとその継続を常に主張してきた人々には、六百万のユダヤ人の死がこんなに新しい生命力をユダヤ人社会に与えたということは、妙に苦々しい事実であろう。私はむしろ女子供をふくめた六百万の人間が生き残って、ユダヤ人という概念自体が滅びた方がよいくらいに思っている。ところがまさにこの六百万人のユダヤ人の灰の中に「ユダヤ人社会」という不死鳥《フェニックス》がとびたっていったのである。何という〈よみがえり〉であろう」[25]（鈴木一郎訳）。

ちなみに、「非ユダヤ的ユダヤ人」とは、ドイチャーのここでの発言を要約すれば、ユダヤ人でありながら異なる文明、宗教、民族の境界線上に立ち、各時代の転換期に生まれ育ち、その思想が成熟をみたのは異質文化の影響の下においてであり、社会の中にありながら余所者であり、その社会を超え、民族を超え、時代や世代をさえ超える高い理想を掲げ、新たな広大な地平に未来への思いをよせる人々のことである。普遍的一神教における神と、その神がユダヤ教のなかで自分らを開示する仕方——すなわち、一民族にだけ妥当する神——との間にみられる矛盾、普遍の神とその神の「選民」との間の矛盾の自覚、——「転びユダヤ人」でもあったスピノーザの場合を明らかに意識したこのドイチャーの言う「非ユダヤ的ユダヤ人」の言葉から、いま私の前に浮かび上がるのは、夥しい「伝説」の仮装に身を包みながら、自らを「選民」とみなすナチならびにシオニストの不遜《ヒューブリス》に立ちはだかろうとする他ならぬヨーゼフ・ロートその人の姿である。そしてその姿は、様々な転進を重ねながらも、第三帝国成立後は一貫してそのヒューブリスと戦い、その戦いの記録をつぶさに、「嫌悪、絶望、決断、自己主張の意志、冷徹」と共にではあっても、決してデプレシーフにではなく書き残していった手紙のなかの、いまや懐かしくも忘れがたい「僕こと、ラヅィヴィロフ出身、ヨッセル・ロート」(ich, Jossel Roth, aus Radziwillow)の姿そのものでもある。

（後記）

全般的に

ロートの書簡集からの抄訳引用に当たっては、本文中に日付を添え、テキストのページをその都度掲げることとしなかった。前稿をほぼそのままの形で引かせていただいた冒頭部分も、本文中の注記以外は掲げなかった。作品名、固有名詞の表記についても、原語を併記することを省き、全体として注記は最小限に抑さえた。

使用テキスト

Joseph Roth : Briefe 1911-1939, Herausgegeben und eingeleitet von Hermann Kesten, Verlag Allert de Lange und Kiepenheuer & Witsch, 1970.

Joseph Roth : Werke. Herausgegeben von Fritz Hackert und Klaus Westemann, Verlag Kiepenheuer & Witsch, Bd. 1-6, 1987-91.

Stefan Zweig : Gesammelte Werke in Einzelbänden. Herausgegeben von Knut Beck, Verlag S. Fischer, 1981-1990.

他に、邦訳ツヴァイク全集（第二次、全二十一巻、みすず書房版）、ロートの邦訳書（後掲）等も参照した。

（1） David Bronsen : Joseph Roth. Eine Biographie, Verlag Kiepenheuer & Witsch, 1974.

（2） 山下肇『ゲットーからヨーロッパへ――近代ドイツ・ユダヤ精神史研究』有信堂高文社、一九八〇年、一五頁。

（3） Stefan Zweig : Die Welt von Gestern, Erinnerungen eines Europäers, Verlag Bermann Fischer, 1944. ただし引用は Verlag S. Fischer, 1982., S. 291.

原田義人訳『昨日の世界――ヨーロッパ人の回想』も参照。

（4） 『放浪のユダヤ人――ロート・エッセイ集』平田達治、岩田仙太郎訳、法政大学出版局、一九八五年、三二五頁。

（5） Joseph Rovan : Geschichte der Deutschen, von ihren Ursprüngen bis heute, Deutscher Taschenbuch Verlag,

1998. S. 594. (Originalausgabe : Histire de l'Allemagne, des origines à nos jours, Éditions du Seuil, Paris, 1994)

(6) 山下、前掲書、三一頁。

(7) 平井正、岩村行雄、木村靖二『ワイマール文化――早熟な《大衆文化》のゆくえ』有斐閣選書、一九八七年、二五七頁。

(8) Hermuth Nürnberger : Joseph Roth, Rowohlt Taschenbuch Verlag, 1981, S. 107.

(9) J. Berg u. a. : Sozialgeschichte der deutschen Literatur, von 1918 bis zur Gegenwart, Fischer Taschenbuch Verlag, 1981.

ただし、引用は次の邦訳書から。ヤーン・ベルク他著　山本他訳『ドイツ文学の社会史』上、下巻、法政大学出版局、一九九五年、七一二頁。

(10) Stefan Zweig : a. a. O., S. 19.

ただし、引用は原田訳前掲書、二二頁。

(11) Detlev J. K. Peukert : Die Weimarer Republik, Krisenjahre der Klassischen Moderne, Suhrkamp Verlag, 1987, S. 163.

(12) Joseph Roth : Juden auf Wanderschaft, 1927. ただし引用は　Das journalistische Werk 1924-1928, Kiepenheuer & Witsch Verlag, 1990, S. 829.

平田訳、前掲書、五一頁。

(13) Stefan Zweig : a. a. O., S. 443.

訳文は原田、前掲書、五七七頁。

(14) Stefan Zweig : Triumph und Tragik des Erasmus von Rotterdam, Erstausgabe, Herbert Reichner Verlag, 1935, Einband, S. Fischer Verlag, 1982, S. 187.

内垣啓一訳『エラスムスの勝利と悲劇』（みすず書房版　全集）、二〇九頁。

(15) Stefan Zweig : a. a. O., S. 180.
内垣訳、前掲書、二〇〇頁。

(16) David Bronsen : a. a. O., S. 487.

(17) David Bronsen : a. a. O., S. 490.

(18) Hermann Kesten : Deutsche Literatur im Exil, Briefe europäischer Autoren 1933-1949, Verlag Kurt Desch, 1964, S. 352.

(19) Stefan Zweig : Joseph Roth, 1939, ただし引用は „Zeiten und Schicksale“, Aufsätze und Vorträge aus den Jahren 1902-1942, 1990, S. 333.

(20) David Bronsen : a. a. O., S. 666.

(21) David Bronsen : a. a. O., S. 513.

(22) Hannah Arendt : Zionism Reconsidered, Menorah Journal, vol. 33 (august 1945) pp. 162-196.
ただし、引用はハンナ・アレント著、寺島他訳『パーリアとしてのユダヤ人』(未来社　一九八九年)所収第五章「シオニズム再考」の訳注より、一八八頁。

(23) Hermann Kesten : Anmerkungen über Joseph Roths Briefe 1911-1939, Kiepenheuer & Witsch, 1970, S. 601.

(24) Issac Deutscher : The Non-Jewish Jew, and other Essays, Oxford University Press, 1968.
鈴木一郎訳『非ユダヤ的ユダヤ人』岩波新書、一九七〇年。

(25) 前掲書、六五—六六頁。

[参考文献]

前項の「注記」中に採りあげた文献を除いて、参照した文献の幾つかを新しいものから順に挙げておく。

(1) ヨーゼフ・ロート小説集一—四　平田達治、佐藤康彦訳、鳥影社、一九九三—一九九九。

（2）Hrsg. von Bernhard Weiergraf : Literatur der Weimarer Republik 1918-1933, Deutscher Taschenbuch Verlag, 1995.

（3）Heinz Lunzer, Viktoria Lunzer-Talos : Joseph Roth, Leben und Werke in Bildern, Verlag Kiepenheuer & Witsch, 1994.

（4）テオドール・ヘルツル著　佐藤康彦訳『ユダヤ人国家』法政大学出版局、一九九一年。
Theodor Herzl : Der Judenstaat—Versuch einer modernen Lösung der Judenfrage, M. Breitenstein's Verlags-Buchhandlung, 1896.

（5）H・ハウマン著　平田達治、荒島浩雅訳『東方ユダヤ人の歴史』鳥影社、一九九九年。
Heiko Haumann : Geschichte der Ostjuden, Deutscher Taschenbuch Verlag, 1990.

（6）Hartmut Müller : Stefan Zweig, Rowohlt Taschenbuchverlag, 1988.

（7）蔭山宏著『ワイマール文化とファシズム』みすず書房、一九八六年。

（8）Uwe Naumann : Klaus Mann, Rowohlt Taschenbuchverlag, 1984.

（9）拙稿「ヨーゼフ・ロートの手紙」、雑誌「みすず」一五九、一六〇、一六一号、みすず書房、一九七三年。

（10）Hrsg. und eingeleitet von Hans Arens : Der große Europäer Stefan Zweig, Kindler Verlag, 1956.

二人のユダヤ人作家
——フランツ・カフカとヘルマン・ブロッホ

入野田　眞　右

一　ヘルマン・ブロッホにとってのカフカ

ヘルマン・ブロッホは、第二次世界大戦直後の一九四七年、フランスの評論家ラシェル・ベスパロフの著書『イーリアス論』に「神話と晩年の様式」と題する長い序文を書き、戦後の惨憺たる状況を目の当たりにして、このような戦後の状況のなかにあって芸術はなおどんな存在理由を持つものかを問い、現代芸術の在り様を論じている。もし芸術がこのような苛酷な時代に今なお存続することができ、存続することが許されるとすれば、芸術は世界の言語に絶する災禍に対抗出来るものを描くという課題を自らに課さなければならないし、そのためには、芸術は「晩年の様式、本質的なものの様式、抽象的なものの様式に到達」しなければならない、としている。その例として彼は、ピカソの『ゲルニカ』を挙げ、こう述べている。「この絵は、すべての色彩を放棄することが出来るほど抽象的であり、恐怖、悲痛、悲嘆を表現し、それ以外の何物も表現していない。まさにこの理由で、悪に対する最も激しい反抗を表現している。」かくして、現代芸術の驚くべき共通点、現代芸術家たちを結ぶ内的関係として彼が挙げているのは、抽象主義と「晩年の様式」である。「晩年の様式」とは、ブロッホの説明によれば、年齢に関係なく、可視的なものや可聴的なものの背後にある形而上学的なものを発見した芸術家の様式であり、このような「晩年の様式」に達した芸術家は、芸術を超え、彼の関心は芸術の美にも、それが産み出す大衆への影響にも関心がなく、芸術の技巧的なものを超え、世界をその全体性において捉え、表現することにあって、その抽象主義は神話に近い。「晩年の様式」はその抽象性によって超―宗教的としか呼び様もない意識面に到達する、とされている。このような高みに到達した芸術こそ、現代世界の本質的なものを表現し、現代世界の価値崩壊現象に対抗できるものを表現することができるのだ、というのである。こうして、例えばピカソやカフカのように、非客観的芸術の実験が行われ、現代芸術に共通する抽象主義が招来されることになった。しかし文学は音楽や絵画のように完全に抽象化されることはありえないので、文学では「晩年の様式」は形を変えて神話への傾斜を強める作用をする。ジョイスの『オデュッセイア』への回帰、トーマス・マンによる旧約聖書のテーマの復活はその例として挙げられるが、しかしこれらはまだ新しい神話ではない。最初にこのような新しい神話を実現したのはカフカである、とブロッホは主張する。そして次のように述べている。

ジョイスの作品にはまだ新ロマン派の傾向、つまり……人間の魂の複雑さにむけられた関心を見て取ることが出来る。だがカフカについてはこの種のことは一切当てはまらない。カフカでは個人的問題はもはや存在しない。まだ個人的関心事と見える物も、言い表されたその瞬間に、超個人的な雰囲気のなかに溶解されているからである。神話の予言は突然間近にあり、真の予言のすべてがそうであるように、それは倫理的性格を持っている。人間が生存のあらゆる瞬間に殺人、強姦、貧困、恥辱によって脅かされていて、ただ悲痛、悲嘆しかない今、愛とか結婚、裏切り、嫉妬といった文学の古臭い問題は何を意味するのであろうか。この世界の風景が専ら逃亡と迫害の風景に過ぎなくなってしまった今、どんな画家が自らの描いた牧歌的な風景の樹木の下でゆっくりと美術鑑賞に耽るようにと観客を誘うことができるであろうか。抽象主義は技法上の面から人間の私的問題を取り上げるが、技法上不充分であるゆえに私的問題を芸術の領域からしめだしてしまった。カフカでは人間の私的問題が倫理的価値をも失ってしまったことが明らかになる。私的問題は、浅ましい犯罪と同様嫌厭すべきものになってしまったのである。これで、ロマン派に対して最終の有罪判決が下されたのである。……

しかし、この立場がフランスの実存主義者たちの立場といかに近くとも、カフカの立場はフランスの実存主義者たちのそれではない。カフカの私的問題に対する嫌悪は、特にそれが芸術に現れる場合には、実存主義者たちの「嘔吐」と同一のものではない。なぜなら、フランスの実存主義者たちはまだ伝統的な文学の領域に留まっているが、……カフカの目標は、全く正反対の方向、つまり抽象の方向にあって、具体化の方向にはないからである――、それも専ら倫理的関心事によって駆り立てられた非論理的抽象にあるからである。従ってカフカは文学を超えている。カフカは、「あれかこれか」の点に、文学が神話まで進む事が出来るか、文学が破産するかの点にまで達したのである。カフカは、自らが到達しなければならない新しい天地創成説……を予知し、文学に対する愛と嫌悪に苦しみながら、究極的には新しい天地創成説への芸術的アプローチが不充分であることを感じて、文学の領域を放棄する事を（トルストイと同じ様に）決意したのであった。そして自らの作品を棄てるように頼んだのであった。(1) ……

ブロッホは、このエッセイでほとんど初めて本格的にカフカに触れ、カフカ文学を称揚し、その神話性を論じている。これまで彼が目標としていたのは、ジェームズ・ジョイスやトーマス・マンの文学であった。この変化は何によって齎されたのか。直接の契機はおそらく、一九四七年春発行の『ノイエ＝ルントシャウ』誌に掲載されたギュンター・アンダースの論文「カフカ――是か非か」であったろう。ブロッホは、六月二十日アメリカの著作家ウォルドー・フランク宛の手紙のなかでこの論文について触れ、「これまでで最も優れた」カフカ論文と賞賛し、カフカについて極めて啓発されるところがあったことをうかがわせる。この論文については後で詳細に述べるとして、この手紙でもカフカとジョイスについて触れ、「カフカとジョイスはまだ純粋な現実探求という象牙の塔に引きこもることが許されました。私達にはもはやそうすることは許されないのです。つまり〈作家〉そのものがもはや居場所がないのですから。[2]」と、アドルノの「アウシュヴィッツの後にもなお詩作するのは野蛮だ」という言葉と同様、極めて戦後の時代状況を意識した言葉になっている。冒頭で述べたと通り、このエッセイは、世界大戦の一、二年後に書かれたものであり、わけてもホロコーストの凄惨な惨状が次第に明らかになり、戦争による殺戮、迫害、離散が鮮明になってきた時代に書かれたものであって、このような世界的惨禍を目の前にして、人間の個人的な関心事や私的問題がかすみ、もはや問題にもならなくなったと痛切に感じられた時代に書かれたものであった。

従ってこのエッセイには、実はブロッホの個人的な切実な思いが重なっているように思えてならない。彼は、一九三八年三月のナチスによるオーストリア併合と同時に逮捕され、一時は死を覚悟して、獄中で彼の大作『ウェルギリウスの死』を書き始め、半月後に思いがけなく釈放され、同年七月ジェームズ・ジョイスの助けもあって、イギリスのビザを得、ほとんど無一文で、母を知人に託して、独りイギリスに亡命し、やがてトーマス・マンとアインシュタインの助力でアメリカのビザを得て、アメリカに亡命し、作品や『群衆迷妄』研究にいろいろな財団から奨学金を得て、辛うじて生計を保っていた。四五年、『ウェルギリウスの死』が英・独語で出版されたが、大戦が終わった直後のこととて、あまり評判にならずに終わった。この作品は、古代世界の終焉とキリストの生誕を予言したと言われる古代ローマの詩人ウェルギリウスが熱病に冒され、亡くなるまでの最期の十八時間の、詩人の独白を綴ったもので、作者のメシア思想が作品の根底を流れていると言っていい。この『ウェルギリウスの死』ではまだ、四楽章のシンフォニーのように「通し作曲」することで、同時性技法を用いて統一空間を作りだし、抒情詩的なものによって人間の深い魂の真実を捉え、人間の全体性を描こうと試みていた。そして「神話とは抒情詩的なものの客観化である」とも言っていた。しかしそれ以後、ヒトラーの残虐行為、そしてホロコーストの凄惨な実態が一層明らかになり、更に彼自身の母が強制収容所に連行された様子が詳らかになり、母の犠牲が明らかとなる。このような黙示録的世界を目の当たりにして、当然のことながら彼の文学観も大きく変わっていく。実は彼には、『ウェルギリウスの死』の構想、執筆以前の一九三六年頃から構想し、幾つもの草稿を残して完成するに至らなかった『山の小説』をヒトラーの邪悪な野望に対抗する、彼のいわゆる「神話」として結実させる意図があった。この小説は、ハンナ・アーレントによって作家の死後遺稿が整理、編集され、『誘惑者』と改題されて出版され、日本でも古井由吉氏の名訳で紹介されている。だが、この小説は、幾度も手を加えられながらも、遂に未完のまま放置される結果になってしまった作品なのである。その創作過程と創作の行き詰まりのなかで、ブロッホは、先ほど挙げたギュンター・アンダースのカフカ論を読み、それを契機にカフカの作品を読みなおし、傾倒させられたのではないか、と思われる。そしてその折に書かれたのが、先ほどの長い引用文だったのではないか。彼は、カフカに出会い、自らの作品が一層書きにくくなってしまい、結果として未完の遺稿になってしまったのではないか、とも考えられる。そしておそらくその考えられていた小説の内容的なものは、理論的な『群衆迷妄論』に移され、後者の論文は生存中にほとんど完成されていた。ブロッホが、自らの神話小説の創作を断念せざるをえなかったほどの衝撃を与えた、カフカの作品の内に見たものとは何だったのだろうか。

二　ユダヤ人作家としてのブロッホ

カフカとヘルマン・ブロッホは、二人とも祖先がチェコ出身の生粋のユダヤ人であり、年齢もブロッホが三歳年下だがほぼ同じ時代を生きてきた作家であり、家庭環境も父親との関係など類似点が多い。だが仔細に見てみると、むしろその相違に戸惑うほどである。同じユダヤ人家系と言っても、プラハとウィーンでは、ユダヤ人の置かれた立場は、基本的には同じなのかもしれないが、やはりまるで違っていたようである。

ブロッホの父は、チェコのメーレン地方最大の都市プロスニッツの出身で、祖父母もそこに住む商人だったことまでは分かっているが、それ以上遡った祖先のことは詳らかではない。このプロスニッツには、十五世紀中葉、諸国を追われたユダヤ人たちが市内に住むことを許され、時が経つにつれてポーランドやウクライナ、ウィーンなどからユダヤ人が移住して来て、大きなゲットーが形作られるようになった。このプロスニッツに住む最古のユダヤ人家系がフッサール家であり、哲学者エトムント・フッサールはこの家系の出であった。ブロッホは、アメリカ亡命中しばしばフッサールと遠い親戚だと語り、限りない信頼を寄せていた。ブロッホの父は、よほど貧しかったのであろうか、一八六四年、十二歳のとき、十七歳の兄と一緒に知人や親戚を頼ってウィーンに出て、行商して、自活の道を切り開いていった。当時ウィーンはユダヤ人に同情的な皇帝フランツ・ヨーゼフ一世の治政下にあって、ユダヤ人に同権がもたらされ、一八六七年には憲法のなかに信仰と良心の自由がもりこまれ、他方一八六〇年代にはウィーンの都市改造で異常なほどの建築ブームが興って、オーストリア帝国の各地から磁石に吸い寄せられる様に人々が集まり、ウィーンの人口は倍増を続けていた。一八五〇年ウィーンの人口は、四十万人だったが、一八九〇年には八十万人となり、一九〇〇年には百七十万にまで飛躍的に増大した。ウィーンのユダヤ人の数も一八四八年以前は四千人を少し上回る数だったのに、一八八〇年には七万人、一九九〇年には十一万人を超えていた。ブロッホの父は、ドナウ運河に面したウィーン第一区の織物商店街のある店に丁稚奉公に入り、三十歳で老練なフランネル相場師の一人に数えられるようになり、まさに一代で巨万の富を築いた人物である。その点ではホーフマンスタールの祖父イーサク・ホフマンが十八世紀末プラハからウィーンに出て、三十年間のうちに桁外れの財産を築いたのに似ているし、カフカの父がプラハで行商人から身を起こし、大卸商人にまでなったことにも似ている。ブロッホの父は三十四歳の時、彼と同じ様に一代で巨万の富を築いた毛皮商人の娘と結婚し、事業を拡大し、ウィーン近郊のテースドルフに大きな紡績工場を持つまでになり、結婚後はフランツ・ヨーゼフ・カイの美しいヴェネチァ・ルネサンス建築を思わせる建物に移り住んだ。ブロッホはこのような大ブルジョアの家庭に長男として生まれ、幼児は家庭教師によって教育された。ただ彼は、父が、カフカの父と同様、一代で財を成した人の例にもれず、行動的で、自信過剰で、我欲が強く、粗暴で、カフカと同様粗暴な父親に悩まされ続けた。後年子供の頃を回想してこう述べている。「私と弟に共通していたのは、怒鳴る父親に対する恐怖、いつ爆発するか分からない恐怖であった。……母のところへ逃げ込むのだが、私だけが追い返された。……私は絶えず逃げ回っていた、父からも母からも。[3]」彼はまた弟に対する両親の偏愛にも悩まされている。そして「一年目に父を取り除き、二年目に弟をダイナマイトで爆破したかった。」とさえ述べ、一九四二年に書かれた『精神的自伝』には、「父と弟に対する嫉妬は、子供の頃の私を殺してしまっていた。……子供の自殺という滅多に起らないことが起らなければならなかったであろう。そして事実私の子供時代はずっと自殺の幻想で満たされていた。[4]」と語っていて、内向的な彼が、いかに父親と弟に悩まされていたか、を吐露している。進学についても父の命令で、希望していたギムナジュウムに進学できず、リアル・シューレ（実業学校）に入学せざるをえなかった。当時のウィーンのユダヤ人家庭では普通子供たちに大学に進学し、学者か芸術家になるように願って、ギムナジュウムに進学させていた。学問や芸術での名声がユダヤ人であることの不利を補い、同化を容易にしてくれるという願いがあったからであり、更に又幾度もの迫害の経験から、財産を奪われても、知識や技能は奪われることがないという、迫害の経験から学んだ智恵からの願いであった。だがブロッホの父の考えは違っていた。おそらく父はブロッホに自分の事業を継ぐことだけを願っていたのかもしれない。ブロッホの両親は、またユダヤ教徒ではあったが、ユダヤ教の大祭にシナゴーグを訪れるだけで、熱心なユダヤ教徒ではなく、むしろウィーン社会への融和と同化を願っていた。父親に対する反抗心から、ブロッホは密かにカトリック教会のミサに出席するようになっていた。十九世紀末も深まるにつれ、ウィーンでのユダヤ人排斥運動も異常な高まりを示し、反セム主義を標榜したカール・ルエーガーが市長に当選するなど、社会全体が反ユダヤ主義の傾向を強めるなか、ユダヤ人の間に緊張と動揺が広がり、シオニズム運動が活発化するなど、騒然とした雰囲気に包まれていた。しかしブロッホの両親はこれらの世相にも無関心で、父親の関心は専ら経済的成功に向けられていたようである。ブロッホは、一九〇六年二十歳の時、ウィーン近郊にあった紡績工場の副社長となり、財界活動の第一歩を踏み出した。以来二十年間経済界で活躍し、そのかたわら哲学の研究や文学活動を行う、いわゆる二重生活を送ることになる。この点ではカフカがプラハの労働者災害保険局に勤務するかたわら夜創作活動を続けていたのと似ている。ブロッホは、しかし経済的には何の不安もなく、トーマス・マンに熱中し、カール・クラウスの『ファケル』の熱心な読者で、ショーペンハウアを研究し、盛んに文学サロンや文学カフェに出入りして、きわめて恵まれた生活を送っていたといえよう。こうして彼は、フランツ・ブライが『ズンマ』誌を刊行すると、その同人となり、当時のウィーン文化人と交流を持つようになる。しかもそのほとんどがユダヤ系の人達であった。世界大戦も彼には遠い事件であったようであり、一層激しさを増していた反セム主義の波も、シオニズム運動も彼を震撼とさせた様子はない。これらさまざまな潮流を冷静に観察し、「価値崩壊理論」のなかに取り入れていたということなのであろうか。第一次大戦後、工場はようやく破産を免れたが、父が引退し、一切がブロッホの肩にかかるようになって、二重生活が難しくなると、人生の一大転換を計り、財界から身を引き、工場を売却して、創作に専念する決意を固める。それは、カフカの死後一年経った一九二五年のことで、もう四十歳になろうとしていた。産業界からの転身を決意して彼は、大学に入りなおし、哲学と数学を研究し始めるが、しかし何か先の見通しがあってのことではなかった。そして作家フランク・ティースと出会い、文学への転身を決意することになる。彼はこの作品で一躍有名になり、ハックスリーは、同時代の作家としてカフカとブロッホの二人の名前だけを挙げるまでになる。一九三〇年に処女作『夢遊の人々』を書き終えるが、出版されたのは一九三二年のことであった。

ブロッホはこの頃までは余り自分のユダヤ人としての出自に向かい合わずに済んでいたように思われる。彼自身、結婚の折にカトリックに改宗していたし、経済界での活躍を通して、ユダヤ人の意識よりもオーストリア人としての意識が強くなっていたのではあるまいか。だが、一九三二年三月、ニュルンベルクに立ち寄った折、ヒンデンブルクとヒトラーとの間の大統領選挙戦に出会い、余ほど不愉快なことを味わったのだろうか、彼の出版者に「そこの技師達との体験で殊の外気を滅入らされました。……あの人達の反ヨーロッパ主義は未来の一切の悪しきことを予期させるものでした。この人たちこそまさにドイツなのだ——あんなことを人間の言葉で諒解し合えるとは不思議なことです。」(5) と書いている。この年の七月の選挙でナチスは第一党に踊り出るのである。だが何と言ってもブロッホが自らのユダヤ人を意識させられたのは、一九三八年三月十三日のナチスによるオーストリア併合のその朝に、ザルツカンマーグートのアルトアウスゼー湖畔で武装したナチス党員に逮捕され、二十日間拘留されたことであろう。彼は、監禁された囚人房のなかで死と向き合い、遺書を書くように、『ウェルギリウスの死』を創作するのである。ローマ時代最高の詩人ウェルギリウスはキリスト来臨を予言したキリスト教以前の聖人と言われるが、死ぬ直前自らの作品を焼却するように皇帝アウグストゥスに依頼したと伝えられ、この言い伝えをブロッホは、ナチスによって招来された黙示録的な現代に当てはめ、瀕死のウェルギリウスの独白を通して、非人間的、非人道的な時代における文学的創作への躊躇いや疑問を表現し、反面文学は人道的価値の拠り所とも考えられている。幸いバート・アウスゼーの管区長の取り計らいで釈放されて、ウィーンに戻ってくるが、ウィーンの状況は一変していた。ナチス党員のユダヤ人に対する乱暴狼藉に彼は気分が悪くなり、嘔吐を繰り返すようになった。また何時又逮捕されるかもしれないという恐怖から、自宅に寄り付かず、知人宅を転々としたり、病院に入院したり、ときにはパニック状態に陥り、郊外電車に終日乗っていることも稀ではなかった。彼は、知人を頼りに、そのなかにはジェームズ・ジョイスやトーマス・マン、アインシュタインもいたが、フランスやイギリス、アメリカのビザ取得に奔走し、ようやく一九三八年七月にオランダ航空に空席を見つけ、たった二十マルクだけを持ってロンドンに亡命した。

このようにブロッホのウィーンでの生活を概観すると、青少年期の彼は同化したユダヤ人としてかなり恵まれた生活を送っていたように思えるが、三〇年代に入ると、急変して、否応なく自らのユダヤ人としての出自と向き合わざるをえなくなった様子が覗える。ブロッホは、一九三一年七月すでに、「私達は十中八九恐るべき時代に向かって歩んでいる。この時代はヨーロッパの人達がこれまで経験したどんなことよりも酷いものになるだろう。[6]」と今後進展するナチスの時代におけるユダヤ人抹殺を的確に見通し、予言していた。

三　ユダヤ人作家としてのカフカ

ところで、カフカの場合はどうだったのだろうか。カフカはブロッホより三年前の一八八三年、プラハで装身具のユダヤ人卸商人の長男として生まれた。カフカ家はもともと、南ボヘミヤのピーセクの出身でその祖先は十七世紀にまで遡ることが出来るとのことだが、(7)父やその兄弟は、その近郊の小村ヴォッセクに肉屋の子として生れ、非常に貧しい境遇のうちに育った。カフカは父からその幼い頃の貧しさを散々聞かされて育っている。カフカの父は、実はブロッホの父と同じ年の一八五二年生まれで、ブロッホの父が十二歳でウィーンに出て行商人として自立したと全く同じように、十四歳の時プラハに出て、行商人として幾多の辛苦を嘗め、持ち前の勤勉さで少しずつ財産を蓄え、成功していった。二十歳で兵隊になり、除隊してから、プラハのゲットーの一角に居を構え、一八八二年カフカの母ユーリエと結婚して、小間物の小売店を開いた。そして一年後の一八八三年フランツ・カフカが生まれたのである。二人の父は、ウィーンとプラハでほぼ同じ様な経歴を辿るが、しかしプラハのユダヤ人は、ウィーン・ユダヤ人よりも遙かに厳しい、難しい境遇に置かれていた。

プラハのあるベーメン地方は、長年オーストリアのハープスブルク帝国が支配し、カトリックのなかでも最も厳格なイエズス会を利用して、プロテスタントのチェコ民族を弾圧して来たため、幾度となくチェコ民族は独立を求める戦いを続けてきた。特に十七世紀の所謂三十年戦争でプロテスタントのフス教徒のベーメン貴族達が蜂起し、分離独立を図ったが、敗退し、チェコ民族は徹底的に弾圧された。三百万のチェコ民族の人口が、虐殺されたり、外国に逃亡したりして、カトリックに改宗した八十万人に激減したと言われている。プラハのカレル大学はイエズス教団に占拠されて、チェコ語の文献が焼かれ、ドイツ語だけが公式用語となり、チェコ語は公式には使えなくなった。ハープスブルクの反宗教改革の絶対主義がプラハを支配したのである。この時以来、支配者のドイツ人と被支配者のチェコ人との間の民族的確執は消えることなく続き、民族的敵意は激しさを増すばかりであった。このようなドイツ民族とチェコ民族の対立のなかで、ユダヤ人の立場はどうであったか。大多数のユダヤ人は、支配者であるドイツ人への同化によって、身の安全を図ろうとした。カフカの父もそうだった。父へルマンは、ヴォッセク村ではチェコ人とチェコ語を話していた。プラハに出て、兵隊になった時に本格的にドイツ語を習い覚えたと言われている。一方、母親は裕福なドイツ系ユダヤ人一家レヴィ家の出身で、カフカはこの母の家系を誇らしげに語っている。父親が息子をドイツ系のギムナジュウムに進学させたのも、当時のユダヤ人の考えに従ったものであろう。だが、このようなユダヤ人の行動は、チェコ人からすれば、権力に擦り寄る許し難い裏切り行為と映ったのではなかろうか。ユダヤ人のなかには、チェコ人に対して引け目を感ずることもあったであろう。日常的に交際する相手が圧倒的にチェコ人が多いだけに尚更である。ドイツ人に向けられていたチェコ人の敵意は、ドイツ語を話すユダヤ人に対して一層厳しいものになっていったのは当然のことだった。一九二〇年十一月半ば恋人ミレナへの手紙のなかで、チェコ人達の敵意と憎しみの激しさを次のように記している。

「午後ずっともう私は街を歩いているのですが、ユダヤ人憎悪を浴び続けています。今〈かさぶただらけの民族〉とユダヤ人を云っているのを耳にしました。これほど憎まれれば、そこから立ち去るのは当然のことではないでしょうか（そのためにシオニズムだとか、民族感情などは全く必要ないのでは?・）。それでもここに踏みとどまろうとするヒロイズムは、浴室から根絶できないゴキブリのヒロイズムです。(8)」

カフカの生まれた十九世紀末には、ハープスブルク帝国が崩壊寸前で、チェコ人達は経済的、政治的平等を求めるだけでなく、ドイツ語とチェコ語の平等の使用を求める言語令を要求するなど、あらゆる面での平等を要求していた。プラハの人口構成も、一八四八年の農奴解放令以来、農村からの流入が激しく、チェコ人の人口が急増した。十九世紀半ばのプラハの人口は十一万人で、ユダヤ人を含むドイツ人とチェコ人の人口比は六対四であったが、一八八〇年にはドイツ人の占める人口比は一五%に落ち、一九〇〇年の統計では、プラハの人口四四万九千人のうち四一万五千人がチェコ人で、ドイツ語を使う人口は三万四千人で、上層階級を形成し、そのうち八五%がユダヤ人であったと言われる。チェコ人から見れば確かに、ドイツ系住民とはユダヤ人と同義語であった。しかし支配層のドイツ人、あるいはオーストリア人からすれば、ユダヤ人はやはり軽侮の対象でしかなかった。しかもドイツ人達は、モルダウ河左岸の城近くの高級住宅街クラインザイテに住み、ユダヤ人達は、もとゲットーのあった旧市街（プラハ第一区）とヨーゼフシュタット（プラハ第二区）に集中して住んでいた。こうしてプラハの城近くと中心部では主にドイツ語が話され、それを取り巻く街々ではチェコ語が話されるということになった。周囲をチェコ語で取り囲まれた中心街のプラハ・ドイツ語は、訛りのない、語彙の乏しい書き言葉であった、とヴァーゲンバッハは言う。カフカはこの所謂「母国語」で小説を書き、ほとんどこの街を離れずに、この街で仕事をしたのだった。これらの事情に極めて象徴的な出来事を、一九二〇年四月十日イタリア、メランのホテルから、カフカはマックス・ブロート宛に次のように書き送っている。

「……今日食堂に入っていくと、大佐がいて（将軍はまだ来ていなかった）、ぜひテーブルをご一緒したいと心を込めて誘われたものだから、断れずに従った。いまやことはなるようになった。最初の二言三言で僕がプラハの人間であることが明らかになった。二人は、（僕の向かいに座った）将軍と大佐は、プラハを知っていた。チェコ人？いいえ。忠実なドイツ軍人が見ているなかで、君が何者かを説明したまえ、というのである。誰かが、〈ドイツ系ボヘミア人〉と言い、もう一人が、〈クラインザイテ〉、と言う。それで皆が収まり、食べ続けたが、オーストリア陸軍で文献学的に鍛えられた鋭い耳の持ち主である将軍は納得せず、食事の後、再び僕のドイツ語の響きを怪しみ始めた。それはそうとおそらく疑っていたのは、耳よりも目であった。いまや僕はその事を僕がユダヤ人であることで説明しようと試みる。学問的に彼はようやく満足させられるのだが、しかし人間的にはそうはいかない。その瞬間に、おそらく偶然なのだろうが、というのも皆が皆この話しを聞いていた訳ではなかったのだが、しかし何らかの関連があって、全員が立ち上がって、出て行こうとした。……将軍も大変落ち着きをなくしたが、それでも礼儀上、大股で出て行く前に、その短い会話に一応の締め括りをつけた。人間的に僕はそうされてもそれほど満足しなかった。何故僕は彼らを苦しめなければならないのか。(9)」

チェコ人には敵意をもって見られ、ドイツ人からは毛嫌いされて、立つ瀬なく、立ち竦む様子がありありと思い浮かぶ。どこに逃げ、どこに救いを求めればいいのか。おそらくそれはユダヤ教信仰のなかに、であったろう。だが、当時のプラハ・ユダヤ人の、心の拠り所であり、立ち帰るべきユダヤ教信仰とはどのようなものであったのだろうか。一九一九年、「父への手紙」のなかで、カフカは、子供の目から見た父親のユダヤ教信仰について次のように書いている。

「……僕が父上から授かったのは、何というユダヤ教だったことでしょう。……子供の頃の僕は、父上と同じ気持ちで、教会堂へちゃんとお詣りしなかったとか、断食しなかったとか、そういうことで自分を責めたものです。……青年の頃になって僕には、どうして父上が、ご自分がお持ちのユダヤ教信仰など無いに等しいのに、僕が（父上のお言葉を借りれば、敬虔さからだけでも）父上と同じように無きに等しい信仰を持とうと努力しないといって、僕を非難することができるのか、理解できなくなりました。あんなものは実際、僕の見る限り、信仰でもなんでもなく、茶番、いや茶番でさえありませんでした。父上は年に四回だけ教会堂にお参りしましたが、そこでは少なくとも、信仰を真剣に考える人達よりも無関心な人達に近く、祈りを儀式として辛抱強く果たしているだけでした。……教会堂でさえすでにこうでしたから、家庭ではおそらくその宗教的雰囲気ははるかに稀薄なものでした。……これが、つまり父上から僕が受け継いだ信仰内容でした。……このような信仰内容であればできるだけ早くそれから抜け出すことが最も良いことで、それ以外にどうしたらいいのか、僕には分かりませんでした。この抜け出すことこそ、最も敬虔な行いではないか、と僕には思われたのです。[10]」

カフカのこの行き場のなさ、寄る辺のなさは、カフカ文学の核心を成していると言ってよい。カフカは、大学卒業後、就職が難しく、翌々年の一九〇八年に労働者災害保険局に半日勤務の臨時職員として就職。この職場で官庁機構の複雑怪奇さに悩まされ、一時はノイローゼになりながら、夜創作に打ち込んだと言われる。昼の勤務に時間を取られ、文学仲間との交流から遠ざかり、孤独のうちに次々と小品を書き続けていった。一九一一年にはユダヤ教とヘブライ語の研究を始めていて、当時プラハにいた東ユダヤ劇団に異常な関心を示している。それは、西ヨーロッパのユダヤ人のほとんどが同化の傾向を辿ったのに反して、東欧のユダヤ人は確かに泥臭くはあっても民族や宗教の純粋性を墨守し、ユダヤ民族としての強固な存在感を維持していて、カフカがこれに畏敬の念を抱いていたからであった。だが、当時盛んだったシオニズム運動に対しては批判的だったし、扇動的な政治運動には馴染めず、いつも距離を置いた態度が見うけられる。ただ東ユダヤ劇団の俳優レヴィとは個人的に親しく交際していて、このことも父の批判を招く。父ヘルマンは、息子が文学に熱中しているのも気にくわないのに、河原乞食のようなレヴィと交際していると言って腹を立て、「犬と一緒に寝ると、南京虫と一緒に起きることになる。」とまで言う。極貧の境遇からプラハの卸商にまでなった父親にとって、東方ユダヤ人の惨めなどさ回りの役者と息子が親友になっていることに堪えられなかったのであろう。父のこのような態度に憤慨しつつも、これは決して父親ひとりに限ったことではなく、比較的まだ信心深い田舎から都会に出てきた世代の人達の考えがそうなのだと許容し、父親のユダヤ教信仰がもっと強固であれば、息子たちの心を否応無く動かしていただろうに、とないものねだりをしている。かといって彼は東方ユダヤ人に所属する積もりはない。カフカは、ユダヤ人として生まれながら、熱心なユダヤ教徒ではないし、ゲットーに住んでいるわけでもなく、東方ユダヤ人の純粋な宗教性を持ち合わせているわけでもなく、ヘブライ語を話しているわけでもなかった。ドイツ語で話し書いているにもかかわらず、ドイツ人でも、オーストリア人でも、ボヘミア・ドイツ人でも、もちろんチェコ人でもなかった。卸商の息子なのに、根無し草のような生活を続けていた。官僚の端くれでありながら、作家であろうとし、作家であろうとしながら、そのことだけに専念できるわけではなかった。いつも中途半端な、寄る辺ない存在としての自分をカフカは感じていた。彼の女性関係でも、書くことを邪魔されまいとして、結婚生活の一歩手前まで行くのに、決断できないのだった。つまり、カフカは、どんな世界にも所属できず、どんな世界にも入れない、どんな世界からも拒まれていると感じている異邦人、よそ者であった。このよそ者意識こそ実はカフカ文学の核心だったのではないか。

彼の晩年の作品、とりわけ『城』や『審判』、『ある犬の研究』、そして『歌姫ヨゼフィーネ』などの作品には、プラハ・ユダヤ人として、生まれながらの異邦人として苦闘するカフカの姿が明確に刻み込まれているように思われる。カフカの幼い頃からの友人、ウィリー・ハースは、その『文学的回想』のなかで、カフカの「ずっと閉鎖的なオーストリア的＝ユダヤ的なプラハの秘密」を解く鍵は、自分たちだけが持っているとして、「プラハ生まれでなく、しかも一八九〇年か、一八八〇年頃の生まれでない誰かが、およそ彼のことを理解できるとは、到底思えない。」とまで語っている。いかに当時のプラハ・ユダヤ人の置かれた境遇が複雑で、微妙なものであったかを覗わせる言葉である。そしてさらにハースは続けて、カフカは、「私達が言うべきでありながら言わなかったこと、言うことが出来なかったことをすべて言い尽くした。この点が私には彼の天才というものだと思われる。私は彼の著書を夢のなかでのように読むことが出来ると思うし、これらの著書を説明する一言でも必要だとは思わない。」[11]と述べている。カフカの作品が、いかに密接に、世紀転換期のプラハに生きたユダヤ人たちの共通した重苦しい境遇と関わり、彼らの苦悩を表現したものであるか、私達に知らせてくれる。

最晩年にもカフカは、『ある犬の研究』の冒頭で、自分達ユダヤ人を犬に喩えて、その「犬族」との付合いに感じた違和感を率直に次ぎのように吐露している。「おごそかな民族の祭典や行事に参列しているさなかにも一種かすかな不快感に襲われるのだった。それればかりか、親しい仲間と一緒にいるときでさえ、ときとしてそういうことがあった。いや、ときとしてどころか、もうしょっちゅうのことだった。親しい友人の犬を一匹見ただけでも、単にその姿が目に入っただけでも、なにか見も知らぬ相手に出くわしたような気がして、うろたえ、面くらい、途方にくれ、それどころか、陰々滅々たる気分にさえなってしまうのだった。」[12]カフカは、ユダヤ民族を「犬族」に喩えたり、『歌姫ヨゼフィーネ』では「鼠」に喩えたり、最晩年まで、いや晩年に一段と、ユダヤ人であることを意識した作品を書いている。西ヨーロッパ的な文化に培われたカフカの知性は、心の奥底を流れるユダヤ民族の意識と衝突し合い、責め苛まれるのである。それは、カフカの心から生涯消え去るものではなかったであろう。

四　ギュンター・アンダースの見たカフカ

カフカが自らを社会的に疎外されたよそ者、異邦人と強く意識し、その異邦人としての意識と立場から小説を創作し、カフカ独特の小説世界を構築したと指摘し、本格的にカフカ文学の本質を抉出する論を展開したのは、ギュンター・アンダースであった。アンダースは、一九四七年発行の『ノイエ・ルントシャウ』誌掲載の「カフカ――是か否か」で次のように書いている。

「ユダヤ人として彼は完全にキリスト教世界に所属しているわけではなかった。無関心なユダヤ人として――というのも彼は根源的に無関心だったからである――完全にユダヤ人に所属しているというわけでもなかった。ドイツ語を話す人間として、完全にチェコ人というわけでもなかった。ドイツ語を話すユダヤ人として、完全にボヘミア・ドイツ人に所属しているわけでもなかった。ボヘミア人としてオーストリアに完全に所属しているわけでもなかった。労働者災害保険局の役人として完全にブルジョアに所属していると言うわけでもなかった。ブルジョアの息子として完全に労働者階級に所属していると言うわけでもなかった。しかしながら官庁にも所属していなかった。というのも彼は自分を作家と感じているからである。しかし彼は、作家でもない。というのも彼は、彼の力を彼の家族のために犠牲にしているからである。しかし〈僕は僕の家族のなかで他人よりいっそう他人のように暮らしています。〉（「父への手紙」）[13]」

このような疎外されたよそ者は、小説『城』のなかで言われているように、「邪魔になるだけ」なのである。カフカは、自分が負の存在であるという意識を絶えず持ちつづけていた。そのため自分が何者であるかを明らかにしなければならない。生きていくためには、彼は生涯にわたって自らを証明しつづけなければならないし、「城」の世界に入れるように努めなければならないし、入れてもらえるように試みなければならない。ギュンター・アンダースはさらにこう言う。

「カフカの存在概念を理解しなければ、彼の小説や物語の意図や内容、構造も分からないままであるに違いない。それゆえもう一度強調しておきたい。個人の解放の歴史は、まさに〈無―制約の〉自我、即ち何物によっても義務づけられない、拘束されない自我が、最高の存在（〈存在〉即ち〈自由〉）と見なされたが、カフカにとってはただ制約された、拘束された自我だけが〈存在するもの〉なのである。しかしカフカが描いているものは、その〈存在するもの〉、個人が〈共に―存在する〉世界というよりはむしろ、所属していないという事実、つまり存在していない事実である。あるいはもっと正確に言えば、よそ者から見えるような（異質の）世界という存在であり、そして存在しない者（つまり、所属しない者）の、世界から受け入れられようとする絶望的な努力である。

ところで今日普遍的に見られる〈疎外〉現象（人間と、〈商品〉となった世界との間の、また人間と人間との間の）は、カフカの特殊な誕生の状況、つまり、彼が多くのグループのどれにも〈中途半端に〉しか所属していなかったという事実とは何の関係もない。しかしカフカの特殊な疎外状況は、疎外しない目ではなにものも見ることが出来ないという、いわば彼にとっては〈幸運〉になったのだ。そしてこの疎外現象を最も鋭く表現したのが、ふたりのユダヤ人であったことは、確かに偶然ではなかった。それはつまり、商品の呪物的性格を分析したマルクスと世界を彼岸として記述したカフカであった。[14]」

この場合の「彼岸」とは何か。宗教的意味合いは少しも含まれていない。カフカ自身が異邦人で世界からはみ出しているために、カフカ自身からすれば、世界が彼岸なのである。小説『城』では、主人公Kは、招聘されて、城のある村へやってくるが、村人はその事情を知らず、Kを受け入れない。彼は受け入れられようと幾度も試みるが無駄に終わる。彼の全生涯は、この城のある世界に到着し、受け入れてもらい、そこで生きようとする努力だけで終わってしまうのである。カフカの沢山の寓話や小説、『城』や『アメリカ』も到着の状況から始まるが、どれもみな到着しようとする無駄な努力で終わってしまっている。カフカにとっては、人生が「果てしなく到着しようとしながら、到着しないこと」なのである。これは、ユダヤ人の同化への試みや努力、同化への歩みともイメージが重なってくる。だが、アンダースはこの結末に不満であった。というのも、ギュンター・アンダース自身、一九〇二年ブレスラウ生れのユダヤ人で、フッサールのもとで学び、ジャーナリストとして活躍し、一九三三年ナチスに追われてパリへ亡命し、国籍を剝奪されて、一九三六年にアメリカに亡命していて、辛苦を嘗め、疎外感を痛切に味わいながらも、同化を頑なに拒否してきた人物だったからであった。すでにこの意見に基づいて、一九三四年亡命先のパリで「すぐ起るカフカ・ブームに対する警告」と題する一文を書いていた。

だが、ギュンタースは、カフカの異邦人としての目の確かさには、限りない信頼と敬意を寄せている。異邦人が疎外され、閉め出され、自らも閉じこもった状況を寓話化した作品『巣穴』では、巣にこもったアナグマが外に出ようとしない気持ちを縷縷語っている。外界への通路は、アナグマには必要不可欠でありながら、他方で外界が侵入してくる道にもなり、脅威となる道でもある。そこでアナグマは巣穴を慎重に、往来の激しい混雑で目に付きにくい場所に作っている。こうすることで彼は却って外界の脅威をそらすことが出来るからである。アンダースは、「これはユダヤ人が大都会を〈偏愛〉したことの社会学的に正確な記述である。」と語り、「ヒトラー体制の初めの頃、田舎ですでに危険に曝されていたユダヤ人たちがベルリンに一時隠れ家を探し求めていたが、彼らはカフカのアナグマと何ら変わりなかった。[15]」カフカに事寄せて言えば、カフカの父や祖父たちのようなプラハ・ユダヤ人たちの多くが田舎からプラハに移住したことも念頭にあったかもしれない。だが、アンダースは、「カフカの他の全作品と同様、作品『巣穴』の意味は、こうしたユダヤ問題をはるかに超えている。」と指摘し、「同時にこれはまた、今日いかなる個人にとっても〈自分の〉世界と、実際の、見通しの利かない、予測不可能な、疎遠な世界とは、同一の広がりを持っていないという極めて一般に妥当する事実をも描いている。それは、各人がひとつの巣穴の中で、知的にも感情的にも道徳的にもその限度を守れる程度の比較的小さな地平を持つ世界のなかで生きているが、しかし〈自分の〉世界のなかで生きようと思う者は誰でも、自分の世界の外側で生きていくためには、一カ所で現実の世界と関わらなければならない、ということを描いているのである。そのアナグマの巣穴とは——職業のことである。」[16]とその寓意を解釈している。カフカの作品は、ときとして創作の発端にはカフカ個人の経験が明らかに存在しているように思われるものもあるが、しかしいつもそれを遥かに超え出て寓話化され、抽象化され、普遍化されて、高みに立っている。

更にアンダースは、カフカの登場人物の抽象性について、次のように述べている。

「カフカの人物たちは抽象的概念なのだろうか。

そうではない。彼らは人間化された抽象概念ではない。むしろ抽象的人間を表している。……カフカが登場させている人達は、豊かな人間らしい生活から切り離されている。その多くの者は、実際に機能以外のなにものでもない。ある人間は、使者以外の何者でもない。ある女は〈いいコネ〉以外の何者でもない。この〈何者でもない〉は、しかしカフカの発明したものではない。その見本は、現代の現実の中にある。すなわち、人間がただ特殊な機能においてしか生きていず、人間が職業で〈ある〉ような、分業が人間を単なる特殊な機能にしてしまった現代の現実の中にある。平凡なリアリズム小説がこの事実をほとんど用いず、人間の職業上の役割が分からないように小説の出来事を描出しているのに対して、つまり、〈完全な人間〉の描出によって現実を偽っていたのに対して、カフカは、マリオネットたちを導入している点で、真のリアリストである。……

十九世紀の数多くの小説は、職業を隠蔽したり、軽視したりして（あるいは完全な人間である〈芸術家〉を〈主人公〉として）、〈本来の〉人間は職業の外にいる人間であると暗に示していた。カフカは、このような隠蔽はほとんど行なっていない。彼は逆に、職業を人間の唯一の存在形式として描き、職業によって呑み込まれた人間を描いている。それによって、〈職業〉という概念が〈使命〉という宗教的な概念を思わせる絶対的な性格を持つに至っている。」[17]

例えば、『審判』には、人を鞭打つことだけを仕事とする鞭打ちの役人が登場する。こうした人物は、社会のメカニズムの機能と化し、命令されれば、ロボットのように行動するだけだ。絶滅収容所の職員の姿が予言的に描かれていたと言えよう。また『変身』のなかでは、ザムザが毒虫に変身し、一家が働き手を失った後、父親は銀行の小使いになるのだが、小使いの制服を自宅で脱ぐことを拒み、着衣のまま眠るのである。このような姿には、職業人という現代社会の歯車のひとつと化した人間の姿が象徴的に描かれている。この現代社会のメカニズムからはみ出ようとすれば、ザムザのように現在の職場からの脱出を考えれば、おそらく毒虫のように社会から毛嫌いされ、疎外されざるをえないであろう。

ギュンター・アンダースは更に「自分を表現しないカフカ」を指摘し、「カフカの文体ほど、非ロマン主義的で非主観主義的な、非表現主義的な文体はほとんど考えられない」(18)し、孤独な作家でありながら、表現主義的な表現は彼の好むところではなかった、と述べている。

アンダースのこの指摘は、冒頭に引用したブロッホの言葉と重なり合うのである。すなわち「ジョイスの作品にはまだ新ロマン派の傾向、つまり、十九世紀文学から……さえ直接引き出すことの出来る人間の魂の複雑さに向けられた関心を見て取ることができる。だが、カフカについてはこの種のことは一切当てはまらない。カフカでは個人的問題はもはや存在しない。まだ個人的関心事と見えるものも、言い表されたその瞬間には、超個人的な雰囲気に溶解されているからである。」そしてまた、カフカの目標は、フランスの実存主義者の小説とは全く反対の方向、つまり抽象にあって、具体化にはない、非論理的抽象にある、とする点でも重なっている。ブロッホは、ギュンター・アンダースのカフカ論から啓発されるものが多かったのではあるまいか。ブロッホがカフカ文学を見直すことになったのは、確かに当時のカフカ・ブームもあってのことであろうが、アンダースのカフカ論が直接の契機ではなかったかと思われる。

むすび

カフカの孤独な異邦人意識、寄る辺ないよそ者意識をカフカ文学の核心に据えて、カフカの小説を読み解き、カフカの小説が、創作の契機なり、その発端では作家の個人的な動機や意図から出発しながら、創作の過程で、個人的なものが削ぎ落とされ、抽象化されて、超個人的なものとなり、典型的なものとなっている、というアンダースの発見が、おそらくブロッホに衝撃を与えたのかもしれない。アンダース自身、このカフカ論を書く動機になったのは、一九三三年パリに亡命し、さらにヒトラーにドイツ国籍を剝奪されて、もはやどこにも所属しないという極めてカフカ的状況に陥ったことであった。カフカの小説の解読にもアンダース自身の体験なり、思いが、随所に、かなり感情的に激しく迸り出ているところもある。ブロッホもまたほとんど無一文でイギリスに亡命し、さらにアメリカに亡命し、いろいろな奨学金で食いつなぎ、知人の世話で住む場を得ていた状況で、しかもこの頃骨折のため独り病院生活を強いられ、その入院費に追われるといった生活を送っていて、否応なく孤独を深めていた時期でもあった。それに創作上の行き詰まりもあった。ギュンタースのカフカ論がどれほど深くブロッホの心を打ったかは、想像に難くない。

フランツ・カフカとヘルマン・ブロッホ、二人の作家の生涯を垣間見、そして亡命ユダヤ人評論家ギュンター・アンダースのカフカ論を繙いて見ると、長いこと、寄る辺ない異邦人としてさまよわねばならなかったユダヤ人の、長い歴史によって刻みこまれた暗い重い影が、彼らの心の翳りとなり、時には彼らの心を覆い尽くし、時には心の奥底深くから迸り出て、それが作品として形象され、結実されているように思える。

ところで、ギュンター・アンダースはまた、ブロッホの『ウェルギリウスの死』についても短い評論を書いている。徹底的な酷評であった。テーマがない、怠慢によってパニックを起こしている、ジョイスを模倣していて、ワーグナーに依存し、ハイデッカーの実存哲学との類似は明白だ、と極めて大雑把な書評をし、最後の結びで、「本書はきわめて内容豊かで、きわめて多面的で、極めて深い意味をもっている――だが、これは誰にも向かぬ書物だ。」と、はなはだ矛盾した言葉で終わっている。もしかすると読んでいる途中でこの難解な小説に辟易して投げ出してしまったのかもしれない。彼自身の弁明によると、「このテキストの哲学的、芸術的な靄とその冗長さにはほとほと参っていた。トーマス・マンがこの本の表紙の宣伝文で、彼の境遇にしては驚くほど神格化するような言葉で喝采を送っているのを読んで、不愉快になった。ともかく、私は腹を立てて厳しい批判を書いた。……ブロッホはその批評を読んで、それに対して――なんと！　――気品に満ちた対応をしてくれた。それが私の闘志を失わせたばかりか、――私には滅多にないことだが――私は恥ずかしくなった。」[19]と書いている。

一九三七年にアンダースと離婚した政治学者ハンナ・アーレントも、アメリカに亡命してきたユダヤ人で、一九四四年に、カフカ論を書き、カフカをシュールリアリストのなかに加えることは完全に誤っているとし、「シュールリアリストは、現実の出来るだけ多くの互いに相い入れない様相を示そうとする。これにたいしてカフカの方は、そうした様相をまったく自由に作りだし、ここで現実というものに決して頼らない。それは、彼の関心がそもそも現実ではなく、真実にあるからだ。」と述べ、カフカの物語は「物事を抽象化して、本質的なものだけを存続させようとする芸術の特徴を表している。」[20]と、カフカの作品を高く評価していた。ブロッホの作品『ウェルギリウスの死』については、アンダースとは全く違った見解であった。彼女は、ブロッホへの手紙のなかで、「この小説は、カフカの死以来現代で最も偉大な文学的業績です。この小説はカフカの作品のように普通の意味の小説的なものをすべて超えたところで書かれているからです。この小説では、思索的内容と文学的内容が実際に、いわば、アプリオリに一致していて、それが緊張を生み出し、熟考と思索そのものが物語りの筋になっているからです。[21]」と書いている。アーレントは更に、彼女の師、哲学者ヤスパースの妻ゲルトルート・ヤスパース（ヤスパースは妻がユダヤ人であったため、ナチス時代教授職を追われ、スイスに亡命せざるをえなかった。）への手紙でも、ブロッホの作品をカフカの死以来のドイツ語で書かれた最も優れた文学作品と、賞賛したあと、「私には、この本はとても有り難いのです。……ブロッホはユダヤ人です、カフカやプルーストのように。現代ヨーロッパの偉大な創造的な発展から、私たち（ユダヤ人）はもはや外されることはありえないのです。[22]」と、ユダヤ人として喜び、誇りにしているが、この言葉にもユダヤ人の苦難が滲み出てはいないだろうか。

（1） Hermann Broch : Kommentierte Werkausgabe（以下 KW と略）, herg. von P. M. Lützeler. Frankfurt a. M. Suhrkamp Bd. 9/2 S. 231.
（2） KW Bd. 13/3 S. 144.
（3） P. M. Lützeler : Hermann Broch Suhrkamp 1986 S. 25.
（4） ebd.
（5） KW Bd. 13/1 S. 180.
（6） P. M. Lutzeler : H. Broch S. 124.
（7） アンソニー・ノーシー『カフカ家の人々』石丸昭二訳　法政大学出版局。
（8） Franz Kafka : Briefe an Milena. (Erweiterte Neuausgabe). S. Fischer. 1983 S. 288.
（9） Die Juden in Böhmen und Mähren. hersg. von Wilma Iggers. C. H. Beck. 1986 S. 288.
（10） Franz Kafka : Hochzeitsvorbereitungen auf dem Lande. S. Fischer. 1980 S. 144-145.
（11） ウィリー・ハース『文学的回想』原田義人訳、紀伊国屋書店、二四―二五頁。

（12） カフカ全集第二巻、前田敬作訳、新潮社、一九一頁。
（13） Günther Anders : Kafka Pro u. Contra. C. H. Beck. München. 1951 S. 18.
（14） ebd. S. 20.
（15） ebd. S. 32-33.
（16） ebd. S. 33.
（17） ebd. S. 44-45.
（18） ebd. S. 63.
（19） G・アンダース『世界なき人間』青木隆嘉訳、法政大学出版局、三六頁。
（20） ハンナ・アレント『パーリアとしてのユダヤ人』寺島俊穂・藤原隆裕宣訳、未来社、九六－九八頁。
（21） Hannah Arendt/Hermann Broch, Briefwechsel 1946 bis 1951. Jüdischer Verlag. S. 9.
（22） ebd. S. 235.

【注に記した以外の参考文献】

谷口　茂『フランツ・カフカの生涯』潮出版社。

城山良彦『カフカ』同学社。

M・ブロート『フランツ・カフカ』辻理・斎尾鴻一郎訳、みすず書房。

カール・E・グレーツィンガー他『カフカとユダヤ性』清水健次訳、教育開発研究所。

カール・E・グレーツィンガー他『カフカとカバラ』清水健次訳、法政大学出版局。

ドイツ文学辞典、日本独文学会編、河出書房。

Klaus Wagenback : Kafkas Prag. Verlag Klaus Wagenback. Berlin. 1993.

Die Juden in Böhmen and Mähren. hersg von Wilma Iggers. Verlag C. H. Back. München.1986.

Steven Beller : Wien und die Juden 1867-1938. übersetzt von Marie Therese. Pitner Böhlau Verlag. 1989.

アメリーを読むツェラーン

北　彰

一九六六年、ジャン・アメリーは『罪と償いの彼岸』Améry, Jean : Jenseits von Schuld und Sühne, 1966, München（邦訳『罪と罰の彼岸』）を刊行した。同じ年の十月三十日ツェラーンはこの本を旅先のチューリヒで手に入れている。このチューリヒ旅行は、八月のジゼル夫人を伴ってのロンドン旅行（エーリヒ・フリートに会っている）、同じく夫人を伴っての九月のドイツ、オランダ、ベルギー旅行に続くものであったが、今回はラジオ・チューリヒでの放送や朗読会のための一人旅であった(1)。

マールバッハのドイツ文学資料館にあるツェラーンの蔵書目録の中にこの本の名が見える。本には入手日と共に読了した日付けが書き込まれている。読了日は十一月一日。すなわち入手して二、三日で読み終えたことになる。旅先で入手しながら、これだけの短期間で読了している。かなり読書に集中したと考えてよいであろう。

他の蔵書と同じくツェラーンはこの本にも、下線を施したり、本文脇に線や記号を付したり、書き込みをしたりしている(2)。ツェラーンが残したこういった読書の痕跡を手がかりとして、以下アメリーの文章、とりわけ「人はいくつの故郷を必要とするのか」と、「ユダヤ人であることの強制と、その不可能性について」の二つの章をめぐって、アメリーを読むツェラーンの姿に思いを巡らしてみたい。それは同時にアメリーについて考えることであり、またある種のユダヤ人において、ユダヤ性、ないしユダヤ人であるとはどういったことを意味したのか、その問題について考えることにもなるだろう。

一　ユダヤ人であることの強制

「ユダヤ人であることの強制と、その不可能性について」の章の中に次のような一節がある。

「〈ユダヤ人であることを否定する人間となること〉を自分に許さない人間だから私はユダヤ人なのであり、またそのようにしてユダヤ人でなければならず、そのようにしてユダヤ人であろうとしなければならぬのだ」[3]。

「肯定的な自己規定ができないユダヤ人、すなわち破局に瀕しているユダヤ人は、この世界に対する信頼を欠いたまま、この世界に適応していかなければならない」[4]。

この箇所にツェラーンは下線を引き、またページ欄外にこの箇所を強調して示す符号を記している。

アメリーは本名ハンス・マイヤー、オーストリアに生まれ育った同化ユダヤ人であり、ナチスによる人種差別政策が実施されるまでは、自分がユダヤ人であることを特別に意識したことはなかった。母語はドイツ語、母国はオーストリアだったのである。

自ら言うようにユダヤ人であるということは、彼にとって「降って湧いた事件として起こった」[5]ことであった。彼はユダヤ教を信じておらず、ユダヤ文化やユダヤ的な家族の伝統もほとんど知らず、もちろんのことシオニズムにはかかわりがなかった。

アメリーの言葉を借りるなら、人間にとって「故郷とは、幼年時代や青年時代を過ごした土地である」[6]。そして「母語や故郷の世界は、われわれと共に育ち、われわれの内面に根を下ろしてきたからこそ、われわれに確実さを請合う親密さをもたらす」[7]ものであった。たしかにアメリーが言うように、故郷との関わりは、内的に時間をかけて育まれてきたものである。故郷への思い、感情は、いわば生い育った一本の樹であるといえよう。その樹を引き抜き、恣意的に移しかえた土地を、故郷とすることはできない。故郷や母語とは人間にとって一回きりの人生における運命なのだ。

アメリーの母語はドイツ語。故郷はオーストリア。決して、ヘブライ語や、ユダヤ性が故郷ではなかった。つまり彼はユダヤ人ではありえなかったのである。

ユダヤ人であることが不可能だった彼に、ユダヤ人であることを強制したもの、自分がユダヤ人であることを自覚させたもの、それはナチズムであった。サルトルの指摘どおり、「反ユダヤ主義がユダヤ人を作った」[8]のである。

外部世界、現実が自分の内面に押し入り、自己意識を変えてしまう。いや、意識どころか肉体そのものの抹殺を図るのである。アメリーが「人間としての尊厳」を取り戻すためには、まず自らの命を防衛することから始めなければならなかった。

その上で、では「外部世界」にどう向き合うか？

自分たちを対等な人間としては認めず自分たちから「人間としての尊厳」を奪おうとする社会に対して、「人間としての権利や尊厳」を訴えてみても無駄であろう。「私は人間であり、だからあなたたちが何をしようが、何を言おうが、人間としての当然の尊厳を持っているのだ！」と個人の内面で高揚して語られる「人間の尊厳」は、外部世界に対して効力を持たず無力であり、その意味でアメリーが言うように「空しい思考の戯れ、もしくは妄想」[9]というしかない。

アメリーはどうしたか？　彼は「自らの運命を引き受け、同時にその運命に対して反抗した」[10]。ユダヤ人という自己意識など持ってもいなかったのに、「外部世界」から「ユダヤ人」との烙印を押されたときに、その烙印を押されたという事実を認め、ユダヤ人であることなど不可能なのに、自己をユダヤ人として受け入れたのである。アメリーは自分がユダヤ人であることを否定できなかった。ユダヤ人とは何者なのか理解などできはしなかったが、なるほど確かにユダヤ人の両親の許に生まれたユダヤ人であることは事実だったからである。

「反ユダヤ主義」は、サルトルの言葉を借りるなら、意見とか主張とかいったものではなく、犯罪の前兆とでも言うべきものである。自分が到底認めることのできない「反ユダヤ主義」からなる外部世界からの抑圧をおそれ、自分がユダヤ人であることを否定することは、アメリーにとって「逃げること」となり、そもそも否定されるべき外部世界の言説や現実を肯定し、外部世界に屈することを意味した。ユダヤ人とて等しく人間、何故に自分がユダヤ人であるというその事実を否定しなければいけないのか？　ユダヤ人であることを認め、そのまま外部世界の人間と対等な人間として「立つ」こと、それがおそらくアメリーにとっては「人間」であることだったのではないか。「人間」としての誇りと尊厳をかけた選択である。

現実をやり過ごすために表面的には相手の要求を受け入れ仮面をかぶり、内面的にはその要求を拒否し続ける。あるいは自分がユダヤ人であることを隠し続ける。そのような迂回路を取ることをアメリーは拒絶し、直接的に外部世界に反抗したのであった。

二　ツェラーンの場合

翻って、このアメリーの文章に下線を施し、この箇所を強調するしるしを本に残していたツェラーンの場合はどうだったのであろうか？

結論から言うなら、彼の場合もアメリーと同様、ユダヤ人であることを強制されたのだといえるのではないか。

ただしアメリーとは違い、ツェラーンは、はっきりとしたユダヤ教の伝統、家庭におけるユダヤ教的慣習、の中で育っていたから、自分がユダヤ人である、との自意識は持っていた。「ぼくらの学校の反ユダヤ主義についてなら、ぼくは三百ページもの本を書くことができます」[11]と、おばに対して学校の様子を手紙で知らせていることからもそのことは窺える。またハルフェンの著作『パウル・ツェラーン――若き日の伝記』でも、ツェラーンが東欧の辺境の都市、ユダヤ人の街とすら言ってもいいような多民族の街チェルノヴィッツで、都会の普通のユダヤ人家族の一員として幼少年時代をすごしていた様子が語られている。

父はユダヤ教徒であり、シオニスト。安息日の金曜日にはメノラを灯していた。

ツェラーンの遺稿詩集の中に、ツェラーンの詩としては実に珍しく、殺された母への思いが直接的にわかりやすくほとばしりでているものがある。その詩の中に七本の燭台を持つメノラが歌われている。

閂を下ろせ――
家の中には薔薇がある、

家の中には七本の薔薇がある。
家の中にはメノラがある。
私たちの
子供は
それを知りながら眠っている。(12)

またツェラーンは十三歳で、成人式にあたるバル・ミツヴァを受けており、そのためのヘブライ語教育も特別に受けていた。

ツェラーンの幼少年時代は、アメリーの場合より、より深くユダヤの伝統の中にその根を下ろしていた、といえるであろう。

ただし自分はユダヤ人であるとの自意識が、自分の人生全体を規定するほどの深く重いものである、との認識にまで届いていたか、というならそれはまだ疑問符で括らなければならない。というのも、チェルノヴィッツが当時はルーマニアの国に所属していたとはいえ、多民族が共生する街であり、しかもユダヤ人が実権を握っていたことから、「反ユダヤ主義」が外部世界の現実とはなっていなかったからである。チェルノヴィッツ(現在ウクライナのチェルニウツィ)に住み続けた老ユダヤ人女性の、「当時反ユダヤ主義を感じることはなかった」との証言もある。(13)

しかもこの街のユダヤ人は、第一次世界大戦前この街が属していたオーストリア・ハプスブルク帝国の公用語、ドイツ語をルーマニア治下においても自分たちの母語としていた。「〈よき家庭〉にはどこでも古典派やロマン派などの贅沢な装丁のドイツ文学の蔵書があった」(14)のである。ツェラーンの母語も従ってもちろんドイツ語であった。

やがてナチに殺されることになる母と、一人息子ツェラーンとは強い絆で結ばれていた。その母はドイツ文学に深く親しみ、息子もまたドイツ文学を読み、とりわけリルケを愛した。アメリーが言うように「故郷とは幼少年時代をすごした土地」であるとするなら、その幼少年時代をかたちづくる大きな要素として母子関係がある。とりわけツェラーンのように、父を恐れ、憎み、やがては軽蔑した者にとって、母との関係は特別なものであった。その母と一体化するような形で、後に「母の言葉」として記憶に留められるドイツ語があり、ドイツ文学があった。多くのドイツ系ユダヤ人がそうであったように、ツェラーンやアメリーの文化的故郷は、ユダヤ文化ではなくドイツ文化だったのである。

そのツェラーンが、ユダヤ人であることの意味を酷薄に知らされたのは、チェルノヴィッツにナチが侵攻し、ユダヤ人が迫害され、ツェラーンの両親がナチによって殺害されてからのことだった。ユダヤ人にとっては例外的な黄金郷とでもいうべき東欧辺境の都市チェルノヴィッツ、その牧歌的で平和な小宇宙から、いきなりナチズムという、史上最も苛酷な反ユダヤ主義、その歴史的な大状況の只中に投げ込まれたのである。ユダヤ人であることが、自分の人生の核心に重くのしかかり自分の人生を決定していくことをツェラーンは知った。すなわち歴史的現実によりツェラーンもまた「ユダヤ人であることを強制された」のである。

かつてはヘブライ語の修得を嫌がり、バル・ミツヴァも避けられぬ通過儀礼とのみ捉えていたツェラーンが、街がソビエト軍によって解放されてからは、「不意にシュティンバルグのイディッシュ語の寓話を朗読したり、突然シナゴーグでなされる新年の祈りのメロディーを小声で一人口ずさんだりしたのである。人々は、初めて彼がヘブライ語の美しさを称えるのを聞き、ヘブライ語の修得のために費やした歳月について話すのを聞いた。このころから彼はまた、マルティーン・ブーバーの著作を熱心に読み始めた(15)」のである。一九四四年、彼が二十四歳の頃であった。
十代後半から書き始めていた彼の詩にも、ユダヤのテーマが現れ始めた。「ロシアの春」(16)の一節である。

一人ユダヤ人らの墓の許にいて、私は知っている、恋人よ、おまえが泣いていることを……

以後「ユダヤ人である」という事実が彼の人生を決定していくようになる。その例証には事欠かないが、ここでは他の数多くの事例を挙げることはやめ、自分亡き後未来を担う最愛の息子エリックと、深く愛する妻に対して書き記した次のような言葉を挙げるに止めておこう。ツェラーンがいかに深く「自分がユダヤ人である」ことを意識していたか、その事実が彼の人生をいかに深く規定していたかが、以下に記した最愛の者たちへの言葉から推察できよう。
まず息子エリックへの言葉である。

「エリック、おまえはユダヤ人だ。率直かつまっすぐであれ(17)」

そして次に妻ジゼルへの言葉。まるで永訣の朝に贈る言葉のようだ。

「私の最愛の人、あなたは私の妻です——勇敢にもあなたは一人の詩人の妻でいてくれます。あなたが詩人の妻でいてくれること、しかもこれほど勇敢でいてくれることに私は感謝しています。あなたはまた私の子供の母でもある。エリックの母なのです。

こんなにも勇敢でいてくれてありがとう、私の最愛の人。あなたは、もうよくご存知ですが、呪われた詩人の妻なのです——二重にも三重にも〈ユダヤ人である〉呪われた詩人の。ありがとう、ジゼル・ド・レストランジュ、すべてを背負ってくれて。ありがとう、愛する人、ありがとう、ジゼル・ド・レストランジュ、こんなにも勇敢に私の妻でいてくれて。ありがとう、エリックの母でいてくれて。

週末——あるいは来週初めに私は戻ります。ありがとう、私たちの息子の母であってくれて。ありがとう、こういった全てのことに拘らず、こんなにも勇敢でいてくれて[18]」。

三　破局に瀕しているユダヤ人

「ユダヤ人であること」を引き受けるのはよい。しかし、ユダヤ人とは何者なのか？　アメリーは、ユダヤ人であることの積極的な自己規定が不可能なユダヤ人を、破局に瀕しているユダヤ人、とそう表現し、自らをその中の一人に数え入れる。そして自ら「ユダヤ人と分かち持つものはなきに等しく[19]」ユダヤ人との関係は「無関係という関係[20]」であるとすら表現してみせるのである。

そのアメリーが確実にいえるのは例えば次のようなことだった。

すなわち「自分の中の昨日の悲劇を感じつづけている」者がユダヤ人である、という言明。

なんと苦痛をもたらす自己規定ではないか。

あるいはまたアメリーは次のような文章を書く。「ひとたび拷問を受けた者は今なおその拷問を受け続けているのだ[21]」と。

ツェラーンはこの部分に下線を施していた。父母が殺されたにもかかわらず、自分一人だけが助かってしまい生き延びたことにツェラーンは終生苦しんでいた。一九六二年十二月におきた精神分裂病の初めての重い発作——それまでにもすでに周囲の人間からは彼の精神状態について懸念の声はあがっていたのだが——それ以来、精神科医を受診していた彼は、自分の病が自分のこの過去の体験と関係していることを理解してくれない、と精神科医に対する不満を口にしている。(22)

「生き残った人々」のうちの一人エリ・ヴィーゼルは、低く静かに次のような言葉を語っている。

「私が語るのは常に私自身の罪状のことなのである。私は彼らが立ち去ってしまうのを見た。そして私は後ろに留まった。私は自分に対してそのことを許せないことがしばしばある」(23)。

ヴィーゼル、アメリー、そしてツェラーンにとって、過去に受けた拷問は、戦後の日々にもなお続いていたのである。

この「拷問」を受けた理由、それは自分がユダヤ人であったからである。そのユダヤ人とは、では自分にとって一体何を意味するのか? ツェラーンにおいて、「ユダヤ性」との断絶は、アメリーほどには大きくなかった。しかしそのツェラーンにあっても、幼少年期の体験、その記憶、そして外部からユダヤ人であることを強制されたという歴史的事実以外に、自らの「ユダヤ性」を確認するすべはなかった。アメリーの文章に下線を施しながら、ツェラーン自身も、「破局に瀕している」ユダヤ人であると、自身をそう思わなかったであろうか。

ユダヤ人として「立つ」べく、自己のアイデンティティたる「ユダヤ性」確認の旅に赴かざるを得ないツェラーンは、先に述べたように、チェルノヴィッツ近郊サダゴラを巡礼の地とするハシディズムの、現代における思想家マルティーン・ブーバーの著作にまず目を通し始める。一九四四年、彼が二十四歳の頃であった。

以後彼の関心は、マルガレーテ・ズースマン、ゲルショム・ショーレム、ネリー・ザックス、オシップ・マンデリュシュタームなどユダヤ人思想家やユダヤ詩人に広がっていく。この中にカフカもいた。ツェラーンはカフカの短編集や、日記を精読している。カフカと自分を一体化していたのではないか、と言う研究者がいるほどで、カフカ読書にあたり、「ツェラーンは、カフカが〈自分のユダヤ性〉と対決しているほとんどすべての個所に線を引いていた」[24]。

例えば次のような個所には、三重の下線を引き、さらに感嘆符まで付している。

「私がユダヤ人と共有しているものは何なのだろう？　私には自分自身とすら共有しているものはほとんどなく、自分が呼吸していられるということに満足して、まったくひっそりと世の片隅にたたずんでいなければならぬのに」[25]。

これはしかしまた何という言葉であろうか。「ユダヤ性」とか「自己」といった言葉の前提そのものを打ち砕いてしまう言葉である。この文章を書いたカフカと、この文章を読んでいるツェラーンを同一視することは差し控えなければならない。しかしツェラーンが、自らの読書のさいに、疑問の箇所には疑問符を付すと言う読書習慣の持ち主であることから判断するなら、この箇所におけるように、疑問符もつけず三重もの下線を引き感嘆符まで付しているのは、ツェラーンのこのカフカの文章に対する異議や違和というより、共感への傾斜を表わしていると推測することが許されるのではないか。

ツェラーンはまた、「ユダヤ性」に関して、「ユダヤ的なものというのは、いわばプネウマ的なものだ」[26]と言ったことがある。プネウマとは、ギリシャ哲学や医学においては呼吸と脈を制御する生命力であり、ストア派では万物に浸透し万物を形成する存在の原理を意味し、キリスト教では聖霊などを意味した。要するに本質的で重要なものであることは判るが、それが何かを明確に指し示すことが困難なものである。ツェラーンには自分がユダヤ人であるとの自己認識はあっても、ユダヤ的なものが一体なんであるのか、それを自身で明確にすることはできなかったのではないか。

ツェラーンの若き日、戦時下のチェルノヴィッツで、ツェラーンと共に文学作品を読みあったり、ベートーベンの交響曲を聞きあったりしていた仲間のうちに、イラーナ・シュムエリがいた。一九四四年、街がソビエト軍によって再び占領される前に、彼女が家族と共に大きな困難を乗り越えてパレスチナへ移住したとき、彼女は二十歳、ツェラーンは二十五歳だった。この二人がパリで再会を果たしたのは一九六五年の秋、二十一年後のことである。

その後、一九六九年十月初めにツェラーンが十七日にわたる一度限りのイスラエル訪問をした際、彼女がエルサレムを案内した。

その彼女が、ツェラーンの「ユダヤ性」について次のように述べている。

「彼と交わした手紙や会話の中では常に変わらずある対決がなされ続けていました。自分のユダヤ性において〈自己を―確証―しなければならぬ〉、という対決が」[(27)]。「彼のユダヤ性というのは、自分の〈ユダヤ人としての一存在〉をめぐる現在進行形の苦しい戦い、自分との戦い、自分を取り囲む世界との戦い、と私は感じ取っていました。彼の中には自己の居場所を要求する多くの世界と、絶対的なものへの差し迫った要求とがあり、それらのものが彼にいつも繰り返し不満をもたらしていたのです。彼のユダヤ性は彼の存在の中で感じ取れる場所に位置をしめており、この数年変わることなく鼓動し続けていたのです。ところがそこに彼が到達することは不可能でした。それを彼は自分に要求していたのですが。彼には信頼に足るものが欠けていました――彼は自嘲的に自分のことを〈非ユダヤ人的なユダヤ人〉とイディッシュ語で称していました。その自嘲はツェラーンにおいてしばしば極端に走りました。〈自分はユダヤ人だ〉と言う彼の言葉は、こういった事情からもたらされた〈絶えず繰り返さねばならなかった外への叫び〉なのです」[28]。「彼には必要とされた、ユダヤ人としての明証性が欠けていたのです。彼の人生をしばしば混乱に陥らせたのは彼がユダヤ人であったからではなく、彼が、十分にはユダヤ人でなかったからなのです。それが彼を引き裂き、自己破壊的なところを併せ持つ葛藤へと彼を連れ出していったのです」[29]。

またツェラーンは、シュムエリへの手紙の中で、「私の中のユダヤ性が、私に関わりあるすべてのものの中に存在していることを君は理解していてくれると思います。ただ私がそれをはっきりと形あるものとして示せないだけなのです」[30]とも記していた。

以上引用してきたツェラーンやシュムエリの言葉もまた、ツェラーンがアメリーの「破局に瀕しているユダヤ人」という言葉に自分を重ね合わせながら、アメリーの文章を読んでいたのではないか、という推測の傍証とはなるだろう。

ところで先に引用したアメリーの言葉は次のように続いていた。すなわち「破局に瀕しているユダヤ人はこの世界を信頼することはできない。そしてこの世界に対する信頼を欠いたままこの世界に適応していかなければならない」のだと。自分を取り囲む世界を信頼できない、とはしかし恐ろしい言葉である。この世界を信頼できず、しかしその世界の中で生き抜かねばならぬ人間は、この世界を一体どのように感じているのであろうか？信頼関係が無い所では人はどのようにでもあり得る。憎悪や敵意を抱くこともあろう。憎悪や敵意とまでいわずとも、この世界に対して親しめずなじめぬ気持ち、違和感をふり払うことはできぬであろう。彼はこの世界をよそよそしく感じる。いわば彼は「異邦人」なのだ。

四　「悲惨」の語源としての「追放」、あるいは「亡命」

「破局に瀕しているユダヤ人はこの世界を信頼できない」と述べると同時に、「故郷とは、信頼性のことである」[31]とアメリーは述べていた。つまりこの世界を信頼できない破局に瀕しているユダヤ人には故郷がないのである。「もし人に故郷がないとすれば、そのとき人は混乱と、散漫と、困惑に陥ってしまう」[32]とも彼は記している。アメリーには故郷があった。しかしその故郷からは追放され、以後彼は自らその故郷を否定する。あるいは否定しなければならぬものと化してしまった、というのが正確であろう。

ツェラーンにおいてはどうであったか？　彼には確かに故郷があった。しかしその故郷を領有する国は変り、故郷に住む殆どの人々は以前とは異なってしまった。すなわち地図上にいまなお存在する故郷の街は、自分が故郷としていた街とはすでに別の街であり、故郷はいわば過去の時の流れの中にその姿を没し去ってしまったのである。

ところで上記のアメリーの文章で試みに「混乱」と訳出した言葉はOrdnungslosigkeit。秩序がないことである。「散漫」はZerfahrenheit。心が定まらず注意散漫で集中しない様を言う。「困惑」はVerstörung。心が揺さぶられ心の平衡を失って困惑していることである。

文化やナショナリズムとの関連でいわゆるアイデンティティをかたちづくるもの、すなわち人を人として立たせる力とは、アメリーが指摘するように「故郷」、すなわち「幼年時代や青年時代を過ごした土地」であろう。これらのものは人が自由に選び取れるものではなく、すでに生まれたときに所与として与えられたものである。人はおのずとこれらのものに愛着を感ずるであろう。この愛着、それは理性では処理できぬ非合理的な力であり、自尊にも似た自然な感情である。己の生に対して自覚的になる成年以後、これらのものに投げかけられる遙かなまなざしの中で、自己の形成要素の何がどこからきたものであるか、その認知のメカニズムを持つことで、人は初めて文化的アイデンティティをもつことができるのではないか。あるいはこの認知のメカニズムの中で、心の平衡をとることができる、と言ってもよい。

ところが先ほどのアメリーの言葉を引くならば、人は故郷を持たぬとき、「自己の理性では処理できぬ非合理的な力であり、自尊にも似た自然な感情」を組織化する秩序をもたず（Ordnungslosigkeit）、組織化するために必要な中心点も持たぬまま集中せず散漫なまま（Zerfahrenheit）、心の平衡を得られずに心を揺すぶられて困惑しているのである（Verstoerung）。

しかもこういった状況の中にありながら、なお故郷を持たぬ人間は、この世界に対する信頼を欠いたまま、この世界に適応していかなければならなかったのであった。まるでこの世の「異邦人」のように。

アメリーは「人はいくつの故郷を必要とするのか」の章において、「悲惨」と言う言葉は語源的に「追放」の意味を持つらしい、と記していた(33)。これは実に示唆に富んでいるといわねばならない。事実「悲惨」という言葉は古高ドイツ語や中高ドイツ語では、生まれ故郷の法共同体の平和から追放されて外国にいる状態をさすものであった(34)。中世にあって、慣れ親しんでいた土地、そこで得られていた平和から追放されることがどれほど悲惨な状態を人にもたらすものであったかがうかがえよう。よそ者は土地の共同体に受け入れられず、迫害を受けたであろうことがまず考えられる。中世の「悲惨」、それは現代においては、故郷を追放された「亡命」となる。

ツェラーンが、ルーマニアからハンガリーを経てウィーンにたどり着いたとき、彼はおそらく難民であったはずである。彼が所持するパスポートがどのような変更を受けたか、それは今定かではないが、ウィーンからパリに移り、パリでの生活を始めたツェラーンには、もちろんフランス人としての市民権はなかった。彼は東欧から流れてきた得体の知れない難民の一人、フランス社会の最下層に属する一人の亡命者でしかなかった。しかもその上ユダヤ人だったのである。

ブカレストを出るとき、ツェラーンが身につけていた数少ないもののうちの一つに大学入学資格証明書、フランスにおけるバカロレア合格証明書にあたるものがある。彼はパリ大学でドイツ文学を修めているが、それはおそらくルーマニア出国時からの予定の行動と考えてよいであろう。所持品が彼の用意周到さを表している。大学における勉学は、もちろん彼の勉学への欲望の現れであるが、それはまた、彼がオランダの女友達への手紙の中で言及しているように、「大学卒であることがフランス国籍を得るためには大切なこと」[35]でもあるからである。単純労働者ではなく高学歴の者のほうが亡命先の社会で受け入れられ易いことをツェラーンは知っていたと考えてよいであろう。

フランス貴族の血を引くジゼル・ド・レストランジュとの結婚も困難を極めたものであった。友人の紹介を介して知り合った二人が、ほぼ一年の交際期間を経て結婚したのは一九五二年十二月二十三日のことであった。家族の強い反対にあい、結婚式に出席したのは当人たち二人と、ジゼルの友人だけで、ジゼルの家族はついに誰一人出席しなかったのである。[36]ツェラーンはこのときまだフランス国籍を取得していなかった。取得できたのはようやく一九五五年のことである。フランス国籍も、定職もなく、どこの誰かもわからぬ東欧からの流れ者、しかもユダヤ人との結婚に家族が反対するのは世の常識的判断からするなら当然のことといえよう。

ジゼルという得がたき伴侶を得たツェラーン。「一人の詩人を愛するということ、一人のすばらしい詩人を愛するということは困難なことであるに違いありません。私は自分があなたの愛、あなたの詩作、あなたの生にふさわしい人間であるとはとても感じられないのです」[37]「私にはもちろん自分があなたのおられる高みに達してはいない人間である、という不安が少しばかりあります。しかし私にはあなたと一緒に生きていくことが本当に必要なのです。あなたを生涯にわたって愛し続けられることが。私のこの希求はひどく強いので確かな気持を持ってこの〈危険〉を冒すこともできるのです。〈危険〉と私が言うのも、人が私にもっぱらあなたとの結婚の〈危険〉ばかりを言い立てるからなのですが。私の確信は彼らの危惧の念より遙かに強いものです」[38]とツェラーンに伝えるジゼルは、以後ツェラーンを深く愛し彼を支え続けるのである。

ジゼルとの生活を始めたツェラーンの生涯は明るい方向へと向いていくはずであった。事実最初の子供を失う悲しみにあったとはいえ、エリックという一人息子を授かり、エコール・ノルマルにおける一応の職も一九五九年には得ることができ、経済的にも安定し始めたのであるから尚更のことである。

ところが「ゴル事件」がそのツェラーンの生涯を狂わせ始める。「ゴル事件」とは、一九五三年にイヴァン・ゴルの未亡人クレール・ゴルが、ツェラーンの作品はゴルの作品を剽窃したものである、との誹謗文書を発表したことから始まり、以後長期にわたり各種新聞雑誌の上で、中傷キャンペーンがなされた事件であった。[39]この中傷が根拠のないものであることは、一九六一年に発表された調査文書で明らかになった。しかしこの「ゴル事件」はツェラーンの精神の病と関連して、ツェラーンにとっては六一年以後により深刻で根の深いものになっていったのである。

かれは自分がユダヤ人のゆえに「反ユダヤ主義者」によって迫害されていると感じたのであった。六一年以後も彼は「ゴル事件」が「反ユダヤ主義」の策謀であり、今なお自分は迫害にあっていると訴え続けた。実際に投函されることはなかったが、ツェラーンはサルトルに宛て、自分が受けている迫害は「偽りなくドレフュス事件の再来なのです」と記していたのである。[40]

ところですでに述べたようにツェラーンは六二年の十二月に、初めての明らかな病の発作に襲われている。「まるでユダヤ人のしるしの黄色い星のようだ」と叫びながらジゼルが首に巻いていたスカーフを奪い取り、あるいは見知らぬ通行人の男に対していきなり「おまえも〈ゴル事件〉の片割れか？」と襲いかかったのである。ジゼルの説得によってこの後ツェラーンは翌年一月十七日まで精神病院に入院することになった。これ以後ツェラーンは七〇年の自死にいたるまで、少なくとも五度にわたる入院をし、二度にわたる自殺未遂を引き起こすことになる(41)。

この六二年の発作が起こる前からツェラーンの精神状態を危ぶむ声はすでに聞こえていた。しかし彼は、自分が迫害にあっていると訴え続けた。そして自分のこの訴えを「迫害妄想」によるものではないか、と疑うものを「反ユダヤ主義」と受け取っていったのである。たとえそれが善意によるものであろうとも、自分の言葉に対し精神の病の故ではないかとの疑念をさしはさむ者は、自分の言葉を否定する者であった。自分の言葉がどこまでも疑われる、それこそツェラーンにとってはより大きな「迫害」にほかならなかった。彼はますます狭隘な場所へと自らを追い込んでいったに違いない。世界は彼にとって文字通り信頼できぬ世界と化した。もしツェラーンが、最愛の妻ジゼルをも不信の目で見はじめたとするならば？　そこからうまれるのは恐ろしいまでの孤独感であろう。

「迫害の体験はつまるところ法外な孤独の体験である」(42)というアメリーの文章に強調のしるしを付し、「孤独」という単語の下にそれとは別に強調符号を付していたツェラーン。このときの彼の思いは一体どのようなものであったのだろうか。

ショア、亡命、迫害、これに加うるに精神の病。異国の地におけるツェラーンの生は、「ここかしこ、稀には燦めく太陽の光も洩れた(43)」ではあろうが、何と痛ましいものであったことか。悲惨と亡命とは確かにツェラーンにあっても語源を同じくする言葉であった。

五　「絶対的亡命」あるいは「普遍という荒野」

アメリーの『罪と償いの彼岸』末尾に、ツェラーンは一九六六年十一月一日という読了日を記し、そのうしろに「故郷——ぼくの場合には？　ぼくは故郷（家）にいたときですら一度たりとも自分の家にいるという気持ちになったことはなかった」と書き込んでいた。

「故郷にいたとき」とはチェルノヴィッツにいたときのことであろうか？　それとも（家）という言葉が示すとおりパリの自宅を指すのであろうか？

この読書の年、一九六六年の一年前、六五年の五月七日夜に、彼は彼の表現を借りるなら「関係妄想」に陥り、ジゼルの懇願を入れ精神病院に入院していた。また十一月二十三日、四十五歳の誕生日には旅先のスイスから「極度の絶望と興奮状態」で帰国。その夜ジゼルをナイフで殺害しようとし、ジゼルとエリックが隣家に避難する、という事件を起こしている。ツェラーンはロンドンの親戚を訪問してパリに戻ってから強制的に入院させられた。この入院は翌年六六年の六月十一日まで半年以上の長きに渡っている。

またこの読書の後、六七年一月三十日には、自宅の仕事部屋に鍵をかけて閉じこもり、ナイフで左胸を突き刺し自殺を図ったのである。このときナイフは僅かに心臓をそれたため危うく一命は取りとめたが、左胸を深く傷つける重症だったため入院、その後精神病院に転院、精神病院での治療は、十月十七日まで続いた。この年ジゼルの願いを聞き入れ、ツェラーンはジゼルと別居を始めている。ジゼルは手紙で次のようにツェラーンに書き送っていた。

「あなたの愛がどれほど深いものか私にはわかっていますが、あなたも私の愛を疑われないことを願います。あなたの悲劇、あなたの運命のことで私の頭は一杯なのです。しかしこの深刻な事態にあって私があなたの助けにはならないのだと思うと私の気力が萎えてしまうのです。とりわけ私があなたのそばにいることがあなたにとって耐え難いことであるということ、そして私たちの間に生じてしまった無理解という壁、この完全な孤独、またこのような悲劇的な状況を生み出さずにはおかなかった挫折を体験しなければならなかったこと、それらのことはすべて私のもてる力を超えていることなのです」[44]。

アメリーの著書『罪と償いの彼岸』の末尾に、先に記した文章を書き込んでいたツェラーンは、こういった状況の中で生きていたのである。この書き込みにあるようにツェラーンにはこの世界の中で、「我が家にいるように」感じられる場所がなかったのだとするなら、繰り返しになるがそれは何と言う痛ましいことであろうか。

ツェラーンの詩に、「宙に漂って」[45]と題されたものがある。

宙に漂って、あなたの根はそこに留まる、そこ、
大気の中に。
その場では地上的なるものが球体となる、土くれが、
息―と―粘土が。

大きな姿で

追放された者があの上空を行く、
火に焼かれたもの――一人のポンメルン人が、
母親のようであったコガネムシの歌を我が家として、
夏の日のように、明るく
花咲く。
あらゆる　そそり立つ、
過酷な冬の寒さの
シラブルの
へりで。

（後略）

ツェラーンは、地上に根を下ろすことなく宙に漂ったままである。宙に漂ったまま、この地上に生きるものにふさわしく粘土に息を吹き込まれて生まれた人間が、身を丸めて球体となって宙を漂っている。この世のどこにあっても「我が家にいる」がごとき安らいだ気持ちを持つことができなかった人間、そういった人間がいることができる場所、それはただ空中のみであった。

カフカの特徴を、マルト・ロベールは、「〈絶対的亡命〉の持つ深い違和感、完璧な他者、異邦人としての存在」(46)と表現したが、この特徴はまたツェラーンにも当てはまるのではないだろうか。

ポンメルン人は、「コガネムシ」というドイツ全土を荒廃させた三十年戦争頃の童謡からの引用だという。「コガネムシよ飛べ！　おまえのお父ちゃんは戦争に行ってる、おまえのお母ちゃんはポンメルンにいる。ポンメルンは焼かれちゃった。コガネムシよ飛べ！」。これがその童謡の歌詞である。残酷なものであるといわねばならない。ツェラーンの母が殺されたことはすでに述べた通りである。戦火の中で焼かれた者、そこにはアウシュヴィッツで殺され、ガス室から煙となって大気の中に漂っていったユダヤ人の姿も重なっているのであろうか。死者、あるいは死者に思いを寄せる者は、捜し求める言葉の、そのまだ言葉にならぬシラブルのへりにいる。過酷な冬の寒さであるにもかかわらず夏の日のような明るさの。

絶対的亡命者が求めるのは「言葉」である。言葉は人間に共通の普遍的な認識の次元において人間に何事かを指し示すものである、との考えがそこにはある。言葉で事実を開くこと、言葉で沈黙を開くこと。そしてそれを人に指し示すこと。この詩において言葉はまだ言葉にならぬシラブルである。ことばを見出すことの困難さが推測されよう。

故郷を持たぬ亡命者、具体的な自己の拠り所となる場所を持たぬ者は、「言葉」、あるいは「言葉にはらまれざるを得ぬ普遍、抽象」に向かわざるを得ないように見える。過酷な冬の寒さのもとにあるシラブル、それは「普遍・抽象」が、絶対的亡命者にとって荒野であることを暗示しているのではないか。

ところでアメリーが「反ユダヤ主義」に反抗したとき、そこにあったのは人間としての誇りであった。ツェラーンにあっても事情は似たものであったろうと推測される。「人間として」反抗せざるを得ぬ「人間的なるもの」、この「人間的なるもの」は理念的な色合いを帯びるヒューマニズムというものではなく、直接的な感情、ないし簡明直截な素朴な存在そのものとしての人間であったと思われる。「自分は人間であり、人間としての尊厳を持つ」という言明はしかしその中に「人間」という普遍を含む。あるいは抽象といってもよい。「人間として」具体的に身を支え立つためにも人は「普遍や抽象」を必要とするのである。

ここで再びアメリーの文章を読むツェラーンの姿を想起してみよう。彼は以下のようなアメリーの文章に下線を施していた。

すなわち次のような文章である。「しかしそれは社会的な不安であり、形而上的な不安ではありません。存在ではなく、無でも神でもなく、あるいは神の不在でもなくただ社会だけが私を苦しめるのです」(47)。ただ社会だけが、反ユダヤ主義を生かしているこの社会だけがアメリーを苦しめ、アメリーを「破局に瀕しているユダヤ人」と化し、この世界への信頼を失わせるのである。この文章に下線を引き、文章の傍らに何本にもわたってこの箇所を強調する印となる線を引き、感嘆符まで付しているツェラーン。彼にあっても「自分を苦しめるのは社会」という思いは強烈に存在したのではないだろうか。

次にツェラーンの詩、「帰郷」(48)を引いてみよう。

雪が降る、ますます繁く、
鳩色をして、昨日と同じように、
雪が降る、まるでおまえがまだ眠りについているように。

彼方まで降り積もっている白。
その上に、果てしなく、
姿を隠した者が残した橇跡がある。

その下に、隠されてあったもの、
目にこれほどまでの痛みを与えるものが、
裏返されて高く盛り上がり、
丘また丘となる、
目に見えぬまま。

一つ一つの丘の上で、
自分自身の〈今日〉という故郷に連れ戻され、
沈黙へと滑り落ちていく一人の私――
木となった、一本の杭。

彼方に――一つの感情が、
鳩色の、雪のような――
色をした旗を結え、
氷の風に翻っている。

一面に白い雪原が広がっている。その遙かに連なる雪原には、彼方に向かって橇跡が残され、また雪原に連なる丘の上では、杭に結ばれた旗が、冷たい氷の風に翻っている。
帰郷と言いながら、故郷らしきものはなく、ただ真っ白な世界に杭と旗が見えるだけの、雪に降り込められていく茫漠とした冷い世界である。

具体的な個物がわずかに見えはするが、故郷から引き離され、宙に漂いながら、なおしかし自らの故郷を求めようと、自己確認の足を運ぶ者の目の前に開かれてくるのは、このような白い抽象的な世界、しかもどう見ても暖かな世界とはかけ離れた荒野であった。

一見抒情的な美しい真っ白な世界、言語そのものを問題とするメタ言語の言語学的省察を孕むその抽象的世界の背後には、実は悲惨な亡命の現実が控えている。高く盛り上がる丘の下に隠されている目に痛みを与えるもの。真っ白な雪のその裏側に、死者の血の鮮烈な赤、あるいは人間の心が抱える闇のその漆黒を見てしまうのは、筆者の思い過ごしと言うべきであろうか。闇と言うのは他でもない。一つに「反ユダヤ主義」を生み出す心の闇と、人間集団が持つ「反ユダヤ主義」を生み出す構造である。そしてもう一つは「反ユダヤ主義」を見ながら傍観してしまう心の闇であり、その傍観を許してしまう人間集団にある構造である。

「犠牲者は、刑吏の虐待に苦しむよりは、傍観者の無関心のゆえに、もっと多く、またもっと深く苦しんだのである」[49]。これはエリ・ヴィーゼルの言葉であるが、同様のことはアメリーも、プリモ・レーヴィも等しく述べているところである。人間のエゴイズムがここでは問題になるであろう。あるいはそれは人間が生きる以上持たざるを得ぬ絶望的とすら言い得る生存の為の条件なのか。ルーズベルトもチャーチルもローマ教皇ピウス十二世もアウシュヴィッツを知っていた。しかし虐殺阻止のための具体的行動には出なかったのである。

ところで「反ユダヤ主義」と戦う人間が拠り所としてもとめたもの、それが抽象的普遍的な「人間」であったことはすでに述べたとおりである。これは著作『ユダヤ人』においてサルトルが「反ユダヤ主義」の批判者として想定した民主主義者にも通じるものである。

しかし現実に、例えばツェラーンが捜し求めたものはユダヤ人としてのアイデンティティであり、友人として受け入れることができた人間、すなわち信を置くことができた人間はユダヤ人のうち似た運命に見舞われた者、同じ運命を共有することができた人々のみであった。普遍的なものではなく、個別具体的なものがツェラーンを支えたのである。これは矛盾であろうか。確かに矛盾であるがしかしそれは現実であった。

そしてこの矛盾はさらに深まる。すなわちユダヤ人としてのアイデンティティをあれほど切実に求めていたツェラーンが、一九六八年十一月十四日に、精神病院に強制的に入院させられた折には、話すことをまったく拒絶し、ただ「自分はフランス人だ」「自分は肺の手術を受けている」とのみ呟き続けるだけだったのである。[50]「自分はフランス人だ」。この繰り返された呟きをどう解すべきなのだろうか。

ただ推測できるのは、この矛盾と錯綜した事実こそが、ツェラーンの生きた現実、絶対的とすらよべる亡命と、その荒野の困難な状況を指し示すものだろうと言うことである。

(1) Paul Celan-Gisèle Celan Lestrange: Briefwechsel, Bd. 2, Suhrkamp Verlag, 2001, S. 467 以後 Briefwechsel と略記する。
(2) マールバッハのドイツ文学資料館における筆者の調査による。
(3) Jean Améry: Jenseits von Schuld und Sühne, dtv-Klett-Cotta Verlag, 1988, S. 115.
(4) Ebenda., S. 115.
(5) Ebenda., S. 114.
(6) Ebenda., S. 67.
(7) Ebenda., S. 66.
(8) J・P・サルトル『ユダヤ人』（岩波新書二二七）岩波書店、二〇〇〇年、一七七頁。

(9) Jean Améry : a. a. O., S. 109.
(10) Ebenda., S. 109.
(11) Israel Chalfen : Paul Celan, Insel Verlag, 1979, S. 51f.
(12) Paul Celan : Die Gedichte aus dem Nachlass, Suhrkamp Verlag, 1997, S. 45.
(13) 筆者のチェルノヴィッツ（現在ウクライナのチェルニウツィ）における聞き取りによる。
(14) Ilana Shmueli : Sag, dass Jerusalem ist, Edition Isele, 2000, S. 11.
(15) Israel Chalfen : a. a. O., S. 140.
(16) Paul Celan : Das Frühwerk, Suhrkamp Verlag, 1989, S. 143.
(17) Briefwechsel, Bd. 2, S. 291.
(18) Ebenda., Bd. 1, S. 140.
(19) Jean Améry : a. a. O., S. 118.
(20) Ebenda., S. 118.
(21) Ebenda., S. 51.
(22) James K. Lyon : Judentum, Antisemitismus, Verfolgungswahn —— Celans „Krise" 1960-1962, in : Celan-Jahrbuch 3 (1989), S. 203.
(23) エリ・ヴィーゼル『死者の歌』晶文社、一九五九年、二六八頁。
(24) Elke Günzel : Das wandernde Zitat, Verlag Königshausen und Neumann, 1995, S. 126.
(25) Ebd., S. 126.
(26) Lydia Koelle : Paul Celans pneumatisches Judentum, Matthias Grünewald Verlag, 1997, S. 67.
(27) Ilana Shmueli : Paul Celans Judentum und Israel, in : Unverloren. Trotz allem, Paul Celan Symposion Wien 2000, Mandelbaum Verlag, 2000, S. 297f.

（28） Ebenda., S. 298.

（29） Ebenda., S. 299.

（30） Ebenda., S. 298.

（31） Jean Améry : a. a. O., S. 65.

（32） Ebenda., S. 66.

（33） Ebenda., S. 59.

（34） Wahrig Deutsches Wörterbuch, Bertelsmann Verlag, 1992, elend, Elend の項目。

（35） Paul Sars : Alles is te zwaar, omdat alles te licht is, Amsterdam, 1999, S. 98.

（36） Briefwechsel, Bd. 2, S. 54f.

（37） Ebenda., Bd. 1, S. 7.

（38） Ebenda., Bd. 1, S. 34.

（39） Barbara Wiedemann : Paul Celan-Die Goll Affäre, Suhrkamp Verlag, 2000 および相原勝『ツェラーンのいわゆる〈ゴル事件〉について』（『ツェラーン研究』第一号、一九九九年）一九頁以下を参照のこと。

（40） Barbara Wiedemann : a. a. O., S. 545.

（41） Briefwechsel, S. Bd. 2, S. 142 なお水上藤悦『パウル・ツェラーンの妄想』（『ツェラーン研究』第四号、二〇〇二年刊行予定）を参照のこと。

（42） Jean Améry : a. a. O., S. 90.

（43） ボードレール『悪の華』（岩波文庫）岩波書店、一九七〇年、五二頁。

（44） Briefwechsel, Bd. 1, S. 291.

（45） Paul Celan : Gesammelte Werke in 5 Bänden, Bd. 1, Suhrkamp Verlag, 1983, S. 290.

（46） Thomas Sparr : Celan und Kafka, in : Celan-Jahrbuch 2 (1988), S. 146.

(47) Jean Améry : a. a. O., S. 127.
(48) Paul Celan : Gesammelte Werke in 5 Bänden, Bd. 1, Suhrkamp Verlag, 1983, S. 156.
(49) エリ・ヴィーゼル　前掲書、二六六頁。
(50) Briefwechsel, Bd. 2, S. 361.

最後になってしまったが、ツェラーン自身の手になる蔵書への書き込みなどを、本エッセイに引用することを快諾して下さった、著作権継承者であるエリック・ツェラーンにお礼を申しあげたい。

第四部　表現の模索

イディッシュの結婚式におけるクレズマ楽士

牧野　ウーヴェ

「クレズマ」はイディッシュ語で、語源をさかのぼればヘブライ語の『道具』と『曲』をおよそ意味する『Klej』と『semer』にたどり着く。つまりふたつ合わせて「楽器」。十六世紀ごろからは楽士たちもまた「クレズマ」と呼ばれるようになった。[1]「今日、クレズマとして知られる音楽は（……）主に十八世紀から十九世紀にかけてイディッシュ語圏の東ヨーロッパ、特に今日のポーランドの一部、白ロシア、リトアニア、ルーマニア、モルダビア、ウクラウナを含む地域で発展した。[2]」しかし、ユダヤの結婚式の職業楽士の起源は中世にまでさかのぼる。当時楽士たちはギルドに組織されていた。kapelye[3]は男性だけで構成され、楽士の育成や曲のレパートリーは家族内で継承された。通常は同じ職業階級である楽士仲間同士で婚姻が取り結ばれたが、イディッシュの婚礼儀式の元締め役であり漫談士、モラル伝道者である badchn とは例外的に婚姻がみられた。badchonim と klezmorim（badchn と klezmer の複数形）は、尊敬の対象となる技術を持たない故にユダヤ人から shnorrer（たかりや、せびりや）と見なされた。「彼らは共同体生活の中で不可欠でかけがえのない役割を担っていたにもかかわらず、嘲弄や軽視の対象だった。[4]」

kapelye には歌い手は属さなかった。最も簡単な楽団構成としてバイオリンとツィンバロン（tsimbl）によるデュオがあり、それに二台めのバイオリンが加わったり（sekund）、バスやチェロも入ることがあった。さらに

クレズマ楽団（ツィンバロン、2台のバイオリン、チェロ）
天がいの下のベールに覆われた花嫁に伴って。
フランクフルト マム マイン　18世紀初頭

フルートも加わって五重奏団になることもあった。一九世紀になり打楽器や金管楽器も入るようになると、バイオクラリネットがしだいに中心的な楽器になり、バイオリンを補いさらにはバイオリンに取って代わるようにさえなった。一八七〇年以降は十二人構成のグループは珍しくなく、盛大な結婚式では十八人も演奏することがあった。[5] その他楽士たちの臨時の仕事はプリム祭[6]やシナゴーグで新しく刷られたモーセ五書を祝福する場などで得られた。八日間におよぶハヌカ祭[7]でも楽士が求められたし、また非ユダヤ人社会でも宿屋や劇場、オデッサなどの保養地等、そこかしこで小銭を稼ぐことができた。そのような場所では時には卓越したロマ楽士たちとの実り多い共演も実現することがあった。

しかし klezmorim が主な稼ぎを得ていたのは何と言っても結婚式で、そこでは badchn と klezmorim の登場が、複雑で想像力豊かな儀式の進行と深く結び付いていた。新郎新婦やその両親が場所の移動をするとき、音楽が伴わないことはほとんどあり得なかった。これについては、結婚式には新郎新婦を幸福な気持ちにさせなければならないという一般的で古くからある掟以外にはどう見ても深い宗教的な意味は見られない。この掟が存在するためにユダヤ正教徒のためにも、奔放で浮かれた音楽や踊りが例外的に許されるという逃げ路が開けられていた。(8) むろん klezmorim は良質で期待ど

ロシア帝国内のユダヤ人居住地

おりの演奏を提供したが、さもなければアシュケナージのユダヤ人はしきたりに厳しいラビの圧力に屈して婚礼儀式を短く簡略化しなければならなかったであろう。

「結婚式の進行においてクレズマ楽士たちは不可欠な存在であり、式を整理する役割を果たした。」[9]私は以下において楽士たちと儀式の元締め役のごく典型的な役割を描こうと思う。したがって個々の儀式や踊りの形態上意味上の地域的な差異には触れないことにしたい。十九世紀のアシュケナージのユダヤ人の典型的な結婚式はおそらく次の三段階に表すことができるだろう。

一　forshpil（前奏）[10]　婚礼前の安息日の夜に行われる花嫁のための祝い。

二　mikwe と chosn-mol　婚礼の前日に花嫁のみそぎの儀式が行われ（mikwe）、同日の夜に花嫁の家において新郎に敬意を表した食宴が催される（chosn-mol）。

三　chassene と chupe-wekdushn　本来の結婚式と婚姻の取り結び。

forshpil[11]

婚礼の前の安息日が終わる夕方に（motzei-shabbes）花嫁のための祝いが催され、花嫁は少女期から別れを告げることになる。少女は十三歳で結婚が可能であるとされ、男は十八歳までに結婚していることが期待されていた。forshpil には特に花嫁の女性の親族と友人たちが参加する。若い男性はここでは脇役を務めるだけで、かたわらに立ち、踊っている少女の中に自分の将来のいい結婚相手になる娘はいないかと探すチャンスを得る。少女たちは——宗教教育が求めるに従って——少女たち同士で踊る。軽快な踊りの後には静かなドブリノッチの曲[12]が演奏される。その後一団は花婿が同じ街（shtetl）の出ならば、儀式の元締め役に率いられて音楽とともに花婿の家へと行進する。この行列には花嫁は普通は加わらない。klezmorim はその日以降婚礼の日まで毎朝毎晩花嫁を訪ねてセレナーデを奏でる。

mikwe とchosn-mol[13]

「東ヨーロッパでは通常火・水・木曜日のいずれかの日に行われる婚礼の前日に、花嫁は klezmorim の楽の音

Scholem Alejchem の故郷である *Perejaslaw*（ウクライナ）出身のクレズマ楽士たち

クレズマ楽団（ウクライナ）1911–1914
出典：国立民族学博物館（St. ペテルスブルク）

Mordche Pejorman（1810-1895）
ワルシャワの最後のツィンバロン奏者

の下、歳上の女性たちによって儀式的な入浴、mikwe に伴われる。」この場合少女が koscher ではないこと、生理中でないことが前提となる。「経験豊かな中年女性は歌い、踊り、酒を飲みながら、押し黙って柔順に鎮座している未来の花嫁に夫婦生活の秘密を教える。」その間 klezmorim は隣の部屋で音楽を演奏する。

同じ日の夕方に花嫁の両親は自宅で花婿を食事に招く。このことからも結婚式の開催に責任を持つのは花嫁の両親だということがうかがえる。その後、花婿が別の shtetl から来たならば、楽士たちは花嫁の家族とともに町はずれまで送る。chosn-mol[14] にはもちろん音楽が伴われる。

chassene と chupe-wekdushn

婚礼の祝宴は、花嫁の両親が裕福で祝いを催すに十分な広さの家をもっていれば、そこで行われる。そうでない場合は別のホールかテントを借りて行われる。

ここに一つの特別な場合、Di Shvartse Khasene「黒い結婚式」を紹介する。花嫁が孤児の場合、共同体が結婚式の開催を引き受けることがあった。イェレミア・ヘシェレスは一九一五年に行われたこの「墓地の結婚式」を報告している。世界大戦中にグリンヤニ市ではコレラが流行して多くの犠牲者が出た。ある孤児の少女を貧しい日雇い労働者と結婚させるために共同体が結婚式の費用を負担し、さらに klezmorim は、町をさらなる災禍から救おうと稼いだ金を寄付した。死んだ両親と一緒に結婚を祝うという意味をこめて Di Shvartse Khasene という曲が墓前で演奏された。この習慣は花婿の両親が死亡していた場合にも当然行われた[15]。

普通の結婚式では最初の客はお昼頃到着する。その後すぐに正装した花嫁が祝いの音楽にのって両親に導かれて会場に入場し婚礼の椅子に座らせられる。その後早い午後になるとダンス音楽が演奏される。そこで新郎新婦は隣の部屋ではじめて言葉を交わす機会を得る。夕方まで彼らは一日中何も食べずに過ごすが、これによりただでさえ若い二人の不安と緊張感は否応無しに高まることになる。

だいたい十六時頃に kale basetsn, kale bavaynen そして badekn（「花嫁を座らせ」「涙を流させ」「覆い隠す」つまりベールで隠す）が始まると、陽気で浮かれた雰囲気が突然変わる。ここで badchn の最初の重要な登場となる。彼は韻を踏んで恍惚の域にまで達するかの演説を行い、花嫁の今は亡き家族や妻としての義務を想起させようとする。ここでの楽士たちの役割は、この演説に合った音楽を演奏することで花嫁の感動をより深めることにある。なぜなら涙を流して悔やみの気持ちに満ちた花嫁だけが結婚することができるからだ。特にソリストである第一バイオリンやクラリネット奏者はここで最上の演奏をしなければならない。次に挙げるのは、若い孤児の花嫁が死んだ母親を思い出すように儀式の元締めが言う口上の一例である。

Oy kale veyn kale veyn　おお、花嫁よ泣きなさい　花嫁よ泣きなさい
Di darfst bald tsi der khipe geyn　おまえはもうすぐ婚姻の天がいへ行くことができる
un dayn mame ligt in drerd　おまえの母親は地中に横たわっていて
un ken nit bay dir shteyn[16]　おまえのかたわらにいる（寄り添う）ことはできない

この儀式の後、同じことが花婿の家においても繰り返されることがある。なぜなら彼もまた真に悔やむ気持ちを、涙を流すことによって示さなければならないからだ。

本来の結婚式、つまり二人を「神聖なものにする」儀式はシナゴーグないしは祝典会館の前で執り行われる。新郎新婦は別々にkhupe、婚姻を結ぶ天がいへと、むろん音楽に伴われて導かれる。式場へ向かう路で演奏される音楽は、frejlechs tsu der khupe（婚姻の天がいへ）が、帰路では、frejlechs fun der khupe（婚姻の天がいから）が演奏される。frejlechsはユダヤの典型的な円舞曲で、多くはfroehlich（快活）な音楽だ。祝いの会場への帰路は、往路と違い婚姻成立の後なのでにぎやかで浮かれた雰囲気になる。

結婚式ではまずはじめに、共同体の名士が祝福の言葉を述べる間にシナゴーグ給仕がグラスにワインを注ぐ。次に花婿が花嫁の指に指輪をはめ、決められた口上を述べる。二人がワインを飲み干すと花婿は足でワイングラスを踏みつぶす。これはエルサレム宮殿が過去に破壊された悲しみを象徴している。その直後に、突然恍惚とした音楽が始まり客が大声で叫ぶ。masltow, masltow, chosn, kale, masltow！ 新郎新婦万歳！[17]

祝宴会場へ戻った後は、にぎやかで浮かれたメロディーにかわって静かな曲、道徳的なnigunim[18]が演奏される。このことからも長時間にわたる祝宴の音楽構成はこの曲調の変化に特徴があることが改めて分かる。

さて、滞りなく終了した婚姻の後で重要な客人たちは集められ、地位のある紳士一人ひとりにあいさつをする

時間となる。楽隊は badchn による客の紹介の後であいさつの曲を演奏して、そこから多かれ少なかれかなり良いチップ、getsolts[19]を受け取る。通常楽隊への報酬はわずかしか支払われないが、その分楽士たちはテーブルで食事をともにすることを許された。しかしほとんどは紹介した客人の地位によって多寡が決まるチップで暮らしていた。このあいさつの曲は mazltov dobriden[20]と呼ばれた。

典型的な badchn による紹介の口上は次のようである。ここでは重要な客人が遠くからわざわざ祝いに駆けつけたことを述べている。

… a schejn und a fain Vivat soll wern ojfgespilt lekowed dem Reb Finkelschtejn fun Brisk![21]

……すばらしくりっぱな万歳がブレストーリトヴスクから見えたフィンケルシュテイン様に敬意を表して演奏されます！

特別なあいさつは、義理の両親、この場合は花婿の両親にも捧げられる。mazltov far di maktonim[22]は祝いの宴の最後、つまり夜遅くに演奏される義理の両親へのお見送りの曲に相当する音楽の例である[23]。名士や金持ちの客へのあいさつの後はテーブル音楽（tsum tish）や舞踏曲が演奏されるが、一つひとつの踊りに値段がついていた[24]。すでにヨーロッパには存在したがアメリカへの移民のあとでさらに顕著になったのが世代間の確執で、楽士に要求して舞踏曲にお金を払う場合に年齢が上で保守的な世代が支払い能力が高い場合だ。伝統的な東方ユダヤのレパートリーである freylech, kolomeyke, sher, bulgar などはヨーロッパやアメリカの新しい踊りであるワルツ、タンゴ、フォックストロット、トゥーステップ[25]などと地位をあらそうことになった。また面白い踊りで『ビン踊り』と名付けられたものがあった。「ビン踊りは結婚式の雰囲気を陽気にさせる。このとき、うまい踊り手はビールビンを頭や額の上に乗せて踊る。[26]」さらに、輪になって手をパチパチたたきながら踊る patsh tants

も行われた[27]。しかしここで特に言及すべきものは伝統的な踊りのいくつかだ。花嫁の mitswe 踊りは夜通し続くほどの長いものになることがあった。花嫁は両家のどの男性とも踊る義務があるが直接的に肌を触れてはならない。これは一方の家族からの別れともう一方の家族への受け入れを象徴している[28]。また broyges tants は特別な出し物で、二人の義理の母親が中心で踊る。これは二人のいさかいと最終的な和解をテーマにしたものだ[29]。

さらに時が経って最後のクライマックスは結婚の贈り物の授与と披露、droshe geshank[30]。儀式の元締め（badchn）はここで粗野で皮肉たっぷりのコメントを述べて『高貴な』送り主を褒めたたえる[31]。楽士はここでは脇役だ。彼らは祝宴の最後に、最後のダンス曲、dobranoc 曲の A gute nacht（おやすみなさい）や、Es togt schojn（もう夜が白み始めた）で再び活躍することになる。このフィナーレの曲では例外的に歌も歌われた。どの楽隊もこの最後の活躍の場で独自のテーマ曲を演奏し宴を締めくくることが重要であった[32]。

以上のことで klezmorim が単に、結婚式の定められた慣習に従って音楽を演奏したのではないこと、つまり東方ユダヤのならわしの純粋な実行者としてのみ見なされるのではないことは明らかになったと思う。彼らは要求されたものを単に演奏したのではなく、儀式音楽という狭い意味からも離れて、何世紀もの間に自らで役割を発展させて慣習の中に組み入れることで結婚式の進行を決めてきたのだった。特に重要な客人へのあいさつの場面や義理の両親（花婿の両親）を見送る場面の演奏にその点が見られる。貧しい社会的地位（shnorrer）を背景に持つ彼らにとって、結婚式は労働を自らで創り出す機会だったといえる。なぜなら共同体はこの日には必ず新郎新婦を幸福にする責任があったからだ。

【参考文献とCD目録】
〔書籍〕
・Rita Ottens/Joel Rubin：Klezmer-Musik, Kassel 1999.［詳細な用語解説付］
・Henry Sapoznik：Klezmer! Jewish Music from Old World to Our World, New York 1999.［用語解説］
〔CD〕
・Khevrisa：European Klezmer Music, Smithsonian Folkways Recordings, Washington 2000.［詳細な解説書と用語解説付］
・Yikhes（Lineage, Stammbaum）：Early Klezmer Recordings 1911-1939 from the collection of Prof. Martin Schwartz, Trikont, Muenchen 1995.［Ottens/Rubin による詳細な解説書付］
・Sulam：Klezmer Music from TelAviv, Wergo, Mainz 1992.［詳細な解説書付］
・The Soul of Klezmer（2CDs）発売元 Zweitausendeins, Frankfurt/M. 1998.
・Klezmer Plus! Flying Fish Records, Chicago 1991.

（1）Rita Ottens/Joel Rubin：Klezmer-Musik, Kassel 1999, S. 23f.
（2）Ottens/Rubin, S. 40.
（3）標準ドイツ語では Kapelle.
（4）Ottens/Rubin, S. 129.
（5）Ottens/Rubin, S. 101.
（6）古代ギリシャ時代にユダヤ人が迫害から救われた記念：旧約聖書エステル書を参照。しかしエステル書は史実に基づいたものではないとされている。
（7）紀元前一六五年のエルサレム宮殿奪回を記念する灯明祭。

（8）ハシディズムにおける舞踏と音楽の特別な役割については Ottens/Rubin, S. 76-78 を参照。

（9）Ottens/Rubin, S. 142.

（10）標準ドイツ語では Vorspiel.

（11）Ottens/Rubin, S. 144-146 を参照。

（12）dobrinoc＝ロシア語／ポーランド語で「おやすみなさい」。

（13）Ottens/Rubin, S. 146.

（14）chosn＝新郎、mol＝標準ドイツ語で Mahl（食事）。

（15）Khevrisa : European Klezmer Music の解説書 S. 20f. と No. 10 の曲を参照。

（16）Henry Sapoznik : Klezmer! Jewish Music from Old World to Our World, New York 1999, S. 15f.
標準ドイツ語のテキストは以下のとおり。
Oh Braut weine Braut weine.
Du darfst bald zum Traubaldachin gehen.
Und deine Mutter liegt in der Erde.
und kann nicht bei dir sein.
(kann dir nicht beistehn).

（17）Ottens, S. 150f 章題「新郎新婦の神聖化」をまとめたもの。

（18）nign, 複数形は nigunim＝旋律、メロディー。

（19）標準ドイツ語では das Gezahlte＝賃金。

（20）「おめでとう」＋ロシア語／ポーランド語の「こんにちは」。

（21）標準ドイツ語のテキストは以下のとおり。
Ein schoenes und feines Vivat soll zur Ehre des Herrn Finkelschtejn aus Brest-Litowsk aufgespielt werden!

Ottens/Rubin, S152 を引用、曲例としてCD Yikhes No. 6.

(22) CD Khevrisa の用語解説 S. 27 を参照。

(23) 曲例　Fihren die Mechutonim aheim, Naftule Brandwein/Abe Schwartz, CD The Soul of Klezmer, 二枚目 No. 14.

(24) あいさつの音楽とテーブル音楽は同時に演奏されることもあった。舞踏曲への支払いについてはOttens/Rubin, S. 127 を参照。

(25) 伝統的なユダヤの舞踏についてはSapoznik, S. 299-302 を参照。

(26) CD Sulam 解説書 S. 24, 曲例　No. 11.

(27) Henry Sapoznik, S. 9f.

(28) Ottens/Rubin, S. 153f. さらなる詳細について。

(29) Sapoznik, S. 9f.

(30) droshe はもともとは贈り物の授与に先だって述べられる花婿の言葉。Ottens/Rubin, S. 152 を参照。

(31) Ottens/Rubin, S. 152.

(32) 最後の曲に関してはOttens/Rubin, S. 154f. 及びSapoznik, S. 9f.「signature tunes」を参照。

マルク・シャガール
――シュテトルに育まれた絵画

伏谷幸子

はじめに

十五歳の若さに運命の恵みが加わって、アウシュヴィッツの死の世界から生還できたエリ・ヴィーゼルは、生きのびた者の「証言」として、「夜」（一九五八年）を出版し、その後も、人間の言葉は貧弱すぎて「仮借ない、筆舌に尽くしがたい」強制収容所の「真実」を表現できないと、言葉の限界に苦しみながら「証言」を書き続け、一九八六年、ノーベル平和賞を受賞した。その彼は『死者の歌』（一九六六年）の中で、次のような悲痛な告発を行なっている。「芸術は起こった出来事から霊感を汲み取ってしかるべきであったろうに、絵画を別として、芸術はこれらの出来事とほとんど本質的な関係を有していなかった。」この告発の鋒先から「絵画」をはずした時に、エリ・ヴィーゼルが思いうかべていたのは、シャガールだったかもしれない。シャガールは二十世紀に起こった惨劇に真正面から対峙し、動揺し、不安と悲しみに苛まれながら、人間の悲劇を描いた。しかし彼は人間の悲劇だけでなく、人間の愛と喜びも描いた。人間だけでなく地上に生きる動物と花の楽しさと美しさを、滑稽なユーモアを漂わせて描いた。激動の歴史に弄ばれた人間の悲惨と本質的に関わりながらも、地上に生きる生物の命の輝きと愛の喜びを描き続けたことで、シャガールは二十世紀の芸術家の中で、稀有な存在である。人間の闇を見据えながらも、老年に至るまで生きる喜びに関心を抱き続けられたのはなぜだろう？　彼の創造の根は、どこから養分を吸いあげていたのだろう？

一九一〇年、二十三歳でパリに出た彼が発見したものは、光と色彩だけではなかった。故郷を発見したのである。芸術のあらゆる分野で新しい探求が躍動していたパリで衝撃を受けた彼は、その時に、自分の存在の基盤を形成した故郷の文化の豊かさと独自性に気づいたのである。それまでは「奇怪な町、不幸な町、退屈な町」[1]でしかなかったヴィテブスクは、彼の絵の主題へと変容し、さらに人間の生の営まれる普遍的な空間へと昇華していく。パリ到着の一年後から、『私と村』（一九一一年）、『ロシアとロバとその他の物に』（一九一二年）、『ヴィテブスクの上に』（一九一四年）などの素晴らしい作品が次々と生まれた。一九一四年妹の結婚式のため故郷に帰ったシャガールは、第一次世界大戦勃発によりパリに戻れなくなったこともあって、故郷に滞在し、目に映る故郷のすべて、家族や共同体のユダヤ人、町並みを沢山描いている。「私が再び見いだしたのは、私だけの町、私のものだ。私はこみあげる思いとともにここに帰ってきた。」[2]この言葉の背後には、故郷を再発見した喜びと共に、四年にわたるフランス滞在で、「他者」として生きざるをえなかった者の想いがある。

しかし正確に言えばロシアにいても、ユダヤ人として生まれたシャガールは、「他者」であった。一九一七年のロシア革命にユダヤ人が積極的に参加したのは、それまで法律上で差別され、社会的にもポグロムで虐殺の恐怖を味わってきたユダヤ人が、ロシア人と同じ権利を持つ市民になれるからだった。シャガールはヴィテブスクの芸術人民委員として、またヴィテブスク芸術学校の校長として、芸術振興に心血を注いだ。にもかかわらず、やがて、革命の前途に失望し、妻ベラ（一九一五年結婚）と娘のイダを連れ、一九二二年、三十五歳で永久にソ連を去る。

ソ連で芸術人民委員をしたという理由で、申請したフランス市民権を拒否された時、彼は何を感じ、何を考えたろう？　帰属する共同体が無いという事実、自分の居場所が無いという事実に、迫り来るヒトラーの脅威が加わった。一九三三年以来、日増しに強くなったナチスの勢力により、彼の作品は、ユダヤ人画家のものという理由で、マンハイムで焼却された。一度は拒否された市民権を、作家ジャン・ポーランの仲介で、ようやく手にしたシャガールは（一九三七年）、四年後には迫害を逃れて、アメリカに亡命せざるを得なかった。しかも、「反ユダヤ法」（一九四一年成立）のために、フランス国籍は剝奪され、マルセイユで逮捕されてもいる。どこにいても彼は他者であった。そしてまた、「他者」ゆえに、彼の成功はもたらされたのである。

ソ連を去ってから五十一年間、彼は故国を訪れることが出来なかった。一九七三年、ソ連の文化大臣フェルツェバ女史に招かれて、モスクワのトレチャコフ美術館を訪れたのは、彼が百点近い作品（リトグラフ）を寄贈したためである。彼は八十六歳になっていた。五十一年ぶりに妹達とも会った。しかし忘れることのない、懐かしい故郷は訪れなかった。「私の町が分からなくなっているのではないかと、心配でならなかったのです。私はそれを心の中で永遠に運び去ったのでした。」[3]彼が再発見した故郷、彼の芸術の土壌となった故郷、それなのに頑固に再訪を拒んだ故郷とは何か？　それをここで考えて見たい。

一　シュテトル

マルク・シャガール（モイセイ・サハロヴィチ・シャガール）は一八八七年、七月六日[4]にロシアのヴィテブスク郊外（今のベラルーシ）で、貧しいユダヤ人の家庭に、九人兄弟姉妹[5]の長男として生まれた。ヴィテブスクはイディッシュ語でシュテトルと呼ばれる東欧ユダヤ人の町である。「シュテトル」（Shtetl）は「シュトット」（shtot）

（町）の縮小詞で、本来は「市のたつ小さな町」という意味、千人か二千人程度の町である。だがヴィテブスクは、小さな町ではない。シャガール十歳の時、ヴィテブスクには六万五千三七一人が住み、そのうちユダヤ人は三万九千五二〇人だった。(6) 従って「シュテトル」の意味は、「小さな町」から「ユダヤ人雑居都市」まで幅があると考えられる。当時ヴィテブスクには、住民の半数以上のユダヤ人が住んでいた。だから物理的にも精神的にもゲットーは存在せず、ユダヤ人は町のどこにでも自由に行けた。ドヴィーナ川をはさんで広がる、活気あふれる町には、幾つものシナゴーグ（ヘブライ語で「集会の家」の意味。祈りの場だけでなく、ユダヤ人の社交の場、文化的活動の中心となる会堂）、礼拝堂、子供達の沢山の学校、ラビ（ユダヤ教の教師）の養成所、ユダヤ人病院があった。十世紀以前から存在したこの町にユダヤ人が来たのは、十五世紀頃で、それ以来商業都市として重要な役割を演じ、そこには貧しいユダヤ人も多数いたが、裕福な商人も沢山いた。シャガールの恋人となり、妻となり、生涯愛の対象となったベラ・ローゼンフェルトの生家も、三軒の宝石店を持つ富豪だった。ところが一九四一年六月、ナチスドイツはソ連に侵攻、激戦の末ヴィテヴスクは占領された。町の九三％は破壊され、ユダヤ人は強制収容所に連行され、徹底的に虐殺された。亡命地アメリカに六月二十三日到着したシャガールは、それが故郷の戦火に塗れた日と同じだったことに、強い衝撃を受けている。戦後二十八年経って、八十六歳のシャガールがソ連を再訪した時、ヴィテブスクの街路名は変わり、シナゴーグは無く、イディッシュ語を読み書き出来るユダヤ人はいなかった。(7) シュテトルの文化は壊滅していたのだ。自分を育んだ文化がもはや地上に無いことを知っていたので、心の中のヴィテブスクを守るために、彼は故郷の再訪を拒んだのだろう。

シュテトルはそこに住んでいたユダヤ人と、彼等の文化と共に破壊された。(8) 根こそぎになくなった東欧シュテトルの文化は、今では書物を通して知るしかない。第二次世界大戦勃発の一九三九年までに、東欧ユダヤ人は七百万人を超えていた。彼等は西はポーランド、東はロシア、北はラトヴィア、南はルーマニアまでの広大な地域に、シュテトルを単位として生活していた。シュテトルはキリスト教国に囲まれた、大海の中の小さな島のような存在だった。一時的には友好関係を持つこともあったが、多くは敵意に囲まれ、法律上でも、経済上でも、シュテトルの外の世界と切り離せない関係にあった。

シャガールの生い立ちで見ると、ヴィテブスクの住人の半数以上がユダヤ人であったにもかかわらず、彼等は市民としての権利を剝奪されていた。完全参政権は無く、居住、旅行、職業は制限されていた。ヘデル（ユダヤ人の子供のための宗教学校）でヘブライ語と聖書を学んだ後（七歳から十三歳）、彼をロシア公立中学校で学ばせるために、彼の母は苦しい家計から捻出した賄賂、五十ルーブルを、先生に手渡さねばならなかった。ユダヤ人の子供には公立学校は禁じられていたのだ。二十歳でペテルブルグへ絵の勉強に行く時は、居住制限のため、ある法律家の雇人になる手続をしなければならなかった。旅行許可書を忘れたために、ペテルブルグで逮捕され、投獄されたこともあった。故国にいても、彼は「他者」の刻印を受けていたのである。

ユダヤ人はいつの時代も他者の文化の中で生きたので、居住した地域、その国の文明により、それぞれのシュテトルの内実は実に多様である。ひとつとして同じシュテトルは無い。しかし東欧シュテトル全体を通して共通の、本質的にユダヤ的特質がある。その第一は、シュテトルの核が宗教にあったこと。その第二は、シュテトルでは主に二つの言語、ヘブライ語とイディッシュ語が使われたことである。シュテトル共通のこの二つの特質は、シャガールの絵画にどのような影響を及ぼしているだろう？　ここではまず、第二の特色、言語についての考察から始めたい。

二　イディッシュ語と民話とシャガール

シュテトルでは宗教と仕事上の取引はヘブライ語、日常生活はイディッシュ語で行われた。イディッシュ語は命と財産を脅かされた長い年月の経験の中で培われ、豊かになった言語である。「ユダヤ人は無力であるがゆえに、言葉の力に頼らざるを得なかった。ハムレットが心の重荷を言葉で吐きだしたように。東欧ユダヤ人は強力な隣人に囲まれ、脅威に晒されて生きたがために、心の重荷を語る言葉は微妙な陰影を帯び、含蓄のある豊かなものとなった。[9]」彼等は言葉によって啓示を得、言葉によって苦難の歴史と知恵を子供に伝え、言葉によって冷厳な事実を認識し、言葉によって笑い、慰められた。シュテトルの生活で、言葉の果たした役割は重く深い。

シュテトルでは生活のあらゆる機会に、物語が語られた。学校とシナゴーグで語られる神や予言者の話に始まって、祝祭の後では祝祭の意味が、結婚式では情話が語られた。長く寒い冬の夜は、炉端で子供達に魔法や奇蹟の話が語られた。たまに来るサーカス以外に楽しみの少ない生活で、人々は物語を語ること、物語を聞くことに喜びを見出していた。一九三八年までに、ユダヤ科学研究所が採録した民間伝承は、十万点以上にのぼる。これらの民話を通して、今は存在しないシュテトルの文化を垣間見ることができる。

子供時代全般にわたり、あらゆる機会に耳にした豊饒な民話の世界は、魂の深い所で、シャガールに大きな力を及ぼしたと思われる。当然のことだが、それぞれの民話が短絡的に彼の絵に影響したとは言い難い。もっと本質的な点、つまり民話は、現実認識の在り方を教えた。民話に見られるユーモアとシャガールの道化の精神について考えてみよう。

イディッシュの民話には、悪戯者、謎を解く者、機知のある者、失敗ばかりする者、賢い者の話が非常に多い。シュテトルでは祝祭や家族の集まりで、人々はおかしな話を競い合った。珍談、奇談、笑い話に法螺話、間抜け話を大人達は楽しんで語り、子供達はそれを聞くのが大好きだった。夜の更けるのを忘れて語り、笑いあった。「笑いは有益です。医者たちは笑う事を勧めています。」と『屋根の上のヴァイオリン弾き』の作者シャロム・アレイヘムは言う。笑うことで過酷な現実を忘れ、それに耐える強靭な精神を培ったのかもしれない。特に、ヘルムの住人達の話は有名だ。間抜けなヘルムの住人は、聖書を読めば必ず間違って解釈し、自然の法則まで誤解する。日時計を作ると、濡れないように屋根を作る類いの失敗をする。彼等の愚かな振る舞いは、言葉豊かに語られた。シャガールの描く、とぼけてユーモアのある表情の御者、床屋、農夫に兵士、サーカスの芸人には、こうした民話の世界に通じる滑稽さがある。人間も含めて自然や生き物に、おかしな面を見出だすユーモアが彼のうちに培われた。シュテトルには牛や山羊、鶏や豚が沢山いて、子供時代の仲間だった。人間や動物の滑稽な所作を、シャガールのユーモアの精神は見逃さず、それこそが生きる幸せの表現となった。思わず笑いをさそう滑稽で奇想天外な生き物の姿に、生きる喜びは表現された。陽気な機知が見出した命の輝きを表現するために、色彩は奔放で微妙に明るく、不思議な深さと輝きを帯びた。

イディッシュの民話のおかしさは、語り口にもある。たとえば道徳的な教えを目的として、動物や抽象概念が擬人化された話。「知恵」が何年かけても出来なかった事を、「ツキ」が一瞬にして成し遂げるどんでん返しの話では、悲惨な貧困生活が語られる。内容そのものは、冷厳な現実。それを語る口調は滑稽。冷酷な事実をおどけて語り、笑いを引き出す民話には、苛酷な現実に打ちのめされない精神のしなやかさがある。「涙をながしている最中に笑えるというシャガールの驚くべき才能」(10)は、不条理な現実をおどけて語る民話に通じるものがある。彼の絵では、逃げ惑う人々、炎上する村など戦争の光景にも、ユーモアに通じる救いが暗示されている。

悪戯も笑いに繋がる緩衝材である。シュテトルの民話には、妖精や悪鬼の悪戯を語るものも多い。悪戯好きだが親切な小人や妖精が、家人の寝静まった夜中に隠れて、素晴らしい靴を縫い上げたり、洋服を仕立てたりする。乳のでない牛を乳が出るようにしたり、その反対の悪戯もする。シャガールも悪戯好きだ。彼は悪戯っぽく、さまざまなイメージを隠す。恋人達は花束に隠され、動物は絵の隅や空に隠される。「私は絵に愛を隠した。」と彼は詩に書いた。[11] しかしこの「隠す」発想は、もっと深く、「隠れた存在」を絶えず意識したハシディスムと関わりがあるのかもしれない。この点は後で考察するとして、豊かな民話を織り成したイディッシュ語のシャガールにおける影響について、次に考えてみたい。

シャガールは言葉に敏感で、若い頃から詩を書いた。パリでは「詩人」と呼ばれ、その生涯を通して友人には詩人が多かった。「シャガールの想像力の本質に詩的性格があったからだろう。」[12] 彼は詩を書くようにイディッシュ語で絵を描いた。イディッシュの慣用表現が視覚化された。「誠心誠意、見事に物事を行う」をイディッシュ語で「七本指で」と言うことを知れば、『七本指の自画像』の意味は明瞭になる。非常に嬉しい気持ちは、「空中に舞い上がる」なら、空中を飛翔する恋人達はよく分かる。[13] 深く心を動かされると「私の体が逆様になった」と言うなら、『詩人、三時半』の逆様な頭は、詩人の感動を表している。祈りの後の快感を「緑になった」と言うなら、『緑のユダヤ人』や『ヴァイオリン弾き』の緑の顔は不思議でない。[14] 危険な時、興奮した時、すべてから逃れたい時に屋根に登る習慣があるなら、[15] ヴァイオリン弾きが屋根の上にいてもおかしくない。眠気を催すと「頭が飛ぶ」と言うなら、空中を飛ぶ頭は非現実的でない。[16]

シャガールにあっては、言葉とイメージが人格の深い所でひとつの核に結びつき、詩と絵は同じ肥沃な土壌から生まれて来る。彼の次の言葉はそれを物語っている。

「私は反論理的な表現を好んだ。……非論理的な造形への意志を私は持っていたのだ。……非論理性が人を真理に近づける。人生は人を笑わせもすれば泣かせもする。だからすでに精神的な意味と存在を持っているさまざまな要素を並置するのはよいことだ。私はこれらの諸要素を構成のために結びつけたのである。私の作品には文学的主題の影響もなければ、象徴的意味もない。あるのは諸要素の結合である。」(17)

「精神的な意味」を持つ「要素」を並置し、結合して出来る画と、詩的な意味を持つ「言葉」を並置し、結合して出来る詩とは同じである。認識した現実を言葉で表現するか、色彩と形体で表現するかの違いだけである。彼は自らの絵を文学的、又は象徴的に解釈されることを拒む。彼にとって、絵画は現実の再現でもなく、解釈でもなかった。絵画は、魂の捉えた現実の喚起であった。喚起する力を担うものが、「要素」の「結合」だった。それでは「要素」の持つ「精神的な意味と存在」とは何だろう？　これらの「要素」つまりイメージは、ヴィテブスクの記憶から喚起されている。「要素」は、彼が慣れ親しんだシュテトルの日常生活を構成していた物だ。たとえばモイシェ・クルバクの小説『月曜日』に描かれた、シュテトルの家を見てみよう。

「灰色のむきだしの真四角な家。内側の壁には古い時計が掛かっていた。……古い油布の敷かれたテーブルが、部屋を占領していた。テーブルの上には、一匹のニシンが角の欠けた細い皿にのっていた。骨と皮ばかりのニシン。ニシンの隣で、安息日用のローソク立てに、一本のローソクが燃えていた。」(18)

この家のすべてが、彼の要素となっている。

まずは柱時計。柱時計は宗教中心のユダヤ人の生活では必需品だった。

「実際時計のないユダヤ人の生活なんて考えられるだろうか？　きっかりと時間を合わせなければならないことが山ほどあるんだからな。この時計の知らせで夜半と朝の祈禱を上げ、……つまり宗教上の儀式に関することは、みんな僕の家の時計に従ってやったわけだ。[19]」

次にニシン。貧しい庶民が一切れのニシンを食べる描写は、民話の至る所に見出される。「一切れのニシン、少量の塩、わずかのパン」という民話では、金持ちの大勢住んでいる街では宝石を、住民が貧しく暮らす町ではニシンを売った賢い男が、「相手を見て講話せよ」という命題の例え話として語られている。ニシンはシュテトルの日常食だ。しかし彼の父がニシン倉庫の労働者だったことを考えると、個人的な想いも込められていると思う。昼間ニシンを運び、夜には疲労困憊して居眠りをする父の姿が、『わが回想』に描かれている。「地獄のような仕事、囚人の仕事。……どんないいまわしをしたって、父の運命を和らげることはできないだろう。[20]」ニシンのイメージには、庶民の生活と重ねて、すべてが謎で悲しみに思えた父の影像がこめられていないだろうか。

日本でも昔そうであったように、シュテトルでは、子供達は人生のすべてを目にした。出産、結婚、死、埋葬のすべてを、彼は絵に描いた。シュテトルでは生活の重要な出来事、祭りと儀式には、必ず歌とヴァイオリンが伴った。特に結婚式にヴァイオリンは欠かせなかった。シャロム・アレイヘムは結婚式を渡り歩く天才的なヴァイオリニスト、ステンペニュを主人公にした小説『ステンペニュ』の中で、「ヴァイオリンはユダヤ人の心だ。[21]」と書いている。結婚式につきもののこの放浪楽士はクレズマーと呼ばれ、十九世紀末には東欧に三千人ほどいたと言う。そのヴァイオリンの響きは、放浪の旅で覚えたさまざまな土地のメロディーが織り込まれ、ユダヤ人の苦難の歴史が地層のように重なって、憂愁をおびている。喜びの結婚式で、人々はステンペニュのヴァイオリンの音を聞き、それぞれの悩みと苦労を思い、涙する。心の深奥からの叫びをヴァイオリンは涙ながらに語るのだ、とシャロム・アレイヘムは書いた。ヴァイオリンにも、シャガールの個人的な想いが担わされている。彼の叔父も彼自身もヴァイオリンを弾いた。『わが回想』の忘れ難い情景では、屠殺業者の祖父を手伝って牛を屠殺した夜、叔父がヴァイオリンを弾く。その音に聞き入り、夜の闇を見つめる祖父を眺めてシャガールは、祖父の考えていることを理解できるのは、レンブラントだけだと語る。シャガール自身、ヴァイオリニストになろうと思った時もあった。

これらの諸要素はシュテトルの生活を暗示し、さらに、それぞれの絵の中で、その意味は広がりと深さを帯びる。柱時計は宗教中心のユダヤ人の生活から、もっと大きな時の流れ、歴史の運行、運命の歩みを象徴する。すべては移り行く地上の存在のはかなさを意味するかもしれない。ヴァイオリンは人生の喜びの、或いは悲しみの伴奏者であるが、アレイヘムの小説の主人公、ステンペニュのように、心の苦しみを昇華し、不条理な現実を超越する芸術の暗喩となる場合もある。シャガールには明確な象徴体系は無く、それぞれの絵の中で置かれた「要素」は結合して、音楽のように重奏的で普遍的な意味を醸し出す。そのための絵の構成は実に緻密である。

ローソク、柱時計、ニシン、ヴァイオリン、花と動物達、ヴィテブスクの家並み、トーラーの巻き物、旧約聖書の予言者達と天使（ペテルブルグの画学生だったある夜、天使の来訪があったことが、『わが回想』に述べられている。予言者同様、天使も彼にとって実在感があった。）これらのイメージはいずれも故郷の、さらに人間の生活を喚起する「要素」でありながら、重力から解き放たれ、空を飛んでいる。それはシャガールの発明ではなく、彼を育んだシュテトルに浸透していたハシディスムの伝統的な表現方法である。（シャロム・アレイヘムの作品、シャガールの回想録、およびベラの回想録に空を飛ぶ表現が現れる）それに加えて、シャガール個人の自由への憧れもあった。パリに来て彼の裸体画が、それまでのためらいがちな筆使いから、官能的になったことからもわかるように、パリで彼は解放された。シュテトルを縛り付けてきたユダヤ教と伝統から解放され、ロシアの、ソ連の政治からも自由になった。しかし人は更なる自由を希求する。創造の根をシュテトルに持ちながら、ユダヤの画家と呼ばれることを嫌ったシャガールの複雑な心理。ハシディスムに影響されたにもかかわらず、系統だった宗教に反発した言動。生活のための金銭への執着。これらのすべてから解き放たれたいという真の自由への憧れは強かった。

三　愛と花束

シャガールがベラと自分の全作品を携えてアメリカに上陸したその日、ナチスドイツはソ連に侵攻した。砲火を浴び、破壊される故郷とそこに住む人々、その文化を、自分が確かに生き、経験した日々として記録に残そうとしたのか、ベラは回想録を書いている。それも長いこと使っていないイディッシュ語で。『灯』、『最初の出会い』の二冊は、三十年近い異国での生活の後とは思えない、まるで昨日のお祭りを心楽しく語る少女の話のように、躍動感に溢れている。子供の頃のシュテトルの生活、父や母、兄達（彼女は七人兄弟の末っ子だった）、お祭り、そしてシャガールとの出会いを語るみずみずしい感性は、この女性の詩情豊かな才能を物語る。ヴィテブスクの国立アレクセイェフスキー高等学校を最優秀で卒業したこと、金メダルとモスクワへの進学という特典を与えられたこと、モスクワの名門女子大学で文学士号を取り（一九一四年）、さらに女優志願でスタニスラフスキー演劇学校にも通ったことなど、シャガールの妻となる以前の彼女を彷彿とさせる。この聡明で控え目な女性は妻として、彼の芸術に尽くした。四十九歳で命を終えるまで、彼の創造源である故郷を喚起する役割を演じた。

しかし彼女は霊感源であると同時に、良き理解者、鋭い批評家でもあった。家事万端をこなし、有能なマネジャーでもあった。最愛の妻であり、さらに母のごとき保護者でもあった。絵の中のベラは、美しい、ふかぶかとした黒い瞳で彼を見つめている。そうでなければ、しっかりと抱き合った恋人となっている。どの恋人達もよく見ると、男性が女性を護ろうとすると同じく、女性も男性を外界から護ろうとしている。彼にとってベラがそうであったように。恋人達の傍らには、雄鶏がいる。恋人達を過酷な現実から護る愛の守護神として、力強く。

恋人達には必ず花束が添えられた。「私は貧しく、私の側には花などなかった。ベラが初めて私に花を持ってきてくれた。」[22]誕生日のお祝いに花を摘んできた時から、ベラは花を摘み、アトリエに飾り、そこで彼は花の美しさに目覚めていく。花々の魔法のような色彩を理解しようとし、表現不可能なものを表現しようとして、彼の感性は研ぎ澄まされていく。同時に花の持つ意味に目を開かれていった。「私にとって花は人生の至福を意味するものだ。人は花なしで生きる事は出来ない。」[23]彼はまたこうも言っている。「私にとって聖書を描く事は花束を描く事に似ている。」[24]この発言を逆にすると、花束を描くことは聖書を描く事に匹敵する。彼にとって聖書が宗教の書ではなく、人間とは何かを瞑想する思索の書であったことを考えると、花束は抽象的な精神の世界を象徴するものとなる。恋人達の官能的な抱擁に添えられた花束は、愛が「人生の至福」であり、愛を通して人は地上の有限な存在から、天上の無限の極みまで高められるという神秘を暗示するイメージとなった。欲望を宿す肉体に支配される恋人達は、花束により、その愛を祝福され、魂の神秘へ導かれている。

シャガールの芸術だけでなく、存在のすべてを支えたベラは、アメリカ亡命の三年後、二冊のみずみずしい回想録を書きあげた数日後、突然病いで亡くなった（一九四四年）。粉々に打ち砕かれ、喪失の痛手で創作意欲を全く失い、一年近く絵の描けなくなった彼を立ち直らせたのは、フランス生まれのイギリス人女性、ヴァージニア・ハガード・マクニールとの愛である。彼女はダヴィッドという息子を生むが、七年後彼のもとを去る。失意の彼を再起させたのは、ヴァランティーナ・ブロドスキー（ヴァヴァ）との愛だった。彼の生涯は女性への愛、女性からの愛を、生きる原動力としていた。はじめに母の逞しい、惜しみない愛があった。労働で疲れきり居眠りする父のかたわらで、小さな食料雑貨店を経営して家計を補った母は、繊細で感受性の鋭い女性であった母は、言葉を巧みに使い、微笑みながら、長男の彼にさまざまな物語をした。宇宙の神秘について語った。ベラの愛も母のような、自己犠牲の愛だった。自分を見出して生きたいという自己実現の願望を押さえて、ベラも愛の力で彼を支えた。彼が人間の悲劇を描きながら、しかも、本質的に明るく人生を肯定したのは、生まれ育ったシュテトルの文化の影響があるものの、惜しみない母の愛を始めとして、優れた女性達の「母のような」愛の力が大きかったことは、見逃せない。

四　ハシディスムと旧約聖書

一九六九年、フランスのド・ゴール大統領と当時の文化大臣アンドレ・マルローの発案により着工された「国立マルク・シャガール聖書の言葉美術館」の巻頭言で、「まだほんの子供の頃からわたしは聖書に夢中でした。わたしにはそれがいつの時代にも一番大事な詩の源泉のように思えたし、今もそう思うのです」と、シャガールは述べている。彼にとって聖書は宗教の書ではなく、人生と芸術を考える思索の書であった。しかしその成長過程で冷静に精神的、美学的に聖書を理解するようになったとは言え、子供の時から「聖書に夢中」になる環境に育ったということは、彼の絵の本質的な部分を決定している。すなわち、とりもなおさずそれこそが、東欧シュテトルに共通の第一の特質、共同体の核に宗教が存在した、ことによるものだったから。そこで次に、このシュテトル第一の特質がシャガールに及ぼした影響について考えてみる。

シュテトルの生活は習慣、慣習、伝統のすべてにおいて、ユダヤ教に支配されていた。その基盤には、旧約聖書の時代に溯る歴史意識が流れていた。タルムード（旧約聖書をどう解釈するかという宗教的法典）が、彼等の意識の焦点であった。ユダ王国崩壊によりエルサレムを追われたユダヤ人が、紀元前六世紀から二十世紀まで、広大な地域、多様な文化の中で、ばらばらに生きたにもかかわらずひとつの民族として存続できたのは、旧約聖書とタルムードを持っていたからである。学校を建て、子供たちに聖書とタルムードを教えることで、世代から世代へユダヤ人独特の思想を伝え、独特の思考を訓練した。タルムードは学校で教えられるばかりでなく、説教師は説教の中で、親は子に語って聞かせた。タルムードはユダヤ人の生活で、「物語を語る」という基本的な役割を演じ、ユダヤ人の文化の創造、活力の源泉となった。

シャガールはヘデル（宗教小学校）で、聖書とタルムードをヘブライ語で学んだ。しかし彼が「幼い頃から聖書の虜になった」と述べた時、それは学校で学んだヘブライ語の聖書ではなく、寝転んでも読める、当時流行のイディッシュ語の聖書だったと思われる。

十六世紀に、ヤコブ・ベン・イツハク・アシュケナジ（別名、イツハク・ベン・ソロモン・ルリア）によって、イディッシュ語の聖書『ツェネ・レネ』が書かれてから、それはドイツで印刷されたにもかかわらず、急速に東欧全体にひろがった。本来は女性のために書かれたのだが、（女の子は学校に行かせなかったので、ヘブライ語が読めなかった。）アシュケナジが聖書の物語を、様々な聖書注釈書から借りてきた逸話や解釈、説明を織り込んで面白く書き直していたために、男性のあいだでも人気を博した。イディッシュ語で書かれたこの聖書は、シュテトルの女性達の精神的な基盤となり、現在までに二百十版を重ねている。表現豊かなイディッシュ語の言葉の魔力に魅せられて、シャガールは聖書に登場する予言者達の運命に思いを馳せ、天地創造の神秘にうたれ、想像力を培っていったと思われる。予言者達は実在の人物とほとんど同じように彼の生活の中で息づき、霊感を授けてくれる詩人となった。旧約聖書は彼にとって重要な源となり、その頂点を極めたのが、ニースに建設された「聖書の言葉美術館」の大きな十七点の大作である。これについては後で述べたい。

シュテトルの生活の中心はシナゴーグと家庭と市場だった。「来る日も来る日も、冬でも夏でも、父は朝六時に起床してユダヤ教教会堂へ行った。」[25]とシャガールは回想している。家父長制のため、家庭の中心は父親だった。シャガールの父も、ベラの父も、熱心な信者だった。祈りが彼等の生活の中心を占め、生活の隅々にまで、神の神秘をみる強い宗教的雰囲気があった。ヴィテブスクでは、ハシディスムが優勢だったからである。

十八世紀初頭に起こった民間の神秘主義運動、ハシディスムによれば、神は万物に内在する。その昔、世界はひとつだったが、あまりに豊かな神の愛であふれたために、無数の破片に飛び散った。人間も動物もすべてはその断片で、今も神の愛の閃きを内に秘めている。目には見えないが、どのような小さな所にも、神は居られる。神秘的なものが、外見のすぐ下に隠されている。隠された神を見出し、体験する驚きと喜びを説いたのが、ハシディスムの創始者、イスラエル・ベン・エリエゼル・バール・シェム・トヴ（一七〇〇—六〇）だった。バール・シェム・トヴとは、「よき名の師」という意味である。彼は、学問はいらない。敬虔でさえあれば神を体験できる、と説いた。「踊れ。神が見ている。歌え。神が聞いている。喜べ。神は人間の幸せを喜んでいる。心の底から祈れ」[26]。そうすれば神に近づけるから。彼により歌と踊りがユダヤ教に加わり、そうすることでユダヤ教は学者の該博な知識として終わらずに、民衆の生活の中心的活力となった。イスラエル・ベン・エリエゼルに学んだメナヘム・メンデルにより、ハシディスムはヴィテブスクにひろめられ、ハシェド派の本拠地となった。祈禱ショールに身を包み、壁に向かって祈りのリズムに体を揺らす父のもとで、シャガールは、祖父、叔父など敬虔な信者に囲まれて育った。彼は理論としてハシディスムを学んだのではなく、身近な人々との生活を通して、「喜びが美徳である」という感性、正統派ユダヤ教の持つ理性主義への不信、論理に対する反発、動物への深い共感などを身につけたのである。それは大きな感銘として、彼の内部に根を下ろし、認識の在り方を決定した。

ハシディスムの創始者、バール・シェム・トヴは民衆から愛され、奇蹟を行う超人的な指導者として、多くの民話に登場する。彼はさまざまな姿に身を隠し、災厄からユダヤ人を救済する。彼の偉業や、魔術的な離れ業により、傷つきやすいユダヤ人の共同体の苦境は解決される。彼および彼の弟子達の奇蹟を信じる精神は、楽観主義の土壌となった。予言者エリヤの民話についてもそうである。

旧約聖書の予言者エリヤは、ハシディスムの創始者バール・シェム・トヴと並んで、民衆から愛され、民話にしばしば登場する。エリヤもまた、乞食や行商人の姿を借りて旅をし、敬虔な信者や貧しい者に救いの手を差し延べる。病める者、絶望している者に、労りと慰めをもたらす。エリ・ヴィーゼルは子供の頃、エリヤが火の車を駆って空を飛び、生きたまま昇天する姿を探し求めたと、『死者の歌』の中で語っている。シャガールも同様の経験を述べている。復活祭の夜（キリストの復活ではなく、出エジプトを祝うユダヤ三大祭りのひとつ、過越の祭りのこと）、父に言われて戸口を開け、彼はエリヤの到来を待つ。エリヤの姿を青いビロードの空に探した後で、「でもどこにエリヤはいるのだろう。そして彼の白い二輪車は？　おそらくみすぼらしい老人の、腰の曲がった、背に袋を背負い、手には杖を持った乞食の姿をして庭の中にいるだろう。エリヤは家に入って来るだろうか？」(27)と彼は考える。

贖罪の予言者、エリヤは『ヴィテブスクの上に』では、袋を背負い、屋根を跨ぐ大きなユダヤ人として描かれている。イディッシュ語で、「家を訪れる」を「家を飛び越える」と表現することを知れば、絵は待たれたエリヤの来訪を語ると分かる。或いは「イディッシュ文学によく登場する『ルフトメンチュ』（空気人間または放浪者）を暗示している」(28)のかもしれない。空気人間は空中を歩いて、自分の力で敵に対処し、自分の道を切り開いていくと見なされていた。シャガールの絵に度々現れる「さまよえるユダヤ人」はその両方の意味を担っているのかもしれない。いずれにしても、当時シュテトルで絶えず見かけた乞食や行商人に、身をやつした超人や予言者エリヤによる救済の仄めかしを託すのは、シュテトルの凄まじい貧困生活者の存在を語ると同時に、どこかに明るさを湛えて、楽観主義を暗示するものとなっている。エリヤは晩年の作品『過越の祭り』(一九六八年)では、夜のヴィテブスクを飛ぶ大きな天使として描かれている。

何気ない外見の下に神秘が隠されているとするハシディスムの精神は彼に、乞食や行商人は聖なる者の隠された姿かもしれないとの想像力を授けた。さらに動物も人間も同じ神の愛を内に秘めた存在とみなす認識、同じように生まれ、生き、そして死ぬ、同じ運命に服す生命の共同体とみなす精神を授けた。

シャガール自身も、彼の芸術にハシディスムが重要な要素となったことを認めている。先に引用した彼の言葉、「私は反論理的な表現を好んだ。……非論理的な造形への意思を私は持っていたのだ」に表されているように、彼は合理的なものに不信感を抱いた。重力から解き放たれ、空を飛ぶイメージもそこから生まれた。直感を信じる彼は、直感的に隠れたものを見抜き、見えない本質を認識する力を持っていた。子供の頃から、彼は人間を含む地上の生命の、本質的に暗い部分を見抜いていた。

『わが回想』に、異様に強い印象を残す経験が語られている。シャガールの祖父はショヘットと呼ばれる屠殺業者だった。これはラビの定めた儀式的聖潔法にのっとって家畜を殺す職業で、ユダヤ教では、ショヘットに屠られた家畜以外の肉を食べる事は不浄として禁じられていたから、とても大切な仕事だった。毎日二、三頭の牛が殺された。子供のシャガールは縛られた牛の鼻を撫ぜて、「私は肉なんか食べないよ」と囁いた。「それ以上に何が出来たろう?」それなのにその後で、彼は肉を食べたくなる。「人々は容赦なく牛を殺した。私はすべてを赦した。」屠殺が必要な犠牲であることを、子供時代に彼はすでに理解していた。この忘れ難い屠殺の情景は、人生のさまざまな出来事を体験し、聖書を読み解く経験の中で、世界と人間の運命を暗示する主題となった。『皮を剝がれた牛』（一九四七年）が七十歳で描かれたという事は、子供時代から老年に至るまで、動物の屠殺の深い意味が彼の意識を去らなかった事を物語っている。皮を剝がれて真っ赤な血だらけの牛は、十字架にかけられたような形で、画面の中心にぶら下がり、桶にたまった自分の血をなめている。これと同じ構図を持つ『白い十字架』（一九三八年）は、十年前に描かれているが、その絵では、十字架にはキリストでなくユダヤ人の男がかけられている。十字架はヒトラー登場以前からシャガールの意識を占めており、一九一二年にすでに『ゴルゴダ、またはカルバリオの丘』に描かれていたが、ヒトラー登場後ははっきりと、ユダヤ人受難の表現となり、更に人類全体の苦難と苦悩の象徴となった。アメリカ亡命後、戦争の惨禍の光景に十字架は頻繁に描かれ、罪なき者の犠牲の暗喩となった。人間の生存と平和は他者の犠牲の上に成り立つという生命の仮借ない現実を、彼は見据えている。そこでは人間も動物も区別ない。同じである。

五　『ノアの箱舟』と『戦争』

このハシディスムの認識は、「聖書の言葉美術館」に収められた十七点の大作の一つ、『ノアの箱舟』に明瞭に表現されている。『聖書の言葉』の連作は、戦争が終わりパリに戻った七年後（一九五五年）から着手された。（アメリカでも「他者」であった彼は、結局、帰る場所としてフランスを選んだ。）ユダヤ人虐殺、シュテトルとその文化の抹殺、ベラの死という現実が彼の聖書の読みをますます深くし、人間と世界について論理的には理解不可能な神秘を、絵の中に表現したいという願望は強くなっていった。一方では一九六〇年代になって、キリスト教会のステンドグラス製作を頻繁に依頼されるようになり、(フランスのメッス大聖堂、ニューヨークのポカンティコ・ヒル聖堂、イギリスのチェチェスター大聖堂、チューリッヒのフラウミュンスター聖堂など)その製作に没頭しながらも、彼の内部にはいつもユダヤ人としての不安と困惑があった。(ヘブライ大学付属ハッサダ病院内のシナゴーグのステンドグラス製作には、キリスト教会での場合と別種の困惑、偶像の視覚化にたいする問題があった。)彼は「ユダヤ人画家」と呼ばれることに抵抗を示しながらも、キリスト教会ではなく、宗教的背景のない普遍的な精神の思索の場に、人間と世界についての絵を展示したいと、望むようになった。彼の願い、「人々が安らぎや精神性、宗教心、そして人生の意味を見出せるような」[29]「家」が欲しいという願望は、大きな十七点の油彩画をフランスに寄贈した後、長年の友であり、時の文化相であったアンドレ・マルローの援助により、一九七三年、「国立聖書の言葉美術館」として実現した。場所は彼が晩年をすごしたサン・ポール・ド・ヴァンスに近い、光溢れるニースだった。

子供の頃に虜となった聖書は、挿絵として、一九三〇年代に画商ヴォラールの依頼を受けグワッシュで描かれ、さらに一九五〇年代末、出版業者テリアドの注文で、カラーリトグラフで描かれているが、寄贈された十七点の大きな油彩画は、聖書の挿絵ではない。それぞれの絵は、聖書から霊感を受けて読み取った、世界の運命についての叡智を描いている。彼にとって聖書は人間の理解を超えた世界の神秘を語る書であり、その神秘に近づくためには、本質的に詩的でなければならなかった。そこで彼は特に「創世記」と「出エジプト記」のふたつに聖書を限定し、そこから選びぬいた物語を、時間的順序もなく、筋に束縛もされず、自分自身の哲学に従って描き、展示した。

この連作中、『ノアの箱舟』はこれまでの伝統的な発想に囚われない、思いもかけない手法で描かれた。箱舟の形は描かれず、内部だけが描かれたのである。絵の中央に窓があり、窓の外は深い青。窓を中心とする箱舟の内部全体も青である。ノアは右手で鳩を飛ばそうとし、左手は傍らの白い牝牛に触れている。牛は『皮を剝がれた牛』のあの牛。ゆがんだ窓を中心として、動物の群れと人間の群衆（子を抱く母親の群れ）がふたつの楕円となって交わり、その渦の中からヤコブの梯子が天に通じる門のように立っている。安堵の表情を浮かべた母達はいずれも胸に子を抱いて、微妙に変化する深い青と緑で表現され、ノアの顔も緑。シャガールにとって、青は神秘と幸せを表し、緑は知性と深い感動を表すという。黄色の雌鹿、桃色の女の腕、赤い山羊、白い馬、赤や黄の孔雀、それぞれの生き物から発する色彩は光のように、この青と緑の世界に躍動感を添えている。さらに牛の大きな瞳が見つめる窓の上には、天上からの償いの光が白く輝き、牛の白と呼応し、静かな調和を醸し出す。ここではノアも、動物達と母と子の群れの一人に過ぎず、重要な意味を持つのは、むしろひとつの箱舟に乗った運命の共同体としての動物と人間の群衆の方である。箱舟は人間だけでなく、人間も動物も、被造物全体の避難所として描かれた。同じように神の恵みを受けて、救済される動物と人間。ここに至ってシャガールは、個人としての人間でなく共同体としての人間、人類を念頭に置いた。画面全体に描かれた動物と群衆は、そこが箱舟の中でなく、地球全体、あるいは生命の住めなくなった地球から脱出した宇宙船のような錯覚を与える。宇宙に内在する創造主に救済を求めて、「これからは命を損なわない、愛に依る社会を建設する」という契約をかわすための使者として、鳩を飛ばそうとする瞬間のような印象を与える。

人間の群れは、これまでの絵にもたびたび登場した母と子の群れである。「愛から、やっとの思いで子供をこの世に誕生させる母」(30)の群れは、愛が、男女の愛にとどまらない、「悪意や扇動にはほど遠い」敵を作らない愛が、新しい社会の構築を可能にすることを語っている。愛は創造だけでなく、和解と癒しによる救済を可能にする。しかし母子像の中には、腕を十字架のように広げたキリストを思わせる子を抱く母もいる。だから救済の喜びを浮かべる母と子の姿は、愛による命の再生と同時に、創造主との契約にもかかわらず、未来に起こるかもしれない犠牲、罪の無い命の犠牲も暗示している。世界と人間の運命を気づかうシャガールの、静かではあるが深い問いかけがある。

同じ問いかけは、チューリッヒ国立美術館にある絵、『戦争』（一九六四—六六年）の中央にいる、大きな牝牛によってもなされる。白い牛は大きな瞳でじっとこちらを見つめる。牛を中心として、白い雪の世界、暗い夜の空、赤く燃える町、焼き尽くされる人と動物、逃げ惑う人の群れ、泣き叫ぶ女、子を抱く母、さまよえるユダヤ人、そして十字架など、『戦争』で描かれたのは、前線で戦う兵士ではなく、苦しむ弱者であった。牝牛が何を意味するか解釈は多様であるが、筆者にはその牛は『皮を剝がれた牛』と同じ牛、その深い思索を湛えた瞳は、単なる悲哀でもない、憤りでもない、告発でもない、犠牲となって苦しむ人間の群れをじっと凝視する勇気を秘めた、自らも苦悩する無垢の生き物のまなざしに思える。まなざしは静かではあるが、凛然として、人間とは何か、人間の責任とは何かを問いかけている。

晩年シャガールは数多くの花束と恋人達を描いた。光輝く金色の世界に描かれた花束と雄鶏と恋人達は幸福感に満たされ、そこでは終焉に向けて歩く老年の悲感は克服されていて、愛と希望こそが命を支えるという静かな確信に裏づけられている。しかし、一方では大きく二つの主題、「聖書」と「サーカス」（サーカスも聖書と共に、子供時代からシュテトルの生活に馴染み深いものだった）の連作がなされ、「サーカス」連作にも、『夜の旅芸人』（一九五七年）、『夜のサーカス』（一九六七年）など、人間の悲劇性を把握し、人間存在の暗い深淵に理解を示したシャガールの姿がある。

おわりに

アウシュヴィッツから奇跡的に生還後（二十六歳）、『アウシュヴィッツは終わらない』（一九四七年）を書くことで、「否定された人間性を回復し」、「自分が人間だ」と感じることのできた、トリーノ生まれのユダヤ系イタリア人、プリーモ・レーヴィは、その三十五年後、『今でなければいつ』（一九八二年）を刊行、その同年ヴィアレッジョ賞とカンピエッロ賞というイタリアで最も権威のある文学賞を二つともに授賞した。（この五年後、強制収容所の呪縛との戦いに力尽きて彼は自殺する。）この長編小説を書く動機となったのは、一九四五年の夏、彼がミラーノの救援センターで奉仕活動をしていた友人から聞いた話による。ミラーノにたどり着いた大量の避難民の中に、銃をとってナチスドイツと戦ったパルチザン部隊が何組かいた。彼等は長年の戦いのため疲れきってはいたが、卑屈ではなく、イタリア生まれのユダヤ人にとっては未知の文化を体現していた。その未知の文化、東欧シュテトルの文化に興味を抱いたレーヴィは、十年の歳月をかけて資料を集め、ナチズムによって抹殺されたシュテトルの文化を学んだ。そして、その文化を随所にちりばめながら、ソ連とポーランドを舞台とし、実際ユダヤ人の武装部隊がたどった「抵抗」を小説化した。ヴァイオリンを弾く指導者、ゲダーレを始めとして、登場人物は架空であるが、彼等が戦いながら、新しい生き方を見出し、自由を獲得していく姿は感動的である。タルムード、ユダヤ教にまつわる習慣、踊り、音楽、民話、これらの失われた文化の象徴として、レーヴィはシャガールの絵に言及した。部隊の中の男女の結婚式は、「屋根の上には雪の降る暗い空があり、そこには銀色の大きな魚と、白いヴェールをかぶった花嫁と、頭を下に下げた緑色の山羊が泳いでいる姿を想像すれば良かった。[31]」と結ばれている。

レーヴィが、シャガールの絵をシュテトル文化を体現するとして称えたのは、シャガールの本質をついている。シャガールは「ユダヤの画家」と呼ばれるよりも、「ロシアの画家」と呼ばれる方を好み、ロシア芸術、イコンが及ぼした影響を強調した。彼はフォーヴィズム、キュービズム、シュールレアリズムにも影響を受けた。（結局はその本質だけを取り入れたのだが）ゴーギャン、ゴッホ、レンブラント、ゴヤ、ティントレットなど多くの画家の影響も受けた。しかし何よりも彼の本質は、シュテトルの二つの特質、宗教（ハシディスムと旧約聖書）と言語（イディッシュ語と民話）に培われたものが大きい。

ユダヤ教が第二戒律で偶像崇拝を禁じたため、ユダヤの文化では、絵画であれ彫刻であれ視覚芸術は発達しなかった。もっぱら言葉に限られてきたユダヤ人の現実認識を、芸術の名に値する絵画で表現したのは、シャガールが初めてである。それが可能になったのは、十九世紀の前半からおこっていたユダヤ啓蒙運動（ハスカラ）の力が大きい。ハスカラはシュテトルの伝統や習慣を、ユダヤ人の発展を妨げるものとして、容赦なく否定した。ハスカラがシュテトルの生活自体を攻撃するようになって初めて、シュテトルは内部からも揺らぎ始めた。（外部からはポグロムにより、虐殺、略奪、強姦にさらされていた。）住民の外国（主にアメリカ）への大量移住、社会主義、シオニズムの台頭、因習打破を唱える若者と父との葛藤、男女差別批判などにより、宗教に縛られた伝統的な生活はなしくずしに崩れていた。その流れの中で、これまで禁じられてきた視覚芸術が可能になった。シュテトルのユダヤ人の魂に埋められてきた内面世界は、シュテトル壊滅の時代を目撃したシャガールにより、稀有な絵画として視覚化された。

激動の二十世紀の歴史そのものを自らの体験として九十七歳まで生きたシャガールは、人間存在の暗黒の部分を見つめつつも、生きる喜びと愛の力に関心を持ち続けた。陽気な想像力は深刻な現実を、風変わりでユーモア漂う空想のイメージで喚起した。微妙に輝く豊潤で深い色彩が、新しい形態を創り出した。それを可能にしたものは、彼を育てたシュテトルの豊かな文化だった。彼は地上のどこにいても「他者」であったために、故郷ヴィテブスクは真の故郷となり、それ故に、さらに普遍的な世界へと昇華したのである。

（1）マルク・シャガール、『わが回想』、朝日新聞社、一九九一年、一六八頁。
（2）マルク・シャガール、前掲、一六九頁。
（3）朝日新聞、一九八四年十二月十三日。
（4）自分の出生を神秘化したいシャガールは、自分の好きな数字を用いて、七月七日とし、それが広がったが、ロシアの学者、アレクサンドラ・シャツキフの最近の研究により、七月六日であることが明確になった。
（5）実際には九番目の子、ラケル、は幼い頃に亡くなっているので、八人兄弟とする研究書もある。
（6）シドニー・アレグザンダー、『マルク・シャガール』、共立出版、一九九三年、一四頁。
（7）朝日新聞、前掲。
（8）エリ・ヴィーゼルの『死者の歌』の中に、郷愁にかられて故郷を訪れ、シュテトルの壊滅を確認するに終わった痛ましい体験がある。
（9）Saul Bellow, "Laughter in the Ghetto", *Saturday Review of Literature*, vol. 36, May, 30, 1953, p. 15.
（10）シドニー・アレグザンダー、前掲書、二三六頁。
（11）ベラ・マイヤー、「愛の花束」、『マルク・シャガール』、アオキ・インターナショナル、一九九八年、二四頁。
（12）モニカ・ボーム・デュシェン、『シャガール』、岩波書店、二〇〇一年、八五頁。
（13）ダニエル・マッシェルソー、『シャガール・色彩の詩人』、創元社、一九九九年、二頁。
（14）五十嵐・卓、「出エジプト記」、『マルク・シャガール』、アオキ・インターナショナル、前掲書、九六頁。
（15）『わが回想』には、叔父やシャガールが屋根に登る情景がある。

（16）『わが回想』で、叔父の弾くヴァイオリンを聞いて眠気を催したシャガールは、「私の頭だけが、ゆっくりと部屋の中を飛ぶ」と表現している。Moyshe Kulbak は *Monday* という小説で、ヘブライ語の先生が、夜遅くまで書物を読み耽り、眠気を催して「頭が飛んでいった」と書いている。さらに夜更けの町に「頭が一つ空の青さの中に浮かんでいた」と書いている。Moyshe Kulbak, "Monday", The Shtetl, The Overbook Press, Woodstock, 1989, p. 521.

（17）マルク・シャガール、「シャガールの言葉」、『現代美術４：シャガール』、みすず書房、一九六〇年、一〇三頁。

（18）Moyshe Kulbak, op. cit., p. 539.

（19）シャロム・アレイヘム、「時計」、『ユダヤ人たち』、思潮社、一九八〇年、一六三頁。

（20）マルク・シャガール、前掲書、三三頁。

（21）Sholom Aleichem, "Stempeni—A. Jewish Romance", *The Shtetl*, op. cit., p. 288.

（22）ベラ・マイヤー、前掲書、二二頁。

（23）ベラ・マイヤー、前掲書。

（24）ベラ・マイヤー、前掲書。

（25）マルク・シャガール、前掲書、三三頁。

（26）上田和夫、『ユダヤ人』、講談社、二〇〇一年、一一一頁。

（27）マルク・シャガール、前掲書、五八頁。

（28）モニカ・ボーム・デュシェン、前掲書、一〇二頁。

（29）マルク・シャガール、「聖書の言葉美術館」の巻頭言。

（30）聖書の言葉美術館、巻頭言。

（31）プリーモ・レーヴィ、『今でなければいつ』、朝日新聞社、一九九八年、二九〇頁。

ヴィクトル・ウルマンとテレージエンシュタット
——あるいは、収容所のなかの「死の舞踏」

小林正幸

一 テレージエンシュタット

テレージエンシュタット（Theresienstadt）の町——現在ではチェコ語でテレジーン（Terezín）——はボヘミア北部、プラハから北へ約六十キロ、エーガー川とエルベ川が合流するあたりに位置している。その歴史は、一七八〇年、ハプスブルク家のヨーゼフ二世がプロイセンの進出を阻むためにこの地に小要塞を築き、そこに母マリア・テレジアの名を冠した時から始まった。しかし程なく軍事的重要性が失われると、以後は政治犯を収容する刑務所となり、帝国末期には、あのサラエヴォ事件の暗殺者ガブリロ・プリンツィプもここに収容されていた。一九一八年のチェコ・スロヴァキア建国以降も、こうした役割にはさほど変化がなかった。しかしある時点から、この町はその性格を大きく変えることになる。

すなわち、ナチス・ドイツによるユダヤ人迫害が最終段階を迎える時期、ここに強制収容所が設置されたことによって新たな歴史が始まったのである。しかもここには、他の強制収容所にはない奇妙な約束事があり、抑留者はひとつの小さな独立した町（テレージエンシュタット・ゲットー）で、——もちろんここでも、他の強制収容所と同じく定員を大幅に上回る窮屈で劣悪な空間に押し込められ、水や食料の不足に苦しんでいたとはいえ、労働の後にはさまざまな文化的催しに参加して人間らしさを取り戻し、ある時からは、ゲットー内だけで通用する通貨さえ与えられて——あたかも普通の暮らしをしているかのように思い込まされ、またそのように振る舞わなければならなかった。強制収容所でありながら、ゲットー内自治の自主性は外見上最大限に尊重され、〈強制された自由〉という舞台装置を背景として、抑留者たちは、現実の生活と虚構の生活が交錯する舞台、言葉の究極的な意味で〈不条理〉なドラマへの参加を強要されていた。この常識を超えた収容所、これはいったいどのような目的で建設され、ここにはどのような意図が隠されていたのか。

一九三三年のナチス政権の誕生から一九三五年の「ニュルンベルク法」の成立を経て、反ユダヤ主義の波は一段と高まっていたが、一九三八年十一月のいわゆる「水晶の夜」のポグロームでナチスの人種政策は暴力的段階に入り、その勢いは一気に加速される。他方でナチス・ドイツは、一九三八年にオーストリアを併合、同年ズデーテンラントの獲得、一九三九年にはチェコ・スロヴァキアを解体させると同時に、ボヘミアとモラヴィアの保護領化に成功し、その結果、チェコ軍の駐留地であったテレジーンは再びテレージエンシュタットと呼ばれるようになった。しかしこの時までは、たしかにユダヤ人に対する市民的権利の剝奪や種々の排斥行為、暴力的攻撃などが行われたにしても、それはユダヤ人を国外に追放して、民族的に「浄化」されたドイツを作るための手段と考えられていた。従って、強制収容所は専ら反ナチス政治犯や常習的刑事犯、および反社会的と見なされる者などを収監して、犯罪者の懲罰や矯正にあたると同時に、労働力を補完する役割を担っていたといえる。

ところが、世界大戦が始まってからは強制収容所の機能に変化が見られるようになる。戦線の拡大、とりわけポーランドやソ連への侵攻により、占領地域に居住する大量のユダヤ人の扱いが急務の課題となったためである。するとヒトラーは一九四一年夏、ナチ党幹部たちにユダヤ人問題の「最終的解決」について検討させ、翌年のいわゆる「ヴァンゼー会議」によって、ユダヤ人の抹殺計画が確定されることとなった。戦時労働力の確保とユダヤ人絶滅の両立という大きな矛盾をはらんだ政策は、「労働を通しての絶滅」の中にその解決策を見出したものの、その意図とは裏腹に、人種主義の妄想に取り憑かれたナチス・ドイツのこうした方針決定にはすでに、戦争の正当性を失わせる契機が存在していたというほかない。

ともかく、このようなユダヤ人大量虐殺計画の一環として、テレージエンシュタットにも強制収容所が設置されることになったが、その目的は、ボヘミア・モラヴィア保護領に居住するユダヤ人を、東方の絶滅収容所へ送り込むまでのあいだ収容する、「中継収容所」の役割を果たすことにあった。一九四一年十一月には、「建設作業班」という名目でプラハから最初の移送が行われ、一九四二年五月の時点ですでに、ボヘミア・モラヴィア保護領のユダヤ人約一四、〇〇〇人が収容されていた。本来この町は人口七、〇〇〇人規模の小さな町であったことを考えれば、この時すでにその二倍に達していたのであるから、居住環境の劣悪さは容易に想像できるだろう。その後は、旧帝国内や併合されたオーストリア（オストマルク）、さらには占領されたオランダやデンマークなどからのユダヤ人も移送され、一九四二年八月一日時点では抑留者数四三、四〇三人という記録が残されている。以後収容者数は、一九四四年秋まで、おおよそ三五、〇〇〇人から四五、〇〇〇人のあいだで推移していたが、ここを通過点としてアウシュヴィッツやトレブリンカの絶滅収容所への移送が随時行われたため、テレージエンシュタットに移送されたユダヤ人の数は総計約一五五、〇〇〇人、最終的にここで解放の日を迎えたユダヤ人は約一一、〇〇〇人とされている。(1)

ここで注目すべきは、テレージエンシュタットに対して、他の収容所には見られない、ここだけに固有の重要な任務が与えられていた、という点である。それはまず第一に、六十五歳以上の老齢者や病人、第一次大戦の傷痍軍人、上級の勲章を受けた出征軍人、非ユダヤ人と結婚しているユダヤ人などとその家族を収容するというものである。実際、十分な労働能力のあるユダヤ人は労働収容所や絶滅収容所へ直接移送されたため、残った者の平均年齢が結果的に高くなったという面もあるが、しかしそれとは別の事情がこの収容所の設置に大きく作用していた。すなわち、ナチスのユダヤ人政策に対して国際社会の眼が厳しくなったため、その批判や干渉をかわす必要性が検討され始めたのである。その結果、ユダヤ人を保護するナチス・ドイツという虚像を「外に向かって見せる展示場」(2)構想がヴァンゼー会議で承認され、この計画は本格的に動き出した。そしてこの機能をより効果的に発揮させるためには、領内各地のユダヤ人指導層や世界的に著名なユダヤ人、国外からの安否の問い合わせが予想されるユダヤ人を集めておく必要があったのである。

もちろん、こうしてテレージエンシュタットへやってきたプロパガンダ用ユダヤ人のすべてが死を免れたわけではない。多くの人々はナチスの宣伝に利用された挙げ句に、最終的にはガス室行きを命じられた。しかし、テレージエンシュタットのユダヤ人、とりわけ「特別待遇」でここに収容されたユダヤ人の在り方は、ナチスに命じられて収容所への強制移送に手を貸した各地のユダヤ人指導者たちのそれと相通ずる面を持っていること、これは確かに否定し難いことだろう。ハンナ・アーレントは、同胞の生と死を選別する決定権を持たされたユダヤ人が断固たる抗議もせずに、従順にそれを行使したという事実に衝撃を隠さず、「こうした特恵的カテゴリーの容認が尊敬すべきユダヤ人社会の道徳的崩壊の始まりだったのだ」(3)と批判し、自身を例外者として特例を認めることの共犯性を指摘した。しかし、こうした断罪は当然ながら各方面からの反発を招いたことも事実である。はたして、「この戦う気力の欠如は無知に染められた無垢の——ゲットー的思惟の——直接的結果であった」(4)と結論づけて、ユダヤ人の他者への無関心、歴史的感覚の欠如にホロコーストの悲劇の根本的要因を見ていいのかどうか、今なお簡単に判断を下すことのできるものではないように思われる。

ともかく、対外宣伝の一環として、特別に意味づけられたこの強制収容所を、ナチスは「テレージエンシュタット・ゲットー」、あるいは「老人ゲットー」（Altersghetto）「特恵収容所」（Vorzugslager）などと呼び、さらには「ユダヤ人居住地」（Jüdisches Siedlungsgebiet）と呼称を変え、実体を覆い隠すためにあらゆる方策を講じたのである。そして一九四四年六月、テレージエンシュタットの営みが頂点に達する時がやってきた。国際赤十字委員会がここを視察することになり、二月から所内の美化・整備に全力を注ぎ込むことが命じられたのである。収容所を思わせる見苦しいものはすべて取り払われ、娯楽施設が新設され、加えて住環境の過密化を緩和するために、新たに七、五〇〇人がアウシュヴィッツに移送された。これにより、まるで保養地さながらの「楽園ゲットー」（Paradies-Ghetto）[5]が実現され、しかもユダヤ人を含め収容所全体が入念なリハーサルを重ねた結果、視察団一行は虚飾の下に隠されたテレージエンシュタットの真実を見抜くことができなかった。そしてこの演劇的共同体は、同年九月にプロパガンダ映画『総統がユダヤ人に町を贈る』が撮影されるまで維持された。しかし撮影終了後は、十月までに一八、〇〇〇人がアウシュヴィッツへ移送されることにより、その使命をほとんど終えることとなる。なるほど「町の美化」とともに生活条件がわずかではあっても改善され、かすかな希望が収容所内に広がった。たとえそれが犠牲者をガス室へ送った見返りであるとしても。もし「囚人たちは魔術の魅力に負けた。彼らは破滅への道が用意された状況にありながら、保養地の音楽に安穏と耳を傾けていた[6]」のなら、ここでもやはり、ユダヤ人に特有の〈ゲットー的心性〉が彼らの運命を決定づけたのだ、といえるものなのだろうか。

二　収容所の音楽家たち

アウシュヴィッツを生き延びたプリーモ・レーヴィは、毎日朝と晩に繰り返された楽隊の音楽、強制労働への行き帰りに奏でられる「地獄の音楽」を思い出す時の、血管が凍りつくような感覚についてこう書いている。「この音楽が聞こえだすと、霧の深い広場で、仲間たちが、自動人形のように行進し始めるのが分かる。彼らの魂は死んでいる。だから風が枯れ葉を舞わすように、音楽が彼らをせき立て、意志の代役を勤めるのだ。彼らには意志がない。……（中略）……何も考えず、何も望まず、ただ歩くだけだ。[7]」囚人音楽家による行進曲は、彼らに催眠術をかけ、思考力を奪い、苦痛を緩和し、「この息絶えた人間たちの舞踏[8]」の振り付けをする。彼らの「人間性をまず破壊し、次いで肉体を徐々にむさぼろうとする他者の決意を示す声[9]」の魔術から抜け出すのには、いったいどれほどの精神力が必要であったことか、とレーヴィは回顧する。「労働を通しての絶滅」を実現させるためナチスは、このようにして無数の「魂の死」と「意志の喪失」を生産すればよかったのである。

こうした人間の「自動人形」化を推進する方策の基礎には、近代的物質主義を背景にした極端に合理的な思考があり、そこでは人間的存在がいとも容易に物質的存在へと変換されてしまう、というのは当然のことだろう。収容所の管理運営にあたっては、さまざまな職域にわたって囚人自身の関与が命じられる、一種の自治管理が行われていたことはよく知られている。しかし、テレージエンシュタットほどそれが徹底化された収容所はない。テレージエンシュタットからの生還者、H・G・アードラーがまとめた収容所管理部門の組織図[10]を見ると、全抑留者を代表する「ユダヤ人代表」（Judenältester）の下に、労働、法務、住居、食料、教育等々、およそ一般の都市生活に必要なあらゆる部署が体系化されている。ただ単に部署名を羅列するだけで十七ページを要するような組織図が、強制収容所の囚人自主管理機構を表示しているとは、普通なら到底考えられないことだろう。逆にいえば、これは決して実態を反映するものではない、ということが容易に想像できる。

ここにあるのは、単なる概念の列挙、あるいは戯画化された秩序でしかなく、それを作り上げているのは、人間から個人的特性を取り払って、すべてを数量に変換する機能主義的・物質主義的世界観である。「材料となる

〈人の群れ〉を一〇〇個単位に分けて計算し、養分はカロリー計算に従って補給する、そんな巨大な工場では、人間の匂いは一切消し去られてしまう」[11]と、アードラーは言う。いかにも、観念に取り憑かれたナチスの病状の一端がここにも現れているのではないだろうか。

いずれにせよ、外の世界で受けた差別や迫害の代わりに、今度は新たに奴隷化のプロセスが始まる。最初に受け取る囚人番号が収容所での名前となって、彼らはマスの中に埋没する。「個人」が剝奪されて群衆として生きることを強制される時、人間は自身の価値の喪失と戦わねばならないだろう。無名状態からの脱出に成功するかどうかが、収容所生活の生き方を大きく左右するという。もしそれができなければ、思考力も肉体的感覚も失って、「息絶えた人間」のように行進するほかなかったのだろう。「最も苦しくつらい日々にも、仲間や私は、物ではなく人間だ、と考える意志を執拗に持ち続け、こうすることによって、多くのものに精神的な難破をもたらした、完全な屈服状態と道徳的堕落をまぬがれえた」[12]と、レーヴィは生き残った理由を語っている。

突然やってくる東方への移送、すなわちガス室送りの言い知れぬ恐怖、他方では、収容所の支配者SSから受ける侮辱的かつ非人間的な取り扱い、さらには労働による肉体的衰弱、このような自立した精神を崩壊の危機にさらすあらゆる条件にもかかわらず、テレージエンシュタットでは、精神的虚無から人々を救済することになる活動が生まれた。それまではごく小さな集まりで行われた、歌や楽器などによる音楽の催しだったものが、やがて音楽以外の分野にも広がり、多彩な内容を持った継続的な文化的行事へと発展していったものである。

当初は、楽器の所有はもちろん、あらゆる音楽演奏は禁止されていたが、一九四一年十二月にはすでに、囚人たちによる「懇親の夕べ」(Kameradschaftsabend) で密かに音楽的催しが行われていた。はじめは歌曲や合唱曲が多かったが、さまざまな方法で楽器が入手できるようになると、レパートリーは次第に広がっていった。なにしろ、「建設作業班」としてテレージエンシュタットへやって来たユダヤ人の中には、作曲家のパヴェル・ハース

(Pavel Haas)、ジークムント・シュール（Siegmund Schul)、ピアニストのベルナルト・カフ（Bernard Kaff)、ギデオン・クライン（Gideon Klein)、ヴァイオリニストのカレル・フレーリヒ（Karel Fröhlich)、指揮者のラファエル・シェヒター（Rafael Schächter）など多くの著名な音楽家が含まれていたのであるから、演奏の質の高さは当然のことであった。

SSとしては、ユダヤ人保護プロパガンダのためにこれを利用しない手はなかった。この活動を認知したSSは、一九四二年、「自治管理機構」の中の一部門として、劇場、音楽、講演、図書、スポーツなどの分野を統括する「余暇活用」（Freizeitgestaltung）なる機関を設置させたのである。これは、その構成から見て、一九三三年から一九四一年まで存続した組織、音楽や劇場に関係するユダヤ人をドイツ社会から排除しながらもその活動を許容するという、二重の意味でナチスの利用に供された「ユダヤ人文化同盟」（Jüdischer Kulturbund）の再現とも考えられる。ただし、テレージエンシュタットの場合、演奏曲目、講演のテーマなど、活動の内容に対するSSの検閲はほとんどなかったらしい。

また、各分野での著名なユダヤ人を収容したテレージエンシュタットでは、人材に事欠くことはなかった。講演も、哲学、宗教学、法律学、歴史、文学、自然科学とその内容は多岐にわたっており、子供の教育のためのプログラムももちろん欠けてはいなかった。しかし、最も好まれ、またまざましい盛り上がりを見せたのは、演劇やレヴュー、カバレットなどの公演、そしてジャズを含めた音楽全般とオペラであったという。それらの頂点に立つ演奏として、テレージエンシュタット体験者の回想記に必ず出てくるのは、一九四二年十一月のスメタナ作曲『売られた花嫁』と一九四三年九月のヴェルディ作曲『レクイエム』の二作品であるが、その他にも『魔笛』『ホフマン物語』『アイーダ』『カルメン』『こうもり』『トスカ』など多くのオペラが、たいていはピアノの伴奏で上演された。またハンス・クラーサ（Hans Krâsa）が一九三八年に作曲した子供のためのオペラ『ブルンディバール』(Brundibar)が作曲者自身の指揮で繰り返し上演され、収容所の子供たちに大きな喜びを与えたといわれている。また、より小規模な室内楽や独奏の演奏会についても、多くの優れた音楽家による活動が記録されている。そうした記録だけを見るなら、しばしば紹介されるブーヘンヴァルトやアウシュヴィッツにおける組織的音楽活動と較べるまでもなく、質的にも量的にも無比の輝かしさをテレージエンシュタットは持っていたのだ、と手放しで賛嘆する結果になりかねない。しかしこれはあくまでも、一九四四年六月を目指したゲットー内美化と共に頂点を迎え、あの映画の製作をもって完了した、ナチスのプロパガンダ作戦のひとつであった。オペラの舞台に上がった多くの人たちも、『ブルンディバール』の子供たちを含めて、順次アウシュヴィッツへ送られたため、公演ごとに新たなメンバーを加えた編成とならざるをえなかったのである。

なるほど、こうした音楽は囚われた人々にとって貴重な慰めとなったには違いない。しかし、そのことだけならば、テレージエンシュタットに限定された特殊性の説明にはならないだろう。演劇やカバレットなら、ナチスへの揶揄や皮肉を巧みにちりばめ、毎日の欝積した思いを発散させることもできたはずである。ところが、テクストのない音楽の場合は、その確信を悟性ではなく審美的感性によって受け取らねばならない。また、歌曲やオペラの場合でも、テクストは音楽によってまた新たな意味を付与される。ここでは、悟性的知性と美的感受能力の両方が共に働かねばならない。つまり、人間を人間たらしめるものの中でも、高度に知的で、かつまた精神的な能力が不可欠とされるだろう。彼らもこうした催しを、単なる慰安を超えた、より具体的な意思表示の場として捉えていたと見える。

生還した音楽家トーマス・マンドルはこう言っている。「文化活動への参加はとりもなおさず抵抗の意思表示だった。すなわち、ユダヤ人は下等人間(Untermensch)だから本物の文化など分かるはずがない、という決まり文句に対する抵抗を意味していた。(13)」つまり「余暇活用」は彼らにとって、自身が下等人間ではないことを示すための唯一の機会であったということである。しかしそれにもかかわらず、ふたたび例の〈ゲットー的心性〉を持ち出して、彼らの抵抗はせいぜいそこまでであった、と断ずることもひとつの見方ではありうる。実際、彼らがナチスのプロパガンダ計画を的確に把握していたかどうかは甚だ疑わしい。たとえそのような認識があったとしても、彼らにとっては、SSからの無視や蔑視をはね返して人間的能力を示すこと、無名状況から脱却すること、それによって「精神的な難破」を回避することの方が、組織的・物理的抵抗よりもはるかに大きな価値を持っていた、と考える方が自然ではないだろうか。

このような、テレージエンシュタットにおけるユダヤ人の人間性回復に重要な役割を担った音楽活動については、近年多くの研究がなされた結果、楽譜の出版や実際の演奏などの各方面で成果を挙げている。テレージエンシュタットに残された膨大な資料を駆使したアードラーの労作が一九五五年に刊行された後、ヨジャ・カラスは一九八五年に『テレジーンの音楽　一九四一年—一九四五年』(14)を発表して、テレージエンシュタットの音楽生活の全体像を描き出すと同時に、代表的な四人の作曲家の活動へも光を当てた。この四人とはすなわち、『ブルンディバール』の作曲家として人気を集めたハンス・クラーサ（一八九五—一九四四）、シェーンベルクの弟子で、器楽からオペラまで多彩な作品を発表し、作品賞を二度も獲得するなどその実力を認められていたヴィクトル・ウルマン（Viktor Ullmann 一八九八—一九四四）、ヤナーチェクの弟子で、陽気な性格が反映された明快な作風を見せるパヴェル・ハース（一八九九—一九四四）、上記三人より若い世代に属し、天才的なピアノ演奏技術を持ち、収容所の人気者だったギデオン・クライン（一九一九—四五）である。

このテレージエンシュタットの音楽生活を思い描くさいに、モーツァルトやヴェルディからジャズにいたるまでの、誰もが知っているスタンダード・レパートリーだけを念頭におくとすれば、それは収容所生活の現実に接近する道筋を妨げることになるだろう。なぜなら、それらの音楽は徹頭徹尾過去と結びついているからである。

それらは囚われた人々の過去への追想の手助けとなる材料に過ぎない。我々にとって重要なのはむしろ、収容所の囚人たちの生存感覚にどれだけ近づいてゆけるものか、その共感の可能性を追求することではないのか。この欺瞞に満ちた異常な世界に放り出された芸術家が、そうした環境からいかなる真実を作品化できたのか、こうしたことの方がずっと多くの示唆を我々に与えてくれるのではないだろうか。もちろん、その生存感覚は記録されうるものなのか、記録の可能性とその手段についての困難な問題は残る。音楽の場合、音を記号化した楽譜が介在してはじめて作品の受容が可能になるからである。従って、楽譜の存在とその行方が作曲家と作品の運命を大きく左右することになるだろう。ハースの場合のように、作曲家と共にアウシュヴィッツでほとんどその生命を断たれることもあれば、ウルマンやクラインのように、第三者の手を通じて辛うじて逃げ延びることもある。

この点でウルマンの作品は特に幸運だった。一九四四年十月、アウシュヴィッツへ送られる直前になって、彼はテレージエンシュタットで書いた楽譜や評論のすべてを友人の手に託した。これが戦後アードラーの手に渡り、さらにウルマンと関係の深いスイスの人智学協会の所蔵となることで、彼の作品についての研究や楽譜の出版への道が開かれていった。特に、「余暇活用」の枠内で催された音楽会についての批評は、テレージエンシュタットの文化活動を実証する貴重な資料でもある。また他方では、作曲者と作品自体の特異性にも目を向ける必要がある。なぜなら、ウルマンほどテレージエンシュタットで旺盛な意欲を持って芸術創造に努め、内容においても量においても特筆すべき成果を挙げた芸術家はいなかったからである。生涯最後の二十五カ月が彼にとってどのような意味をもっていたかを、我々は救出された音符を通して推察することができる。これこそまさに奇跡的幸運の賜物であろう。

実は、カラスの著作以前にすでに、テレージエンシュタットの音楽が注目を集める機会があった。それは、アードラーの元に届けられた楽譜を基礎として、一九七五年にアムステルダムで行われた、ウルマンのオペラ『アトランティスの皇帝』（Der Kaiser von Atlantis）の世界初演である。収容所の囚人たちによる上演が計画され、総練習の段階まで到達しながら、さまざまな事情で実現されなかったこのオペラの画期的な初演は大きな反響を呼び、これに触発される形で、他の三人の作曲家への関心も急速に高まっていったという状況が見られた。ドイツでは、ハンガリー出身のユダヤ人ジョージ・タボーリが演出した一九八七年のプロダクションが、テレージエンシュタット収容所の舞台上での再現を試みたことでセンセーションを巻き起こした。それ以降、毎年どこかの歌劇場で、新たなコンセプトによる『アトランティスの皇帝』が演目に登場している。(15)

このオペラがこれほどの関心を呼んでいる理由は何かといえば、作品中のアトランティスはドイツを、皇帝はヒトラーを連想させ、戦時下のドイツや収容所生活を暗示する要素をかなり持っているからである。しかし、そうでありながらも、このオペラの意図が収容所の描写やナチスへの批判にあると断定するなら、それは皮相に捉われた一面的な理解にとどまることになるだろう。ここには独裁と隷属といった図式があるのではなく、むしろ生と死についての形而上的な省察が重要視されているように見えるからである。もし仮に、テレージエンシュタットのユダヤ人たちの生への意志が、支配者に対する物理的抵抗の形で現れないとすれば、彼らは究極的に何を拠り所として生きたのだろうか。おそらく、カバレットの芸人がヒトラーやSSを揶揄したところで、それは一瞬の憂さ晴らしに終わってしまったことだろう。もっと心の中の深い場所で、「息絶えた人間」への堕落を拒絶し、「精神的な難破」を否定する声が発せられていたのではないか。そうした声とウルマンの創造した作品世界とが響き合っているように思われてならない。

このような問題意識を持ちながら、以下では、ウルマンの人物像について若干言及した後、『アトランティスの皇帝』の作品世界をどのように理解できるものか、ひとつの試みを示してみたい。

三　プラハからテレージエンシュタットへ

ウルマンは、一八九八年、オーストリア・シュレージエン地方の町テッシェン（Teschen 現在はチェコ領Český Těšínとポーランド領Cieszynとに分れている）で生まれた(16)。両親はともにユダヤ人。父はイーグラウ出身のオーストリア軍将校、母はウィーンの裕福な法律家の娘、二人はウィーンで結婚した後まもなく、カトリックに改宗した。ウルマンは、テッシェンで初等学校を終え、ギムナジウムに一年在籍した後、母と二人でウィーンへ移る。ピアノと作曲の基礎はテッシェン時代にすでに習得していたが、ウィーンでは音楽理論や作曲法を本格的に学び始め、また当時の前衛的な芸術に強い関心を寄せていた。志願兵として軍務についた第一次大戦期を経て、一九一八年ウィーン大学で法律学の勉強を始めるが、それと並行して通っていたシェーンベルクの「作曲ゼミナール」の方が彼に大きな刺激を与えた。結局、息子の社会的出世を期待する父親と、音楽への道に傾き始めた息子との間の溝は次第に広がり、やがて修復不可能となる。一九一九年四月、ウルマンはカトリック教会から脱会し、それとほとんど同時に、やはりシェーンベルクに師事していた女性と結婚、ただちにプラハに移り住む。

一九二〇年には、プラハの新ドイツ劇場の合唱指揮者兼コレペティートルとしての契約を交わし、ここからウルマンの音楽家生活が始まることになる。一九二二年には正指揮者となり二七年まで在職した。この間、作曲家としてもデビューし、とりわけクラブントの劇『白墨の輪』の附随音楽（一九二五年）は大きな成功を収めた。一九二七年からは一年間だけの契約でアウスィヒ（Aussig チェコ名はÚsti nad Labem）の歌劇場で指揮活動を行った後、ふたたびプラハに戻ってくる。一九二九年、ジュネーヴの現代音楽祭で演奏された『アルノルト・シェーンベルクのピアノ小品による変奏曲と二重フーガ』によって国際的な評価を獲得し、その年の秋から二年間、チューリヒ・シャウシュピールハウスの演劇部門の舞台音楽作曲家兼指揮者をつとめた。

このスイスでの滞在は、かねてよりウルマンが関心を寄せていたルドルフ・シュタイナーの人智学に一層近づくきっかけを与えたという点で重要な意味を持っている。すなわち、ドルナッハにある人智学協会の本部、ゲーテアーヌムへの訪問で感銘を受けたウルマンは、一九三一年人智学協会の会員となり、同時に一切の音楽活動を中断して、以後は人智学の普及に身を捧げようと決意する。そして、シュトゥットガルトにある人智学協会関連書店の経営を引き受けるが、数年来資金難に陥っていた店を立て直すことはできず、一九三三年七月、負債を抱えたままプラハに逃げ帰ってくる結果となった。なお、一九三三年はヒトラーの政権掌握の年でもあり、四月に成立した職業官吏再建法などにより国家レヴェルでのユダヤ人に対する迫害が始まっていたが、ウルマンはオーストリアのパスポートを持っており、人智学協会への弾圧もこの時点ではまだナチスの政策として固まっていなかったため、ウルマンのプラハへの退却とナチスとの直接的因果関係は確認されていない。また、ウルマンと人智学との関係は、シュタイナーの後継者であるアルベルト・シュテッフェンの戯曲をオペラ化した『アンチ・キリストの墜落』(Der Sturz des Antichrist 一九三五年)に最も明瞭に提示され、また人智学的芸術観が彼の創作意志に強く働きかけているということは疑いないとしても、今日までこの点についての研究はまだ十分にはなされていない。

プラハに戻ってからのウルマンは、フリーの音楽家として、演奏や教育、公演、執筆などを重ね、生活も次第に安定していった。作曲活動も再開し、一九三四年にはジュネーヴで好評を博した『シェーンベルクの主題による変奏曲と二重フーガ』のオーケストラ版で、さらには二年後の一九三六年、『アンチ・キリストの墜落』によって、「エーミール・ヘルツカ賞」(ウィーンの音楽出版社の経営者の名前を冠した、優れた現代音楽作品に与えられる賞)を受賞した。その後、おそらくは一九三七年の後半あたりから、精神的疾患に苦しんだとされるが、病気の原因や病状の推移についての詳細はまだはっきりしていない。しかし、ともかくこの頃から、一九三八年三月のドイツによるオーストリア併合、一九三九年三月のボヘミア・モラヴィアの保護領化、そして同年九月に起きたドイツ軍のポーランド侵入に始まる第一次大戦への突入へと続く、ヨーロッパ全体を巻き込んだ政治的混乱の中で、ウルマンの生活は他の多くのユダヤ人と同様、予測の難しい不安定な状況に陥ったことは確実であろう。

ウルマンは、一九三八年六月にはロンドンでの『弦楽四重奏曲第二番』の初演に立ち会い、その直後からしばらくの間、ドルナッハに滞在し、演奏会を開いたりしていたが、そうした行動には国外移住の可能性を探る意味もあったのではないかと見られている。ともかく、これが最後の国外滞在となった。プラハに戻ってからも、南アフリカ在住の友人に宛てた手紙で（例えば、一九三九年二月二十四日付け）[17]、仕事の減少などの窮状を訴え、あるいは移住に関する情報と助言を繰り返し求めるなど、その文面からはかなり切迫した心境がうかがわれる。しかし、最終的な決断を下すことができないまま保護領化の時を迎え、以後公の場におけるウルマンの作品の演奏は禁止されることとなり、同時にまた国外移住の望みもほとんど絶望的になった。一九四一年の時点で、ウルマンに関しては、当局の公文書において、「国籍不明」「人種＝非アーリア人」と記載されていたとの報告がある[18]。

このように日増しに混迷の度を深めてゆく状況にあって、自身の存在証明への強い欲求が彼を突き動かしたものなのかどうかははっきりしないが、ウルマンはそれまでに作曲した作品のいくつかを集中的に自費出版した。それが実現できたのは、一九三八年三月に他界した父親が十分な遺産を残してくれたことによるものであり、病気の治療費もこれによって完済することができた。もしこの自費出版された楽譜がなかったなら、この時点までのウルマンの作曲活動はおそらくほとんど知られることなく、忘れ去られてしまったであろう。一九四二年、ついにウルマンにも強制移送の命令が下される。移送を目前に控えたウルマンは、これらの印刷された楽譜を友人に預け、九月八日妻とともにテレージエンシュタットへ向けて旅立った。

「特恵収容所」として設置されたテレージエンシュタット収容所内の待遇は、他の強制収容所に較べて暴力的残虐性やガス室送りへの直接的恐怖という点で、確かに厚遇されていたとはいえないまでも、平均以上の扱いを受けていたことは間違いないだろう。しかし、狭隘な居住空間、慢性的な水や食料の欠乏、医薬品の不足、そして働ける限り肉体労働が課せられるといった状況で、衰弱や病気によって、また時には処刑によって、三万人以上のユダヤ人が収容所内で死んだとされる。何しろ、囚人はＳＳのプロパガンダに有用である限りにおいてのみ命を保証されるという絶対的原則があるのだから。

ところで、アードラーの記述によると、他の収容所と同様に、一九四二年秋、ここテレージエンシュタットでも「プロミネント」なるカテゴリー概念が導入され、囚人の中でも特に厚遇を受ける資格を持った者が正式に認定されたという。それまでも、世界的に著名な人物や「自主管理機構」の幹部などは、比較的好条件の住居を与えられ、肉体労働を免除され、さらには東方移送の名簿から削除されるなどの特権を享受していたが、これが制度化されたというわけである。一九四四年時点のプロミネントの人数は一一四人と記録されている[19]。

シェヒター、クラーサ、クラインなど「余暇活用」音楽部門の責任者たちの多くが、入所後しばらくしてから特典を享受する身分を与えられたのに対して、ウルマンは、当初から労働を免除され、作曲に必要な五線譜その他の用具が整った環境が用意されていた。ウルマンは「余暇活用」部局の求めに応じてさまざまな編成に対応した作品を書いたほか、自身もピアノを弾いたり、現代音楽や十八世紀音楽などに特定された音楽会シリーズを企画・組織するなど、人々の音楽生活の実現に多大な貢献をした。また彼が残した音楽批評は、収容所の音楽活動の実際や、その水準の高さ、あるいは自身の音楽観を後世に伝える貴重な資料となっている。

ところで、ウルマンがテレージエンシュタットに来る前に作曲し、作品番号の付けられた作品の数は三十九（番号なしは十一）、その内十二は行方不明、残り二十七の内十作品は題名も知られ、演奏記録も残っているが、楽譜は失われている。従って現在楽譜が存在するのは十七作品ということになる。[20]一方、ウルマンがテレージエンシュタットで作曲した作品としては、断片のみ残されている場合も含めて二十三作品が確認されている。[21]単純に数字だけで見ると、一九四二年までの、まだ自由な作曲活動をしていた時代に仕上げた作品数の半分にあたる仕事をテレージエンシュタットでなしえた、というのは大きな驚きである。しかもそれが、仕事量の点で驚異的であるばかりでなく、音楽的観点において特筆すべき芸術性を備えていることに、聴く者は感動を禁じ得ないのである。

しかし、逆に考えれば、テレージエンシュタットの特異性がウルマンをそうした方向へと突き動かしたと言えなくもない。確かに、「展示場」として、「特恵収容所」としての生活環境は異常なものに違いない。しかもその中で「プロミネント」として、身の安全が保証された立場で自由に芸術活動が許されるということ、すなわち、強制収容所における特権階級として同胞たる囚人たちに奉仕する立場が与えられたことを、当人はどう受け止めたのか。それがウルマンにとって大きな精神的負担にならなかったとは考え難い。人智学を信奉する人間としても、その理想と実践の間でかなりの葛藤に苦しんだのではないかと想像される。しかし少なくとも一面において、テレージエンシュタットという仕事場は芸術家ウルマンに、願ってもない多産な二十五カ月を贈ってくれたことだけは確かである。この芸術家としては実り多い日々、しかし同時に、不条理に支配された、パラドックスに充ちた日々、あるいは罪の意識に苛まれていたと想像される日々を、ウルマン自身はどのように捉えていたのか、これは極めて微妙な問題ではあるが、やはり放置できないものを含んでいるように思われる。

一九四四年十月、プロパガンダ映画の撮影も終わり、役目を果たしたゲットーの住民たちをガス室へ送るための旅が始まろうとしていた。その少し前に、ウルマンはそれまでの収容所での創作活動を振り返って、『ゲーテとゲットー』という短いエッセイを書いている。そこでウルマンは、ゲーテから始まるヨーロッパの教養的伝統に沿って、現実において知覚される現象とその背後にある永遠の普遍的価値との結びつき、言い換えれば、一時的な経験的現象と超時間的な根源的存在との一致を直観する精神を希求する立場から、収容所での体験を次のように総括する。

私にとってテレージエンシュタットは、形式を学ぶ場所であり続けている。以前は、素材としての生活の重圧と負担を我々は感じなかった。というのも、快適さという文明の魔術がそれらを我々から遠ざけていたからである。そこで美しい形式を作るのはやさしいことだった。しかしここテレージエンシュタットでは、芸術に関わるすべてのものが周囲の世界と著しく対立しており、日常生活においても素材を形式によって克服しなければならないほどである。シラーにならって、形式によって素材の痕跡を拭い取ることに芸術創造の要諦を見るならば、ここはその腕を磨くのに最適の場所である。しかも、それはおそらく、美的人間のみならず、倫理的人間をも含めた、人間一般の使命でもあるはずである。(22)

囚人の日常、それは到着直後の幻滅と落胆から始まり、SSへの隷従以外の選択肢が除外され、動物並みに切り下げられた生存条件へ次第に適応してゆく過程でもあったであろう。「精神的な難破」を回避し、「完全な屈服状態と道徳的堕落」を免れるためには、日常生活における打撃的経験を克服しなければならない。すなわち、「無価値な下等人間」に向けられた悪意と、その現実化としての過酷な生活条件、そしてそれを甘受しなければならない自身の姿、これらを正面から見据えて、冷静に自己の存在の在り方を把握し、それを通して生存の意味づけが行われる、という道筋がこの文章には示されている。

ゲーテの表現を借りるなら、「経験的現象の凝視から観察へ、観察から思考へ、思考から理論にいたる」過程を通して根本的真理を把握するためには、明確な意識と自己認識と自由と、そしてイロニーをもって立ち向かうことが大切であり、これによって「生きる形式」を獲得することができる、と言える。生きる意志を持った人間は、絶えず自身の利己的欲求と闘い続けたことだろう。しかし、こうした「生きる形式」を修得することで、彼らもやっと、内面に突き付けられた倫理的要請を率直に受け止める覚悟ができたのではないか。

また芸術家としてのウルマンも同様に、この倫理的要請から眼を逸らすことはできなかったはずである。外部から遮断された異常な世界へ引きずり込まれた芸術的感性が、環境という素材の束縛を一切認めず、現実の内部の奥深い場所にある根源、あるいは普遍性に到達するための「形式」を追求することによって、自由な美的世界が創出される、と上記のエッセイは語っている。自然と道徳を対立させる二元論の克服を芸術美における「全体性の回復」の中に求めるシラーにならえば、人間性を構成するふたつの要素、すなわち感覚に支配された感性的衝動（物質衝動）と永遠不変の法則を求める理性的衝動（形式衝動）が、対立性を失わず、しかも相互に補完的に作用して、一方における道徳を欠いた野蛮、他方での無気力な惰弱といった、堕落の両極端から人類を救わねばならない。そして、それを媒介するものは芸術が可能にする「美的教養」である、とシラーは言う。ふたつの対立的衝動は芸術における「遊び」の中でこそ融和的に働く。なぜなら、「遊び」の中では、感覚の要求や理性の要求に縛られずに、感性的「生命」と道徳的「形姿」とがひとつになった「生きた形姿」（lebende Gestalt）が、それを眺める者の直観に作用して、人間存在の全体性そのものを体験させ、人間性の最高形態を自覚させてくれるからである、とされる。こうした芸術観はおそらく、「生きる形式」の模索を通じて、経験の意味を吟味しようとする人々に対して、ウルマンが伝えたかったメッセージでもあっただろう。ここにもやはり、囚人たちにとって、音楽が単なる慰安や娯楽だけではなく、彼らの自己確認、あるいは精神的抵抗ともなる契機が存在しているのである。ウルマンはさらにこう続ける。

以下のことだけはぜひとも強調しておかねばならない。それはすなわち、私の音楽に関する仕事は、テレージエンシュタットによって妨げられるどころか、むしろ大いに奨励されたということである。また、私たちはバビロンの川辺でただ悲しみのうちに座していたわけではない。文化を求める私たちの意欲は、私たちの生きる意欲に対応したものだった。生活においても芸術においても、忌わしい素材を払い除けて、形式の獲得に努めた人は、私の考えの正しさを認めるだろう。[23]

アードラーはウルマンについて、収容所内ユダヤ人共同体へ積極的に関与する実際的活動と、そうした営みの全体を観察する反省的態度という、両立し難いことを実践した特異な人物であると評し、彼が示した厳格な自己規律に驚嘆を隠さない。彼は、音楽部門のリーダーとして共同体の文化活動を動かす一方、作曲家としては、シラーの言う「遊び」、ゲーテの言う「イロニー」を自身の芸術創造の根幹にすえることによって、同胞囚人の「生きる形式」の獲得への道を提供したのである。そうした実践の最大の結果、「生きた形姿」が見事に造形された例のひとつとして、オペラ『アトランティスの皇帝』を取り上げ、これを手がかりにウルマンの芸術創造の意味を問うこととしたい。

四　オペラ『アトランティスの皇帝——あるいは死神の拒絶』

(1)

ウルマンをはじめとするテレージエンシュタットの音楽家たちの再発見に取り組んできた数少ない研究者のう

ちのひとり、インゴ・シュルツは、『アトランティスの皇帝』の成立段階について次のように結論づけている。[24] それによれば、一部のナンバーの作曲がはじめて確認されるのは一九四三年六月、全曲の自筆スコアが完成したのは四三年十一月で、その後四四年二月までに初稿スコアの約半分が手直しされ、さらに作劇上の説得力を増すための修正が四四年の夏から秋にかけて行われたとされる。そして、四四年三月には「余暇活用」内部で舞台上演の計画が報告され、その後数回の総稽古が行われたものの、SSからの命令によって、上演は中止となった。資料不足のためにこの経緯は明らかではないが、SSによる検閲があったとは考えにくく、むしろ六月から九月にかけての、国際赤十字視察団の訪問やプロパガンダ映画の撮影などの立て込んだ行事が中止の原因ではなかったかと想像される。

しかし、ここで問題になるのは、一連のリハーサルの過程で生じた実際的問題処理にあたって、多くの関係者の考えが台本や音楽に反映された結果、作曲者の基本構想に基づいた決定稿を確定するのが非常に困難になっているという点である。今日残されている作品資料としては、ウルマンの自筆スコア、タイプで打たれた台本、ペーター・キーンによる手書きの台本の三つがある。これらのうち、タイプ台本は総稽古の間にかなり手が入ったため、ウルマンの意図を十分には反映していないとされる。また、キーンの手書き台本の方は自筆スコアに添えられた言葉との相違が目立っている。従って、上演にあたってどれを選択するのか、あるいはこの作品にふさわしい版をどのように確定するのかが、今なお未解決の問題として残されている。

こうした状況を踏まえて、また現行の出版スコアの不備を指摘しながら、シュルツは、作曲者の基本構想が保持された原典版の確定作業を継続し、まずは手稿スコアから作品の意味と作曲家の意図を汲み取るべきだ、と提案している。[25] 本論では、手稿スコアに基づいてシュルツが復元した台本を基本にし、[26] 傍らでショット社刊行のピアノ・スコア[27]を参照しながら、作品解釈を試みることとする。しかしその前に少しだけ、台本を書いたキーンにも触れておかねばならない。

ペーター・キーンは一九一九年一月一日にボヘミア北部の町で、同化ユダヤ人の家庭に生まれた(28)。その後はブルノの高等学校を卒業し、プラハに出て美術アカデミーに学んだが、そこではやがて作家としても活躍するペーター・ヴァイスと親交を結ぶ。ドイツ占領後アカデミーを退学させられたキーンは、シオニスト青年運動のメンバーとして活動しながら、ユダヤ人共同体の学校で絵を教えた。当初計画していた国外移住は実現されず、結局一九四一年十二月に「建設作業班」の一員としてテレージエンシュタットへ移送されることとなる。

彼の場合も、その技能を活かすために「自主管理機構」の「設計管理部門」での仕事を任され、やはり特典を与えられたプロミネントの資格を得た。また、そこでの仕事以外にも、子供たちへの教育に関わったほか、自由なスケッチやカリカチュアで収容所の人々を描いたり、「余暇活用」のために演劇の台本を書いた。特に彼の劇は、収容所の雰囲気を活写し、支配者たちへのあからさまな攻撃をも隠さず、その政治的信条に忠実であったと言われる。であれば、ウルマンに提供したオペラ台本もそうしたキーンの抵抗活動のひとつである、と捉えることも勿論できるわけだが、気質においても創作手法においても、歴然とした違いを見せるこの二人の共同作業はいったいどのように推移したものか、それを推し量る資料はない。

しかし、オペラ作品という音楽芸術において、言語の明晰性や具象性に縛られない、独自の美的作用が重視されのは当然であり、現実生活や現実政治への密着度が少くとも表面上、薄められることはありうる。この点で、キーンがウルマンに譲歩したと推測することは可能である。しかし、先に見たように、ウルマンの芸術信条においては、素材を形式によって克服し、直接的経験を超越的普遍性へ高めることが重視されていた。従って、たとえキーンの政治的意図が表面化しないとしても、音楽作品の高度の「遊び」が十分に機能したとき、収容所の人々の自己確認や精神的抵抗と結びつく可能性は十分に存在してきていると言えるだろう。

(2)

オペラ『アトランティスの皇帝』は、プロローグと四つの情景から成っている。ラウドスピーカー役の前口上という形式をとっているプロローグでは、アトランティスの皇帝オーヴァーオール（Overall）、皇帝の伝令役を勤める鼓手、皇帝と臣下との通話媒体の役割を担うラウドスピーカー本人、兵士と少女、そして道化役のハルレキン（Harlekin）とハプスブルク帝国の退役軍人を装った死神、これらの登場人物がそれぞれを表す音楽上のライトモチーフに伴われて紹介される。

続いて第一景、最初に口を開くのは老いたハルレキンである。ハルレキンとはイタリアの民衆喜劇コンメディア・デッラルテに出てくる道化だが、その道化的本性は、たとえ悲しみの涙を流しても、すぐその後で悲愴な状況を笑い飛ばし、冷静な客観化に移行できる能力にある。しかし今や、こうした人生の知恵を体現するハルレキンにとっては辛い時代となってしまった。というのも、誰もが現実の体験の中に埋没して、人生を相対化する能力を失った結果、「自分で自分を蔑むような」健康な笑いが消えてしまったからである。

こうした精神的状況は無感覚症候群さえ引き起こしかねない。ハルレキン本人でさえ時代の子、例外ではなく、「シャツの着替えが思うようにいかなくなってからは、一日一日の時間の勘定ができなくなってしまった。だから、洗いたてのシャツを着た時がつまりは新しい一日の始まりになったんだ。今日と明日の区別なんかないんだ」(29)とぼやいている。人生そのもの、あるいは「生きる推進力」を象徴する道化までもが明日を生きる気力を失い、また過去の記憶は色褪せた写真のように、今の時間と断絶しているのである。その原因は勿論アトランティスの皇帝の執政にあるわけだが、ハルレキンの、ややエキセントリックに聞こえる最初のアリアはそれを暗示するかのようである。

「月が竹馬にのって屋根の上にかかる。若者たちは恋と酒を渇望している。月が彼らを連れて行ってしまった。彼らはもう戻っては来るまい。おれたちは何を飲もうか？　血を飲むことにしようぜ。おれたちは何にキスをすればいいんだ？　せいぜいが悪魔の尻か。」[30]シャツの着替えに不自由し、時間感覚は麻痺してしまい、隔絶した非現実的世界というなら、それはオペラの観客が暮らすテレージエンシュタットそのものではないのか。もし、死体焼却所の煙突の上にさしかかった月が、若者たちの名残りを吸い込むとすれば、月はまるで大量殺戮の首謀者のようにも見えてくるだろう。愛する者たちは消えたまま戻らず、かといってSSに彼らの代わりが勤まるはずはない。しかしそれでも、ハルレキンの歌は怒りというよりも諦めにみたされ、終始メランコリーの気分から抜け出ることがない。

一方、ハルレキンよりはるかに長生きをしている――人間の誕生と同時に仕事を始めた――死神は、昔の栄華を回顧し、時代に遅れた今の我が身を嘆く。「戦争の時はこうだった。人間たちはおれに敬意を表すために、豪華な装いを競ったものだ。金や緋色の衣装、煌めく甲冑を身につけて、まるで花嫁が花婿のためにするように、皆がおれのために着飾ったものさ。」[31]ところが、科学技術の発達によって、戦争は人間の身体能力をはるかに超えた武器――新しい死の天使――によって左右されることになった。その結果、「機械化された部隊の後を追いかけるには、足腰が弱くなっしまった」[32]と、手仕事にこそ腕を発揮する職人の今や落ちぶれ果てた有り様を自嘲気味に語る。

かつては、戦場における死であっても、人間としての存在を賭けた意味のある死であり、それは生命の重みと十分に釣り合う内実を持っていた、と死神は考えている。そして、人間を生の苦しみから救って安息に導くことが、死神の重要な仕事であり、それが自然の摂理にかなった当たり前のことなのだ、と死神は認識している。

この背景にはたしかに、それまでの戦争観を転換させるほど大量の犠牲者を出した近代的科学戦争としての第一次大戦の経験があるだろう。それは単に死者の数だけの問題ではなく、むしろ人々の心理や精神に与えた衝撃の深刻さゆえに、時代を画する大事件となったのである。もちろんウルマンもそうした打撃を受けた人々の内のひとりであり、科学万能時代の戦争に対する死神の批判は、まさにウルマンのそれでもあったはずである。しかし時代は立ち止まらない。死神の考えがいかに時代錯誤的であるかということを、彼が身に着けている旧オーストリア・ハンガリー帝国の軍服はよく表している。彼のような退役軍人はテレージエンシュタットにも多かったはずである。こうしたことから、これら過去の遺物、生きる気力に欠けた老いた道化と、昔の手仕事としての戦争を懐かしむ老いた退役軍人は、まさに収容所の心理を表す象徴として舞台に上がっているということになる。

従って、収容所の観客は、いとも容易にこの二人と自分たちの境遇とを重ね合わせ、筋の展開を興味深く見守ることになるだろう。こうした自己同一化を狙った箇所は作品中にいくつも差し挟まれている。たとえば、第二景で、壊滅した都市の住民たちの死体の数を皇帝が尋ねると、ラウドスピーカーから聞こえてくる返答は、「燐一万キロ」[33]というものである。人間の生命の数量化と再利用とはまさにナチスの政策の一部を成すものであれば、――アードラーが指摘したSSの機能主義的・物質主義的世界観――ここで観客はどのような反応を見せたものか。この他にもナチスを直ちに連想させる要素――鼓手はゲーリングを、ラウドスピーカーはゲッベルスを思わせ、またいくつかの日付けや時刻は当時の歴史的事実から採られているなど[34]――がある。

しかし、これらがただ収容所の生活を摸写する目的のために利用されただけなら、一時的な現実逃避に役立つブラック・ユーモアの次元にとどまるものでしかない。少なくとも作曲家ウルマンの意図はそうではあるまい。観客を引き付ける道具立ては巧妙に利用しながら、そうした日常的「素材」を美的「形姿」に転換することに、ウルマンは芸術創造の意義を見出だしていたのだから。ある意味では娯楽作品となりうるような、切実ではあっても同時に面白いブラック・ユーモアに惑わされず、作曲家の巧妙な仕掛けを読み解いていくことが必要であろう。

(3)

さて、二人の老人が現在の境遇を嘆いていると、そこへ鼓手が現れて、皇帝からの人民に向けたメッセージを伝達する。それによると皇帝は、神から授けられた大教皇という地位にふさわしい権威を真に栄光あるものとするために、またあらゆる悪を根絶するために、全支配領域において「万人の万人に対する戦争」[35]を遂行することを決定したという。ついては、老若男女を問わず、すべての人民はこの聖戦のために武器を取るべし、との命令が下される。しかし、皇帝は「悪の根絶」——この悪とは領内におけるテロリズムを指すのだろうか——を唱えるのみで、具体的な戦争目的は無論のこと、攻撃の具体的標的が示されることはない。

この大義名文の片鱗もない無意味な戦争を仕掛ける皇帝とはいったいどのような人物なのか。すでにプロローグにおいては、広大な宮殿にただ一人閉じこもり、人と会うこともない、皇帝の奇妙な統治形態が紹介されていた。そしてその実態は第二景、皇帝の執務室の場面で明らかになる。

冒頭のト書きには、「がらんとした皇帝の宮殿。事務机。鏡のような大きな枠には黒い覆いが掛けられている。立派なラウドスピーカー。オーヴァーオール皇帝は体をこわばらせて座り、書き物をしている。突然身をかがめ、びくっとして、急に背後に眼をやり、電話に向かって呼び掛ける」[36]とある。まず第一に、皇帝は臣下をはじめ人間との直接的関係を絶ち、用件はすべて電話で済ませていることが分かる。しかも対人恐怖のような症状さえ見せている。原因は不明であるにせよ、皇帝の人間に対する抑圧的心理が人間的関係の拒否、あるいは人間への無関心を引き起こしたのではないかと想像できる。緊急の指示や命令は電話を通して行われ、その他の用件は文書によって伝達される。この場面だけでなく、皇帝は書く事に専念している。また皇帝が計算に没頭する場面もたたび見られる。皇帝の世界像は徹底的な計算によって出来上がったもののようである。しかし、彼にとっては、死体の再利用処理がその例となるように、実際の人間はまったく眼中にはない。すべては物に換算されてはじめて意味を持つ。こうした世界では、万事が観念的独善の論理に支配されているといっていい。

このような皇帝の性格描写から見えてくるのは、意識的か無意識的かは問わず、実在の世界と向きあうことを回避して、単なる技術的手段の追求に専心する態度、この場合でいえば、権威という観念に取り憑かれた支配者が目的なしの無差別殺戮ゲームの開始を宣言した、という状況である。この意味で、皇帝は絶大な権力を乱用する「権力本能」の象徴として姿を現している、と言うことができる。

このことは当然ながら、「アトランティス」という国名とも関係している。プラトン描くところのこの古代国家の隆盛と没落の物語は、人間の傲慢や権力者の不正がそれにふさわしい結末を迎えるという点で、人間や国家の道徳性の観点を含んでいるわけだが、このオペラの皇帝も、絶対的権力の乱用による宣戦という点において、アトランティスの王たちと共通するものを持っている。もちろん、オペラの舞台はすでに消滅した伝説の島ではない。近代文明国家として登場するオペラの中のアトランティスは、たとえば、二十世紀に権力を握った支配者が、遠い古代の絶対的支配をモデルとして、突然その国家をそのように名付け、また自身にはオーヴァーオール――ドイツ語ならば、《Überall（至るところに）》、あるいは《Über alles（すべてまさって）》というところか――という綽名をつけることも可能となるような国である。というのも、オーヴァーオール皇帝は、何よりも絶対的支配の欲望に取り憑かれており、その充足のためには現行の社会原理の破壊者となるほかに道はないからである。人間が長い年月をかけて獲得した精神的財産を放棄することが、皇帝の欲望充足の前提となる。従って、トーマス・ホッブズから採られた、人間と国家との安定的関係を崩壊させ、人間を本能に支配された「自然状態」へ引き戻す「万人の万人に対する戦争」という表現は、そのことをよく表しているだろう。

さて、ふたたび第一景、鼓手による宣戦の場面に戻ろう。全人民に向けて声明が発せられた後、鼓手は、今や力の衰えていた死神に対して、新しい「万人の万人に対する戦争」のために、軍の先頭に立って人間を死へと導き、皇帝の偉大な未来のために働くように要求する。しかし、死神にとって、無意味な死だけを生み出す、摂理に反した戦争に加担するなどとんでもない話である。死神の怒りは頂点に達する。

「聞いたか、みなおれを嘲笑しているんだ。人間から魂を引き取るのはおれだけにできることだ！ 軍旗を掲げて先頭に立てだって！ おれには偉大な過去！ 陛下にとっては偉大な未来！ 友ハインの後継者になりたいとでもいうのか！」(37) 友ハインとは、ヨーロッパ文化史において十八世紀ドイツに現れた死の象徴、すなわち死神の分身である。死神は「おれは人間の未来を偉大で長くつづくものにしてやるんだ」(38) と言って、死神の権威の象徴ともいうべきサーベルを折り、皇帝の要求に対して断固たる拒否の姿勢を示す。

死神のこうした職務放棄の結果、戦場であれどこであれ、人間は皆死を免れ、生き続けることになる。すると、皇帝が目論む秩序解体とはべつの意味で、摂理に反する異常な事態が起こり、それが皇帝を苦境に陥れる。そしてそうした状況から明らかになる人間の真実、さらには皇帝と死神の対峙の成り行きが、この先第二景以降の展開の中心となるのである。

(4)

ここまでは物語の導入と主題提示にあたる部分を台本から読み取ってきたが、言うまでもなくオペラの場合は、何よりも音楽自体が人物の性格づけや筋の展開に輪郭と説得力を与えなければならない。ではこのオペラでは、どのような音楽的素材がどのような構想のもとで、〈美的形姿〉を構築するために使用されたのか、ドラマの音楽的特徴を眺めてみたい。

譜例 1

Alla marcia
LAUT-SPRECHER
(LOUDSPEAKER)
Moderato
Hal-lo, hal-lo! Sie
Hel-lo, hel-lo! To -
Alla marcia
Tr.
ff
Moderato
Str.
sfz
pp

譜例 2

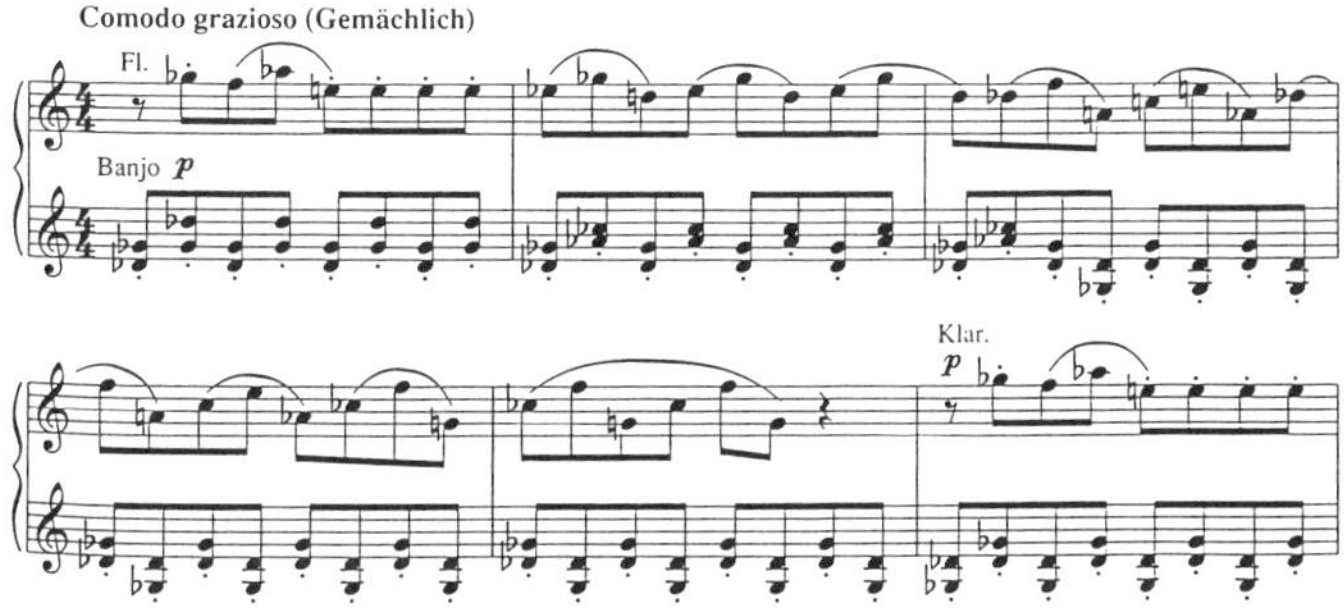
Comodo grazioso (Gemächlich)
Fl.
Banjo p
Klar.
p

譜例 3

TROMMLER
gespr.
f un poco maestoso
Achtung! Achtung! Im Namen seiner Majestät des Kaisers Overall! **
"Wir, zu Got-tes Gna-den O-ver-all der
By the grace of God, we Ü-ber-all the
p
un poco maestoso
Bl. + Str.
p
pp
* (Drum roll. The drummer appears behind the fence and issues a proclamation.)
** Attention! Attention! In the name of his majesty the Emperor Überall!
TROMMLER
f sempre
Ein-zi-ge, Ruhm des Va-ter-lan-des, Se-gen der Mensch-heit...
glo-ri-ous, pride of the Fa-ther-land bless-ing to man-kind...
p

プロローグの開始早々に響くトランペットのファンファーレ（譜例1）は、ラウドスピーカーの「ハロー」という合図や、鼓手の登場の場面など、皇帝勢力の存在とその戦争遂行の意志を表していて、作品中に何度も繰り返される中心的モチーフである。しかし、この明らかに皇帝と結びついたように見える動機も実はそう単純なものではない。

これは本来、チェコの作曲家ヨゼフ・スーク（一八七四―一九三五）の交響曲作品二七（一九〇五年）に出てくる重要な動機でもある。この作品は「アスラエル」（Asrael）という標題を持っている。これは死者に寄り添う天使、ゲルマン神話のヴァルキューレと同様の、死者の守護役を務める天使の名前である。スークは、この交響曲を一九〇四年に亡くなった師ドヴォルジャークと、まるでその後を追うように死んだ、妻であり師の娘でもあるオティーリエを追想する作品として書いた。しかもこの曲は、チェコ・スロヴァキア共和国の時代には民族の音楽的シンボルともなり、一九三七年に国民が絶大な尊敬を寄せた大統領トマーシュ・マサリクが死んだ時もこの曲が演奏されるなど、チェコ人にとって極めて親しい音楽であった。

それゆえ、このような民族の誇りと結びついた「死の天使」の動機が、オーヴァーオール皇帝勢力の領域に組み込まれているとは奇妙に見える。しかしこの点にこそウルマンの独創性が認められるのである。すなわち、すでに述べたように、第一景の出来事が示しているのは、人間の生命を一切顧慮せず、権威という観念の虜となった支配者がもたらした非合理的状況である。そのような皇帝勢力の符牒として「死の天使」の動機を使用することは、許されざる乱用である。つまり、略奪された「死の天使」は、直ちに聴衆のうちに皇帝の権力乱用を想起させ、このオペラの登場人物の基本的配置を明示する役割を持っていた、とみなすことができるだろう。

次は、ハルレキンのテーマ（譜例2）について見てみよう。これは、第一景の導入部として、ハルレキンの歌の前に置かれている。この陽気で剽軽なリズムと旋律線はたしかに道化にふさわしいものではある。ただし、第

譜　例　4

譜 例 5 a

譜 例 5 b

一景に登場するハルレキンは本来の歴史的ハルレキンではなかった。キーンによる手稿台本では、ハルレキンは最初から最後までピエロの名前で登場している。たとえば、冒頭のアリアに付された卜書きに、手稿台本では、「ピエロが歌をうたう。メランコリックに、グロテスクに、自分を皮肉るように」(39)とある。イタリアの茶目っ気たっぷりな道化に較べて、フランスに生まれ育ったピエロには――ウルマンには、師シェーンベルクの作品『月に憑かれたピエロ』の世界がひとつのモデルを提供したとも考えられるのだが――一抹の悲哀や現実逃避のイメージがつきまとう。

劇中のハルレキンもまた、自身が笑うことも人を笑わせることもできない、もはや思い出の中にしか自分を見つけられない、時代に合わない異邦人のような存在である。従って、ハルレキンが登場する場面で同時にハルレキンのテーマが鳴り響くことは一切ない。もうひとつこのテーマには重要な意味が隠されていることを忘れてはいけない。それは、これが明らかにジャズのイディオムを借用したものであるという点である。ナチスは、その人種差別政策によって黒人蔑視も露骨に示し、彼らに起原を持つジャズは――必ずしも徹底はせず、かなりいい加減なものであったとしても――禁止の対象となった。それを考慮するなら、ハルレキンのジャズ風な音楽には、「禁止された音楽」の意味が付与されていると考えるのには、十分な根拠があると思われる。こうした理由からも、このテーマはハルレキンと共に鳴り響くことがないのである。この一貫して道化の本質の象徴となる音楽は、後続の第三景と第四景で、それぞれの場面にふさわしく変型された形で再現され、著しい効果を発揮することになる。

次は鼓手が登場して最初に歌うアリア(譜例3)。ここでは、アトランティスを始め、皇帝が支配する国々が列挙されるのだが、この一種のカタログの歌は、オーストリアの作曲家、ヨーゼフ・ハイドンが作曲した旋律、すなわちホフマン・フォン・ファラースレーベンの歌詞を付されてやがてはドイツ帝国の国歌に採用され、我が

譜　例　6

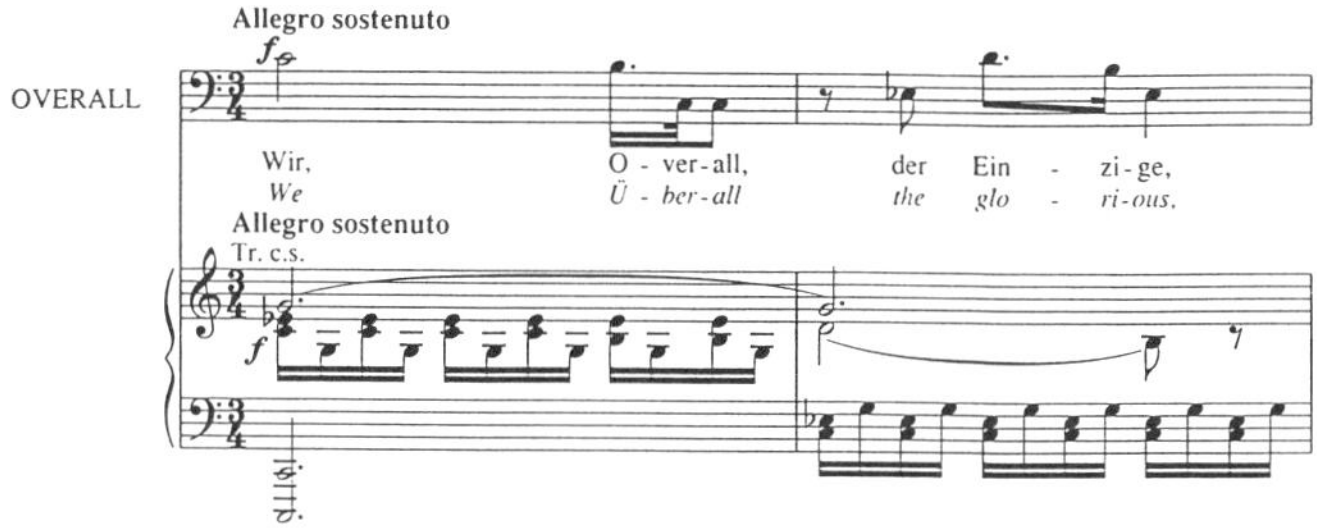

譜　例　7

譜　例　8

譜例はSchott社刊行のピアノ・スコア（注27）による。

国では『世界に冠たるドイツ』として知られている曲であることを聞き分けられない者はいないだろう。たしかに、正調のドイツ国歌ではなく、古風な教会旋法の枠に押し込められて、やや変調を来した形ではあるのだが。本来これは、十九世紀前半のドイツ諸邦において、国家的統合への願望を表わす歌であった。それが、ナチスの時代には拡張政策を補強する意味をこめて用いられたのである。そのこと自体、音楽の乱用と見なすこともできるが、ここでは、《Overall》と《über alles》の符合が明瞭に聞き取られ、占領下の現実、およびナチスとオーヴァーオールに共通する世界観の異常性が、強烈なインパクトを持って聴衆に作用することだろう。

もうひとつ、鼓手がすべての人民に向かって戦意を煽り立てる場面。鼓手は、皇帝の代役として、国家存亡の危機を捏造し、もし勇んで戦場に赴かなければ殺されるだけだ、という脅しをかける。鼓手すなわち皇帝の意図は、すでに見たように、目的のない無差別殺戮を実行することにある。これもやはり事実を偽った欺瞞的要求にほかならない。そうした鼓手の言葉を支える音楽（譜例4）はここでも乱用の色合いを帯びている。この深刻な表情で歌われる旋律の基礎にあるのは、死神が昔の戦争を回顧する時の主要動機（譜例5a、5b）を変型したものと考えていいだろう。さらに、死神のアリアに特徴的な七度音程は、第二景で、皇帝が人民の庇護者を装い、人民を眩惑する時にも再現される（譜例6）。これもまた、死神の権威の横取り、乱用のように聞こえてくる。あるいはこれを、世界観なき皇帝の空虚さの証明と言ってもいいかもしれない。

台本の持つ内実に音楽的表現を与えるということは、直接的かつ論理的な言葉をいかにして感覚的な音楽表現によって処理するべきか、その手法が問われることでもあるのだが、ウルマンのこのオペラでは、音楽的動機の扱いに見られるアイロニカルな視点が、現実と虚構の間に横たわる謎のような空間を現出させ、聴衆ひとりひとりにその意味を問いかけるのである。

こうした音楽的処理について、この作品全体の構造と関わってもうひとつ重要な問題がある。それは、登場人物の設定から見ても、また筋の展開から見ても、このオペラは、中世以来ヨーロッパの文化的伝統のなかに確固とした位置を占める「死の舞踏」の舞台化と見なすことができるという点であり、それに相応して、ウルマンは第二景の前と第四景の前に、前者では『死の舞踏』(Totentanz)、後者では『生きた死人たち』(Die lebenden Toten)と題された「舞踏付き間奏曲」を差し挟んだのである。

中世後期のヨーロッパで猛威をふるったペストは夥しい数の死者をもたらしただけでなく、死への恐怖と生のはかなさの観念を人々の心に刻み込んだ。そこで人々が眼にした日常的光景はさまざまに形象化されたが、そのひとつとして「死の舞踏」の図像がある。そこに共通して描かれているのは、骸骨の姿をした死者が、生きている人間の手をとって踊りに誘い、墓場へ導く様子である。

最も早い時期にあたる十五世紀、スイスのバーゼルで制作された『死の舞踏』は、壁画のオリジナルはすでに取り壊されたものの、十七世紀に模写された銅版画が残されている。ここでは、教皇から始まって、皇帝、国王、司教、大公、伯爵、騎士など聖俗両界の高位にある者、さらに市参事会員、法律家、医者などの市民、そして若者、少女、道化、商人、ユダヤ人など、身分も職業も年齢もさまざまな人間が、各々抵抗のすべもなく死者に手を引かれて行く有り様が描かれている。

こうした絵柄はまず第一に、この世の無常を警告し、贖罪を説くキリスト教信仰の実践のために、教訓を与える手段として流布していったものだが、同時に、「身分の貴賤は問わず生きとし生ける者はすべて、死を前にしては平等であることを歌う図像と解釈され」[40]、また、「死者と生者の舞踏行列はそれを観る者の、さらに広くは、世の《鏡》として」[41]現実認識を促す意図をもって制作された、とされる。こうした「死の舞踏」の意味構造は、その後、時代と地域によって変化していったと言われるが、たとえば、十八世紀後半には、教会の教えを説くための威嚇的な死者像から、より個人的な領域で親密に語りかけるような、「死すべき人を慰め、死せる人に挽歌を奏でる死の像、《友としての死》ハイン」[42]が誕生したのである。

このように見てくると、オペラの中の死神は、このハインの性格をかなり持っていることが分かる。第四景で死神は自身の使命について次のように語る。「おれは死神、庭師という死神、苦痛が掘り起こした畝に眠りの種をまく。おれは死神、庭師という死神、疲れた生き物という雑草をむしりとる。おれは死神、庭師という死神、畑から苦しみの豊かな実りを刈り取る。おれはペストには免疫があって、ペストそのものではない。おれは苦しみからの救済者であって、人を苦しませはしない。おれは、不安にかられた生命が逃げ込むための、快く暖かい隠れ家なのだ。おれは自由を存分に祝う祭りそのものだ。おれは死の眠りへ誘う子守唄だ。おれの客殿は静かで安らぎにみちている。来るがいい、ゆったり休ませてやるからな！」[43]死神はこのようにして、的確な人間観察能力を誇り、摂理の擁護者としての役目を教え聞かせるのである。

ここで再び「舞踏付き間奏曲」の音楽に戻る。第一間奏曲『死の舞踏』（譜例7）の場合、ややおどけたリズムによる足取りと、わざと威嚇するようなアクセントを聞けば、これは「死の舞踏」図像史の初期から継承されてきた、生のはかなさの教えと贖罪のすすめ、あるいは骸骨が人間に対して投げかける揶揄と警告の表現と受け取ることができるだろう。つまり、皇帝の宣戦に対する死神の怒りが、確かな歴史的正当性を持っているということをここで確認するために、正統的な「死の舞踏」が繰り広げられるのである。

では第二間奏曲『生きた死人たち』（譜例8）の場合はどうか。すでに触れたように、死神の職務放棄は人間の不死をもたらした。皇帝が処刑したはずの兵士たちも死ぬことができない。「何千人もの者が死ぬために生と戦っている」(44)という連絡も入る。この事態に愕然とする皇帝は、死の脅しによる支配の継続困難を悟り、こんどは苦し紛れに、永遠の生を人民に保証することで権威の維持を企てる。しかし、死すべき人間が死なければ、逆に永遠に続く生に苦しめられることを、皇帝は理解できない。生には限りがあり、また死は生を豊かにするためにある、という根本的原理が死神の拒絶によって崩壊した結果、生きる意味を奪われた不死の人間が、死に蝕まれ身体を永久に持ち続けなければならなくなった。

こう考えると、第二間奏曲の主動機の高低幅の狭さは、息もたえだえに、わずかな余力を振り絞って歩かされる、疲弊し尽くした人間の歩みに聞こえてこないだろうか。この歩みはおそらくテレージエンシュタットの聴衆の誰もが知っていた、収容所の囚人のそれに極めて近いものではなかったか。先に引用したプリーモ・レーヴィの回想に出てくる、「息絶えた人間たちの舞踏」とは、まさにこのような音楽に振り付けられていたのではなかったのか。いずれにせよ、こうした箇所には収容所の観客の胸を締め付けるものがあったろう、と推測することは決して誤りではないと思われる。

もうひとつ「死の舞踏」について言えば、このオペラの登場人物、皇帝、家来、兵士、少女、道化、そして死神、これらすべては「死の舞踏」絵図に描かれる人物と一致している。この一致は単なる偶然ではあるまい。オペラの筋は、独裁的支配者と死神の対決を中心軸としながら、生と死の意味をめぐって、テクストにおいても音楽においても——さまざまな引用を通して——歴史的視点からの考察を要求しているように見える。そのさいのヒントとなるのが、この「死の舞踏」の系譜ではないか、と思われてならない。このモチーフは、ウルマンが生きた時代はもちろん、それまでにも実に長い文化的伝統を持っている。上に言及したバーゼルには、さらに有名なハンス・ホルバインの『死の舞踏』を保存してきた伝統がある。そのうえ、バーゼルは、人智学協会の本部があるドルナッハに近く、またウルマンが精神的疾患の治療のために滞在したフライブルクからも遠くない。その意味で、ウルマンがバーゼルの「死の舞踏」図像に関心を寄せ、それがこのオペラの創作に強い影響を与えた、とは十分に考えられる。

(6)

最後に残った登場人物は兵士と少女だけとなった。オペラでは、事実上この二人のみが本物の人間として登場している。それはすなわち、オペラにおける「死の舞踏」という枠組みの中で、実は彼らだけが、本来の「死の舞踏」の主人公になりうる存在だということなのである。従って、これまで見たように、ナチスの時代や収容所に直接結びつく要素を道具立てとして利用してはいるものの、収容所の観客に向けて、真実共感を呼ぶ存在、言い換えれば、自己同一化へと駆り立てる形象としては、この二人の人間しかいないはずである。

第三景は、オーヴァーオール皇帝の言う「聖戦」の戦場。ひとりの兵士とひとりの武装した少女が出会う。彼らは皇帝の命令に従って、人間を相手にする限り殺し合わなければならない。少女がピストルを発射すると、弾は兵士に命中する。しかし、死神の拒否のために思いがけず死を免れた兵士は、かえって相手の女性に昔の恋人の面影を見て同情し、優しさが蘇ってくるのを感じる。武器で互いを傷つけあうことの無意味さを直観した兵士は、少女に対して戦場とは違う明るく多彩な世界があるのを教える。最初は訳が分からず当惑していた少女も、次第に自分の知らない世界に関心を抱くようになる。というのも、少女は物心ついてからずっと戦争状態の日々を強いられ、平和な時代のことを何も知らなかったからである。そこへ鼓手が現れてまず少女を、そして兵士を戦場へ連れ戻そうとするが失敗に終わる。この場面、鼓手が兵士を扇動する小アリアは、例によって死神の動機のヴァリエーションと見ることができるが、ここでは男たる兵士を標的とした官能的な誘惑の匂いを忘れてはいない。

二人は、深い闇のなかで遠くからの光に誘われるように、人を和解に導く人間的な愛の回復を願って歌う。「見てごらん、雲が消えた。長いあいだ視線を遮っていた雲が。どんよりとしていた景色が明るくなった。太陽が金色に輝けば、黒い影も明るくなる。そして、死神だって、愛と一緒になれば、詩人に変わってゆく。(45)」こうして、人間性の基本原理としての愛が、自己決定的な生を可能にして、死の不安を取り除き、ひいては非合理的な服従義務に抵抗する勇気を彼らに与えることになる。この二重唱では、あたかも二人の新たな認識を支持し、祝福するかのように、生の原理の象徴としてのハルレキンのテーマが再現されて、ドラマの意味づけに効果を発揮している。

人間をよく知る死神には、生と死の摂理を把握する理知的な要素がある。だからこそ死神は、皇帝の非合理的で破壊的な行動に対する批判者とならねばならない。そういう冷徹で思弁的な死神が感性的人間性とひとつになる時、詩という美的形姿が生まれるというなら、これはまさにウルマンが、収容所の内外を問わず、同胞へ、そして人間一般へ向けて発した重要なメッセージのように思われてくるのである。

そして大詰めの第四景。宮殿の執務室。机に向かっている皇帝のもとへ反乱が起きたという報告が入り、国内は大混乱に陥っている様子である。すると皇帝には微妙な変化が見られる。どうやら頭のなかがさまざまな想念に搔き乱されているらしい。まだ人間らしい生活を送っていた子供時代の記憶が蘇りかけると、今度は皇帝としての職務遂行を促す声がそれを押し返す。さらには、自身の圧制下で父や母を失った子供たちへの子守唄が聞こえてくる。こうした想念が駆け巡るうちに皇帝は自己を見失って、思いがけずも弱音を吐くまでになる。「五、六、七、八、九、十、百、千個の爆弾。百万の大砲。わたしは窓のない壁を周囲にめぐらした。こういった場所にしたのも計算ずくだったのだ。人間とはいったいどんなふうに見えるのだろう？　わたしはまだ人間なのか、それとも神の計算機なのか？　わたしはまだ人間なのか？(46)」

しかし、皇帝がこのように狂乱の淵まで追い込まれたということは、実は彼にもまだ、かけらほどであれ人間性が眠っていたことの証拠でもある。執務室には幕で覆われた鏡のようなものがあったが、皇帝は一度もこの幕を上げたことがない。つまり、それは不安から来るものなのか、あるいは傲慢ゆえのことなのかは定かではないが、皇帝は自身の姿を鏡に映すことを避けていた。しかし、頭を混乱させ、心を苛む得体の知れないカオスに突き動かされて、いま鏡の覆いを取ることに決めた。すると枠のなかから死神が出てきて、皇帝が自らの死をもって犠牲を捧げる意志を示せば、死の摂理を回復させることを約束する。皇帝は摂理に反する観念的支配の失敗を認め、死神――ギリシャの神、旅人の守護者、ヘルメスの相貌で、まるで文化の源流への回帰を促すかのような姿で――に導かれて鏡の枠を通り抜け、かなたへ姿を消す。

鏡は、さきに言及したように、「死の舞踏」の世界での小道具ともなり、また教訓的な観念ともなるものである。鏡に映るのはいまの自身の姿ではない。そこには生の旅路の果ての姿、いずれは死すべき己れの幻影が現れているのである。それゆえ、オーヴァーオール皇帝にとっては、ここで人間に立ち返り、死神の摂理に身を任せるほかに道は残されていない。皇帝は生からの別離にあたり、鼓手に向かって次のように語りかける。「わたしはこの見知らぬ若者について行く。どこへ行くのかは定かではない。しかしわたしのなかには、やがてまた帰ってこられるというかすかな希望がある。……だから、わたしを思い出すときには悲しまないように。なぜなら、はるか遠くにあるものを嘆き悲しむ必要はないからだ。むしろ悲しさは、永遠の影に包まれた身近なものに宿っている。」[47]近くにある悲しみと彼方にあるべき願わしい世界の対比は、このテレージエンシュタットの舞台であればこそ、いかにも意味深長に聞く者の胸を打ちはしないだろうか。

たしかに、皇帝の変化はあまりにも唐突、あるいは極端に見えるかもしれない。観念的独善の狂気が、最後には悔悟と諦念だけでなく、新たな生への希望すら口にするのをいぶかしむ受け取り方もありうるだろう。しかし、制作者たち、とりわけウルマンにとってはオーヴァーオールですら絶対的な「悪」ではなかった。その権力の乱用は手段と目的の取り違え、あるいはもっと平易に言えば、誤った思い込みにそもそもの原因があったのである。もし途方もない狂気に取り憑かれた皇帝でさえ、究極において、混迷の淵から救い上げられるというのなら、舞台上の兵士や少女、そして何より舞台を見つめる人々にも、死を前にして真実の認識に到達する可能性は十二分にあるだろう。オペラは、観客に向かってそのように呼びかけながら、皇帝を死の国へと送り出す。

舞台に出現した「死の舞踏」絵図がこうして静かに幕を閉じた後、残された人々が、死神を讃えて「死神よ、大切な客としてわれらの心の小部屋へ来てください。生の苦しみと重荷をわれらから取り去ってください。苦痛と苦難ののちにわれらを休息へ導いてください。生の快楽と苦労を称えるすべを、われらの同胞に教えてください。生の快楽と苦労を称えるすべを、われらの同胞に教えてください。厳粛な掟をわれらに教えてください。」[48]と歌う。この旋律がルターの賛美歌『神はわがやぐら』をそのまま使っているのは、ひとつには、「苦しみの実りを刈り取って」、「ペストから人間を救う」救済者として、また人間の避難所としての死神への賞賛を納得させるために効果的だからである。[49]しかし同時に言えることは、ナチスの時代を通して、この賛美歌は、国民的祝祭と結びついた政治的シンボルの役割を担い、かつまたテレージエンシュタットでも一日の仕事の終わりに歌われた事実によって、ある種の性格が付与されているという点である。するとここにもまたグロテスクなイロニーが忍び込み、収容所の観客を現実に引き戻す役割を果たしていることが明らかとなる。さらに言えば、「死の舞踏」のモチーフは、芸術史のなかに独自の位置を占めているだけでなく、ナチスを生み、またナチスによって政治化される、大衆文化運動で好んで取りあげられたテーマでもあった。

だが、ウルマンとキーンに、そうした意味での世俗的な道徳劇を作る意志はなかった。「素材を形式によって克服するための」栄養素がこのオペラの至る所に挟み込まれている。本論ではすべてを指摘することはできなかったが、思想や文学、そして音楽上のさまざまな引用はそれに必要な材料を提供している。見る者、聴く者は、あらゆる材料が日常と非日常の両方から光を浴びせられる空間から、それ全体の意味内容を再構築させねばならない。そして、そのために必要なアイロニカルな視点、つまりは「精神的な難破」を回避するのに有効な手段を、このオペラの作者たちは示したかったように見える。

終幕の合唱の末尾、「汝、死神という偉大な名前をむやみに呼びだすことなかれ」[50]というメッセージがハルレキンのテーマを借りて歌われる。諧謔によって生を相対化しつつ死に立ち向かう知恵が、ここにまた帰ってきた。もし、このオペラの上演が実現していたら、観客は、作者たちの意図通りに、「生きる形式」の直観に到達して、死の不安を克服できたであろうか。二人の芸術家はそれをついに確認できないまま、生涯を終えることとなった。

最後にまた中世の、ペストに襲われたヨーロッパを想う。山と積まれた死者の骨のわき、納骨堂の壁には「死の舞踏」の絵が描かれている。死があまりにも身近になったこの時代の、無常の教えと贖罪のすすめは、決して生の意義を失わせるものではなかった。むしろ人々は、強靭な信仰心を養い、生の教えを実践することによって、生への執着と死後の救済を切に望んだことだろう。そうした時代に思いを馳せて、「当時吹き荒れた戦いと病魔に疲弊した社会に生きる人々にとって、目の前にするものはまさに明日の我が身であり、せめてもの慰めは、日々のささやかな楽しみを見出すことと、死して後の晴れやかな天上世界を夢想することであった。彼らは、束の間の現実の喜びと想像の喜びのはざまでかろうじて生き永らえる強さと、神の加護を求めずにはいられない弱さを感じ取ったことだろう。死と向かい合い、人の死にゆく姿を見ては己れの生き方を問いつめられる。これこそが彼らの日常だったのである」[51]と考え及ぶとき、同時にテレージエンシュタットの「死の舞踏」もまた、二十世紀に発生した極限状況における「生きる試み」のひとつとして、その歴史的な意味を増しつつ、この系譜のなかに立ち現れてくるように見えるのである。

（1）テレージエンシュタット強制収容所についての事実関係は次の書物に依拠している。Hans Günther Adler : Theresienstadt 1941-1945. Das Antlitz einer Zwangsgemeinschaft. Tübingen (J. C. B. Mohr) 1955. 著者のアードラー（一九一〇―八八）はプラハで同化ユダヤ人の家庭に生まれた。彼自身テレージエンシュタットでの生活を経験し、アウシュヴィッツなどを経てホロコーストから生還した。戦後はその体験に裏打ちされた小説を書く一方、残された証拠資料を綿密に分析し、収容所生活の客観的記述につとめた。これはいまなお、テレージエンシュタットを論ずるさいには不可欠の基本的文献である。また、次の書物も、なかに収められた多くの図版とともに、テレージエンシュタット体験者による記録として大変貴重なものである。Rat der jüdischen Gemeinden in Böhmen und Mähren（Hrsg.）: Theresienstadt. Wien（Europa-Verlag）1968.

（2）ハンナ・アーレント『イェルサレムのアイヒマン』（大久保和郎訳、みすず書房、一九九八年）六五頁。

（3）前掲書、一〇四頁。

（4）ブルーノ・ベッテルハイム『フロイトのウィーン』（森泉弘次訳、みすず書房、一九九二年）四二五頁。

（5）Hans Günther Adler. a. a. O., S. 148. 収容所司令官がユダヤ人の代表者に対して、「君たちはどれほど運がいいか、まったく分かってないのだ。我々はテレージエンシュタットを楽園ゲットーに変えるつもりなんだ。」と言ったという。

（6）Hans Günther Adler. a. a. O., S. 178.

（7）プリーモ・レーヴィ『アウシュヴィッツは終らない　あるイタリア人生存者の考察』（竹山博英訳、朝日新聞社、一九九八年）五六頁。なお、原題は „Se questo è un uomo"（『これが人間か』）。

（8） 同上。

（9） 同上。

（10） Hans Günther Adler. a. a. O., S. 220ff.

（11） Ebd., S. 219.

（12） プリーモ・レーヴィ、前掲書　二四八頁。

（13） Thomas Mandl: Geleitwort. In: Viktor Ullmann 26 Kritiken über musikalische Veranstaltungen in Theresienstadt. Hrsg. von Ingo Schulz. Hamburg（von Bockel Verlag）1993. S. 7.

（14） Joža Karas: Music in Terezín 1941-1945. New York（Beaufort Books Publishers）1985.

（15） 特にオペラ『アトランティスの皇帝』の上演史について、その概略は次の文献によって分かる。Hans-Günter Klein: Anmerkungen zur Rezeption der Werke Viktor Ullmanns nach 1945. In:《Lebe im Augenblick, lebe in der Ewigkeit》Die Referate des Symposions aus Anlass des 100. Geburtstags von Viktor Ullmann in Berlin am 31. Oktober/1. November 1998. Hrsg. von Hans-Günter Klein. Saarbrücken（Pfau）2000. S. 43-71.

（16） ウルマンの生涯については、主として次の文献を参照した。Ingo Schulz: Wege und Irrwege der Ullmann-Forschung, In: Viktor Ullmann　Die Referate des Symposions anlässlich des 50. Todestags 14.-16. Oktober 1994 in Dornach und ergänzende Studien. Hrsg. von Hans-Günter Klein.（von Bockel Verlag）1996. S. 13-37. Christian Eisert/Ingo Schulz: Werkverzeichnis und Biographie Viktor Ullmann. In: Viktor Ullmann Beiträge — Programme — Dokumente — Materialien. Hrsg. von Internationaler Bachakademie Stuttgart.（Bärenreiter）1998. S. 14-28.

（17） Ingo Schulz: Wege und Irrwege der Ullmann-Forschung. S. 25.

（18） Ingo Schulz: Dokumente zur Biographie Viktor Ullmanns. In:《Lebe im Augenblick, lebe in der Ewigkeit》. S. 41.

(19) Hans Günther Adler. a. a. O., S. 307.

(20) Hans-Günter Klein : Viktor Ullmann Werkverzeichnis. In : Musik in Theresienstadt. Die Komponisten Pavel Haas, Gideon Klein, Hans Krása, Viktor Ullmann, Erwin Schulhoff und ihre Werke. Hrsg. von H. T. Hoffmann und H-G. Klein. Berlin 1991. S. 62.

(21) Viktor Ullmann Materialien. Hrsg. von Hans-Günter Klein. Hamburg (von Bockel Verlag) 1995. S. 13. もちろん、未完の作品の扱い方によって、これらの数字は異なる。いずれにせよ、散逸したと見なされている作品が、今後の調査・研究の過程で再発見される可能性はあるだろう。

(22) Viktor Ullmann 26 Kritiken über musikalische Veranstaltungen in Theresienstadt. S. 93.

(23) Ebd.

(24) Ingo Schulz : Quellenkritische Anmerkungen zum Autograph der Oper *der Kaiser von Atlantis* von Viktor Ullmann. In : Exilmusik — Komposition während der NS-Zeit. Hrsg. von Friedrich Geiger/Thomas Schäfer. Hamburg (von Bockel Verlag) 1999. S. 267-289.

(25) Ingo Schulz : Der Kaiser von Atlantis oder die Tod-Verweigerung　Anmerkungen zur Entstehungsgechichte und Interpretation. In : Viktor Ullmann　Beiträge — Programme — Dokumente — Materialien. S. 136.

(26) Ingo Schulz : Textbuch zur Oper《Der Kaiser von Atlantis》. In : Viktor Ullmann　Beiträge — Programme — Dokumente — Materialien. S. 112-133 (= TB)

(27) Viktor Ullmann　Der Kaiser von Atlantis oder Die Tod-Verweigerung　Spiel in einem Akt von Peter Kien. Nach den Quellen herausgegeben und für Bühne eingerichtet von Henning Brauel. Musikwissenschaftliche Revision von Andreas Krause. Klavierauszug. (Schott) 1994.

(28) ペーター・キーンについては次の論考を参照した。Karl Braun : Peter Kien - Annäherung an Leben und Werk. In :《...Es wird der Tod zum Dichter》Die Referate des Kolloquiums zur Oper "Der Kaiser von Atlantis" von

Viktor Ullmann in Berlin am 4./5. November 1995. Hrsg. von Hans-Günter Klein. Hamburg（von Bockel Verlag）1997. S. 39-51.

（29）TB. S. 114.

（30）Ebd.

（31）TB. S. 116.

（32）Ebd.

（33）TB. S. 119.

（34）アンドレ・マイアーによれば、劇中で皇帝の統治は十五年目に入ったとされているが、ヒトラーが『わが闘争』を出版して、彼の政治的プログラムを表明してから、十五年目に第二次大戦が始まったこととの一致点、その他いくつかナチス時代の歴史事実と符合する箇所があるという。また、このような同時代の出来事の暗号化は、台本を書いたペーター・キーンのアイデアであろうと推測している。André Meyer : Peter Kiens Libretto zum “Der Kaiser von Atlantis” - ein Text voller Anspielungen. In : Viktor Ullmann Die Referate des Symposions anlässlich des 50. Todestags. S. 87-96.

（35）TB. S. 116.

（36）TB. S. 118.

（37）TB. S. 117.

（38）Ebd.

（39）TB. S. 131.

（40）小池寿子『「死の舞踏」（ダンス・マカーブル）の成立をめぐって』（『死の舞踏――中世末期から現代まで――デュッセルドルフ大学版画素描コレクションによる』国立西洋美術館　二〇〇〇年）二三頁。

（41）前掲書、二三頁。

（42） 田辺幹之助『死者と虚無。友ハイン――中世末期から十九世紀に至る死の舞踏の背景』（『死の舞踏――中世末期から現代まで――デュッセルドルフ大学版画素描コレクションによる』）三七頁。

（43） TB. S. 127.

（44） TB. S. 121.

（45） TB. S. 132. なお、このテクストは自筆スコアに元からあったものではなく、後で誰かが書き加えたものである。テクストの異同の問題については別の機会に取り上げたい。

（46） TB. S. 127.

（47） Klavierauszug (Schott) S. 93-101. このアリアにも二種類の版がある。ウルマンの自筆スコアではキーンによるテクストが使用されているが、ウルマンは別のテクストを用意していた。私見では、ウルマン稿の方がオペラ全体の構想に適合し、音楽とも融合していると思われる。しかし、この点に限らず、他のオペラや歌曲など、特に言葉が関わる作品の場合は、ウルマンの人智学信奉の問題が解釈に大きな影響を与えることになる。従って、このオペラも、そうした観点から理解する可能性は大いにあるだろう。

（48） TB. S. 129.

（49） なるほど、これによって死神の性格は明確になる。しかし、これがすべてではないように見える。随所に織り込まれた音楽的引用の含意はより詳細に検討されなければならない。ルターからの引用も、過去にこれを行なったふたりの―西欧社会への同化に成功した―ユダヤ人作曲家、マイアーベーア（オペラ『ユグノー教徒』）とメンデルスゾーン（交響曲第五番『宗教改革』）を想起させる。たとえばそこに、チェコの民族復興運動においてルターが果たした役割への評価とユダヤ民族の復興への望みといったものが秘められてはいないだろうか。

（50） TB. S. 129.

（51） 小池寿子『死者たちの回廊――よみがえる「死の舞踏」』（平凡社ライブラリー　一九九四年）二四―二五頁。

ルイス・モロー・ゴッチョーク
――アメリカのユダヤ／クレオール系作曲家

黒田晴之

一　ポピュラー音楽からゴッチョークへ

たとえばニューオーリンズの現在を代表するミュージシャン、ドクター・ジョン（Dr. John, 1940-　）に『ガンボ』（*Gumbo*, 1972）というアルバムがある。かれ自身が四〇年代末から五〇年代に親しんだ音楽へのオマージュであり、ニューオーリンズのマーチング・バンドが叩き出すセカンド・ライン（Second Line）[1]のリズムが随所で鳴り響いている。ある殺人事件の犯人で黒人たちからヒーローのように歌い継がれた「スタッカ・リー」（Stack-A-Lee）、ニューオーリンズ・ピアノの第一人者プロフェッサー・ロングヘアー（Henry Roeland "Professor Longhair" Byrd, 1918-80）の曲が、セカンド・ラインによって違和感なく結び付けられている。

がんらいドクター・ジョンはマック・レベナック（Mac Rebennack）という実名で五〇年代からR&Bシーンで活動していたのだが、ある有名な祈禱師ドクター・ジョンを名乗ってリリースした六八年のアルバム『グリ・グリ』（*Gris-Gris*）からは、ニューオーリンズ音楽をルーツにまで遡って探求する活動をしている。かれの自伝『フードゥー・ムーンの下で』を読むとニューオーリンズが宗教的にいかに習合をきわめ、ハイチ移民のもたらしたヴードゥー（ニューオーリンズではグリ・グリとなる）やキューバのサンテリーアが、ブラック・ホークというニューオーリンズ・インディアンの宗教と、さながら当地のごった煮料理「ガンボ」のように混ざり合っていた様子が分かる。(2) かれによると怪しげな祈禱だとか毒薬を盛るといったたぐいのことは日常茶飯事で、あるいはスピリチュアル・チャーチなどがコミュニティーを支えていたのも事実だった。

かれが『ガンボ』の続編として一九九二年に出した『ゴーイン・バック・トゥー・ニューオーリンズ』（*Goin' Back to New Orleans*）は、「真の意味でのルーツ・ミュージック」を掘り下げようという意欲に満ちたものだ。(3) たとえばジェリー・ロール・モートン（Jelly Roll Morton, 1890-1941）の曲『バディー・ボールデンの声が聞こえた気がした』が取り上げられているが、これは「ジャズのパイオニア（バディー・ボールデン）に寄せるジェリー・ロール・モートンの思い出」であり、かれにとっては「たんなる曲以上のもの」(4) なのだとドクター・ジョンはコメントしている。なるほどモートンは一九〇二年にジャズを始めたと喧伝しているが、かれが始めたラグタイムのツー・ビートを細分化するという点では、ボールデン（Buddy Bolden, 1877-1931）のほうが先んじていた。(5) たんにボールデンは精神病院に入れられたため録音が残せなかっただけの話である。おそらくドクター・ジョンの試みていることは明らかだろう。かれが思い描いているのは「神秘的な起源」をもつものも含めて、「ニューオーリンズ音楽の歴史すべて」(6) をカヴァーすることだ。

ただしドクター・ジョンの探求はジャズの起源に遡ることで終わるわけでない。なかでも冒頭の「聖人の連禱」（Litanie des Saints）は他とは性質を異にする曲である。かれはルイス・モロー・ゴッチョーク（Louis Moreau Gottschalk, 1829-69「ゴットシャルク」とも「ガッチョーク」とも記述されるが、ここでは「ゴッチョーク」としたい図1）による「バンブーラ：ニグロのダンス」（Bamboula : Danse des Nègres, 1844/5, op. 2）を、「ニューオーリンズの昔に遡る古いグリ・グリのチャント」とミックスしている。さらに「ゴッチョークのリアルなフィーリング」だと言うイントロのストリング・パートを「ハバネラのフィーリング」[7]に続けてもいる。おもしろいことにニューオーリンズの宗教の習合性をなぞるかのように、チャントの部分はアフリカのパトワやフランス系とスペイン系のクレオール語で歌っている。だけれどゴッチョークとはそもそもどんな人物なのか。あらかじめドクター・ジョンによる紹介を引いておこう。

> ゴッチョークはニューオーリンズ生まれの天才音楽家で、民衆的なテーマを用いた合衆国最初のクラシック作曲家だった。かれはコンゴ広場とおなじブロックで育った——かれはこの広場で奴隷たちの古いダンスを見たりアフリカのチャントを聴いたりして、作品のインスピレーションを得たのである。[8]（傍点—引用者）

図 1　ルイス・モロー・ゴッチョーク (Louis Moreau Gottschalk, 1829–69)

およそクラシックの歴史でさえ顧みられることのほとんどないゴッチョークだが、ドクター・ジョンのようにポピュラー音楽からアプローチした例がもう一つある。おそらくビーチ・ボーイズが『スマイル』(Smile, 1966/7 制作）というアルバムに失敗したことはポピュラー音楽の歴史では有名な話であろう。あまりの薬物使用と神経衰弱のためにリーダーのブライアン・ウィルソン（Brian Wilson, 1942– ）が制作を放棄したプロジェクトである。[9]さいごまでウィルソンを共同制作者として支え続けたのがヴァン・ダイク・パークス（Van Dyke Parks, 1941– ）だった。かれはワーナー・ブラザーズ社のアレンジャーをつとめたため、ワーナーの本社があった場所にちなんで「バーバンク・サウンド」と名付けられる、一連の優れた作品のプロデュースを手がけている。かれは七二年の自分のアルバム『ディスカヴァー・アメリカ』(*Discover America*) で、トリニダードのカリプソを含む汎カリブ海的なアメリカ音楽を模索しているが、九八年の『ムーンライティング』(*Moonlighting: Live at the Ash Grove*) ではゴッチョークの曲から、『熱帯の夜』(Night in the Tropics, 1858/9) と「ダンサ」(Danza, 1857, op. 33) の二曲を取り上げている。かれはピアノと管弦楽にアレンジしているがリズムはいずれも原曲には忠実にハバネラで演奏している。たしかに二人のミュージシャンが期せずしてゴッチョークを同時に取り上げただけにすぎない。だけれどパークスは次のように言っている。

> かれの音楽は、その先見の明ゆえに、価値を認められたと言っていい。一八四五年という時代に、こんなシンコペートしたリズムを書いていたなんて、信じられないよ。[10](傍点—引用者)

たとえばドクター・ジョンが「神秘的な起源」と言い、パークスが「先見の明」と言うときなにが共通してイメージされているのか。

二　ゴッチョークのフットワーク

おさないゴッチョークの神童ぶりを伝える逸話が残されている。かれの母マリー・エメは当時のニューオーリンズで流行していた、マイアーベーアのオペラ『悪魔のロベール』(Robert le Diable, 1831) の一節をピアノで弾いていた。ちょっと疲れて隣室に下がっているとピアノの音が聞こえてくる。おずおずとドアーを開けてみるとなんと自分の息子が見よう見まねで、さきほど母親が弾いていた曲を弾こうとキーとペダルを探っている。わかい母親の驚きの叫びに呼び寄せられた召使いは呆然とするばかりで、なかでも最長老の黒人は頭を震わせてようやく「ゾンビ」と呻くことができるだけだった。さらに別の逸話が伝えるところによるとゴッチョークはこのとき、「もう一つ弾けるよ」と言って行進曲を弾きだし、三人の召使いのほうはピアノのリズムに合わせて肩さえ揺らしはじめた。おさないピアニストは愛唱歌「コロンビアよ」(Hail Columbia!)を含め結局は一ダースもの曲を演奏したという。[11] ただし伝記作家ロギンスが伝えるところでは「ゾンビ」と声を漏らしたのは、ムラートの召使いで乳母代わりでもあったサリーたちだという点が異なっている。[12] かれがいずれにせよ三歳前後だったころの話である。なにしろ当の逸話を伝えているのが実の妹のクララだから、たぶんに脚色が施されていてにわかには信じられないが、おさないゴッチョークの環境を構成した人員の配置図は分かるであろう。

わかき母親エメが証人となっているように一八三〇年代のニューオーリンズには、かつての宗主国だったフランスのオペラ文化が深く根付いていた。さらに加えてミシシッピーの河口に位置するニューオーリンズでは、およそ人種と人種を隔てるものとして機能したクラシック音楽という「分割線」がほかよりも「弱かった」。[13] たとえばアフロ・アメリカンでサント・ドミンゴ出身の解放奴隷を父にもち、かつゴッチョークと同時代人だったエドモンド・デデ(Edmond Dédé, 1827–1903)などは、ニューオーリンズのセイント・チャールズ・シアターで学んだのち、やはりゴッチョークと同様にパリで研鑽を積んで最終的にはボルドーの常任指揮者になっている。[14] かれは一八九三年に一度だけニューオーリンズで凱旋公演をしたさい、ジェリー・ロール・モートンの師だったW・J・ニッカーソン(W. J. Nickerson 生没年不詳)とのジョイント・プログラムも催している。[15] さらにはドビュッシーに作曲を教えた「理論上の師」であり、『カルメン』のレチタティーヴォを書き『ホフマン物語』の補作も行なったアーネスト・ギロー（Ernest Guiraud, 1837–92）も、ニューオーリンズの出身でゴッチョークとの交友関係があった。(16) かれらを取り囲むようにして生活していたのがルイス・モローの日常的に接したインディアンやムラートなどの隣人たちである。だとしたら「三日月の都市《クレッセント・シティー》」ことニューオーリンズはその歴史の当初から、ドクター・ジョンが言っていた以上に「ガンボ」状態だったと言えよう。

さて父親のエドワードは高度な音楽教育を受けさせるため四二年に息子をパリへ送っている。さいしょゴッチョークは「アメリカ人」との理由でコンセルヴァトワールへの入学を断られた。なぜなら「アメリカなんて国は、蒸気機関車を作ってりゃいいんだ」というほどの認識しかなかったからである。(17) だがその後もパリでピアノと作曲を学び続けたかれは、十六歳にもならないうちに知人のプレイエル宅で私的なリサイタルを開いている。かれのヴィルトゥオーゾぶりに居合わせたショパンからは「ピアニストの王になる」とまで激賞された。(18) このかんに四八年の革命による喧騒を嫌ってパリ郊外に逃れていたゴッチョークは作曲を本格的に開始する。かれは家族とともにある精神病保護院に逗留していたのだが、患者たちのまえでピアノを演奏をしたりコーラスの指導をしたことも手伝って、病院側からは医療スタッフの一員とさえ見なされるようになった。ある日のことゴッチョークは医師たちに「自分でも気付かないうちになにかの偉業を達成するとき、こんな行動をもたらすのはどのような精神力なのですか」という質問をしてみた。かれには自分が高熱にともなう譫妄状態のなかで作曲しながら、あとでは記憶のすっかりなくなっている曲が念頭にあったのである。かれらが「それら［曲］は自分が思っている以上にきみの一部なんだよ」と答えながらも、あまりゴッチョークが医師たちからの示唆を気にも留めずに帰宅してみると、はたして自分のポートフォリオに「ブラ・クペ」（Bras Coupé「片腕」の意味）の叫んでいた「バンブーラを踊れ！」（Dansez bamboula !）という言葉が書き殴ってあった。おさないルイス・モローが生家のバルコニーから聴いたと伝えられる黒人奴隷ブラ・クペのコンゴ広場でのダンスである。おまけにサリーから聴いた歌詞もポートフォリオにはちゃんと書き込まれている。あらためて見直してみるとキーやリズムを指示するサインとマークもある。かれが当の走り書きを曲に完成するには一週間が費やされた。かれの作品二番「バンブーラ：ニグロのダンス」の誕生である。[19] あたかも時代は精神疾患が立派な治療対象となりはじめたころであり、かれの音楽を媒介にアメリカの黒人とフランスの精神病患者の身体が同期している。

かれが「バンブーラ」と同時期に平行して作曲したものに、ルイジアナの黒人たちが英語の「スキップ・タン・ル、マイ・ダーリン」(Skip-tum-lu, my Darling) をスピリチュアルにした歌で、かつサリーのレパートリーであったものを翻案した「サヴァンナ：クレオールのバラード」(La Savanne : Ballade Créole, 1845/6, op. 3) がある。ちなみに「サヴァンナ」とはニューオーリンズ郊外に広がる草地のことで、かれは「新奇性《ノヴェルティー》」を加えるためにバッハ風のプレリュードを加えている。あとで作曲家の名前をヨーロッパ中に知らしめた、「バナナ：ニグロの歌」(Le Bananier : Chanson Nêgre, 1845/6, op. 5 オッフェンバックがチェロのために編曲している)、「マンチニール：セレナーデ」(Le Mancenillier : Sérénade, 1848/9, op. 11) を含めて以上は「ルイジアナ四部作」と呼ばれ、あとで十二歳のビゼーが作曲家本人の目の前で演奏してみせることになる曲でもある。[20] おそらく聴衆が当時も現在もゴッチョークの楽曲から受ける印象というのは強烈な「エキゾティシズム」の感覚であろう。かれの「バンブーラ」や「サヴァンナ」を実際に母が聴いたときも、エメは「ニグロのしろものじゃないか」というほどの関心しか示さなかったのだが、ショパンでさえ「ポーランドのしろもの」でパリジャンの気持ちをつかんだし、グリンカは「ロシアのしろもの」でフランスを熱狂させたと息子は反論している。[21] おなじような挙措はのちに「わたしについてきてください！：奇想曲」(Suis moi!: Caprice, 1861, op. 45) や「愛しきひと、わたしをいたわってください！：奇想曲」(O ma Charmente, Épargnez-moi!: Caprice 1861, op. 44) の出版に、ゴッチョークが以下のような自著ノートを付けていることにも認められる。

> この（完全にオリジナルな）小曲の著者は、スペイン領アンチール諸島のクレオールたちの音楽の、単一のリズムと魅力的な性格の観念を伝えようと努めてきた。ショパンは周知のようにポーランドの国民的特徴を、かれのマズルカやポロネーズに変換したが、ゴッチョーク氏《ママ》は西インド諸島の性格特徴を、特有の性格をもつ作品のなかで再現しようと努めてきた。(22)

かれがショパンのマズルカと西インド諸島の音楽に基づく自作を同列に見なすのは矜持かもしれないし、あるいはマズルカが当時の西インド諸島に移植されて実際に人気を集めていたという事情にもよるかもしれない。(23) たしかに『あるピアニストのノート』にはコンサート・ツアーで訪れた西インド諸島での経験が窺われるし、かれは立ち寄った先々で音楽による旅行記を書くように「プエルトリコ土産：農民の行進曲」(Souvenir de Porto Rico: Marche des Gibaros, 1857, op. 31)、「ハヴァナ土産：コンサートのための大奇想曲」(Souvenir de la Havane: Grand Caprice de Concert, 1859, op. 39) など、中南米に取材した作曲を数多く行なっている。なるほど正規のヨーロッパ音楽の教育を受けながらもゴッチョークには、今日で言う「ワールド・ミュージック」に十分通用するジャンルへの傾向が見られる。

だから「バンブーラ」を聴いたパリのサロンの聴衆——かれらのなかにヴィクトル・ユーゴーらがいた——が、この「アメリカ人」の「ピアニスト」から「エキゾティック」なものを聴き取ったとしても不思議でない。かれの生きた時代とはそもそも啓蒙主義からの反動によって特徴付けられる十九世紀である。あえて図式になるのを恐れずに一般化すると啓蒙とは普遍的な真理への熱狂だったが、これが十九世紀になると周縁的なものへの探求へと大きく方向転換する。たとえばユーゴーが文字どおり『東方の詩』(*Orientales*, 1829) という詩集を出し、ドラクロアがアルジェリアを描くようになった時代背景の一つである。なるほどゴッチョークは当時流行った叙事詩『オシアン』を題材にバラード (Ossian, 1846/7, op. 4) を書いているが、かれが初めて作曲して (Polka de Salon, 1844, op. 1) のちに「オシアン風ダンス」(Danse Ossianique, 1851, op. 12) として書き直された作品は、あの北欧の偽書とはなんの縁もないしろもので、ベース・ラインをハバネラに換えさえすれば「陽気なカリビアン・ダンス」になる。(24) かれが最初に「バンブーラ」を公然で演奏するのを聴いたテオフィール・ゴーチェなどは、ゴッチョークにかんするエッセイで「わたしたちを喜ばせるのは音楽の新奇性だ」(25) とまで言い切っている。かれの音楽のもつ「新奇性」とは地理的な含意を除いた「エキゾティシズム」といった趣がある。あらかじめゴッチョークがデヴューする条件は有利に準備されていたのだと言えよう。かれは「新奇」なものがないかと獲物を狙っていた「オリエンタリスト」たちの牙城にお誂え向きとばかりに登場したのだ。あきらかにゴッチョークも自分の出自がもたらす宣伝効果を心得ていたのであろう、わざわざ楽譜に「ルイジアナのルイス・モロー・ゴッチョーク」と記名している。かつて入学を断られたコンセルヴァトワールに意趣返しをするとともに、かれは「アメリカ人」という自分の負の属性をまんまと反転させたのである。わたしたちが留意しなければならない——あるいは音楽史の面白い逆説でもあるのだが——のは、ヨーロッパの聴衆には「エキゾティック」ないしは「新奇」に聞こえたゴッチョークの音楽も、かれにとっては幼少期から親しんでいたごく自然な音楽にすぎなかった点である。なにもパリジャンたちの受けだけを狙って「新奇」なものを作曲したのでない。かれにとってニューオーリンズはもちろん周縁ではなく、おのれの身体にも染み込んでいる中心の土地そのものである。

かれはトゥサン・ルヴェルチュール (Toussaint L'Ouverture, 1744?-1803) 率いる、ハイチ革命のさいの難民でクレオールだった祖母を母方にもち、ロンドン生まれのスペイン系ユダヤ人を父にして生まれている。ちなみにクレオールとはニューオーリンズではフランス人と黒人の混血を指す言葉で、一八〇三年にルイジアナがフランスから合衆国に売却された事情から、白人なみの地位を与えられ高い教育も受けていたが[26]、ゴッチョークがクレオールの家系だと言うときのクレオールとは、出身国でなく植民地で生まれた白人のことを指している。なるほどドクター・ジョンが「聖人の連禱」で再現したハバネラもゴッチョークが作曲に好んで用いたリズムではある。だけれどもハバネラそのものはニューオーリンズのクレオールとはかならずしも直結しない。なかんずくスペインのセバスティアン・イラディエール（Sebastián Yradier, 1809-65）が、一八四〇年代に作曲した「ラ・パローマ」（La Paloma, 1859 に楽譜の出版）によって世界中に広まった、二拍目に大きくつんのめる四分の二拍子のリズムである。これは一六八五―八年にフランスの宮廷に紹介された、イギリスのカントリー・ダンス（Country Dance）をその起源とし、フランスにはコントルダンス（Contredanse）として、スペインにはコントラダンサ（Contradanza）として伝えられた。さらにコントラダンサはキューバのスペイン人入植者によってダンサ（Danza）と呼ばれ、一八〇〇年ごろにそのハヴァナ版がダンサ・アバネーラ（Danza Habanera）となった[27]。だとするとキューバ訪問中に当地の音楽に魅せられたイラディエールは、ハバネラをヨーロッパに云わば逆輸入したことになる。かれが「ラ・パローマ」のまえに出版した「エル・アレグリート」（El Arreglito, 1864）もおなじハバネラで、この曲を民衆音楽だと思い込んだビゼーが自作のオペラに取り入れたのが『カルメン』の「ハバネラ」だった。かれはゴッチョークの「ルイジアナ四部作」を演奏していたし、あるいは蔵書からは後者の楽譜も見つかっているだけに[28]、おなじ時期に三人の作曲家がハバネラを合言葉に接近していた事実はきわめて興味深い。あるフランス人が一八三二年にハヴァナで開いた楽譜出版社がハバネラに次の局面を準備する。かれはファン・フェデリコ・エーデルマン（Juan Federico Edelmann, 1795-1848）というピアニストで[29]、ハヴァナ生まれの弟子で「コントラダンサの父[30]」とも呼ばれたロブレード・マヌエール・サウメール（Robredo Manuel Saumuell, 1817

-70）らと小曲集を出版していた。かれらが世に出したコントラダンサはゴッチョークがキューバを訪れたときは優に数百を数えていた。このサウメールこそがアメリカから来た作曲家に当のリズムを教えた張本人だった。ちなみにゴッチョークがハヴァナに向かう船上で偶然出遭ったのがフェデリコの二人の息子で、かれらからはキューバ上陸後にフェデリコの育てた音楽家を紹介されてもいる。

なるほどハバネラはダンサに「黒人風のリズム感が少し加わってハヴァナ独自のものになった」[31]ものであり、あとでタンゴやカリプソに受け継がれていくプロトタイプのリズムで、おもにキューバでの滞在中にハバネラを使った作曲がゴッチョークにも実際に残されている。だが一八五四年から五九年にかけてゴッチョークが監督と指揮をし、ハヴァナ中が熱狂したコンサートのほうがむしろ特筆に値するだろう。なぜならアフロ・キューバンの楽器が音楽史上初めて導入されたコンサートだったからだ。[32] かれの催したコンサートはしかもグロテスクなまでに巨大なものだった。

わたしはハヴァナの詩人に書いてもらったスペイン語の歌詞に基づいて、一幕物オペラ『キューバの田園祭』（Fête Champêtre Cubaine）の仕事と作曲に取りかかった。（……中略……）わたしのオーケストラは六五〇人の演奏者――と八七人の合唱隊、一五人のソロ、五〇のドラムと八〇のトランペットなど、九〇〇近くの人からなり、だれが軋んだ音をいちばん大きく出せるか唸ったり吹いたりして競争した。[33]

あるいはジェレミー・ニコラスが「ケイクウォーク（Cakewalk）の前触れ[34]」だと言う、「風刺：奇想曲」（Pasquinade：Caprice, 1869, op. 59）のような作品があるが、だとするとゴッチョークはジャズの先取りをしていたとも言える。なぜなら「ケイクウォーク、ハバネラ、タンゴは似た音形[35]」であり、かつ「ラグタイムという音楽で踊る踊りがケイクウォークだった」[36]と考えられるからである。なにしろスコット・ジョップリン（Scott Joplin, 1868-1917）がラグタイムをピアノ・ロールに吹き込むのは一八九九年だから、ゴッチョークには「先見の明」があると言ったヴァン・ダイク・パークスはそのかぎりで正しかったことになる。なお「ケイクウォーク」がクラシックに本格的に取り上げられるようになるのは、ドビュッシーが一九〇八年に出版した『子供の領分』の第六曲「ゴリウォーグのケイクウォーク」（Golliwog's Cakewalk）からである。おまけにサント・ドミンゴからもたらされてサンチャゴ・デ・キューバのカーニヴァルで演奏された曲で、ゴッチョークが翻案したものに「ホタル：勇ましいキューバ風大奇想曲」（El Cocoyé：Grand Caprice Cubain di Bravura, 1853/4, op. 80）があるが、「バンブーラ」とおなじように冒頭の強烈なドラム・ビートを原曲にあったアフロ・キューバンで繋いだのち、「おちついたハヴァナのリズムというよりも、むしろラグタイムを先取りするシンコペーションするメロディー」を採用している。かくしてゴッチョークはスターの言葉を借りれば「サント・ドミンゴの精神とサンチャゴ・デ・キューバの素朴なストリート・フェスティヴァルを（……中略……）熟練した技で綜合した」[37]ことになる。なおスティーヴン・フォスターの「草競馬」を引用し、かつ当時のアメリカで興っていたミンストレル・ショウから曲想を得た、「バンジョー：アメリカ風習作」（Le Banjo：Esquisse Américaine 1854/5, op. 15）も、ゴッチョークの幅広い作曲を示すものとして挙げられれよう。

　かつてはクラシックとそれ以外のジャンルとの境界が曖昧だったとは言え、ゴッチョークには両者を軽やかに往還できるフットワークがあった。あえて言えば自分が受けた教育にもかかわらず規範としてのクラシックを決して絶対化しない自由な耳があった。かような音楽的な素質をもっていたからこそゴッチョークは、ニコラス・ルイス・エスパデーロ（Nicolās Ruiz Espadero, 1832-90）、イグナシオ・セルヴァンテス・カワナグ（Ignacio Cervantes Kawanag, 1847-1905）のような、キューバでも人気のあった先進的な作曲家と親交を結ぶことができたのだし、かつゴッチョークのほうもお返しにエスパデーロの曲を好んで演奏したのだろう。[38] かれらが相互に影響し合っていたかもしれないと想像してみることはわくわくする。わたしたちがゴッチョークから聞き取れるのは音楽家のあいだに成立した歓待と友愛の響きかもしれない。

あくまでも音楽とはヨーロッパの芸術だとする当時の風潮からすれば、かれは親交のあったショパンやベルリオーズのような「一流」の作曲家ではなかったし、[39] あるいは作曲家というよりは超絶的なピアノ演奏家として知られていただけに、[40] 一八六九年に死んだのちは聴衆から忘れられていったのも当然である。だけれどゴッチョークの死後二十年ほどが経ったのちに、かれの足跡を確かめるかのようにニューオーリンズからマルチニークまでを旅し、このときの見聞を『仏領西インドの二年間』に書き綴っていた作家がいた。[41]

三　ケイブルとハーンの「バンブーラ」をめぐる動き

あらかじめドクター・ジョンによる紹介で見たように、ある決定的なイメージがゴッチョークにまとわりついている。おさないルイス・モローが自宅のバルコニーから、かつて悪名高い奴隷貿易の行なわれていた広場で、ブラ・クペが歌ったり踊ったりする様子を楽しんでいる。あのコンゴ広場の片腕の黒人の歌にインスピレーションの起源があったという、ロギンスに代表されるような感動的な「バンブーラ」誕生のイメージである。あらためてゴッチョークとコンゴ広場との関係について見てみよう。

たとえばロギンスの伝えるゴッチョークの幼少期は生まれた場所のディテールと密接に絡み付いている。かれの生家はランパート通り（Rue de Remparts）に面した一画にあり、おさない作曲家がなん時間も過ごした三階や四階からは、カナル通り（Canal Street）の横切る広場が南に見える。かれらの家と一ブロック離れて向かい合ってあるのがセント・ルイス墓地（St. Louis Cemetery）で、さらに四分の一マイル進んだところで市街地は終わり、「ルイジアナ四部作」のなか曲の題名となったサヴァンナが広がっている。さてランパート通りの北側にはトゥールーズ通り（Rue de Toulouse）の交差点を挟んで、二列の白い家並みが木蔭に隠れるように並んでいる。ちなみにモローがトゥールーズ通りの女性の派手な衣装を見て喜んでいると、サリーは「かのじょたちはクアドルゥーン(Quadroon 白人とムラートの混血)だ」と言って娼婦を見るのを暗にいさめた。あきらかにロギンスがここで意図しているのは、ゴッチョークの生まれた環境を住民ごとに塗り分けをしたうえで、おさない作曲家が地政学的なコントラストの中間に位置していたことを、おびただしい地名と細部の描写で印象付けることである。

> この広い道路（カナル通り）がモローの住むクレオールらのニューオーリンズ旧市街と、かれがよく散歩に連れて行かれる「外国人」の新市街を分け隔てる線だ、とサリーはいつもフランス語で説明してくれた。かれは自分が両方の区域に属しているとサリーから言われたとき、かのじょの言わんとすることの意味が完全に理解できたのである。(42)
> （傍点—引用者）

かれらが住んでいた一画の向こう側にあったのがコンゴ広場である。

> かれが一人で遊んでいるときに最も興奮したのは、日曜の午後に四階のベランダに上がって、コンゴ広場から流れてくるドラムのビートに合わせて、踊ったり歌ったりすることだった。（……中略……）そしてドラムに叫び声が加わりはじめると、ときどきサリーの声が聞こえるような気がモローはした。かれにはだが一つだけはっきり分かる叫び声があった、ニューオーリンズのあらゆる奴隷のなかで最も有名な、ブラ・クペという片腕のアフリカ人の巨人の叫

び声があったのだ。かれが雷鳴のような声を響かせるともう聞き間違いようはなかった、

Dansez bamboula ! Badoun, badoun !
Dansez bamboula, badoun ![43]（傍点―引用者）

ただし「バンブーラ」誕生とコンゴ広場との感動的な繋がりはロギンスによる創案ではない。たしかにロギンスが名前を挙げてはいながら出典を曖昧にしている、ジョージ・ワシントン・ケイブル（George Washington Cable, 1844-1925）の場合はずっと手が込んでいる。

おそらくケイブルは現在ではフォークナー以前の南部作家ということでしか知られていない忘れられた存在であろう。かれがコンゴ広場について書いたものには「センチュリー・マガジン」（The Century Illustrated Monthly Magazine）誌に寄稿した、文字どおり『コンゴ広場のダンス』（*The Dance in Place Congo*）という一八八六年のエッセイがある。かれは「センチュリー」に『クレオールの奴隷の歌』（*Creole Slave Songs*）というエッセイも立て続けに出している。あたかも前者は実際に広場周辺を歩いているような錯覚をさせる説明をしたのち、かつて行なわれていたかもしれないダンスをこと細かく再現している。かれのコンゴ広場の描写はしかしながらロギンス以上に作為的だと言えよう。なぜならコンゴ広場はオリンズ通り（Orleans Street）によってダルム広場（Place d'Armes）と結ばれているのだが、かれはコンゴ広場とダルム広場をあらゆる点で対照してみせるからである。かたほうのダルム広場は高級品を扱う商店や上流階級の散歩道など支配階級のイメージで代表させ、コンゴ広場にはクァドルゥーンや黒人奴隷を配置するという徹底ぶりである（第一章「コンゴ広場」）[44]。なお歴史的に浮き彫りにしたコンゴ広場を「バンブーラ」と結び付ける点で、ハーンの『ケイブル氏の物語の舞台』（*The Scenes of Cable's Romances*, 1883）はきわめて似ている。

「亡命者」のあとの空き地から一分も歩くと、かつて黒人奴隷たちがバンブーラダンスをした、有名なコンゴ平原の緑の最後の名残りであるコンゴ・スクエアに出る。（……中略……）ブラ・クペがこのダンスをしている最中に投げ縄で捕らえられたのは、現在のコンゴ・スクエアのあるところだった。（傍点―引用者）[45]

かようにコンゴ広場の立地条件の説明に委曲を尽くしたうえで、ケイブルは黒人たちの出自と楽器を次々と列挙していく。かれは黒人たちをそのさいクラシックのオーケストラに見立てたり、あるいは人種の一大博覧会を作り上げようとさえしている（第二章「グランド・オーケストラ」、第三章「集会」）[46]。さらには信憑性を加えるために自分が依拠した言語学者や人類学者だけでなく、ゴッチョークの妹だったクララやハーンの名前も挙げている。おまけにハーンと親交のあったクレービール（Henry Edward Krehbiel, 1854-1923）の編曲した楽譜[47]ばかりか、M・L・バートレット（M. L. Bartlett 生没年不詳）という人物による文字どおり「バンブーラ」と題する楽譜（図2）[48]まで紹介している。かれは「バンブーラ」の語源として西インド諸島の竹から作られた打楽器にも触れてはいる。だけれど肝心の「コンゴ広場のダンス」を紹介する後半（第四章「バンブーラ」、第五章「クーンジャーユ」、第六章「カリンダ」）を興奮した調子が支配しているのはどう考えたらよいのか[49]。

なんと荒々しい――なんと恐ろしい歓喜だろうか！　エクスタシーが狂気にまで上昇する[50]。

汗が黒い額から流れ、黒光りする頸と喉をつたい、男たちのはだけた胸にぽとりと落ち、シャツのなかの暗い胸元に入っていった[51]。

ありていに言ってケイブルはコンゴ広場から「バンブーラ」という大がかりなスペクタクルを仕立て上げるの

図 2　バートレットの『バンブーラ』(出典：*The Dance in Place Congo*, The Century Illustrated Monthly Magazine, Vol. XXXI. (February 1885), p. 529.

図 3　ケンブルの『バンブーラ』(出典：*The Dance in Place Congo*, The Century Illustrated Monthly Magazine, Vol. XXXI. (February 1885), p. 524.

だ。かれはさらに当のスペクタクルを一種の既成事実とするために、ごていねいにもE・W・ケンブル（E. W. Kemble 生没年不詳）の手になるイラストも載せている。およそ「コンゴ広場のダンス」の固定観念として広く流布することになるイメージである（図3）[52]。かれは本来的な意味では不可能な表象を徹底的に視覚化して流通させるのである。おびただしい固有名詞を挙げながら過去を冷静に振り返る文章が、あたかも現場に居合わせて興奮している書き手の熱い文章と並置されていること。かれのテクストは端的に言って烈しく分裂している。

かれを代表する『グランディシム一族』（*The Grandissimes*, 1880）も分裂によって貫かれた小説である。ちょうど時代はナポレオンがルイジアナを合衆国に売却した一八〇三年、オノレ・グランディシムという同姓同名の白人とクレオールが登場人物に据えられ、かれらを舞台脇から観察するドイツ系移民ジョゼフ・フラウエンフェルドが狂言回しとなっている。おまけにケイブルは小説の折り返し点に二章からなる「ブラ・クペの物語」を挿入している[53]。おさないゴッチョークがその歌を聴いたとロギンスが書いていた奴隷の物語である。ただしケイブルがブラ・クペという名前に与えている意味はロギンスとは異なって象徴的である。かつてのように槍も剣も使えない腕など「役立たずの棍棒同然だ」と作家はブラ・クペに名前の由来を言わせている。ある部族の王子だったブラ・クペは臣下が働くのを見たことはあっても自分の手を労働で汚したことはなかった。かれは異郷にいる奴隷の身分でありながら仕事をするどころか、かえって押しつけられた鍬で奴隷監督の頭を叩き割ってしまう始末である。かれを宥めて奴隷監督にしようとした誇り高きクァドルゥーンのパルミールに、ブラ・クペも愛情を抱きやがて結婚式を迎えるまでになる。だが酒宴の席でよりによって酩酊したブラ・クペは、その勢いでスペイン人の主人を殴り倒してしまう。かくしてブラ・クペはニューオーリンズ郊外の沼沢地バイユーに隠れる羽目となるのだが、かれはヴードゥーの使い手でもあったため二年間の逃亡のあいだ、あたり一帯の農園は呪いのため収穫をいっさい結ばなくなった。ある安息日の午後にコンゴ広場のダンスに誘き寄せられて捕まったかれも、両耳と腱を切られて身体の自由を失った臨終のさなか、ちょうど主人が死んだところだという報せを受けて呪いを解くことになる――。

たぶんケイブルの念頭にあったのはジョン・クレマンの言うように、かつてのように肉体を直接的に拘束することはなくなったが、かえってそのぶん精神を本質的な部分で陵辱する「黒人法」(Black Code) への批判と、抑圧されたアフリカ系住民へのナイーヴな共感だったにちがいない。たとえばクレマンによれば『コンゴ広場のダンス』の魅力の一部となっているのは、「ケイブルの政治的イデオロギーと、アフリカ人をエキゾティックな野蛮人に同一化するかれの文学モードとのあいだの、あからさまな葛藤」である。さらにクレマンは続けて「イデオロギーはアフリカ人の文明化への洗練と転換を要求していながら、文学モードのほうはかれらの『プリミティヴな起源』を保存したり創出したりしている」という分析もしている。[54] あくまでも第三者として奴隷制に反対するしかないフラウエンフェルドのように、ケイブルもニューオーリンズ生まれでありながら二つの立場のあいだで揺らいでいる。かようなアンバランスは『コンゴ広場のダンス』のテクストにも如実に表われている。かれはダンスの様子を熱狂的に描くときは基本的に現在形で書き、そして具体的な情報の提示は過去形というように時制を使い分けている。おそらく二つの時制のあいだから聞き取れるのは失われた過去をめぐるノスタルジックな嘆きであろう。

時代は変わってしまった。(……中略……)(奴隷たちの着ていた)襤褸も半裸も、バンブーラ・ドラム、ダンスもなくなり、そしてバンジョーもほとんどなくなってしまった。[55] ただ音楽にだけは残される価値が認められ、そして実際に残されてもいるのである――泥濘から運良く拾われた硬貨である。たった一つだけ与えられているのは、ゴッチョークが最初に忘却から引っぱり出してきたものだ。[56]

おなじような感傷はハーンも共有している。

ゴットシャルク《ママ》の町も時代がすでに変わってしまったが、次のことを思い起こして心を慰めるとしよう。すなわち、わが合衆国における音楽は、過去においては大部分ヨーロッパ的な音楽であったが、これからは自然の成り行きに従って、音楽復興の暁にはアメリカの音楽が盛んになるであろう。(57)

あれほど真に迫ったコンゴ広場のパノラマはほとんどが作家の過剰な想像力に負っていたのである。かくしてコンゴ広場から聞こえてくるブラ・クペの歌から想を得たという、ロギンスに代表される「バンブーラ」誕生の神話も修正を迫られる。なにしろ肝心のゴッチョーク自身の文章には適当な証拠が見当たらない。たしかにブラ・クペは侍従《スクワイアー》のジョン（John Squire 生年不詳—1837?）という実在の奴隷だった。(58)おさないルイス・モローも一八三七年にブラ・クペの死体が公開されるのを見たかもしれないが、(59)ケイブルはもちろんのことゴッチョークにとってもブラ・クペは祖母が炉辺で伝える神話的な存在となっていた。あたかもポーやE・T・A・ホフマンが好んで読まれていた時代である。おばあちゃんが孫たちへのお話のなかで過去の事件に怪奇な雰囲気を加味したとしても不思議でない。さらに言えばブラ・クペを追慕することではゴッチョークも例外ではない。かれもケイブルの描いているのと似たブラ・クペ像を『あるピアニストのノート』で述懐している。(60)

おそらくはゴッチョークの行程を実証的に追ったスターの研究が「バンブーラ」成立の謎を解く最良の鍵となろう。おさない作曲家が例のランパート通りに住んでいたのは一八三一年の四月から三三年の三月までであった。ちなみに当の期間中の半分はコレラを避けるためニューオーリンズから離れていたから、二歳にしかならないゴッチョークがコンゴ広場から聞こえる歌を記憶できたとは考えにくい。かれの住んでいたランパート通りはコンゴ広場から二分の一マイル離れていたため歌が届くのにも遠すぎる。さらにはコンゴ広場という名称からしてが「アフリカ人」の奴隷が踊っていたという俗説とは関係なく、ハヴァナ出身のシニョーレ・カエターノ(Signore Caetano 生没年不詳)なる人物が一八一六年に興行した「コンゴ・サーカス」に由来している。なるほど当初は「アフリカ」から連行されてきた黒人の第一世代も存在していたが、一九世紀には同化が進行して「アフリカ」の音楽とダンスはすでに廃れていた。[61] これに取って代わった西インド諸島のコントラダンサもゴッチョークの育った一八三〇年代には激減している。あらゆる反証を引き合いに出してスターは「バンブーラ」の神話の起源を、エドワード・ドュレル(Edward Durell 生没年不詳)という人物が、一八五三年にゴッチョークのプロモート用に作ったパンフレットに求める。なぜならドュレルは「この街(ニューオーリンズ)のダウンタウンにある公共広場では、バンブーラに似たダンスが見られるかもしれない」と記しているからである。ただし肝心のドュレル自身は自分が当のダンスを実際に目撃したとまでは言ってない。だとしたら「エキゾティック」なものへの欲求だけは有り余りながら具体的な情報には乏しかったケイブルが、「伝統」への回帰という時代の要請に生真面目に応えるかたちで「センチュリー」誌に寄稿した、あの『コンゴ広場のダンス』がやはり「バンブーラ」の感動的な誕生譚の出所だったのではないか。かれは兄の衣鉢を継いでいたクララからゴッチョークの「バンブーラ」にまつわる委細も聞き出している。[62] かねてよりロマンティックな傾向のあったケイブルがそれを過去に過剰に投影した結果が、わたしたちがさきに見た「バンブーラ」の大袈裟なスペクタクルだったのである。かような方向にケイブルを仕向けたのがスターによれば他ならぬラフカディオ・ハーンであった。なぜならハーンはスターの言葉をそのまま借りれば「ゴッチョークの熱狂的な心酔者」であると同時に、ケイブルとともにニューオーリンズと「アフリカ」との直接的な繋がりをことあるごとに探し求めていたからである。かれらがコンゴ広場で見た「バンブーラ」ははたして白日夢だったのか。あとでハーンはニューオーリンズと「アフリカ」を直接結び付ける主張を撤回し、西インド諸島からの影響を認めることになったとスターは付け加えている。おなじようにスターはゴッチョークの「バンブーラ」の起源もクレオールの祖母とムラートの乳母サリーというサント・ドミンゴ出身者の歌に帰している。[63] かのじょたちが「アフリカ」から連行された黒人の何世代目かを問うことはもはや無意味であろう。

なにはともあれスターが「コンゴ広場」という神話的なヴェールを引き剝がそうとするあまり、おさないゴッチョークから「アフリカ」の痕跡をすべて消し去ってしまうのは行き過ぎだが、あまりにも出来過ぎたケイブルの『コンゴ広場のダンス』がゴッチョークのイメージを決定付けた、と考えるのは現在の段階では折衷的で妥当な結論であろう。かれの描いた「バンブーラ」のイメージは一人歩きしてロギンスやドクター・ジョンにまで受け継がれている。ただしハーンは「エキゾティシズム」をたんなるそれにはついぞ終わらせなかった。かれが各地で渉猟した歌の数々が「エキゾティシズム」の産物であるかどうかを超えて、クレオール音楽の貴重な証言記録となっているのがその証左である。

四　「アメリカの作曲家」としてのゴッチョーク

ある種の距離というものがゴッチョークという作曲家のなかに幾重にも体現されている。かような距離こそ近代がその進歩と引き替えに自ら負った債務ではなかったか。

たとえばケイブルの夢想したようなコンゴ広場の「アフリカ人」の輪に入っていたなら、かれにはサント・ドミンゴに由来する「バンブーラ」を残せる可能性は決してなかっただろう。あくまでも生地のニューオーリンズから遠く隔たったパリの郊外で、かつ成人したのちに幼児期の記憶を呼び起こすことではじめて、かれが「バンブーラ」を作曲したという経緯を考えること。たとえその場に居合わせたとしてもゴッチョークは記譜しているあいだは熱狂してはならない。かれはまた訪問先のキューバでハバネラをいち早く作曲に取り入れることができた。あるいは自分にお土産をするかのように旅の先々で当地の音楽も採集できた。なぜなら移動を愛した作曲家にその移動を保証する交通手段があったからである。かれはすでに成立していた近代世界システムのなかで目まぐるしく運動をしていたのである。ただし交通手段によって飛躍的に狭まった空間的な距離とは対照的に、かれが作曲した音楽と現地のそれとのあいだには、おそらく以前の音楽家なら思いも寄らなかった心理的な隔たりが存在している。かれはどこにでも移動することができるのだが作曲したり記譜したりするかぎりは、おのれの目の前の対象からつねに一歩退いた冷静な部外者として立たねばならない。

なるほどゴッチョークをさしあたり「アメリカの国民的作曲家」と称することにだれも異論はないだろう。かれほどクラシック音楽の素養をもった「アメリカ人」はそれまでいなかったし、あるいは「民衆的なテーマ」を用いたクラシックの作曲家など、ドクター・ジョンの言うように以前はだれもいなかった。だけれど「アメリカの作曲家」という観念にはどこかゴッチョークにそぐわないものも感じられる。なぜなら「バンブーラ」の成立を見てもハバネラの受容を見ても、かれには「アメリカ」からの距離がつねに付きまとっているからだ。かりにゴッチョークが「民衆的なテーマを用いた合衆国最初のクラシック作曲家」だとしても、だとしたら「アメリカ音楽」はその起源において自らの外部を必要としたとも言えよう。あるいは当人が思いもかけなかった「アメリカの作曲家」という称号を、アメリカがわかい国民国家としてゴッチョークに遡及的に付与したということでもある。かれと同様にユダヤ系でありながら黒人音楽を積極的に取り入れ、自他ともに認められる「アメリカの作曲家」になろうとした、ガーシュインの味わったアイデンティティーへの渇望などゴッチョークには無縁だったにちがいない。おなじようなことはゴッチョークの出自に関わるユダヤ性ということにも当てはまる。おそらくはスターが挙げているようにゴッチョークのなかにユダヤ性を探し求めても僅かしかない。[64] かれはたまたまユダヤ人とクレオールを両親にしてニューオーリンズで生まれたにすぎない。たとえばオッフェンバックがまさしく職業音楽家の一家に生まれて、東欧ユダヤの音楽クレズマー（Klezmer）に囲まれていたのとは異なり、[65] かりにもユダヤ音楽と接する機会などニューオーリンズのゴッチョークには望みようもなかったし、かくしてユダヤの音楽がその作曲に影響を与える可能性は当然ながら微塵もなかった。かれのユダヤ性とはすなわち断絶に貫かれたかぎりでのそれである。あるいは自分が複数の出自をもち異なる音楽を横断しているという意識さえなかったかもしれない。だからこそ生地のアメリカであれ教育を受けたヨーロッパであれ、さらには演奏旅行で訪れたラテンアメリカの国々であれ、おのれと対象とのあいだに乗り越えがたい距離があったにもかかわらず、あらゆる音楽を無頓着に吸収できる耳を持てたのではないか。わたしにはゴッチョークの耳が各地の音楽を喜々として取り入れた痕跡が作品から聞き取れる。きっとハーンが感応したのもそうした耳の産んだ自由な音楽であったように思われる。

　かれのように距離という近代の債務を音楽の笑いによって返済することも、あるいはまた可能なのではないだろうか。

＊こんかいの拙文では曲名を表わすときには「　」で、オペラや交響曲などは『　』で表記するようにした。

（1）お祭りや葬儀のときにパレードするブラスバンドを「ファースト・ライン」と呼ぶのにたいし、あとにくっついて打楽器を担当するのが「セカンド・ライン」であり、あるいは転じてニューオーリンズ音楽のリズムの総称となっている。

（2）ドクター・ジョン＋ジャック・ルメル共著（森田義信訳）『フードゥー・ムーンの下で』ブルース・インターアク

ションズ、一九九四年、なかでも第九章「あの懐かしきフードゥー・ムーン」二七一－二八九頁を参照されたい。

（3）ドクター・ジョン＋ジャック・ルメル　前掲書、四三六頁。

（4）Dr. John, *Goin' Back to New Orleans* (Audio CD), Wea/Warner Brothers, 1992, p. 7 (Liner Notes).

（5）デイヴィッド・ペリー（瀬川純子訳）『ジャズ・グレイツ』（叢書：二〇世紀の芸術と文学）アルファベータ、二〇〇〇年、一三頁を参照。

（6）ドクター・ジョン　前掲書、四三六頁。

（7）Dr. John, *op. cit.*, pp. 5-6.

（8）*Ibid.*

（9）ポール・ウィリアムズ（五十嵐正訳）『ブライアン・ウィルスンそしてビーチ・ボーイズ』ブルース・インターアクションズ、二〇〇〇年を参照。

（10）真保みゆき「Interview ヴァン・ダイク・パークス」（『レコード・コレクターズ』ミュージック・マガジン第一九巻第二号、二〇〇〇年）八三頁。

（11）Cf. Clara Gottschalk, "Biographical Sketch", Louis Moreau Gottschalk, *Notes of a Pianist*, J. B. Lippincott & Co., 1881, p. 27.

（12）Cf. Vernon Loggins, *Where the Word Ends : The Life of Louis Moreau Gottschalk*, Louisiana State University Press, 1958, pp. 22-23.

（13）S. Frederick Starr, *Bamboula ! : The Life and Times of Louis Moreau Gottschalk*, Oxford University Press, 1995, p. 36. Cf. Henry A. Kmen, *Music in New Orleans, The Formative Years 1791-1841*, Louisiana State University Press, 1966.

（14）Cf. S. Frederic Starr, *loc. cit.*

（15）Cf. *ibid, loc. cit.*

（16）ハロルド・C・ショーンバーグ（野水瑞穂訳）『音楽批評』みすず書房、一九八四年の「ゴッ《ママ》トシャルクと『モンスター・コンサート』」（一三五―一四一頁に所収）の一三七頁を参照のこと。

（17）ハロルド・C・ショーンバーグ（亀井旭＋玉木裕訳）『大作曲家の生涯（下）』共同通信社、一九八一年、二六七頁。

（18）Clara Gottschalk, *op. cit.*, p. 33.

（19）Cf. Vernon Loggins, *op. cit.*, pp. 71-72.

（20）Cf. *ibid.*, p. 97.

（21）Cf. *ibid.*, pp. 72-73.

（22）Jeremy Nicholas, *Gottschalk/piano works - 2 Philip Martin* (Audio CD), Hyperion Records, 1994, p. 5 (Liner Notes) and *Gottschalk/piano works - 3 Philip Martin* (Audio CD), Hyperion Records, 1997, p. 3 (Liner Notes).

（23）「ハーンの個性は、音楽の趣味にも発揮されている。当時マルチニークの庶民のあいだで最も人気のあった音楽といえば、マズーク（マズルカのクレオール訛り）とビギン（もとは英語、準備体操に用いられたダンス音楽）であった」。西成彦『クレオール事始』紀伊國屋書店、一九九九年、四一頁。

（24）S. Frederick Starr, *op. cit.*, p. 71.

（25）*Ibid.*, p. 70.

（26）ジェームス・M・バーダマン（森本豊富訳）『アメリカ南部――大国の内なる異郷』講談社、一九九五年、一九五―一九八頁を参照。

（27）中村とうよう『大衆音楽の真実』ミュージック・マガジン、一九八六年、一三〇―二、一九八頁、および八木啓代＋吉田憲司『キューバ音楽』青土社、二〇〇一年、一二―二五頁を参照。

（28）Cf. Jeremy Nicholas, *Gottschalk/piano works - 3 Philip Martin* (Audio CD), Hyperion Records, 1997, p. 4 (Liner Notes).

（29）ジェラール・ベーアグ（高橋明子訳）「ラテン・アメリカ：独立とナショナリズム」（アレグザンダー・リンガー

編著（西原稔監訳）『ロマン主義と革命の時代、初期ロマン派』叢書：西洋の音楽と社会7、音楽之友社、一九九七年所収）三一〇頁、およびS. Frederick Starr, *op. cit.*, p. 174を参照。

（30）中村とうよう『なんだかんだでルンバにマンボ』ミュージック・マガジン、一九九二年、三七頁。

（31）中村とうよう『大衆音楽の真実』、一三〇頁。

（32）Cf. George Grove + Stanley Sadie (ed.), *The New Grove Dictionary of Music and Musicians*, Vol. VII, Macmillan Publishers, 1980, p. 318.

（33）Louis Moreau Gottschalk, *Notes of a Pianist*, J. B. Lippincott & Co., 1881, pp. 93-94. たとえば『バロック協奏曲』などの音楽小説もあるカルペンティエールは、さほどゴッチョークを高く評価していない。ただし「唯一の例外」としてゴッチョークが「アフロ-キューバンのパーカッションのある交響曲のスコアを用いた最初の音楽家となったこと」は特記している。Cf. Alejo Carpentier（Translated by Alan West-Duran), *Music in Cuba*, University of Minnesota Press, 2001, pp. 195-202. おそらく一八六〇年二月一七日に演奏された『熱帯の夜』『キューバの田園祭』が、カルペンティエールの言及した当の交響曲であろう。Cf. Libby Antarsh Rubin, *Gottschalk in Cuba*, Columbia University（Thesis (Ph. D.)), 1974, pp. 189-190. なにしろステージに上げた十四台ものピアノで『タンホイザー』を演奏した前科のあるゴッチョークだが、『熱帯の夜』の第一楽章でも『タンホイザー』からの影響がいくつか聞き取れる。ただし「ヴェーヌスベルクに椰子の木」といった風情ではあるが。Cf. Richard Freed, *A Goottschalk Festival - Eugene List* (Audio CD), VoxBox, 1990, p. 10 (Liner Notes). なお千人近い演奏者からなるゴッチョークの祝祭的な「モンスター・コンサート」はベルリオーズの影響によるのかもしれない。なぜなら後者が一八四四年にパリで同規模のコンサートをしたさい、かれのアシスタントをしたのが親交のあったゴッチョークだったからだ。この時期のパリの音楽シーンを理解するにはジークフリート・クラカウアー（平井正訳）『天国と地獄——ジャック・オッフェンバックと同時代のパリ』、せりか書房、一九七八年が役立った。

（34）Jeremy Nicholas, *Gottschalk/piano works - 2 Philip Martin* (Audio CD), Hyperion Records, 1994, p. 9 (Liner

Notes).

(35) ウィンスロップ・サージェント（湯川新訳）『ジャズ：熱い混血の音楽』法政大学出版局、一九九〇年、一一〇、一二二頁参照のこと。

(36) 中村とうよう　前掲書、一三三頁。

(37) Cf. S. Frederick Starr, *op. cit*., p. 178.

(38) ジェラール・ベーアグ（武藤浩史訳）「ラテン・アメリカ：影響と反発」（ジム・サムソン編著（三宅幸夫監訳）『世紀末とナショナリズム、後期ロマン派2』叢書：西洋の音楽と社会9、音楽之友社、一九九六年所収）一三九頁を参照。

(39) Cf. Jeremy Nicholas, *Gottschalk/piano works - 1 Philip Martin* (Audio CD), Hyperion Records, 1990, p. 6 (Liner Notes).

(40) かれは「アメリカ人初の職業音楽家」の異名もあり、鉄道で移動したその距離は合衆国国内だけでも九五〇〇〇キロ、コンサートは実に一一〇〇回を数えている。*Ibid, loc. cit* を参照。これに当然のことながらヨーロッパや中南米での演奏活動が加わる。なおピアニストとしてのゴッチョークについては千蔵八郎『続・19世紀のピアニストたち』音楽選書54、音楽之友社、一九八七年の「早逝したボードビル・ピアニスト」を参照されたい。

(41) かれはパトロンだったスペイン女王イザベル二世（Isabel II 在位は 1832-1868）の推薦状を携えて、おもにスペイン植民地だったカリブ海や中南米への演奏旅行をブラジルで客死するまで続けている。わたしの小論では紙数の都合で詳細を紹介することはできないが、「新大陸の音楽あるいは音楽の新大陸」と題して井上健夫さんがホームページ上に、ゴッチョークの略歴を公開なさっておられるので、http://www.yo.rim.or.jp/~mitsuyu/syrinx/syrinx24/syr24-3.htm を参照されたい。なおホームページのアドレスを記載することにご快諾をいただいた井上健夫さんには感謝申しあげます。

(42) Vernon Loggins, *op. cit*., p. 10.

(43) *Ibid*., pp. 13-14.

(44) Cf. George Washington Cable, "*The Dance in Place Congo*", The Century Illustrated Monthly Magazine, Vol. XXXI. (February 1885), pp. 517-519. なおケイブルの『コンゴ広場のダンス』は近い将来に試訳を出す予定である。

(45) ラフカディオ・ハーン（河島弘美訳）「ケー《ママ》ブルの物語の舞台」（『アメリカ雑録』ラフカディオ・ハーン著作集第一巻、恒文社、一九八〇年）三八一頁。さらにハーンがゴッチョークの「バンブーラ」に言及しているものに、同書に所収の（牧野陽子訳）「クレオール方言」がある。

(46) Cf. George Washington Cable, *op. cit.*, pp. 519-522.

(47) Cf. *ibid*., p. 529.

(48) Cf. *ibid*., p. 525.

(49) Cf. *ibid*., pp. 522-529.

(50) *Ibid*., p. 523.

(51) *Ibid*., p. 526.

(52) Cf. *ibid*., p. 524. たとえばフランク・ティロー（中嶋恒雄訳）『ジャズの歴史――その誕生からフリー・ジャズまで』、音楽之友社、一九九三年、五七頁に同一のイラストが掲載されている。なおケンブルはマーク・トウェインの小説にも数々のイラストを描いている。

(53) Cf. George Washington Cable, *The Grandissimes : A Story of Creole Life*, University of Georgia Press, 1988, pp. 169-193. ありがたいことにクレオール語の混じった本書もジョージ・ワシントン・ケイブル（杉山直人＋里内克巳訳）『グランディシム一族――クレオールたちのアメリカ南部』彩流社、一九九九年のタイトルで読めるようになった。

(54) Cf. John Cleman, *George Washington Cable revisited*, Twayne Publishers, 1996, pp. 132-133.

(55) George Washington Cable, *op. cit.*, p. 528.

（56） *Ibid.*, p. 525.

（57） ラフカディオ・ハーン（奥田裕子訳）「音楽関係の文献」（『アメリカ論説集Ⅳ・Ⅴ他』ラフカディオ・ハーン著作集第三巻、恒文社、一九八一年）二九八頁。

（58） Cf. S. Frederick Starr, *op. cit.*, p. 32.

（59） *Ibid.* おもしろいことにブラ・クペは「一八五七年」あたりに活躍していたとハーンは書いているが、およそゴッチョークが生きた時代とも『グランディシム一族』の時代とも嚙み合わない。ラフカディオ・ハーン（酒本雅之／安井信子訳）「実物の『腕なし《ブラ・クペ》』」（『アメリカ論説集Ⅳ・Ⅴ他』ラフカディオ・ハーン著作集第三巻、恒文社、一九八一年）三四四頁を参照されたい。なお『グランディシム一族』の翻訳に付けられている里内克巳「政治小説としての『グランディシム一族』――『ブラ・クペの物語』を読み解く」は事情を理解する助けになる。

（60） たとえばゴッチョークの伝えるブラ・クペ像は、ヴードゥーのように薬草で怪我を治したとか、人肉で飢えをしのいでいたと言及している点で、ハーンの「実物の『腕なし』」よりもケイブルの「ブラ・クペの物語」のほうに多くの共通点がある。Cf. Louis Moreau Gottschalk, *op. cit.*, p. 105.

（61） Cf. S. Frederick Starr, *op. cit.*, p. 40. ただしスターの説には異論の余地があるかもしれない。なかでも引き合いに出されるのは一八一九年の時点でコンゴ広場を訪れたベンジャミン・ラトローブ（Benjamin Henry Latrobe, 1764-1820）というイギリス出身の建築家が、あきらかにアフリカ起源と思われる楽器が演奏されていたとしている報告である。LeRoi Jones, *Blues People : Negro Music in White America*, 1980, Greenwood Press, pp. 71-72を参照されたい。たしかにスターが問題としている時期とはずれがあるが念のため保留なしとしない。

（62） ちなみにケイブルのエッセイや本を出したスクリブナーズ社（Scribner's）には、ゴッチョークの弟子フランシス・ジルダー（Francis Gilder 生没年不詳）が編集に加わっており、クララも兄の名を広めるためスクリブナーズと積極的に連絡していた。Cf. S. Frederick Starr, *op. cit.*, p. 446.

（63） Cf. S. Frederick Starr, *op. cit.*, pp. 40-42. ただしスターの説では「バンブーラ」という名称がどこから来たのかという疑問が残される。なぜならルービンはキューバ音楽のリズムの一つとして「バンブーラ」を挙げているからだ。Cf. Libby Antarsh Rubin, *op. cit.*, pp. 175-176. さいきん翻訳されたガブリエル・アンチオープ（石塚道子訳）『ニグロ、ダンス、抵抗――一七―一九世紀カリブ海地域奴隷制史』、人文書院、二〇〇一年には、さらにアンチール諸島の奴隷主義者による「バン《ママ》ブラ」の記述と、「ニグロの習性――ル・バン《ママ》ブラ」のイラストが紹介されている。この本の図一四と一〇五頁と一九二頁以下を参照されたい。

なおハーンがゴッチョークに言及した文章には、板東浩司『詳述年表ラフカディオ・ハーン伝』英潮社、一九九八年を見るかぎり、ニューオーリンズ時代に当地の新聞社向けに書いた以下のものがある。

1 The Times-Democrat 紙、一八八〇年八月二十三日付け、*Fors : Gottschalk*

2 New Orleans Item 紙、一八八〇年九月二十二日付け、*Gottschalk*

3 The Times-Democrat 紙、一八八〇年十月三日付け、*Fors : Gottschalk*

4 The Times-Democrat 紙、一八八〇年十月二十四日付け、*Gottschalk*

ただし関係機関の協力にもかかわらず右記の2だけしか入手していない現時点では、スターのようにハーンを「ゴッチョークの熱狂的な帰依者」と言い切ってしまうことには抵抗がある。S. Frederick Starr, *op. cit.*, p. 42. たとえばハーンがゴッチョークやバンブーラないしコンゴ・ダンスに言及しているものには、かれがクレービール宛に書いた一八八一年から一八八五年にかけての四通の書簡がある。Lafcadio Hearn (ed. Elizabeth Bisland), *Life and Letters Vol. 1*, Houghton Mifflin, 1922, p. 220, p. 291, p. 331, p. 355. を参照されたい。ある楽器の由来をめぐって音楽学者の友人と意見を交わしながら、かれ自身が見たと主張しているダンスが西インド諸島からのものなのか、あるいはアフリカの西海岸からのものなのかが迷っているというのが手紙の内容である。なかでも「バンブーラが踊られていたときはなにか本当に『コンゴ』の音楽があった。だが演奏していた者たちがどこに去ったのかは神のみぞ知る」と言っていることからも、かれがついに確証をつかめなかったことが窺えよう。Cf. Lafcadio Hearn, *op. cit.*, p. 355.

さて右の2の文献は Lafcadio Hearn (Ed. by Ichiro Nishizaki), *Literary Essays*, Hokuseido, 1939. に再録されている。この記事の肝心の内容はゴッチョークの友人フォルスがハヴァナで出版した Luis Ricardo Fors, *Gottschalk*, La Propaganda Literaria (Habana), 1880. の書評なのだが、ハーンはここで「浅黒くかつユダヤ風の顔」をもった作曲家を自分がそうだったような「情熱」に駆られた「漂泊者」と捉えている。かねてからユダヤ人にもたびたび関心を払ってきたハーンだからこそ、ゴッチョークにそなわっていたクレオールとユダヤの二重性を指摘しえたと言える洞察であろうか。たとえばルイジアナのクレオールとユダヤ人は外見も扱われ方も白人市民と変わらなかったため、「生粋のイギリス人と生粋のルイジアナ・クレオールがそれぞれの立場から、自分たちの不安定なアイデンティティーを明確にしようとすることは、ユダヤ人や開放された有色人のラジカルな『他者性』を逆撫ですることだった」と、クリストファー・ベンファイは両者の共通性を指摘している。Cf. Christopher Benfey, *Degas in New Orleans - Encounters in the Creole World of Kate Chopin and George Washington Cable*, University of California Press, 1999, pp. 212-213.

こんかいハーンによる右の資料についての照会に応えてくださったばかりか、八雲会にまで問い合わせをしていただいた仙北谷晃一先生には感謝申しあげます。

(64) Cf. S. Frederick Starr, *op. cit*., pp. 18-23. なおニューオーリンズのユダヤ人を扱った Bertram Wallace Korn, *The Early Jews of New Orleans*, Waltham, 1969. はゴッチョーク一家に歴史的な考察を与えている。

(65) Cf. Rita Ottens + Joel Rubin, *Klezmer-Musik,* Bärenreiter, 1999. p.64.

[謝辞]

こんかい論文を書くにあたって以下の方々と機関にお世話になりました。ここにお名前を記して感謝申しあげます。

仙北谷晃一先生、井上健夫さん、四津忠一さん、滋野康雄さん、嶋田由紀さん、パターソン林屋晶子さん、Steven Pattersonさん、松山大学図書館、富山大学附属図書館、東京藝術大学図書館。

第五部　ヘブライ語

中央大学人文科学研究所研究叢書

1　五・四運動史像の再検討　A５判 564頁（品切）

2　希望と幻滅の軌跡　A５判 434頁 本体 3,500円
　　――反ファシズム文化運動――

　　様ざまな軌跡を描き，歴史の襞に刻み込まれた抵抗運動の中から新たな抵抗と創造の可能性を探る．

3　英国十八世紀の詩人と文化　A５判 368頁 本体 3,010円
　　自然への敬虔な畏敬のなかに，現代が喪失している〈人間有在〉の，現代に生きる者に示唆を与える慎ましやかな文化が輝く．

4　イギリス・ルネサンスの諸相　A５判 514頁（品切）

5　民衆文化の構成と展開　A５判 434頁 本体 3,495円
　　――遠野物語から民衆的イベントへ――

　　全国にわたって民衆社会のイベントを分析し，その源流を辿って遠野に至る．巻末に子息が語る柳田國男像を紹介．

6　二〇世紀後半のヨーロッパ文学　A５判 478頁 本体 3,800円
　　第二次大戦直後から80年代に至る現代ヨーロッパ文学の個別作家と作品を論考しつつ，その全体像を探り今後の動向をも展望する．

7　近代日本文学論　――大正から昭和へ――　A５判 360頁 本体 2,800円
　　時代の潮流の中でわが国の文学はいかに変容したか，詩歌論・作品論・作家論の視点から近代文学の実相に迫る．

8　ケルト　伝統と民俗の想像力　A５判 496頁 本体 4,000円
　　古代のドルイドから現代のシングにいたるまで，ケルト文化とその稟質を，文学・宗教・芸術などのさまざまな視野から説き語る．

9　近代日本の形成と宗教問題　〔改訂版〕　A 5 判 330頁 本体 3,000円

外圧の中で，国家の統一と独立を目指して西欧化をはかる近代日本と，宗教とのかかわりを，多方面から模索し，問題を提示する．

10　日中戦争　日本・中国・アメリカ　A 5 判 488頁 本体 4,200円

日中戦争の真実を上海事変・三光作戦・毒ガス・七三一細菌部隊・占領地経済・国民党訓政・パナイ号撃沈事件などについて検討する．

11　陽気な黙示録　オーストリア文化研究　A 5 判 596頁 本体 5,700円

世紀転換期の華麗なるウィーン文化を中心に20世紀末までのオーストリア文化の根底に新たな光を照射し，その特質を探る．巻末に詳細な文化史年表を付す．

12　批評理論とアメリカ文学　検証と読解　A 5 判 288頁 本体 2,900円

1970年代以降の批評理論の隆盛を踏まえた方法・問題意識によって，アメリカ文学のテキストと批評理論を，多彩に読み解き，かつ犀利に検証する．

13　風習喜劇の変容　A 5 判 268頁 本体 2,700円

王政復古期からジェイン・オースティンまで

王政復古期のイギリス風習喜劇の発生から，18世紀感傷喜劇との相克を経て，ジェイン・オースティンの小説に一つの集約を見る，もう一つのイギリス文学史．

14　演劇の「近代」　近代劇の成立と展開　A 5 判 536頁 本体 5,400円

イプセンから始まる近代劇は世界各国でどのように受容展開されていったか，イプセン，チェーホフの近代性を論じ，仏，独，英米，中国，日本の近代劇を検討する．

15　現代ヨーロッパ文学の動向　中心と周縁　A 5 判 396頁 本体 4,000円

際立って変貌しようとする20世紀末ヨーロッパ文学は，中心と周縁という視座を据えることで，特色が鮮明に浮かび上がってくる．

16　ケルト　生と死の変容　　Ａ５判 368頁 本体 3,700円

ケルトの死生観を，アイルランド古代／中世の航海・冒険譚や修道院文化，またウェールズの『マビノーギ』などから浮び上がらせる．

17　ヴィジョンと現実　十九世紀英国の詩と批評　　Ａ５判 688頁 本体 6,800円

ロマン派詩人たちによって創出された生のヴィジョンはヴィクトリア時代の文化の中で多様な変貌を遂げる．英国19世紀文学精神の全体像に迫る試み．

18　英国ルネサンスの演劇と文化　　Ａ５判 466頁 本体 5,000円

演劇を中心とする英国ルネサンスの豊饒な文化を，当時の思想・宗教・政治・市民生活その他の諸相において多角的に捉えた論文集．

19　ツェラーン研究の現在　　Ａ５判 448頁 本体 4,700円

20世紀ヨーロッパを代表する詩人の一人パウル・ツェラーンの詩の，最新の研究成果に基づいた注釈の試み．研究史，研究・書簡紹介，年譜を含む．

20　近代ヨーロッパ芸術思潮　　Ａ５判 320頁 本体 3,800円

価値転換の荒波にさらされた近代ヨーロッパの社会現象を文化・芸術面から読み解き，その内的構造を様々なカテゴリーへのアプローチを通して，多面的に解明．

21　民国前期中国と東アジアの変動　　Ａ５判 600頁 本体 6,600円

近代国家形成への様々な模索が展開された中華民国前期(1912～28)を，日・中・台・韓の専門家が，未発掘の資料を駆使し検討した国際共同研究の成果．

22　ウィーン　その知られざる諸相　――もうひとつのオーストリア――　　Ａ５判 424頁 本体 4,800円

二十世紀全般に亙るウィーン文化に，文学，哲学，民俗音楽，映画，歴史など多彩な面から新たな光を照射し，世紀末ウィーンと全く異質の文化世界を開示する．

23　アジア史における法と国家　　A５判 444頁　本体 5,100円

中国・朝鮮・チベット・インド・イスラム等アジア各地域における古代から近代に至る政治・法律・軍事などの諸制度を多角的に分析し，「国家」システムを検証解明した共同研究の成果.

24　イデオロギーとアメリカン・テクスト　　A５判 320頁　本体 3,700円

アメリカ・イデオロギーないしその方法を剔抉，検証，批判することによって，多様なアメリカン・テクストに新しい読みを与える試み.

25　ケルト復興　　A５判 576頁　本体 6,600円

19世紀後半から20世紀前半にかけての「ケルト復興」に社会史的観点と文学史的観点の双方からメスを入れ，その複雑多様な実相と歴史的な意味を考察する.

26　近代劇の変貌　　A５判 424頁　本体 4,700円

―「モダン」から「ポストモダン」へ―

ポストモダンの演劇とは？　その関心と表現法は？　英米，ドイツ，ロシア，中国の近代劇の成立を論じた論者たちが，再度，近代劇以降の演劇状況を鋭く論じる.

27　喪失と覚醒　　A５判 480頁　本体 5,300円

―19世紀後半から20世紀への英文学―

伝統的価値の喪失を真摯に受けとめ，新たな価値の創造に目覚めた，文学活動の軌跡を探る.

28　民族問題とアイデンティティ　　A５判 348頁　本体 4,200円

冷戦の終結，ソ連社会主義体制の解体後に，再び歴史の表舞台に登場した民族の問題を，歴史・理論・現象等さまざまな側面から考察する.

執筆者紹介（執筆順）

平《ひら》 山《やま》 令《れい》 二《じ》	中央大学法学部教授
飯《いい》 森《もり》 伸《のぶ》 哉《や》	中央大学法学部兼任講師
飯《いい》 塚《づか》 公《きみ》 夫《お》	中央大学法学部兼任講師
田《た》 島《じま》 正《まさ》 行《ゆき》	明治大学法学部助教授
白《しら》根《ね》澤《ざわ》 正《まさ》 士《し》	中央大学人文科学研究所客員研究員
高《たか》 尾《お》 千《ち》津《づ》子《こ》	中央大学文学部兼任講師
河《かわ》 野《の》 英《えい》 二《じ》	中央大学法学部兼任講師
相《そう》 馬《ま》 久《ひさ》 康《やす》	中央大学法学部教授
入《いり》野《の》田《だ》 眞《まさ》 右《あき》	中央大学法学部教授
北《きた》 彰《あきら》	中央大学法学部教授
牧《まき》 野《の》 ウーヴェ	中央大学法学部助教授
伏《ふし》 谷《たに》 幸《さち》 子《こ》	中央大学文学部兼任講師
小《こ》 林《ばやし》 正《まさ》 幸《ゆき》	中央大学法学部教授
黒《くろ》 田《だ》 晴《はる》 之《ゆき》	松山大学経済学部助教授
植《うえ》 田《だ》 兼《かね》 義《よし》	元中央大学法学部教授

ツァロートの道　　研究叢書29

2002年３月20日　第１刷印刷
2002年３月30日　第１刷発行

編　　者　中央大学人文科学研究所
発 行 者　中 央 大 学 出 版 部
代表者　辰　川　弘　敬

192-0393　東京都八王子市東中野 742-1
発行所　中 央 大 学 出 版 部
電話 0426（74）2351　FAX 0426（74）2354
http://www2.chuo-u.ac.jp/up/

十一房印刷工業・東京製本

ISBN4-8057-4207-0

人名索引

凡例

1. 項目は本文の実在人物名に限定して，五十音順に配列した。
2. 原地読みを原則としたが，日本での慣用に従った場合がある。

ア　行

アインシュタイン，アルバート（1879—1955）
Albert EINSTEIN　*260, 266*
アウエルバハ，エーリヒ（1892—1957）
Erich AUERBACH　*61*
アウグストゥス（BC63—AD14）
AUGUSTUS　*266*
アシュケナジ，ヤコブ・ベン・イツハク（1534—72）
Jacob Ben Isaac ASHKENAZI　*343*
アードラー，ヴィクトル（1852—1918）
Viktor ADLER　*192*
アードラー，ハンス・ギュンター（1910—88）
Hans Günther ADLER　*360, 361, 364, 365, 370, 374, 379*
アドルノ，テオドール・W（1903—69）
Theodor W. ADORNO　*206, 260*
アプト，トーマス（1738—66）
Thomas ABBT　*42, 43*
アメリー，ジャン（1912—78）
Jean AMÉRY　*283-289, 291, 292, 295-297, 300-302, 304, 305, 307*
アリストファネス（前445ごろ—385ごろ）
ARISTOPHANES　*211*
アレイヘム，シャロム（1859—1916）
Sholom ALEICHEM　*335, 338, 339*
アレクサンドル三世（1845—94）
ALEKSANDR III　*163*
アーレンス，ハンス（1901—？）
Hans ARENS　*219*
アーレント，ハンナ（1906—75）
Hannah ARENDT　*261, 280, 358*
アンダース，ギュンター（1902—92）
Günther ANDERS　*259, 261, 273-280*
飯塚信雄（1922—）
216, 217, 219
イェセンスカー，ミレナ（1896—1944）
Milena JESENSKÁ　*268*
イスラエル・ベン・エリエゼル（バール・シェム・トヴ（1700—60）
ISRAEL BEN ELIEZEL（Baal Shem Tov）
344, 345
イーダー，デビッド（1865—1936）
David EDER　*165, 166*
イラディエール，セバスティアン（1809—65）
Sebastián YRADIER　*412*
イレーミアス（B. C. 627—585）
JREMIAS　*220*
ヴァイス，ペーター（1916—82）
Peter WEISS　*376*
ヴァイツマン，ハイム（1874—1952）
Chaim WEIZMANN　*249, 250*
ヴァイニンガー，オットー（1880—1903）
Otto WEININGER　*194*
ヴァーグナー，ジークフリート（1869—1930）
Siegfried WAGNER　*61*
ヴァーゲンバッハ，クラウス（1930—）
Klaus WAGENBACH　*269*
ヴァッサーマン，ヤーコプ（1873—1934）
Jakob WASSERMANN　*61, 250*
ヴィーゼル，エリ（1928—）
Elie WIESEL　*292, 307, 329, 345*
ヴィヨン，フランソワ（1431—63）
François VILLON　*219*
ヴェーデキント，フランク（1864—1918）
Frank WEDEKIND　*194*
ウェルギリウス・マロー，プブリウス（前70—前19）
Publius VERGILIUS MARO　*260, 261, 265, 266*
ヴェルディ，ジュゼッペ（1813—1901）
Giuseppe VERDI　*362, 364*
ヴェルフェル，フランツ（1890—1945）
Franz WERFEL　*198, 250*
ヴェルレーヌ，ポール（1844—96）
Paul VERLAIN　*219*
ヴォルテール（1694—1778）
François Marie Arouet VOLTAIRE　*231*
内垣啓一（1925—89）

244
ウルマン，ヴィクトル（1898—1944）
Viktor ULLMANN *355, 364-371, 373-376, 379, 384, 386, 388, 389, 391, 392, 395*
ウンガー，ルードルフ（1876—1942）
Rudolf UNGER *61*
エラスムス（1465/66—1536）
ERASMUS von Rotterdam *220, 236, 242-244*
エリザベス女王（1533—1603）
ELISABETH I *220*
エンゲル，ヨーハン・ヤーコプ（1741—1802）
Johann Jakob ENGEL *76*
オイレンベルク，ヘルベルト（1876—1949）
Herbert EULENBERG *60*
オッフェンバック，ジャック（1819—80）
Jacques OFFENBACH *199, 409, 426*
オトフリート（九世紀中期生没不詳）
OTFRID 2
小尾俊人（1922—）
221

カ 行

ガーシュイン（1898—1937）
George GERSHWIN *425*
柏原兵三（1933—72）
215
カネッティ，エリアス（1905—94）
Elias CANETTI *206*
カフ，ベルナルト（1905—44）
Bernard KAFF *362*
カフカ，フランツ（1883—1924）
Franz KAFKA *257-281, 293, 303*
カフカ，ユーリエ（1855—1934）
Julie KAFKA *267*
カラス，ヨジャ（1926—）
Joža KARAS *364, 365*
カール一世（ブラウンシュヴァイク公）（1713—80）
KARL I（Herzog von Braunschweig） *37*
カルヴァン，ジャン（1509—64）
Jean CALVIN *220*
カント，イマヌエル（1724—1804）
Immanuel KANT *4, 6*
キッペンベルク，アントン（1874—1950）
Anton KIPPENBERG *244*
キーペンホイアー，グースタフ（1880—1949）
Gustav KIEPENHEUER *218*
キーン，ペーター（1919—44）
Peter KIEN *375, 376, 386, 395*
クヴィトコ，レイブ（1890—1952）
Leib KVITKO *178*
クツェル（？—1971）
Eduard Yechezkel KUTSCHER 1
クライスト，ハインリヒ・フォン（1777—1811）
Heinrich von KLEIST *55, 81*
クライン，ギデオン（1919—45）
Gideon KLEIN *362, 364, 365, 370*
クラウス，カール（1874—1936）
Karl KRAUS *187-189, 191-207, 264*
クラカウアー，ジークフリート（1899—1966）
Siegfried KRACAUER *227*
クラーゲス，ルートヴィッヒ（1872—1956）
Ludwig KLAGES *101-104, 106-115, 117-121*
クラーサ，ハンス（1899—1944）
Hans KRÁSA *362, 364, 370*
クラブント（1890—1928）
KLABUND（Alfred Henschke） *367*
クリメンコ（1891—1938）
Ivan Evdokomovich KLIMENKO *178*
クルバク，モイシェ（1896—1937）
Moyshe KULBAK *337*
クレービール（1854—1923）
Henry Edward KREHBIEL *418*
クロムウェル，オリヴァー（1599—1658）
Oliver CROMWELL *14*
グレーヴェ，ルートヴィヒ（1924—91）
Ludwig GREVE *63*
ケイブル，ジョージ・ワシントン（1844—1925）
George Washington CABLE *417, 418, 420-424*
ゲオルゲ，シュテファン（1868—1933）
Stefan GEORGE *60, 103, 104*
ケステン，ヘルマン（1900—96）
Hermann KESTEN *215-220, 246, 250*
ケストナー，エーリヒ（1899—1974）
Erich KÄSTNER *216*
ゲゼニウス（1786—1842）

W. GESENIUS　*8, 13*
ゲーツェ，ヨハン・メルヒオール（1717—86）
Johann Melchior GOEZE　*37, 38*
ゲーテ，ヨーハン・ヴォルフガング・フォン（1749—1832）
Johann Wolfgang von GOETHE　*55, 58, 81, 199, 201, 230, 231, 371, 372, 374*
ゲッベルス，ヨーゼフ（1897—1945）
Joseph GOEBBELS　*144, 145, 236, 379*
ゲーリング，ヘルマン（1893—1946）
Hermann GÖRING　*140, 141, 145, 151, 379*
ケル，アルフレート（1867—1948）
Alfred KERR　*61*
コイン，イルムガルト（1910—82）
Irmgard KEUN　*217, 246*
ゴーギャン，ポール（1848—1903）
Paul GAUGUIN　*352*
ゴーチェ，テオフィール（1811—72）
Théophile GAUTIER　*411*
ゴッチョーク，ルイス・モロー（1829—69）
Louis Moreau GOTTSCHALK　*403-416, 418, 420-426*
ゴッホ，ヴィンセント・ヴァン（1853—90）
Vincent van GOGH　*352*
小松太郎（1900—75）
215
ゴヤ，フランシスコ・ホセ・デ（1746—1828）
Francisco José de GOYA　*352*
ゴル，イヴァン（1891—1950）
Yvan GOLL　*299*
ゴル，クレール（1890—1977）
Claire GOLL　*299*
コンラート，ミヒャエル・ゲオルク（1846—1927）
Michael Georg CONRAD　*61*

サ　行

ザウケ，クルト（1895—1970）
Kurt SAUCKE　*115, 117*
サウメール，ロブレード・マヌエール（1817—70）
Robredo Manuel SAUMUELL　*412, 413*
ザックス，ネリー（1891—1970）
Nelly SACHS　*293*
佐藤晃一（1914—67）
216
ザームエル（のちにオスムント），エマーヌエル（1766—1843）
Emanuel SAMUEL（のちに OSMUND）
74, 75, 89
サルトル，ジャン・ポール（1905—80）
Jean-Paul SARTRE　*285, 286, 299, 307*
シェイクスピア，ウィリアム（1564—1616）
William SHAKESPEARE　*35, 199, 201, 242*
シェヒター，ラファエル（1905—44）
Rafael SCHÄCHTER　*362, 370*
ジェローム（1784—1860）
JÉRÔME BONAPARTE　*50*
シェーンベルク，アルノルト（1874—1951）
Arnold SCHÖNBERG　*364, 367, 368, 386*
シッケレ，ルネ（1883—1940）
René SCHICKELE　*217*
シャウカル，リヒャルト・フォン（1874—1942）
Richard von SCHAUKAL　*60, 61*
シャガール，マルク（1887—1985）
Marc CHAGALL　*329-336, 339-347, 349-352*
シャハト，ヒャルマー（1877—1970）
Hjalmar SCHACHT　*140, 141*
ジャン・パウル（1763—1825）
JEAN PAUL　*55-65, 67, 68, 71, 74-76, 81-91*
シュタイナー，ルドルフ（1861—1925）
Rudolf STEINER　*368*
シュティンバルグ，エリエゼル（1880—1932）
Elieser STEINBARG　*289*
シュテッフェン，アルベルト（1884—1963）
Albert STEFFEN　*368*
シュトライヒャー，ユーリウス（1885—1946）
Julius STREICHER　*132*
シュピッツァー，ダニエル（1835—93）
Daniel SPITZER　*188*
シュピーロ，ハインリヒ（1876—1947）
Heinrich SPIERO　*61*
シュムエリ，イラーナ（1925—）
Ilana SCHMUELI　*294, 295*
シューラー，アルフレート（1865—1923）
Alfred SCHULER　*102-104, 106, 111*
シュライエルマッハー，フリードリヒ・エルンスト・ダニエル（1768—1834）
Friedrich Ernst Daniel SCHLEIERMACHER

48
シュール，ジークムント（1916—44）
Siegmund Schul　362
シュルツ，インゴ（1940—）
Ingo Schulz　375
シュレーゲル，ドロテーア（1764—1839）
Dorothea Schlegel　29, 30
シュレーゲル，フリードリヒ（1772—1829）
Friedrich Schlegel　29, 48
シュレーダー，ハンス・エッゲルト（1905—85）
Hans Eggert Schröder　111, 115
ジョイス，ジェームズ（1882—1941）
James Joyce　258-260, 266, 278, 280
ジョップリン，スコット（1868—1917）
Scott Joplin　413
ショパン，フレデリック・フランソワ（1810—49）
Frédéric François Chopin　408-410, 415
ショーペンハウア，アルトゥーア（1788—1860）
Arthur Schopenhauer　264
ショーレム，ゲルショム（1897—1982）
Gershom Scholem　62, 293
シラー，フリードリヒ・フォン（1759—1805）
Friedrich von Schiller　81, 188, 372, 373, 374
神父のエストライヒヤー（？）
Pater Oestreicher　246
スーク，ヨゼフ（1874—1935）
Josef Suk　384
スクワイアー，ジョン（？—1837？）
John Squier　422
ズースマン，マルガレーテ（1872—1966）
Margarete Susman　293
スターリン（1879—1953）
Iosif Vissarionovich Stalin　167
スピノザ（1632—77）
Baruch de Spinoza　14, 28, 251
スミドヴィッチ（1874—1935）
Piotr Germogenovich Smidovich　178
スメタナ，ベドルジハ（1824—84）
Bedřich Smetana　362
ソクラテス（前470—前399）
Sokrates　4, 8

タ　行

高杉一郎（1908—）
221
タキトゥス，コルネリウス（55？—115？）
Cornerius Tacitus　116
ダ・コスタ，ウリエル（1585—1640）
Uriel da Costa　28
タボーリ，ジョージ（1914—）
George Tabori　366
チェンバレン，ヒューストン・スチュアート（1855—1927）
Houston Stewart Chamberlain　61, 129, 193
チチェーリン（1872—1936）
Georgii Vasil'evich Chicherin　166
チャーチル，ウィンストン（1874—1965）
Winston Churchill　307
ツヴァイク，アルノルト（1887—1969）
Arnold Zweig　232, 236, 250
ツヴァイク，シュテファン（1881—1942）
Stefan Zweig　215, 216, 218-221, 223-226, 229, 232-243, 247, 248, 250
ツヴァイク，ヘルマン（1807—84）
Hermann Zweig　239
ツヴァイク，モーリッツ（1845—1926）
Moritz Zweig　239
ツェラーン，パウル（1920—70）
Paul Celan　62, 63, 283, 284, 287-290, 292-305, 307, 308
ツェラーン，エリック（1955—）
Eric Celan　290, 291, 299, 301
ツェラーン=レストランジュ，ジゼル（1927—91）
Gisèle Celan-Lestrange　283, 290, 291, 298-301
ティーク，ルートヴィヒ（1773—1853）
Ludwig Tieck　81
ティース，フランク（1890—1977）
Frank Thiess　265
ディマンシュテイン，セミヨン（1886—1937）
Semion Dimanshtein　167, 168
ティーラック，オットー（1889—1946）
Otto Thierack　150, 151
ティントレット（1518—94）
Tintoretto　352
デーブリン，アルフレート（1878—1957）

Alfred DÖBLIN　*217*
ドイチャー，アイザック（1907—67）
Isaac DEUTSCHER　*250, 251*
ドヴォルジャーク，アントニーン（1841—1904）
Antonín DVOŘÁK　*384*
トゥホルスキー，クルト（1890—1935）
Kurt TUCHOLSKY　*236*
ドクター・ジョン（1940—）
Dr. JOHN　*403-406, 408, 412, 415, 424, 425*
徳永　洵（1929—）
113
ド・ゴール，シャルル（1890—1970）
Charles de GAULLE　*342*
ドストエフスキー（1821—81）
Fjodor Michailowitsch DOSTOJEWSKI　*220*
ドビュッシー，クロード（1862—1918）
Claude DEBUSSY　*407,414*
ドーム，クリスティアン・ヴィルヘルム・フォン（1751—1820）
Christian Wilhelm von DOHM　*6, 14-16, 28, 33, 34, 36, 43-47, 49-51*
トラー，エルンスト（1893—1939）
Ernst TOLLER　*217*
トルストイ，レフ・ニコラエヴィチ（1828—1910）
Lev Nikolaevich TOLSTOI　*259*
ドルフス，エンゲルベルト（1892—1934）
Engelbert DOLLFUSS　*203*
ドレフュス，アルフレッド（1859—1935）
Alfred DREYFUS　*192*
トロツキー（1879—1940）
Lev Davidovich TROTSKII　*163, 164, 167*

ナ　行

ナポレオン一世（1769-1821）
NAPOLEON I　*50, 420*
ニコライ，フリードリヒ（1733—1811）
Friedrich NICOLAI　*4, 8, 10, 43*
ニコライ二世（1868—1918）
NIKOLAI II　*163*
ニーチェ，フリードリヒ（1844—1900）
Friedrich NIETZSCHE　*114, 115, 231*
ニュルンベルガー，ヘルムート（1930—）
Helmuth NÜRNBERGER　*233, 234, 246*
ニンク，マルティン（1895-1954）
Martin NINCK　*115, 117, 119*
ネストロイ，ヨハン（1801—62）
Johann NESTROY　*188, 195, 196, 199, 203, 204, 206*
ノイマン，フランツ（？）
Franz NEUMANN　*218*

ハ　行

ハイデガー，マルティン（1889—1976）
Martin HEIDEGGER　*206, 280*
ハイドリヒ，ラインハルト（1904—42）
Reinhard HEYDRICH　*147*
ハイドン，フランツ・ヨーゼフ（1732—1809）
Franz Joseph HAYDN　*386*
ハイネ，ハインリヒ（1797—1856）
Heinrich HEINE　*55, 58, 59, 196, 203, 204, 250*
ハーヴェマン，ユーリウス（1866—1932）
Julius HAVEMANN　*61*
パウル，ヘルマン（1846—1921）
Hermann PAUL　6
パークス，ヴァン・ダイク（1941—）
Van Dyke PARKS　*405, 406, 414*
ハース，ヴィリー（1891—1973）
Willy HAAS　*218, 272*
ハース，パヴェル（1899—1944）
Pavel HAAS　*361, 364, 365*
ハックスリー，オルダス（1894—1963）
Aldous HUXLEY　*265*
バックマイスター，エルンスト（1874—1971）
Ernst BACMEISTER　*61*
ハムブルガー，ケーテ（1896—1992）
Käte HAMBURGER　*61*
原田義人（1918—60）
218, 224, 239, 241
ハーリヒ，ヴァルター（1888—1931）
Walther HARICH　*61*
バルザック（1799—1850）
Honoré de BALZAC　*220*
ハルデン，マクシミリアン（1861—1927）
Maximilian HARDEN　*195, 196, 204*
ハルデンベルク，カール・アウグスト・フォン（1750—1822）
Karl August Fürst von HARDENBERG

50
バール，ヘルマン（1863—1934）
Hermann BAHR　*60*
ハーン，ラフカディオ（1850—1904）
Lafcadio HEARN　*417, 418, 422-424*
ピウス十二世（1876—1958）
PIUS Ⅻ　*307*
ピカソ，パブロ（1881—1973）
Pablo PICASSO　*257, 258*
ビゼー，ジョルジュ（1838—75）
Georges BIZET　*409*
ヒトラー，アードルフ（1889—1945）
Adolf HITLER　*61, 130-132, 137, 138, 141, 143, 146, 147, 203, 216, 217, 225, 226, 229, 243, 249, 250, 261, 265, 276, 279, 331, 347, 356, 366, 368*
ヒムラー，ハインリッヒ（1900—1945）
Heinrich HIMMLER　*150, 151*
平井　正（1930—）
232, 233
平田達治（1934—）
241
ヒルファーディング，ルドルフ（1877—1941）
Rudolf HILFERDING　*130*
ヒンデンブルク，パウル・フォン（1847—1934）
Paul von HINDENBURG　*134, 265*
ファルンファーゲン，ラーヘル（1771—1833）
Rahel VARNHAGEN VON ENSE　*49, 75*
フィッシャー，エルンスト（1899—1972）
Ernst FISCHER　*232*
フォイエルバッハ，ルートヴィヒ（1829—80）
Ludwig FEUERBACH　*113*
フォイヒトヴァンガー，リオン（1884—1958）
Lion FEUCHTWANGER　*232*
フッサール，エトムント（1859—1938）
Edmund HUSSERL　*262*
ブーバー，マルティーン（1878—1965）
Martin BUBER　*289, 292*
ブライ，フランツ（1871—1942）
Franz BLEI　*264*
ブライニン，ルーベン（1862—1939）
Reuben BRAININ　*169-171*
ブラウンシュヴァイク公（カール一世）（1713—1780）
KARL Ⅰ, Herzog zu Braunschweig　*37*
プラトン（前427—前347）
PLATON　*381*
ブラーム，オットー（1856—1912）
Otto BRAHM　*195*
フランク，ウォルドー（1889—1967）
Waldo FRANK　*259*
フランツ・ヨーゼフ一世（1830—1916）
FRANZ JOSEPH Ⅰ　*227, 262*
フリック，ヴィルヘルム（1877—1946）
Wilhelm FRICK　*138, 139*
フリート，エーリヒ（1921—88）
Erich FRIED　*283*
フリートユング，ハインリヒ（1851—1920）
Heinrich FRIEDJUNG　*196*
フリードリヒ大王（1712—86）
FRIEDRICH der Große　*5*
プリンツィプ，ガブリロ（1894—1918）
Gavrilo PRINCIP　*355*
古井由吉（1937—）
261
プルースト，マルセル（1871—1922）
Marcel PROUST　*281*
ブレッタウァー，イーダ（1854—1938）
Ida BRETTAUER　*239*
フレーリヒ，カレル（1917—）
Karel FRÖHLICH　*362*
プロイス，ヒューゴー（1860—1925）
Hugo PREUSS　*131*
ブロッケルマン，カール（1868—1956）
Carl BROCKELMANN　1, 2, 6, 7, 13
ブロッホ，エルンスト（1865—1977）
Ernst BLOCH　*102*
ブロッホ，ヘルマン（1886—1951）
Hermann BROCH　*217, 257-266, 278-281*
ブロート，マックス（1884—1968）
Max BROD　*269*
ブロンゼン，ダーフィト（1926—）
David BRONSEN　*222, 246, 249*
フンク，ヴァルター（1890—1960）
Walter FUNK　*141, 142*
ベスパロフ，ラシェル（1895—1949）
Rachel BESPALOFF　*257*
ベネディクト，モーリツ（1849—1920）
Moriz BENEDIKT　*188, 189, 198*
ヘルダー，ヨーハン・ゴットフリート・フォン（1744—1803）
Johann Gottfried von HERDER　*86, 230,*

231
ヘルツ，ヘンリエッテ（1764—1847）
Henriette HERZ　48, 49, 75
ヘルツ，マルクス（1747—1803）
Marcus HERZ　48
ヘルツカ，エーミール（1869—1932）
Emil HERTZKA　368
ヘルツベルク（1725—95）
Ewald Friedrich Graf von HERTZBERG
44
ヘルツル，テオドール（1860—1904）
Theodor HERZL　189, 191, 199, 200
ベルヌーリ，クリストフ（1868—？）
Christoph BERNOULI　103
ベルネ，ルートヴィヒ（1786—1837）
Ludwig BÖRNE　55-60, 204, 250
ベルリオーズ，エクトル（1803—69）
Hector BERLIOZ　415
ベーレント，エードゥアルト（1883—1973）
Eduard BEREND　61-64
ヘンツ，ルードルフ（1897—1989）
Rudolf HENZ　61
ポイケルト，デートレフ（1950—90）
Detlev PEUKERT　239, 240
ボッカチオ，ジョヴァンニ（1313—1375）
Giovanni BOCCACCIO　38
ホッブズ，トーマス（1588—1679）
Thomas HOBBES　381
ホフシュテイン，ダヴィッド（1889—1952）
David HOFSHTEIN　178, 179
ホフマン，イーサク・レーヴ（1759—1849）
Isak Löw HOFMANN　263
ホーフマンスタール，フーゴー・フォン（1874—1929）
Hugo von HOFMANNSTHAL　199, 216, 263
ホフマン・フォン・ファラースレーベン（1798—1874）
HOFFMANN VON FALLERSLEBEN（August Heinrich HOFFMANN）　386
ポーラン，ジャン（1884—1968）
Jean PAULHAN　331
ボールデン，バディ（1877—1931）
Buddy BOLDEN　404
ホルバイン，ハンス（1465頃—1524）
Hans HOLBEIN　391

マ　行

マイアー，ルードルフ（1909—）
Rudolf MEYER　2, 6, 7
マイアーベーア，ジャコモ（1791—1864）
Giacomo MEYERBEER　406
マイモニデス，モーゼス（1135—1204）
Moses MAIMONIDES　3
マイヤー，ミヒャエル・A（1937—）
Michael A. MEYER　35, 39, 41, 42
マクス・ヨーゼフ（1756—1825）
MAX JOSEPH（MAXIMILIAN IV. JOSEPH）
90
マサリク，トマーシュ・ガリッグ（1850—1937）
Tomáš Garrigue MASARYK　384
マナッセー・ベン・イスラエル（1604—1657）
MANASSEH BEN ISRAEL　7, 14, 17
マリア・テレジア（1717—80）
MARIA THERESIA　355
マルキッシュ，ペレツ（1895—1952）
Peretz MARKISH　178
マルロー，アンドレ（1901—76）
André MALRAUX　342, 348
マン，クラウス（1906—81）
Klaus MANN　216, 218, 222, 232
マン，トーマス（1875—1955）
Thomas MANN　60, 216, 232, 235, 258, 259, 260, 264, 266, 280
マン，ハインリヒ（1871—1950）
Heinrich MANN　216, 232
マンデリュシュターム，オシップ（1892—1938）
Ossip MADELSTAMM　293
マンドル，トーマス（1926—）
Thomas MANDL　363
ミヒャエリス，ヨハン・ダヴィド（1717—91）
Johann David MICHAELIS　36, 46, 47
ミラボー（1749—1791）
Honoré Graf MIRABEAU　48-51
ムージル，ローベルト・エードラー・フォン（1880—1942）
Robert Edler von MUSIL　217
ムンカー，フランツ（1855—1926）
Franz MUNCKER　61
メデム，ウラジーミル（1879—1923）

Vladimir MEDEM　*163, 164*
メリー・スチュアート（1542—87）
MARIA STUART　*220*
メンデル，メナヘム（？）
Menachem MENDEL　*344*
メンデルスゾーン，アブラハム（1776—1835）
Abraham MENDELSSOHN　*29*
メンデルスゾーン，ドロテーア（1763—1839）
(Brendel) Dorothea MENDELSSOHN　*49*
メンデルスゾーン・バルトルディ，フェリックス（1809—47）
Felix MENDELSSOHN BARTHOLDY　*29*
メンデルスゾーン，モーゼス（1729—86）
Moses MENDELSSOHN　*3-31, 34-36, 39-44, 47, 49, 193*
メンデルスゾーン，ヨーゼフ（1770—1848）
Joseph MENDELSSOHN　*29*
モーセ（前14世紀頃）
MOSES　*6, 7, 13, 22, 24, 27, 30*
モーツァルト，ヴォルフガング・アマデウス（1756—91）
Wolfgang Amadeus MOZART　*364*
モートン，ジェリー・ロール（1890—1941）
Jelly Roll MORTON　*404, 407*

ヤ　行

ヤスパース，カール（1883—1969）
Karl JASPERS　*281*
ヤスパース，ゲルトルート（1879—1974）
Gertrud JASPERS　*281*
ヤナーチェク，レオシュ（1854—1928）
Leoš JANÁČEK　*364*
山下　肇（1920—）
216, 222, 230
ユゴー，ヴィクトル（1802—85）
Victor HUGO　*410, 411*
ヨーゼフ二世（1741—90）
JOSEPH II　*14, 355*

ラ　行

ライヒラー，フリーデリケ（1900—40）
Friederike REICHLER　*217*
ライマールス，エリーゼ（1735—1805）
Elise REIMARUS　*37*
ライマールス，ヘルマン・サムエル（1694—1768）
Hermann Samuel REIMARUS　*37*
ラインハルト，マックス（1873—1943）
Max REINHARDT　*199*
ラーヴァター，ヨハン・カスパル（1741—1801）
Johann Kaspar LAVATER　*4, 5, 7-11, 14, 17, 28, 29*
ラッシュ，ヴォルフディートリヒ（1903—86）
Wolfdietrich RASCH　*61*
ラーテナウ，ヴァルター（1867—1922）
Walther RATHENAU　*131*
ラート，エルンスト・フォム（？—1938）
Ernst vom RATH　*143, 145*
ラフォンテーヌ，アウグスト・ハインリヒ・ユーリウス（1758—1831）
August Heinrich Julius LAFONTAINE　*79*
ラーベナー，ゴットリープ・ヴィルヘルム（1714—71）
Gottlieb Wilhelm RABENER　*65*
ランツ・フォン・リーベンフェルス，イェルク（1872—1954）
Jörg LANZ VON LIEBENFELS　*196, 201, 205*
リエーシン，アブロム（1872—1938）
Abraham LIESSIN　*179*
リスコ，クリスティアン・ルートヴィヒ（1701—60）
Christian Ludwig LISKOW　*65*
リトヴィノフ（1876—1951）
Maksim Maksimovich LITVINOV　*165, 167*
リヒター，エマ（のちにフェルスター）（1802—53）
Emma RICHTER（のちに FÖRSTER）　*75*
リヒター，ジャン・パウル・フリードリヒ（ジャン・パウル参照）
Jean Paul Friedrich RICHTER　*70*
リープクネヒト，ヴィルヘルム（1826—1900）
Wilhelm LIEBKNECHT　*192*
リルケ，ライナー・マリーア（1875—1926）
Rainer Maria RILKE　*218, 289*
リンデン，ヘルマン（？）
Hermann LINDEN　*246*
ルヴェルチュール，トゥサン（1744？—1803）
Toussaint L'OUVERTURE　*411*
ルエーガー，カール（1844—1910）

Karl LUEGER　*264*
ルカーチ，ゲオルク（1885—1971）
Georg LUKACS　*102*
ルーズベルト，フランクリン（1882—1945）
Franklin ROOSEVELT　*307*
ルター，マルティーン（1483—1546）
Martin LUTHER　*220, 244, 395*
レーヴィ，プリーモ（1919—87）
Primo LEVI　*307, 351, 352, 359-361, 391*
レヴィーン（のちにファルンハーゲン・フォン・エンゼ），ラーエル（1771—1833）
Rahel LEVIN（のちに VARNHAGEN VON ENSE）　*49, 75*
レッシング，ゴットホルト・エフライム（1729—81）
Gotthold Ephraim LESSING　*4, 5, 15, 28, 33-41, 43, 45, 46, 51, 230, 231*
レッシング，テオドール（1872—1933）
Theodor LESSING　*116-118*
レーニン（1870—1924）
Vladimir Il'ich LENIN　*164*
レルケ，オスカー（1884—1941）
Oskar LOERKE　*61*
レンブラント（1606—69）
REMBRANDT van Rijn　*339*
ロヴァン，ジョゼフ（1918—）
Joseph ROVAN　*225*
ローヴォルト，エルンスト（1887—1960）
Ernst ROWOHLT　*61*
ロース，アドルフ（1870—1933）
Adolf LOOS　*193*
ローゼンフェルト，ベラ（1895—1944）
Bella ROSENFELD　*330, 332, 340-342, 347*
ローゼンベルク，アルフレート（1893—1946）
Alfred ROSENBERG　*130*
ロート，ヨーゼフ（1894—1939）
Joseph ROTH　*215-234, 236-251*
ロベール，マルト（1914—）
Marthe ROBERT　*303*
ロラン，ロマン（1866—1944）
Romain ROLLAND　*236, 237*

ワ　行

ワイルド，オスカー（1856—1900）
Oscar WILDE　*194*
ワインライヒ，マックス（1894—1969）
Max WEINREICH　*161*
ワーグナー，リヒアルト（1813—83）
Richard WAGNER　*280*
ワルター，ブルーノ（1876—1962）
Bruno WALTER　*61*

ヘブライ語関係詞の推移について

植　田　兼　義

1）関係詞の推移[0]と言っても時代別に明確に判断を下せる例が揃っているわけではない。ヘブライ語は歴史的に見て、大きく聖書ヘブライ語と現代ヘブライ語とに分けられる。旧約聖書ヘブライ語（＝BH）は時代的に3つに区分できる。古代詩文ヘブライ語（ダビデ王朝以前、archaic biblical hebrew＝ABH)、標準聖書ヘブライ語（紀元前約1000年—500年、standard b. h.＝SBH)、後期聖書ヘブライ語（紀元前約500年—200年、late b. h.＝LBH)。この旧約聖書の言語（＝BH）だけでも1000年以上にわたっており、発音、文法、語彙の面でいろいろと変化し、アラム語、ギリシャ語などの影響を受けている。19世紀末に至って話し言葉が造語され、現代ヘブライ語の基礎が形作られ今日にいたる。この広範囲にわたるヘブライ語の歴史を跡づけることは難しい問題であるが、Eduard Yechezkel Kutscher はヘブライ語の歴史を辿る最上の方法は、不十分な点もあるが、SBH を基に垂直に ABH に遡るか、LBH に下がるかして、必要であれば、ほかの時代を跡づけることであるという[1]。

シンタクスについては、古典的な Carl Brockelmann の著作が挙げられるが[2]、この書について、BH のシンタクスを正当に取り扱っていないと E. Y. Kutscher は批判し、新しい BH の記述、史的文法の出現を要請している[3]。しかし、この書は欠くことができない文献であるので,以下においてこれらの文献と七十人訳ギリシャ語聖書（紀元前3～1世紀に成立)、その他を援用しながら、印欧語と類似に無関係詞から指示詞へ、指示詞から関係詞へと推移した経緯について概観してみたい。

2）原始セム語に関係詞が存在したか否かは不明であるが、関係文はセ

ム語諸語の構造が示しているように、原始セム語にも存在していたのであろう。古くから関係節は必ずしも関係代名詞により導かれる必要はなかったが、原始セム語ではすでに関係詞が係わる名詞を指示代名詞によってか、疑問詞によって指示しようとしていた。いかなる場合も先行詞を表す関係詞が関係文の一部を形成することはなかった。このいわゆる関係文はむしろそれ自体で完全文でなければならない。先行詞は原則的には代名詞接尾辞の形態（照応）で現れ、この文の一部なのである[4)]。印欧語においても、たとえば、ゲルマン語においても関係代名詞が成立する以前には関係節は関係代名詞のない文が形容詞のように並置されたのである。Ahd. の Otfrid の例（ellu thisu redina, wir hiar nu scribun obana）参照[5)]。

2、1） 関係詞のない関係文の発生について

Brockelmann によれば[6)]、この発生は、ある名詞文または動詞文にまずこの文の主語と同じ主語をもつ文を並列させ、この一つの主語は二つの述語に関わる。この並列された第二の文は第一の文に従属する。後になるとこのような文は（アラビア語におけるように）主文中の属格か対格である名詞にも付加されるようになったという。この ABH の用法は主として初期の詩文（モーセ五書の詩文、創49、出15 申33 民21など）に反映しているといわれる。この関係詞をもちいないで並列される関係文では、先行詞は非限定であることが多い[7)]。接続詞のない付加文は概念的な Gen.-関係にあり、先行詞は St. cstr. であると、Meyer はいう[8)]。以下の例参照

יִזְבְּחוּ לַשֵּׁדִים לֹא אֱלֹהַ אֱלֹהִים לֹא יְדָעוּם חֲדָשִׁים מִקָּרֹב בָּאוּ לֹא שְׂעָרוּם אֲבֹתֵיכֶם

ἔθυσαν δαιμονίοις καὶ οὐ θεῷ,θεοῖς,οἷς οὐκ ᾔδεισαν· καινοὶ πρόσφατοι ἥκασιν, οὕς οὐκ ᾔδεσαν οἱ πατέρες αὐτῶν. (Dt. 32, 17)[9)]

3） 関係詞のない関係文

a） 先行詞が非限定名詞の例　先行詞（支配語）が St. cstr. である（M. S. 96）。

(Ps. 90, 15) **שְׁנוֹת רָאִינוּ רָעָה**

ἐτῶν, ὧν εἴδομεν κακά (89, 15)

annis quibus vidmus mala. / de år, vi oplevede ulykke. デンマーク語参照[10]。

アラビア語のように規則的ではないが、先行詞は大抵は非限定名詞であることが多い。因みにアラビア語では先行詞が非限定のときは関係代名詞は省略される。つまり、限定されているときは、指示代名詞 allaḏî（現代語では関係代名詞の男性形ألذي）が用いられ、非限定では並列的で指示代名詞はない。現代アラビア語[11]でも、先行詞が非限定な場合は関係代名詞は省略される。سكنت الهندسة فى بيت قريب من معماها

この区別はヘブライ語にも非限定名詞の後には関係詞のない並列文が一般的なので、起源的に認められる[12]。また、LBH のアラム語においても、

(Dn. 3, 1)**צְלֵם דִּי־דְהַב רוּמֵהּ אַמִּין שִׁתִּין**

ἐποίησεν εἰκόνα χρυσῆν,τὸ ὕψος αὐτῆς πηχῶν ἑξήκοντα

2.41,42/4,9[13]とあり、LBH のヨブ記の例などはこのアラムの影響とみなさる。

先行詞はときには St. abs. の例もある.　　　(Hi. 3, 15)**שָׂרִים זָהָב לָהֶם**

ἢ μετὰ ἀρχόντων ὧν πολὺς ὁ χρυσός, (Fürsten, die gold besaßen)

(Gn. 15、13)**בְּאֶרֶץ לֹא לָהֶם**

ἐν γῇ οὐκ ἰδίᾳ / в земле не своей ロシア語の例参照[14]

כְּאֵלָה נֹבֶלֶת עָלֶהָ

ὡς τερέβινθος ἀποβεβληκυῖα τὰ φύλλα (Jes. 1, 30)

その他の用例、非限定名詞の後、(照応代名詞のない Is. 6, 6/Ex. 15, 17（詩文/Is. 42, 16/48, 17/Ps. 25, 12/32, 8）/Is. 64, 16/Qoh. 10, 5/Jer. 14, 18)（GK. S. 487 h)

b）　先行詞が限定的な名詞の例（現代アラビア語の例は先行詞が限定されているので関係詞が用いられている。)

הָעֵדֶר נִתַּן־לָךְ

τὸ ποίμνιον, ὃ ἐδόθη σοι (Jer. 13, 20)　　للقطيع للذي أُعطي لكِ

אֶת־הַדֶּרֶךְ יֵלְכוּ בָהּ

τὰς ὁδούς ,ἐν αἷς πορεύσονται ἐν αὐταῖς, (Ex. 18, 20)

3，1） 照応代名詞、接尾辞の出没

関係詞のない関係文と先行詞の間のシンタクス関係は、関係文内における先行詞に照応する代名詞（接尾辞）によって表現される。ABH が反映する例は（Dt. 32, 17）である。ギリシャ語訳は関係代名詞を使っている。現代アラビア語では限定であれ、非限定であれ、先行詞が関係節の主語でない場合、人称代名詞の所有格、対格が関係節に現れなければならない。現代語の聖書の例参照。

a） 非限定名詞の後、

אֱלֹהִים לֹא יְדָעוּם

θεοῖς,οἷς οὐκ ᾔδεισαν (Dt. 32, 17) لاهة لم يعرفوها

כִּי אֵשׁ הִיא עַד־אֲבַדּוֹן תֹּאכֵל

πῦρ γάρ ἐστιν καιόμενον ἐπὶ πάντων τῶν μερῶν, (Hi. 31, 12)

(Jr. 23, 9) וּכְגֶבֶר עֲבָרוֹ יָיִן

καὶ ὡς ἄνθρωπος συνεχόμενος ἀπὸ οἴνου

Hi.13, 28[GK. S. 487h]/(B. S. 144, §148)

その他非限定名詞の後の例（Gn. 24, 22/1S. 6, 9/Is. 55, 13/56, 2/Ps. 68, 31/78, 6/Pr. 30, 17/La. 1, 10/2Ch. 28, 9/הִנְנִיの中の接尾辞に関連して、

הִנְנִי יִסַּד בְּצִיּוֹן אָבֶן

Ἰδοὺ ἐγὼ ἐμβαλῶ εἰς τὰ θεμέλια Ζιων λίθον (Is. 28, 16)/(Ez. 25, 7)

しかし、対格の照応は往々ないことがある。(2S. 22, 44)

וְהוֹלַכְתִּי עִוְרִים בְּדֶרֶךְ לֹא יָדָעוּ

καὶ ἄξω τυφλοὺς ἐν ὁδῷ, ᾗ οὐκ ἔγνωσαν (Jes. 42, 16)

前置詞も詩文ではしばしば省略される。

הַבִּיטוּ אֶל־צוּר חֻצַּבְתֶּם וְאֶל־מַקֶּבֶת בּוֹר נֻקַּרְתֶּם

ἐμβλέψατε εἰς τὴν στερεὰν πέτραν,ἣν ἐλατομήσατε,καὶ εἰς τὸν βόθυνον τοῦ λάκκου,ὃν ὠρύξατε. (Jes. 51, 1)/(Hi. 38, 19/21, 27)

b） 限定的名詞の後の照応

אֶת־הַדֶּרֶךְ יֵלְכוּ בָהּ

τὰς ὁδους, ἐν αἷς πορεύσονται ἐν αὐταῖς (Ex. 18, 20)

للطريق للذي يسلكونهُ

先行詞がなく、前置詞に支配される例。

אַחֲרֵי לֹא־יוֹעִלוּ הָלָכוּ

καὶ ὀπίσω ἀνωφελοῦς ἐπορεύθησαν. (Jer. 2, 8)

וְעַמִּי הֵמִיר כְּבוֹדוֹ בְּלוֹא יוֹעִיל

ὁ δὲ λαός μου ἠλλάξατο τὴν δόξαν αὐτοῦ, ἐξ ἧς οὐκ ὠφεληθήσονται.

(Jer. 2, 11)/2Ch. 1, 4 ?/Is. 65, 1/Ez. 13, 3/2Ch. 16, 9/Ps. 119, 136/Neh. 8, 10では、名詞文 לְאֵין נָכוֹן לוֹ が続く。

類似例は Esr. 5, 14のアラム語、וִיהִיבוּ לְשֵׁשְׁבַּצַּר שְׁמֵהּ の例である。(GK. S. 489)

いわゆる独立関係文は,シンタクス的には主語,目的語文を表わす (B. S. 143/M. S. 97)。主語,目的語として、

תּוֹעֵבָה יִבְחַר בָּכֶם

ἐκ γῆς· βδέλυγμα ἐξελέξαντο ὑμᾶς. (Jes. 41, 24)

אֲמַלֵּט עָנִי מְשַׁוֵּעַ וְיָתוֹם וְלֹא־עֹזֵר לוֹ

ᾧ οὐκ ἦν βοηθός ,ἐβοήθησα· (Hi. 29, 12) (M. S. 97)

その他、Ps. 65, 5/Jer. 2, 8/eb. 2, 11/ebd. 40, 5 (B. S. 144, 147)/

וְזֶה מְקוֹם לֹא־יָדַע־אֵל

οὗτος δὲ ὁ τόπος τῶν μὴ εἰδότων τὸν κύριον. (Hi. 18, 21), Jes. 65, 1/Dt. 33, 2. (GK. S. 488n)

c) 否定や形容詞の機能をもつ関係文

בִּנְיָמִין זְאֵב יִטְרָף

Βενιαμιν λύκος ἅρπαξ· (Gn. 49, 27)/Is. 51, 2

וְעָם לֹא־יָבִין יִלָּבֵט

καὶ ὁ λαὸς ὁ συνίων συνεπλέκετο μετὰ πόρνης. (Ho. 4, 14)

4) 指示代名詞,זֶה ,זוּ ,זוֹ により導かれる関係節

印欧語において指示代名詞が関係代名詞に推移していくのは、ἀπὸ κοινοῦ

の様式（中国語の兼語文参照）を基礎として起こるのであるが、Paul も、アラビア語では、類似の方法で指示代名詞から関係代名詞が発生したと指摘している[15]。ちなみに、Mhd., Mnd では指示代名詞 der, die das, de, dat が関係代名詞としての機能を果していた[16]。ヘブライ語においても指示代名詞 זוּ,זוֹ,זֶה, により導かれる関係節（K. S. 80によるとこの指示代名詞の用法は Ex. 15、16に現われ、ABH であるという）は詩文に限られるが、言語史的にはこの זוֹ, זֶה は Ugar. の d に対応すると Meyer は言って、関係代名詞ととらえている（II, S. 15)。Brockelmann も関係代名詞と見做している（B. S. 145)。

עַד־יַעֲבֹר עַם־זוּ קָנִיתָ

ὁ λαός σου ὅυτος, ὅν ἐκτήσω (Ex. 15, 16)

בְּאֹרַח־זוּ אֲהַלֵּךְ (Ps. 142, 4)

הֲלוֹא יְהוָה זוּ חָטָאנוּ (Jes. 42, 24)

שְׁמַע לְאָבִיךָ זֶה יְלָדֶךָ (Prv. 23, 22)

וְזֶה־אָהַבְתִּי נֶהְפְּכוּ־בִי (Hi. 19, 19)

以上の例で、LBH の詩篇、ヨブ、箴言に現われるこの指示代名詞はアラム語の影響であるという[17]。

(B. S. 145、150b 参照、Jes. 42, 24/Ps. 17, 9/Hi. 19, 19)

因に BH に現われるアラム語は、דִּי が変化しないので、斜格は代名詞接尾辞によって表わさなければならない。

אַנְתְּה מַלְכָּא מֶלֶךְ מַלְכַיָּא דִּי אֱלָהּ שְׁמַיָּא מַלְכוּתָא חִסְנָא וְתָקְפָּא וִיקָרָא יְהַב־לָךְ
(Dn. 2, 37)

אֱלָהָךְ דִּי אַנְתְּה פָּלַח־לֵהּ בִּתְדִירָא הוּא יְשֵׁיזְבִנָּךְ

(Dn. 6, 17/21) / (Dn. 4, 27)

Peshitta Aramaic からの例[18]

עַמָּא דְיָתֵב בַּחֲשׁוּכָא נוּהֲרָא רַבָּא חֲזָא (Mt. 4, 16)

この文のヘブライ語訳は הָעָם הַיֹּשֵׁב בַּחֹשֶׁךְ רָאָה אוֹר גָּדוֹל

照応代名詞のある זֶה の次の例 Is. 25, 9と Ps. 74、2参照

וְאָמַר בַּיּוֹם הַהוּא הִנֵּה אֱלֹהֵינוּ זֶה קִוִּינוּ לוֹ וְיוֹשִׁיעֵנוּ

הַר־צִיּוֹן זֶה שָׁכַנְתָּ בּוֹ

その他詩篇、出エジプトなどにおける諸例、וְעֵדֹתִי זוֹ אֲלַמְּדֵם(Ps. 132, 12)/前置詞にかかるGen. に同格の例 שְׁמַע לְאָבִיךָ זֶה יְלָדֶךָ (Pr. 23, 22)/その他、אֶל־מְקוֹם זֶה יָסַדְתָּ לָהֶם (Ps. 104, 8でזֶהは St. cstr.)/Ps. 78, 54)/Ex. 15, 13/15, 16/Is. 43, 21/Ps. の7例はזוּで、9, 16/ 10, 2/31, 5/32, 8/62, 12/142, 4/143, 8である）(G. S. 447)

独立関係文を導くזֶהの例は（Hi. 19, 19）וְזֶה־אָהַבְתִּי נֶהְפְּחוּ־בִיで主格として、(Hi. 15, 17）で対格として/זוּが Hi. 1, 11/Ps. 68, 29/（前置詞の後、זֶהが Ex. 13, 8）(GK. S. 447h)

5） 関係詞のאֲשֶׁרと־שֶׁ

関係詞אֲשֶׁרについては起源的には諸説があり[19]、BHでもっとも一般的な関係詞としてもちいられている。Meyerによれば、関係詞は副詞的性格もしくは指示代名詞的性格を持ち、אֲשֶׁרは接続詞として用いられている St. cstr. のモアブ語の副詞的対格（Wo）で、アッカド語の ašar「wo, wohin」—ašru（Ort）から形成された—に対応するという。例、ašar būlum īkulu ištû「wo das Vieh ass, trank」。אֲשֶׁרは、由来と機能から、それ自体シンタクスについてなにも影響を与えず、後続する文と理念上Gen-関係をつくるBezugspartikelである。この機能はドイツ語の「..., wo [von gilt]」に相当するという。つまり、つぎの文はヘブライ語の文構造の並列性に対応して、関係代名詞がなくとも、先行詞に関係詞なしでも従属する主文であるという[20]。このאֲשֶׁרと並んで、שֶׁ,שַׁはつぎの語に Dages forte を伴い、(IIのS. 15) アッカド語指示代名詞 su, sa に対応し、接頭辞のように用いられる、付加文（関係文）を導く指示代名詞的エレメントであるという(M. S. 98)。Brockelmann も指示代名詞説をとり、北イスラエルの שֶׁ,שַׁ も指示代名詞זֶהのような指示代名詞であったという (B. S. 145)。

関係詞の先行詞は概ね限定されているが、非限定の例も現われる。(M. S. 99)

הֵמָּה הַגִּבֹּרִים אֲשֶׁר...

ἐκεῖνοι ἦσαν οἱ γίγαντες οἱ ἀπ᾽ αἰῶνος... (Gn. 6, 4)

(Dt. 28, 49)גּוֹי אֲשֶׁר לֹא־תִשְׁמַע לְשֹׁנוֹ

ἔθνος,ὅ οὐκ ἀκούσῃ τῆς φωνῆς αὐτοῦ,

5．1） 指示的関係文の名詞化

いわゆる先行詞を含む機能をもつ不定関係詞である。この用法は印欧語の he who, he whom, that which, wer, was, celui, celle qui, ce qui, ce que などに訳される．実際にはאֲשֶׁרは主語、目的語として主節の構文にかかる指示代名詞かあるいは名詞や前置詞にかかる Gen. である。

(Nu. 22, 6) אֲשֶׁר תָּאֹר יוּאָר

この文を Gesenius は iste _ thou cursest (him) _ is cursed, i. e. he whom thou cursest, と説明している（GK. S. 445)。因みにルター訳は und wen du verfluchst, der ist verflucht. である。

Gn. 38, 10/Jos. 10, 11/Gn. 49, 1/Gn. 44, 5)

主語として、

רַבִּים אֲשֶׁר־מֵתוּ בְּאַבְנֵי הַבָּרָד מֵאֲשֶׁר הָרְגוּ בְּנֵי יִשְׂרָאֵל

καὶ ἐγένοντο πλείους οἱ ἀποθανόντες διὰ τοὺς λίθοθς τῆς χαλάζης ἢ οὓς ἀπέκτειναν οἱ υἱοὶ Ισραηλ μαχαίρᾳ ἐν τῷ πολέμῳ (Jos. 10, 11)

目的語として

וַיְצַו אֶת־אֲשֶׁר עַל־בֵּיתוֹ

Καὶ ἐνετείλατο Ιωσηφ τῷ ὄντι ἐπὶ τῆς οἰκίας αὐτοῦ ... (Gn. 44, 1)

(Gn. 49, 1/1S. 16, 3ff/Mi. 6, 1)、動詞に先行する例、Is. 52, 16/Ps.69, 5

Genetiv として、

וַיֹּאמֶר לַאֲשֶׁר עַל־בֵּיתוֹ

καὶ εἶπεν τῷ ἐπὶ τῆς οἰκίας αὐτοῦ (Gn. 43, 16)/Ez. 23. 28,

前置詞にかかる例、 (Gn. 44, 4) וְיוֹסֵף אָמַר לַאֲשֶׁר עַל־בֵּיתוֹ

2 Kö. 10, 22/Gn. 21, 17/vgl. Ri. 17, 8/Ru. 1, 16/1Kö. 18, 12/Ex. 5, 11/(G, S. 446)

ものの主語として、

וַיֵּרַע בְּעֵינֵי יְהוָה אֲשֶׁר עָשָׂה

πονηρὸν δὲ ἐφάνη ἐναντίον τοῦ θεοῦ ὅτι ἐποίησεν τοῦτο, (Gn. 38, 10)

Ce qu'il faisait déplut à l'Éternel[21)]

目的語として、

הֲרֵעֹתֶם אֲשֶׁר עֲשִׂיתֶם

(Gn. 44, 5) (ebd. 41, 25/Dt. 25, 17/Jos. 24, 7/Ri. 14, 6/1S. 12, 24/Jes. 55, 11)

Genetiv として、

כַּאֲשֶׁר דִּבֶּר אֵלָיו יְהוָה

καθάπερ ἐλάλησεν αὐτῷ κύριος (Gn. 12, 4)、ebd. 31, 1/47, 6/Jer. 22, 12/(vgl. 1Kö. 21, 19)

5．2） 照応代名詞、接尾辞の出没

関係代名詞のない関係文のように、先行詞を指示する代名詞によって先行詞と関係する関係文。主語、Gen.、目的語として、(B. S. 147)

כָּל־רֶמֶשׂ אֲשֶׁר הוּא־חַי

καὶ πᾶν ἑρπετόν, ὅ ἐστιν ζῶν,(Gn. 9, 3), ebd. 7, 2/Nu. 9, 13/14, 14/35, 31/1S. 10, 19/Jer27, 9/Hag. 1, 9/Rt. ˙4, 15

כֹּל אֲשֶׁר נִשְׁמַת ־רוּחַ חַיִּים בְּאַפָּיו (Gn. 7, 22)

לְכָל־אֹיְבֵיכֶם אֲשֶׁר אַתֶּם נִלְחָמִים אוֹתָם (Jos. 10, 25)

副詞の שָׁם が、前置詞と従属文の代りに現われる。

אֵת כָּל־אֶרֶץ הַחֲוִילָה אֲשֶׁר־שָׁם הַזָּהָב (Gn. 2, 11)

אֶת־הָאֲדָמָה אֲשֶׁר לֻקַּח מִשָּׁם (Gn. 3, 23)

照応が関係文に従属する不定詞や文にある。

הֲמִן־הָעֵץ אֲשֶׁר צִוִּיתִיךָ לְבִלְתִּי אֲכָל־מִמֶּנּוּ אָכָלְתָּ

μὴ ἀπὸ τοῦ ξύλου,οὗ ἐνετειλάμην σοι τούτου μόνου μὴ φαγεῖν ἀπ' αὐτοῦ,ἔφαγες; (Gn. 3, 11)

אֲשֶׁר יָדַעְתָּ כִּי־הֵם זִקְנֵי הָעָם

οὓς αὐτὸς σὺ οἶδας ὅτι οὗτοί εἰσιν πρεσβύτεροι τοῦ λαοῦ (Nu. 11, 16)

しばしば照応が間接話法に現われる。

(Ex. 33, 1) הָאָרֶץ אֲשֶׁר נִשְׁבַּעְתִּי לְאַבְרָהָם...לֵאמֹר לְזַרְעֲךָ אֶתְּנֶנָּה

やや長い関係文では照応の代わりに先行詞が繰り返される。

בִּמְעָרַת שְׂדֵה הַמַּכְפֵּלָה אֲשֶׁר קָנָה אַבְרָהָם אֶת־הַשָּׂדֶה

in der Höhle auf dem Felde von Makpela, das Abraham (das Felde) erworben hatte (Gn. 50, 13) (B. S. 147)

時には照応が関係文に接続する文に現われることがある

(Dt. 11, 6) בְּנֵי אֱלִיאָב ...אֲשֶׁר פָּצְתָה הָאָרֶץ אֶת־פִּיהָ וַתִּבְלָעֵם

先行詞が関係文の構造に結び付けられている。

(Gn. 20, 13) אֶל כָּל־הַמָּקוֹם אֲשֶׁר נָבוֹא שָׁמָּה אִמְרִי־לִי אָחִי הוּא

主文＋従属文における関係が代名詞や副詞による照応により表現される。

(Jer. 28, 9) יִוָּדַע הַנָּבִיא אֲשֶׁר־שְׁלָחוֹ יְהוָה בֶּאֱמֶת

さらに対格の場合、proklit. な־אֶתにより、

(Gn. 9, 24) וַיֵּדַע אֵת אֲשֶׁר־עָשָׂה־לוֹ

5．3） 照応代名詞、接尾辞の省略

シンタクス的に明白である場合は、しばしばこの照応は省かれる。

(Gn. 2, 8) וַיָּשֶׂם שָׁם אֶת־הָאָדָם אֲשֶׁר יָצָר

(Jos. 1, 16) וְאֶל־כָּל־אֲשֶׁר תִּשְׁלָחֵנוּ נֵלֵךְ

(Nu. 10, 29) אֶל־הַמָּקוֹם אֲשֶׁר אָמַר יְהוָה אֹתוֹ אֶתֵּן לָכֶם

(Gn. 12, 1) הָאָרֶץ אֲשֶׁר אַרְאֶךָּ

対格の時間の規定詞の場合には省かれる、

(1S. 20, 31) כִּי כָל־הַיָּמִים אֲשֶׁר בֶּן־יִשַׁי חַי/Gn. 45, 6/Dt. 1, 46

先行詞の前に前置詞がある場合、(Jos. 1, 16) וְאֶל־כָּל־אֲשֶׁר תִּשְׁלָחֵנוּ נֵלֵךְ
/(vgl. Gn. 28, 15/Nu. 13, 27/Jes. 47, 12/56, 4/Da. 1, 18)

とくに目的語の場合に照応がしばしば表現されないように、nota akk. によって、関係文そのものが主文の中に入る。(Nu. 22, 6)אֵת אֲשֶׁר־תְּבָרֵךְ (ebd. 23, 12)、つぎの例は、前置詞とともに現われている。

(Gn. 31, 32) עִם אֲשֶׁר תִּמְצָא אֶת־אֱלֹהֶיךָ לֹא יִחְיֶה/

(vgl. Hi. 39, 30) (Ri. 5, 27) בַּאֲשֶׁר כָּרַע שָׁם נָפַל

5．4） 関係文における一致（呼応）（B. S. 148）

先行詞が 1 人称、 2 人称に接続する関係代名詞は同じ人称で、

(Ex. 20, 2) אָנֹכִי יְהוָה אֱלֹהֶיךָ אֲשֶׁר הוֹצֵאתִיךָ מֵאֶרֶץ מִצְרַיִם

(Qoh. 10, 16) אִי־לָךְ אֶרֶץ שֶׁמַּלְכֵּךְ נָעַר וְשָׂרַיִךְ בַּבֹּקֶר יֹאכֵלוּ

（ebd. 10, 17）のように、しかし 2 人称の代りにすでに 3 人称がしばしば現われている。つぎの例参照、

(2Kö. 9, 31) הֲשָׁלוֹם זִמְרִי הֹרֵג אֲדֹנָיו

6） שֶׁ־ と אֲשֶׁר

音声の面からは類似しているが、関連はない。BH で主に用いられる関係詞は אֲשֶׁר であるが、שֶׁ 形は ABH とみなされている最古のデボラの歌に現れている。（B. S. 145）

(Ri. 5, 7) עַד שַׁקַּמְתִּי דְּבוֹרָה שַׁקַּמְתִּי אֵם בְּיִשְׂרָאֵל

(Ri. 6, 17) וְעָשִׂיתָ לִּי אוֹת שָׁאַתָּה מְדַבֵּר עִמִּי

列王記（イスラエルの北方）に 1 回現われるという。それゆえこの用法は北パレスチナ地方において一般的のものであったいう（K. S. 32)。他方、この שֶׁ は LBH を反映するとみられる諸書、たとえば、

כִּי מֶה־הֹוֶה לָאָדָם בְּכָל־עֲמָלוֹ וּבְרַעְיוֹן לִבּוֹ שֶׁהוּא עָמֵל תַּחַת הַשָּׁמֶשׁ

(Qoh. 2, 22/3, 18)

(Cant. 1, 7) הַגִּידָה לִּי שֶׁאָהֲבָה נַפְשִׁי

(Hi. 19, 29）などに現われている。（士師記には אֲשֶׁר の例、8, 26参照）

6．1） MH（Mishnaic Hebrew）になると、שֶׁ־ 形が完全に אֲשֶׁר 形を押退けてとって代った[22]。BH の אֲשֶׁר の消失には方言の問題が絡んでいるといわれる。ここでも指示代名詞の短形が時代の流れの中で長形に取って代ったのと同じ展開をしたといわれる[23]。（K. S. 32参照）。

7） 疑問詞から関係詞へ、מִי,מָה（is qui, id quod）の起源とその用法。

印欧語の関係代名詞が疑問代名詞から発生したように、ヘブライ語の מִי,מָה も同じ経過を辿っている。（B. S. 149）

מִי־בַעַל דְּבָרִים יִגַּשׁ אֲלֵהֶם (Ex. 24, 14)

ἐάν τινι συμβῇ κρίσις, προσπορευέσθωσαν αὐτοῖς.

מִי־יָרֵא וְחָרֵד יָשֹׁב (Ri. 7, 3)

Τίς δειλὸς καὶ φοβούμενοος; ἀποστραφήτω. (vgl. Ri. 10, 18/1S11, 12/1 S. 20, 4/Jes. 50, 8/)

לְמִי זָהָב הִתְפָּרָקוּ וַיִּתְּנוּ־לִי (Ex. 32, 24)

ebd. 32, 26

מַה־תֹּאמַר נַפְשְׁךָ וְאֶעֱשֶׂה־לָּךְ

Τί ἐπιθυμεῖ ἡ ψυχή σου καὶ τί ποιήσω σοι; (1S. 20, 4) (Nu. 23, 3)

7．1） 不定代名詞か関係詞の前の疑問詞から生じた相関関係詞（Korrelativ)。

מִי אֲשֶׁר חָטָא־לִי אֶמְחֶנּוּ מִסִּפְרִי (Ex. 32, 33)

Εἴ τις ἡμάρτηκεν ἐνώπιόν μου, ἐξαλείψω αὐτὸν ἐκ τῆς βίβλου μου.

מַה־שֶּׁהָיָה הוּא שֶׁיִּהְיֶה וּמַה־שֶּׁנַּעֲשָׂה הוּא שֶׁיֵּעָשֶׂה

τί τὸ γεγονός,αὐτὸ τὸ γενησόμενον· καὶ τί τὸ πεποιημένον,αὐτὸ τὸ ποιηθησόμενον· (Qoh. 1, 9)/vgl. 3, 15/6, 10.

アラム語の例、

וְדַהֲבָא אֱלָהּ רַב הוֹדַע לְמַלְכָּא מָה דִּי לֶהֱוֵא אַחֲרֵי דְנָה

ὁ θεὸς ὁ μέγας ἐσήμανε τῷ βασιλεῖ τὰ ἐσομενα ἐπ' ἐσχάτων τῶν ἡμερῶν, (Dn. 2, 45) (ebd. 11, 4, 14/2, 29/5, 21/Esr. 7, 18) (B. v. G. S. 580)

7．2） 関係文の帰結文

関係文の帰結文は、一般化され、副次的に仮定の意味をもつときは、וְ で表現される。

אֲשֶׁר יִמָּצֵא אִתּוֹ מֵעֲבָדֶיךָ וָמֵת

παρ' ᾧ ἂν εὑρεθῇ τὸ κόνδυ τῶν παίδων σου, ἀποθνῃσκέτω· (Gn. 44, 9) その他（Hos. 14, 10/Jos. 15, 16) (Vgl. B. S. 150)

8） 指示的―関係副詞文

時の副詞 אָז (damals) は מֵאָז (seit) という結合で接続詞としてつぎの文

に結びつく、この文は先行文に副文として従属する。

זֶה אַרְבָּעִים וְחָמֵשׁ שָׁנָה מֵאָז דִּבֶּר יְהוָה אֶת־הַדָּבָר הַזֶּה אֶל־מֹשֶׁה

(Jos. 14, 10)

この**אָז**は前置文も導入できる。その用例（Jes. 14, 8/Gn. 39, 5)。inf. cstr. と結合する場合もある。 (Ex. 4, 10) **גַּם מֵאָז דַּבֶּרְךָ אֶל־עַבְדֶּךָ**

同じような展開をおそらく **שָׁם** もとり始めた。

(Hos. 6, 10) **בְּבֵית יִשְׂרָאֵל רָאִיתִי שַׁעֲרִירִיָּה שָׁם זְנוּת לְאֶפְרַיִם**

9） 関係詞としての定冠詞**הַ**

定冠詞は元来指示代名詞（ ***הַ**） であるから、定冠詞**הַ**も関係文を導くことができるが,ドイツ語のように格変化はない（M. S. 97, 3, b)（II, S. 16)。Brockelmann は接続詞のない関係文は形容詞となるから、関係節は定冠詞で限定されるという（B. S. 145、 150a./v. G., S. 564)。Gesenius も、関係詞としての冠詞の用法、(正しくは、むしろ冠詞として用いられる指示代名詞の用法）という（S. 447i)。

(1Ch. 26、28) **וְכֹל הַהִקְדִּישׁ שְׁמוּאֵל הָרֹאֶה**

(1Ch. 29、8)**וְהַנִּמְצָא אִתּוֹ אֲבָנִים**

その他の用例、2Ch. 29, 36/Esr. 10, 14/Esr. 10, 17/1Ch. 29, 17 id quod の意味で、 (Jer. 5, 13) **וְהַדִּבֵּר אֵין בָּהֶם כֹּה יֵעָשֶׂה לָהֶם**

(Jos. 10, 24) **הַמִּלְחָמָה הֶהָלְכוּא אִתּוֹ**

(Gn. 18, 21)**וְאֶרְאֶה הַכְּצַעֲקָתָהּ הַבָּאָה אֵלַי**

体言文（Nominalsatz）においても、つぎの例（M. S. 98)

(1S. 9, 24)**וַיָּרֶם הַטַּבָּח אֶת־הַשּׁוֹק וְהֶעָלֶיהָ**

上例の（1S. 9, 24を除いて）冠詞に完了体が続いている。そして殆どの用例が LBH つまり後期の書（エズラ書、歴代誌）に現われる。しかし、すでに SBH においても分詞との結合が現われている。Gn. 18, 21/46, 27/Hi. 2, 11の例は辞典によれば分詞とみなされている[24]。

こうして、冠詞と分詞の導入は MH で一般化するようになる、その場合先行詞の定、不定は関係がない[25]。

10)　現代ヘブライ語の関係詞について

現代語の関係詞はBHと大差はなく、אֲשֶׁר,שֶׁ־ と定冠詞と現在形、疑問詞מִי,מַה に ־שׁ がついた形態である。関係詞の使われる頻度は ־שֶׁ が最も高く、ついでאֲשֶׁרで、冠詞と現在形の形態である。

つぎの1、2の文を結びつける場合、2の文を1の文に埋め込むと3の文ができる。

1 משה הוא ידידי הטוב ביותר :

2 והוא חכם

3 משה ־ והוא חכם ־ הוא ידידי הטוב ביותר.

この־וによる3の文は、やや稀で、־וの省略は、1）照応代名詞が'אז,שם か3人称代名詞か、照応代名詞が独立代名詞か、格接頭辞もしくは前置詞に先行されるときである[26)]。3）の文の־וを関係詞־אשר,ש に置き換えれば、4）ができる。

4 משה,שהוא (אשר הוא) חכם ,הוא ידידי הטוב ביותר.

新約聖書の現代ヘブライ語訳（マタイ伝のみ）を調査したところ[27)]、־ש は95例、אשרは65例であった。さらに־מִי שֶׁ 22例、־מַה שֶׁ は28例であった。定冠詞と動詞現在形は147例であった。

この新約聖書の例をあげてみよう。

a）　関係詞のないもの

עִיר שׁוֹכֶנֶת עַל הַר אֵינָהּ יְכוֹלָה לְהִסָּתֵר.

οὐ δύναται πόλις κρυβῆναι ἐπάνω ὄροθς κειμένη (Mt. 5, 14)、ギリシャ語の現在分詞に倣ってか。

וְכָל רוֹצֵחַ יְחֻיַּב לְדִין

ὅς δ' ἄν φοωεύσῃ, ἔνοχος ἔσται τῇ κρίσει. (Mt. 5, 21)

כְּשֶׁנִּכְנַס יֵשׁוּעַ לְבֵיתוֹ שֶׁל כֵּיפָא רָאָה אֶת חֲמוֹתוֹ שׁוֹכֶבֶת וְהִיא סוֹבֶלֶת מֵחֹם.

Καὶ ἐλθὼν ὁ Ἰησοῦς τὴν οἰκίαν Πέτρου εἶδεν τὴν πενθερὰν αὐτοῦ βεβλημένην καὶ πυρέσσουσαν· (Mt. 8, 14)

ギリシャ語では「熱を出し、寝込んでいる」は分詞で表現されている。

定冠詞と現在形の構文で、後続の文で定冠詞の省かれるもの

וְכָל הַשּׁוֹמֵעַ אֶת דִּבְרֵי אֵלֶּה וְ אֵינוֹ עוֹשֶׂה אוֹתָם יִדְמֶה (Mt. 7, 26)
καὶ πᾶς ὁ ἀκούων μου τοὺς λόγους τούτους καὶ μὴ ποιῶν αὐτοὺς ὁμοιωθήσεται

b） 関係詞の用例

זֶה בְּנִי אֲהוּבִי אֲשֶׁר חָפַצְתִּי בּוֹ

Οὗτός ἐστιν ὁ Υἱός μου,ὁ ’Αγαπητός,ἐν ᾧ εὐδόκησα (Mt. 3, 17)
先行詞の後にはカンマがつけられるが（関係節が一語か名詞と修飾語句のみからなる場合はカンマを省く,以下の例参照)、上例は旧約にならいつけていない。אֲשֶׁרで導かれる関係節の動詞は先行詞の性と数において一致しなければならない。先行詞は関係節の主語、目的語にもなり、前置詞の目的語にもなる。上例のבּוֹは関係詞の直後でも、末尾においてもよい。

この新約聖書においては、אֲשֶׁרが BH と同じように用いられている。

וְהַמְקַבֵּל אוֹתִי מְקַבֵּל אֶת אֲשֶׁר שְׁלָחַנִי

καὶ ὁ ἐμὲ δεχόμενος δέχεται τὸν ἀποστείλαντά με. (Mt. 10, 40) では人、ギリシャ語参照。was の意味では、

לְקַיֵּם אֶת אֲשֶׁר אָמַר יְהוֹה בְּיַד הַנָּבִיא

ἵνα πληρωθῇ τὸ ῥηθὲν ὑπὸ Κυρίου διὰ τοῦ προφήτου λέγοντος· (2, 15)/6, 3/8, 17/11, 4/22, 21など。

語頭につける שֶׁ־ の用法、つぎに来る単語に強ダゲッシュをつける。用法は אֲשֶׁר と同じである。(例 R. S. 194)

このאֲשֶׁר,שֶׁ־を用いた場合、照応代名詞のהוא,היא,הם,הןは通常省略される。

אני אוהב את האישה הנחמדה הזאת, ש<היא>עוזרת תמיד.

(R. S. 194, D. 参照) אותו,אותה,אותם,אותןも時には省かれる。

הנה המכונית החדשה שלנו, שעוד לא ראיתם<אותה>.

ראה את התמונה שבספר!

この最後の例で先行詞のあとにカンマがないのは、関係節が一語か、もしくは名詞とその修飾語のときである。この照応代名詞の省略は関係節が述語形容詞、もしくは名詞の場合（仏語の属詞にあたるもの）は、さけなければ

ならない。

ידידי הטוב ביותר הוא משה, שהוא חכם.

先行詞が時、場所（とくに זמן,שעה,מקום）のとき בהן,בהם,בה,בו は省かれる。(R. S. 275)

הוא נכנס בשעה שהוא רוצה.

疑問詞と שֶׁ־ は先行詞を兼ねる関係代名詞で was, wer の意で用いられる。

שָׁם סִפְּרוּ אֶת הַכֹּל וְאֶת מַה שֶּׁקָּרָה לַאֲחוּזֵי הַשֵּׁדִים

καί ἀπελθόντες εἰς τὴν πόλιν ἀπήγγειλαν πάντα καὶ τὰ τῶν δαιμονιζομένων. (Mt. 8, 33)

מִי שֶׁרוֹצֶה לִתְבֹּעַ אוֹתְךָ לְדִין כְּדֵי לָקַחַת אֶת כֻּתָּנְתְּךָ, הַנַּח לוֹ גַּם אֶת מְעִילְךָ.

καὶ τῷ θέλοντί σοι κριθῆωαι καὶ τὸν χιτῶνά σου λαβεῖν,ἄφες αὐτῷ καὶ τὸ ἱμάτιον· (Mt. 5, 40)/ 26、48の例

כָּל מִי שֶׁיּוֹדֶה בִּי לִפְנֵי בְּנֵי אָדָם גַּם אֲנִי אוֹדֶה בּוֹ לִפְנֵי אָבִי שֶׁבַּשָּׁמַיִם.

(Mt. 10, 32) כָּל מִי שֶׁ־,כָּל מַה שֶּׁ־ で whoever, whatever の意味、

לָתֵת לָהּ כָּל מַה שֶּׁתְּבַקֵּשׁ.

αὐτῇ δοῦναι ὃ ἐὰν αἰτήσηται. (Mt. 14, 7)

c) 定冠詞と動詞現在形

הָעָם הַהוֹלְכִים בַּחֹשֶׁךְ רָאוּ אוֹר גָּדוֹל,

ὁ λαός ὁ καθήμενος ἐν σκοτίᾳ φῶς εἶδεν μέγα, (Mt. 4, 16)

このロシア語訳はНарод, сидящий во тьме, увидел свет великийで能動形動詞を用いている。アラビア語も能動分詞が用いられている。

للشعب الجللش في ظلةٍ لبصر نورًا...

先行詞と動詞の間に否定の לֹא はおけない（אֵינוֹ の例 7、26参照)。定冠詞と動詞現在形が連続する場合には、2番目の定冠詞が省略される例は、

הַהוֹרֶגֶת אֶת הַנְּבִיאִים וְסוֹקֶלֶת אֶת הַשְּׁלוּחִים אֵלֶיהָ

ἡ ἀποκτείνουσα τοὺς προφήτας καὶ λιθοβολοῦσα τοὺς ἀπεσταλμένους πρὸς αὐτήν, (Mt. 23, 37)

Mt. 7, 26/27, 40で、いずれもギリシャ語の分詞に倣って訳されたものであろ

う。

前置詞と現在形の例、

תֵּן לַמְבַקֵּשׁ מִמְּךָ וְאַל תְּפְנֶה מִן הָרוֹצֶה לִלְווֹת מִמְּךָ.

τῷ αἰτοῦντί σε δός,καὶ τὸν θέλοντα ἀπὸ σοῦ δανείσασθαι μὴ ἀποστραφῇς. (Mt. 5, 42)

このゴート語の訳[28]は**Þamma bidjandin Þuk gibais,jah Þamma wiljandin af Þus leiħan sis ni uswandjais.** で、**Thie fon thir sihuues bite, gíb imo, inti thie thar uuolle mit thír uuehslon, ni uuidaro iz thanne.**[29]の古高ドイツ語がラテン語訳に倣っているのに比べて興味深い。因みにロシア語訳は形動詞が用いられている。

その他　6、12参照

11）　以上でヘブライ語は、初期においては関係詞なしで文は並列され、指示詞と関係詞の境界が曖昧で、ギリシャ語の初期の形態に類似しており，指示詞から関係詞へと推移は七十人訳聖書ではほとんど関係代名詞で訳されている。ヘブライ語の関係詞は印欧語のアイスランド語の関係詞によく似ている。ヘブライ語の指示代名詞の関係詞的な用例が、ABH を反映する手がかりを提供しているのである。

0）　推移とは、印欧語におけるように、ヘブライ語においても、関係詞のない並列文から関係節が成立し、本来指示詞であったものが関係詞へ推移、時代の中で関係詞の用法が変化してゆくさまをいう。ギリシャ語では指示詞と関係詞の境界がはっきりしていなかったと Kühner いう。以下参照 Raphael Kühner/Friedrich Blass, Grammatik der Griechischen Sprache, Teil 1, Bd. 1, Darmstadt 1966. S. 608.

1）　Eduard Yechezkel Kutscher, A History of the Hebrew Language, edited by Raphael Kutscher. E. J. Brill, Leiden 1982.（以下 K.）K. S. 12

2）　Carl Brockelmann, Hebräische Syntax. Glückstadt 1956.（以下 B.）

3）　K. S. 85

4）　Gotthelf Bergsträsser, Einführung in die semitischen Sprachen. Darmstdt 1963. S. 9ff.

5) Ingerid Dal, Kurze deutsche Syntax. Tübingen 1952, S. 205.
Mittelniederländische Grammatik, Arnhem 1971 S. 186
並列の例、quamen tere stat, hiet Babilone.

6) B. S. 143.

7) K. S. 79

8) Rudolf Meyer, Hebräische Grammatik, unveränd. photomechanischer Nachdr. der Sammlung Göschen Bd. 1, 2, 3, 4. Hildesheim・Zürich・New York 1992. S. 96（以下 M.）

9) ヘブライ語聖書は、Biblia Hebraica ed. R. Kittel. Stuttgart 1951. と Norman Henry Snaith, London, 1958. を使用した。
七十人訳聖書は Septuaginta, ed. Alfred Rahlfs, ed. Sexta, Vol. 1, II. Stuttgart 1935.
コンコーダンスは Konkordanz zum Hebräischen Alten Testament v. Gerhard Lisowsky - 3. Aufl. besorgt v. Hans Peter Ruger, Stuttgart 1993. を用いた。

10) Biblia Sacra juxta vulgatam Clementinam,ROMAE 1956.
Bibelen, den hellige Skrifts kanoniske Bøger, København 1993. 周知のごとく英語、北欧語などの関係節では対格の関係代名詞は省略される。因みに古アイスランド語では真の意味では未発達で関係代名詞はなく、不変化詞 es、er、（後には sem）で結合された。
Andreas Heusler, Altisländisches Elementarbuch, 4. Aufl. Heidelberg 1950, S158.

11) Harald Fnnk, Langenscheidts Praktisches Lehrbuch Arabisch, Berlin 1994. S. 248。
現代語訳アラビア語聖書は次のものを用いた。
Arabic Bible United Bible Societies 1998.

12) W. Gesenius-Kautzsch, Hebrew Grammar, second English Edition, Oxford 1910（1957）. S. 486（以下 GK.）

13) Carl Brockelmann, Grundriß der vergleichenden Grammatik der semitischen Sprachen, II Syntax, Hildesheim 1913. §356.（以下 Br. v. G.）

14) ロシア語聖書、**Библия,Ветхого и нового завета**, 出版年代は不詳。

15) Hermann Paul, Prinzipien der Sprachgeschichte, 5. Aufl., Darmstadt 1920, S. 300.

16) O. Behaghel によれば、指示的な関係詞 der, die das について、二様の出発点を持っていたという。es war der, der gepredigt hat. という文は、古高

ドイツ語では iz was, der bredigota（es war der -er hat gepredigt という意味で）あった。さらに古くは代名詞 er が動詞に必要ではなかった時代、iz was der -bredigota と表現されていたろう。代名詞は本来第一の文の文末におかれたもので、第二の文の文頭に置かれたものではなかった。

その後動詞において主語を別に表示する必要が生じたとき、der があとの動詞に属するという考え方が生まれたのである。もう一つは、das ist der Mensch, der mich geschlagen hat は、かつては das ist der Mensch, der hat mich geschlagen. と今日と同じ第二の文に属していたのである。Otto Behaghel, die deutsche Sprache, 14. Aufl. Halle（Saale）1968, S. 231.

藤代幸一その他著、中世低地ドイツ語、東京（大学書林）昭和62年、94頁。

17） K. S. 80. Franz Rosenthal, A Grammar of Biblical Aramaic, Wiesbaden 1974. S. 21ff. Wm. B. Stevenson, D. Litt, Grammar of Palestinian Jewish Aramaic, Oxford 1962. S. 21.

Gustaf Dalman, Grammatik des Jüdisch-Palästinischen Aramäisch, Darmstadt 1960. S. 116.

18） The New Covenant, Peshitta Aramaic Text, With a Hebrew Translation, Jerusalem 1986.

19） GK. S. 112, M. S. 98.

20） M. II. S. 15, III. S. 98.

21） La Sainte Bible, par Louis Segond, Paris 1958.

22） Meyer によれば、שֶׁ,שַׁ とつぎの Dages forte があり、旧約では、圧倒的に若い文書に属し、mittel-hebr. ではאֲשֶׁרを押退けるが、これは altkan. である。上例の（Ri. 5, 7）と同系のフェニキア語の's（welcher)、この例では Alef が語頭添加音とみなされる。さらに Akkad. の起源的に指示的な sa は関係詞としてもちいられているという。(II. S. 15)

23） Kutscher（S. 31）の指示代名詞の説明参照。「fem. sg. זֹאת 形は注目すべき形態である。ת のない形がホセア（7、16）で זוּ が 1 回、北方のイスラエルの物語圏で 1 回、IIKo. 6, 19でזֹהと綴られている。後者の綴りは LBH で数回現われる。例えば、Ez. 40、45。これらの綴りは方言的特徴を示している（§41参照)。MH では זוּ という形のみ生き残っている。これらの事実から、多分 זֹה－זוּ の形式は初期の時代から方言形として主として北方の言語に存在し、そこから南方（ユダ）に徐々に広がり、時の経過とともに長形 זֹאת に取って代っていった。」

24） Lexicon in Veteris Testamenti Libros, ed. Ludwig Koehler. Walter Baumagartner, Leiden E. J. Brill 1958.

Eduard König, Hebräisches und aramäisches Wörterbuch zum Alten Testament, Leipzig 1936.

25) 言語学大辞典、第三巻、東京（三省堂）1988年、936頁。

26) Haiim B. Rosén, A Textbook of Israeli Hebrew. Chicago and London 1962. S. 193.（以下 R.）

27) 現代語訳ヘブライ語新約聖書テキストは注18）にあげたアラム語とヘブライ語のテキストの他に次のものを用いた。

1976 United Bible Societies **ספרי הברית החדשה תרגום חדש**

新約聖書ギリシャ語のテキストは次のものを用いた。

The Greek New Testament, by R. V. G. Tasker, D. D. Oxford 1964.

Novum Testamentum Graece, D. Eberhard Nestle/D. Erwin Nestle Ed. quinta decima. Osaka 1947.

本文中の Luther の聖書は、Die Bibel oder Die Ganze Heilige Schrift des Alten und Neuen Testaments nach der Übersetung Martin Luthers, Stuttgart 1978.

28) Die Gotische Bibel, Hrsg. v. Wilhelm Streitberg. Heidelberg 1950.

29) Tatian, Hrsg. v. Eduard Sievers. Ferdinand Schöningh・Paderborn 1960. S. 53.

付記　聖書略号はドイツ語表記で統一した。脱稿後大変便利な以下のソフトを入手した。

能城一郎氏の開発した「J-ばいぶる」（日本コンピュータ聖書研究会、いのちのことば社）とアメリカのソフト Bible Works5でいずれもヘブライ語、ギリシャ語のコンコルダンスを備え、文法的説明が付されている。